인도불교사상

개정증보판

Buddhist Thought

A Complete Introduction to the Indian Tradition 2nd Edition

인도불교사상

개정증보판

폴 윌리엄스 · 앤서니 트라이브 · 알렉산더 윈 지음 ♦ 안성두 · 방정란 옮김

씨아이알

서 문

이 책은 원래 2000년에 출판된 초판의 전적인 수정본이다. 이것은 모든 불교의 영역에서, 특히 대승과 탄트릭 불교와 관련해 계속해서 나타난 새로운 지식의 풍부함에 의거해서 수정되었다. 우리는 또한 초판에는 없었던 몇 개의 부록을 추가했다. 이는 학생들로 하여금 불교사상을 공부하고 그것들을 평가하는 데 도움을 주기 위한 것이다.

이 책의 목적은 계속해서 일관적으로 유지되어 왔다. 그것은 가능한 한 빨리 불교의 철학사상과 종교사상에 익숙해지고, 또 불교학 분야에서 최근의 연구 성과에 친숙해지기를 바라는 학생들에게 접근 가능하고 믿을 만한 안내서로서의 역할을 하는 것이다. 인도에서 불교가 발전한 방식을 잘 이해하는 것은 티베트나 중국, 일본 그리고 동아시아의 다른 지역에서의 불교사상을 이해하기 위한 핵심적인 전제조건이다.

이 책은 불교사상의 포괄적인 개요를 전달하려는 목적을 갖고 있으며, 이를 위해 근본적이고 초기의 인도불교와 주류 인도불교에 대해 적절하고 균형잡힌 지면을 할애했고, 중요한 철학적 발전에 대한 이해 그리고 종종 부적절하게 오해되고 간과된 탄트릭 불교의 주제를 다루고 있다. 또한 이 책은 독자에게 저자들의 관심이 주로 종교적이고 철학적 사고, 다시 말해 교설에 있다는 것을 환기시키면서 하나의 불교개론으로서의 역할을 할 것이다. 물론 역사와 사회에서의 모든 차원에서 그 구성원들에 의해 체험되는 어떤 것으로서 하나의 종교에는 그런 주제들에 관한 관념보다 그 이상의 것들이 존재한다. 아무리 그 주제가 중심적이라고 해도 말이다. 그러나 불교교설에 확고한 근거 없이는 불교도들의 일상생활에서 일어나는 대로 불교 내에서 무엇이 진행되고 있는지를 학생들이 적절히 이해하기는 매우 어렵다고 주장될 수도 있을 것이다.

이 책의 저자들은 영국과 미국 그리고 아시아의 학교와 대학 차원에서 오랫동안 불교를 가르친 경험이 있다. 또한 그들은 불교를 수행하는 데 관심을 갖고 있으면서 불교교설에 대해 학문적으로 존중할 만한 근거를 갖기를 원하는 서양인들을 위한 연구소의 맥락에서 불교사상을 가르쳐왔다. 이 책을 저술할 때 그들은 아시아 언어의 배경을 가진 학생들보다는 신학과 종교학 그리고 철학의 배경을 가진 학생들의 관심과 어려움을 염두에 두었다. 저자들은 종종 추상적이고 복잡하게 보일 수 있는 관념들을 이해 가능하게 하려고 노력했다. 아시아 언어들의 형태로 전문술어의 사용은 최소한으로 제한되었다. 필요한 경우 산스크리트어와 팔리어 용어가 조심스럽게 제시되었다. 그렇지만 어떤 명시도 없는 경우에는 전문술어는 산스크리트어이다. 두 용어가 주어진 경우에 산스크리트어가 일반적으로 먼저 사용되었다. 맥락상 팔리어 자료를 논의하는 경우는 예외이다. 그 경우에 용어는 팔리어이거나 팔리어 용어가 먼저 제시되었다. 독자는 한 용어가 어떤 언어인지 아는 데 아무런 문제도 없을 것이다.

이 책은 학생들을 위한 안내서로 의도되었기 때문에 충분한 참고문헌을 제시했다는 특징이 있다. 이는 계속적인 공부를 위해 어디서 흥미를 줄 자료를 발견할 수 있는지를 학생들에게 알려줄 것이다. 우리는 이 텍스트에서 언급된 모든 작업들을 제시하려고 최선을 다했다. 특히 인도인의 저작을 포함해서 일차자료는 신뢰할 만한 번역의 제시와 함께 포함되었는데, 어디서 이용 가능한지 그리고 어디서 산스크리트와 팔리, 티베트와 한문 문헌들을 발견할 수 있는지를 제시했다. 따라서 이 책은 연구 자료로서 그런 언어에 친숙한 사람들에게도 유용할 것이라고 기대된다.

만일 이 책 전체를 관통하는 공통된 가닥이 있다면, 그것은 깨닫지 못한 사람들에 의해, 사물이 나타나는 방식과 사물이 진실로 존재하는 방식 사이의 핵심적인 구별이 불교도에게 있다는 것이다. 깨달은, 즉 진리를 각성한 붓다와 같은 사람들에 의해 사물은 진실로 존재하는 방식대로 인식된다. 이런 구별은 불교도에게 존재론의 문제, 다시 말해 무엇이 진실로 존재한다고 말해질 수 있는가의 문제에 대한 날카로운 관심을 제공했다. 그런 문제들은 본질적으로 철학적이다. 불교에서 사물이 진실로 존재하는 방식을 아는 것으로서의 철학적 통찰은 도덕적이고 정신적으로 변화시킨다는 의미를 가진다. 반면에 이 책에서 단지 피상적으로 다루어지거나 또는 거의 다루어지지 않은 불교사상의 영역이 있다. 예를 들어 여기서는 불교윤리학에 대한 많은 논의가 없다. 또한 여성의 역할과 잠재성 또는 생태학과 정치학에 관한 불교의 사고는 거의 다루어지지 않았다. 이에 대해 우리는 변명하지 않겠다. 선택은 불가피했다. 이 책은 인도에서의 불교사상에 대한 하나의 소개이다. 그것은 저자들의 관심을 자연히 반영한다. 폴 윌리엄스(Paul Williams)는 초판본의 제1장에서 제6장 및 부록을 저술했고 이 책을 편집했다. 제2판에서 제1장과 제2장은 여기서 논의된 불교 형태에 대한 전문가인 알렉산더 윈(Alexander Wynne)에 의해 수정되었다. 폴 윌리엄스는 제3~6장을 수정했다. 불교 탄트라에 관한 제7장은 초판의 저자인 앤서니 트라이브(Antony Tribe) 자신에 의해 수정되었다.

하나의 책은 세 번 읽히지 않는다면 진실로 읽은 것이 아니라고 한다. 전체로서의 이 책 또는 한 장이나 한 부분을 취할 때, 첫 번째 독서는 빠르게 해야 한다. 그 독서는 주제를 개관하고 그것의 성격과 영역에 대한 넓은 이해를 얻기 위한 것이다. 두 번째 독서는 필요할 경우 노트를 해 가면서 꼼꼼히 해야 한다. 마지막 독서는 여전히 불명확한 점을 확인하고, 주제를 취합해 정리하고 몇몇 미세한 점들을 음미하고, 실제로 자료들과 비판적으로 대응해야 한다. 이 책을 주의깊게 읽는 학생들은 마지막에는 주요한 인도불교의 관념들에 친숙하게 될 것이다. 그들은 자신있게 그런 관념들이 표현된 언어와 개념들을 다룰 수 있을 것이며, 또한 소개된 그런 주제들에 대해 작업하는 학자들 중에서 가장 최근에 사색한 학자들과 만나게 될 것이다. 그 후에 부록에서 추가적인 읽을 자료와 참고문헌에서 언급된 추후의 독서를 위한 도움과 함께 학생들은 경이롭고 자극적이며 도전적인 불교라는 세계를 계속 탐구할 수 있는 능력과 도움을 받을 것이다.

폴 윌리엄스(Paul Williams)

브리스톨 대학 불교학센터
(Center for Buddhist Studies, University of Bristol)

감사의 말

이 책이 다른 사람들의 저작에 많이 의존하고 있다는 것은 이 분야에 친숙한 사람들에게는 분명할 것이다. 나는 특히 주류불교와 상좌부 불교에 관련된 책들을 빌려주고 조언을 아끼지 않은 동료 루퍼트 게틴(Rupert Gethin)에게 감사하고 싶다. 그는 이 분야에 매우 해박하다. 그의 저서 『The Foundation of Buddhism』(1998)은 대부분의 불교 전통과 공통된 불교교설과 수행 분야에서 계속적인 독서를 위해 강력히 권장된다. 본서의 초판에서 나는 나의 형제인 피터 윌리엄스(Peter Williams)에게 그 책 앞부분의 초고에 대한 그의 코멘트와 격려에 대해, 그리고 그의 컴퓨터 작업에 대해 감사했다. 시간이 지나도 고마움은 변하지 않는다. 나는 또한 앤서니 트라이브(Antony Tribe)와 알렉산더 윈(Alexander Wynne)이 이 책을 만드는 데 기여한 바에 대해 감사와 고마움을 표하고 싶다. 두 사람은 그들의 박사학위를 마치기 전에 원래 브리스톨 대학의 불교학센터에서 우리와 함께 학부생이었으며, 불교학 분야에서 그들 자신의 저작을 출판했다는 것은 특별한 자부심의 원천이다.

옮긴이의 글

『인도불교사상』은 『Buddhist Thought: A Complete Introduction to Indian Tradition』의 온전한 번역이다. 이 책의 초판은 2000년에 출판되었고 2012년에 전면적으로 개작된 개정판이 출판되었다. 개정판은 초판 이후 서구학계에서의 불교학 연구의 발전을 충실히 반영하고 있다. 초기불교 전문가인 알렉산더 윈(Alexander Wynne)의 참여로 인해 제1장과 제2장에 새로운 내용이 추가되었고, 제3장에서 제6장까지는 중관학 전문가인 폴 윌리엄스(Paul Williams)에 의해 보충되었으며, 마지막 제7장은 탄트릭 불교 전문가인 앤서니 트라이브(Anthony Tribe)에 의해 보완되었다.

이미 저자의 서문에서 보듯이 이 책은 영국의 대학생들이 인도불교사상을 철학적인 면에서 이해할 수 있도록 저작한 것이다. 윌리엄스는 인도불교의 철학적 핵심이 나타난 현상과 존재 사이의 간격에 대한 인식이며, 그런 의미에서 근원 존재에 대한 있는 그대로의 인식, 즉 여실지견如實知見이 인도불교 교설의 바탕에 깔린 동기라고 생각한다. 그리고 여기에서 불교의 존재론적 관심과 이를 인식론적으로 해명하려는 이론적이며 경험적 탐구가 시작되었다고 여긴다. 저자의 이런 관점은 책 전체를 통해 불교사상의 발전 속에서 각 학파들의 사상을 논의할 때 일관되게 나타난다. 따라서 독자들이 이 책을 읽는다면, 적어도 이런 일관된 관점을 통해 불교사상에 대한 명확한 이미지를 형성할 수 있다고 생각된다. 물론 이런 분명한 이미지가 과연 불교사상이 진정으로 말하고자 하는 것인가에 대한 판단은 각각의 독자들의 몫이겠지만, 하나의 뛰어난 불교사상 입문서로서의 역할은 충분히 할 수 있다고 믿는다.

초판을 번역할 때 여러 가지 우여곡절이 있었다. 그리고 시간에 쫓긴 나머지 적지 않은 오역이 보였고, 오자와 탈자도 많아 독자들의 이해에 장애를 주었을 것이라 생각하며 이에 죄송한 마음이다. 특히 제7장 인도의 탄트릭 불교에 대한 서술에서는 인도밀교의 가르침에 대한 충분한 이해 없이 번역되었다.

이에 개정증보판의 번역에서는 인도밀교 전문가인 방정란 박사에게 제6장과 제7장의 번역을 위촉했다. 방정란 박사는 독일 함부르크 대학 인도학연구소에서 인도밀교의 전문가인 아이작슨(Harunaga Isaacson) 교수의 지도로 2018년 박사학위를 받은 매우 유능한 소장학자이다. 그녀의 손에서 이루어진 제6장과 제7장의 번역은 이 번역서의 신뢰성을 한층 높여줄 것이다.

독자들의 인도불교사상의 이해에 이 책이 조금이라도 도움이 되었다면 번역자로서 더할 나위 없는 기쁨이 될 것이다. 마지막으로 원저의 재판을 새롭게 번역하도록 위촉해 주신 도서출판 씨아이알 사장님 이하 편집자님께 진심으로 감사드린다.

2022년 8월

방정란 · 안성두

차 례

제1장

♦

붓다의 교학적 입장과 그 맥락

제1장

붓다의 교학적 입장과 그 맥락

1. 서론

'Buddhism'과 거기서 파생된 'Buddhist' 같은 말은 말할 나위도 없이 영어 단어이다. 그것들은 'Buddhismus'나 'Bouddhisme'와 같이 다른 유럽 언어에서도 비슷하게 사용되고 있는데, 영어(독일어, 불어) 사용자에게 Buddha에서 파생된 '-ism'을 가리킨다. 불교도에게 'Buddha'(산스크리트어/팔리어: 깨달은 자)란 사물의 궁극적 진리를 완전히 깨닫고, 그럼으로써 스스로 모든 형태의 고통으로부터 벗어나 자유롭게 된 존재이다. 그는 또한 최고의 자비심에서 타인들에게 스스로 해탈을 얻을 수 있는 방법을 가르친 분이다. 그렇지만 붓다들은 그렇게 태어나지 않았으며, 영원한 천신(또는 유일신)으로 여겨지지도 않았다. 그들은 언젠가 (수많은 전생에) 우리들과 같은 존재였다. 그들은 스스로의 노력을 통해 추구했고 붓다가 되었다. 붓다는 '여실하게 알기' 때문에 우리들보다 뛰어나다. 반면에 우리는 혼란과 무명(avidyā/avijjā) 속에 빠져 있고, 따라서 불행하고 괴로워한다.

'Buddhism'이란 영어 단어에서 접미사 '-ism'은 어떤 특정한 시기나 그 이후에 붓다로부터 유래했거나 또는 유래되었다고 주장되는 수행과 이해(신념), 경험과 통찰(vision) 등을 가리킨다. 불교도가 되는 최소한의 조건은 불교 전통들에 의해 규정된 방식에 따라 세 차례 '삼보三寶에 귀의'하는 것이라고 설해진다. 가장 넓은 의미에서 이 '귀의'는 첫째 붓다를 궁극적인 정신적 귀의처, 즉 (유일한) 최종적인 피난처로 확고히 받아들이는 것이다. 그는 가장 심오하고 원만한 방식으로 어떻게 사물이 존재하는지를 인식했고 가르쳤으며, 사물의 진실한 본성의 오해와 혼란 속에서 살아가는 데에서 나오는 고통과 좌절로부터 벗어났다. 다음으로 다르마(Dharma)에 귀의하는 것이다. 다르마는 사물의 있는 그대로의 상태를 의미하며, 또한 붓다가 설한 것처럼 어떻게 사물이 여실하게 존재하는지에 대한 이해를 가장 심오한 의미에서 자신의 존재 속으로 통합하려는 방법이다. 마지막이 수행자들의 공동체인 승가(Sangha)에 귀의하는 것으로, 그들은 여러 다른 방식과 다른 수준에서 다르마를 따르고 수행하고자 한다.

그중에서 가장 중요한 것은 붓다로부터 유래한 다르마를 수행하고, 사물을 있는 그대로 보게 된다는 관념이다. 물론 믿음이 모든 정신적인 수행도의 필수 조건이며 불교도들도 이를 부정하지는 않지만, 불교도들은 믿음 자체에 일차적인 가치를 부여하지 않고 수행도를 실천하고 사물을 올바로 인식하는 앎에 일차적 지위를 부여한다. 단지 믿음만으로는 어떤 중요한 가치도 없다. 이런 직접적인 '여실한 앎'은 그것을 보는 사람을 대부분의 사람들이 벗어나고자 하는 경험들로부터 해방시킨다고 간주된다.

그런 경험들은 고통이나 좌절, 불안과 슬픔과 같은 것으로서, 불교는 이를 고통이나 불만족스러움, 불완전함 등의 매우 넓은 의미를 가진 산스크리트어 duḥkha(Pāla: dukkha)로 표현하고자 했다. 그러나 해탈한 사람은 모든 고통스러운 경험들로부터 최종적이고 완전히 벗어났다. 따라서 불교는 구제론이다. 다른 말로 하면, 불교는 부정적이고 불유쾌하며 바람직하지 않은 상태와 경험으로부터 수행자들을 해탈시키고 벗어나게 하는 데 관심이 있다. 대조적으로 해탈한 상태는 긍정적이고 유쾌하고 바람직한 상태이다. 따라서 불교의 일차적인 지향점은 개인의 변화될 수 있는 경험을 향하고 있다. 왜냐하면 개인의 경험이 아닌 그러한 경험들은 존재하지 않기 때문이다. 따라서 불교는 무엇보다 마음에, 보다 정확히 말하면 심적 변화에 관심을 갖는다. 왜냐하면 어떤 의미에서 마음에 의존하지 않는 경험이란 존재하지 않기 때문이다. 이런 심적 변화는 거의 틀림없이 자신에 의해서 초래되며 자신에 의존한다. 왜냐하면 자신의 적극적인 참여나 개입 없이 지신의 마음의 변화는 있을 수 없기 때문이다. 그러므로 불교는 하나의 높은 수준의 개인적인 해탈의 길이다. 사람은 자기 자신의 마음에 묶여 있으며, 그가 해탈하여 최고의 정신적 목적을 성취하는 것도 바로 자신의 마음의 작동에 의해서이다. 변화란 불교도들이 부정적으로 여기는 심적 상태로부터 불교도들이 긍정적으로 여기는 상태로 변화하는 것이다. 즉, 그것은 모든 함축성과 파급효과를 포함해 탐진치貪瞋癡로부터 이 세 가지 부정적 상태와 반대되는 무탐, 자애, 통찰력 혹은 지혜의 상태로 변화하는 것이다. 우리를 해탈시키는 것은 바로 이것이다. 이런 부정적이고 긍정적인 상태가 의미하는 것이 무엇이고, 여실지견이란 무엇이며, 어떤 종류의 '봄'(seeing)이 필요하고, 또 어떻게 그것을 일으키는가 하는 것이 불교의 내용을 구성할 것이다.[1)]

나는 '불교'(Buddhism)에 관해 언급하면서, 서구어를 사용하는 사람들이 붓다로부터 파생된 '-ism'에 의해 무엇을 고려하는가를 보여주었다.

어떤 한 사람이 정통 기독교도이면서 동시에 무슬림이나 힌두교도일 수는 없지만, 그가 불교도이면서 동시에 힌두의 신들이나 자신의 문화 속에서 토착신에게 의지하고 공양을 올리는 것은 전적으로 가능하다. 아마도 대부분의 불교도들이 이렇게 행할 것이다. 왜냐하면 불교도가 된다는 것과 기독교인이나 무슬림이 된다는 것은 다르기 때문이다. 그리고 만일 불교도가 되는 것과 기독교도나 무슬림이 되는 것이 다르다면, '종교'로서의 불교와 기독교는 다르다. 리처드 곰브리치(Richard Gombrich)는 불교가 대체 무엇인지를 간결하게 요약하고 있다.

> 불교도들에게 종교란 순전히 해탈로 가는 과정을 구성하는 이해와 실천, 다시 말해 다르마(Dharma)의 이해와 실천에 관한 문제일 뿐이다. 그들은 구원, 또는 보다 인도적 개념을 사용한다면 해탈을 탐·진·치의 완전한 소멸이라고 생각한다. 그것을 얻는 것은 모든 인간존재에게 가능하며, 그것이야말로 궁극적으로 획득할 만한 가치가 있는 유일한 것이다. 왜냐하면 그것은 무상하지 않은 유일한 행복이기 때문이다. 한 번 해탈을 성취한 사람은 신체가 지속되는 한 생존하지만, 죽은 후에는 다시 재생하지 않는다. 따라서 그는 다시는 고통을 당하거나 죽을 필요가 없다. 불교도들에게 종교란 이런 해탈을 향한 탐구의 문제일 뿐이다.
>
> (Gombrich 1988: 24)

---

1) 따라서 불교에서 무엇이 진행되었는가를 알기 위한 '요술 열쇠'는 다음과 같다: 불교를 공부하면서 새로운 것이나 아주 이상한 것에 직면할 때마다 다음과 같이 질문해보자. '그것을 지키고 실천하는 불교도가 어떻게 그렇게 하는 것이 부정적인 심적 상태를 감소시키거나 제거하고 긍정적인 심적 상태를 증대하거나 성취시킨다고 생각하게 되었을까?

전통적으로 불교도들은 우주에는 인간이 볼 수 있는 것보다 더 많은 존재들이 있다고 생각한다. 비록 불교도들이 어떤 의미에서 인격적인 존재로 간주될 수도 있는, 전지전능하며, 지선하고, 근원적으로 존재하는 창조주로서 이해되는 정통 기독교에서 이야기하는 신의 존재를 완전히 부정하고 있지만, 힌두의 신들의 존재를 부정하지는 않는다. 그렇지만 힌두의 신들은 붓다가 아니기 때문에 불교도는 그들에게 귀의할 수 없다. 다시 말해, 그들은 깨달은 존재가 아니다. 이는 힌두의 신들이 그들의 권능에도 불구하고 사물을 여실하게 보지 못한다는 의미이다. 그들은 있는 그대로 보지 못한다. 능력은 필연적으로 통찰력을 포함하지 않으며, 불교도에게 힌두의 신들은 붓다와는 달리 해탈적 통찰이 없다. 따라서 그들은 해탈하지 못하였기에 궁극적으로는 마찬가지로 고통을 받는다. (업 때문에 우리가 인간으로 태어났듯이) 그들도 과거의 선행으로 인해 신들로 태어났으며, 신들 또한 (우리 인간과 마찬가지로) 죽은 후 다른 곳에서 재생한다. 우리는 내생에서 신으로 태어날 수 있으며, 아마도 불교도들은 과거 무한한 시간 동안 수많은 전생을 살았을 것이라고 생각한다. 신들은 인간으로 (또는 윤회는 동물이나 벌레, 아귀 혹은 끔찍한 지옥을 포함하기에 더 나쁜 상태로) 태어날 수 있다. 하지만 이런 관념은 힌두의 신들의 존재를 부정하는 것은 아니다.[2] 그리고 힌두의 신들이 인간의 삶과 활동에 강력한 영향력을 행사할 수 없다는 의미도 아니다. 따라서 불교도가 그들의 호의를 받기 위해 힌두의 신들에게 공양을 올리는 것에 어떤 문제도 없다.

여러 불교국가에서 신들과 교감하고 그들의 호의를 요청하는 하나의

2) 우리가 알 수 있는 한에서, 천신들에 대한 붓다의 견해가 무엇인가에 대해서는 Norman(1990-6; 1991, 논문 31, 44) 참조.

특별한 방법이 있다. 바로 신내림을 경험하는 것이다. (스리랑카, 태국, 미얀마 혹은 티베트와 같은) 많은 불교국가나 (중국과 일본과 같은) 불교의 강한 영향을 받은 국가에는 불교도이면서 또한 일종의 종교적 황홀경에 빠지는 사람들이 있다. 이런 황홀경에서 그들은 예를 들어 조언이라든가 의학적 도움을 주는 신들에 의해 지배된다. 그 신이 최종적 해탈에 이르는 열쇠를 쥐고 있다고 생각하여 그 신에 귀의할 때, 비로소 문제가 생겨나는 것이다. 신들은 단지 세간적인 것(laukika)과 관계되어 있지만, 붓다는 붓다의(깨달은) 상태라는 점에서 또 다른 중생을 돕고자 하는 것이 그의 궁극적 관심이라는 점에서 세간적인 것을 초월해(lokottara) 있다. 따라서 정통 기독교도가 힌두의 신들에게 공양을 올리며 그들에게 기도하고, 그들에게 요청하거나 황홀경에 들어 그들에 의해 지배되는 것을 기대할 수 없지만, 불교도들이 이런 일들을 하는 것은 불교에서 모순된 것이 아니다. 불교도에게 불교도가 된다는 것은 기독교도에게 기독교도가 되는 것과는 같은 현상이 아니다. 각 종교마다 배타적인 정도가 다르다. 이것은 '불교적 혼합주의'나 '대중 불교' 혹은 '불교적 관용'의 예는 아니다. 모든 종교가 우리에게 가장 친숙한 종교나 또는 종교들에 근거하여 우리가 기대하는 방식대로 작동하지는 않는다. 랜스 커신스(Lance Cousins)는 다음과 같이 말한다.

> 순수한 불교가 존재했고, 그것이 다른 종교들과 절충적으로 혼합되어 왔고, 심지어 후대의 형태에서 오염되고 타락되었다고 상정하는 것은 오류이다. 그러한 순수한 불교는 결코 존재하지 않았다. 불교는 항상 다른 종교적 믿음과 실천수행들과 공존해 왔다. 불교는 인간의 모든 의례 행위의 영역에 관여하고자 하지 않았다. 왜냐하면 그런 많은 것들은 '수행도에 도움이 된다'고 간주되지 않았다. 즉, 정신적 노력과 무관한 것이다. 불교의 강점은 바

로 이러한 완결되지 않음에 놓여 있을 것이다. … [토착 신과 접촉하는 것과 같은 다른 수행들은] 불교의 중심목표를 잃지 않는 한 원한다면 행해질 수도 있을 것이다. … [구제론적 목표로서의 해탈에 관련되는 한, 그것들은] 무관하다. (Cousins 1998: 372)

우리가 아는 한, 이것은 불교에서 항시 타당했다. 그것이 달랐거나 다르다고 기대되었던 과거의 어떤 시기도 없었다. 인도의 위대한 호법왕 아쇼카(BCE. 3세기)는 불교 승려가 아닌 다른 종교의 수도자에게도 보시를 했다. 그는 의심할 여지없이 비불교적인 신들에게도 공양을 했다.[3] 고대시기에 붓다를 만난 재가자들이 감명을 받아 그에게 귀의했을 때 이들이 다른 종교의 수행자나 신들에 대한 공양을 완전히 그만두었다고 생각할 필요는 없다. 따라서 그들이 사는 마을에서 그들은 (만일 현대의 서양적 분류방식을 사용해야만 한다면) '불교도'일 뿐만 아니라 '힌두교도'였다.

그러나 만일 그들이 붓다를 깨달은 존재로 보고 붓다의 가르침이 다른 종교 지도자들의 가르침과 다르다는 것을 진실로 보았다면 그들은 더 이상 진리와 해탈의 궁극적 원천으로서 다른 종교에 귀의하지 않을 것이다. 그들은 붓다를 삶의 궁극적 관심을 위해 신뢰할만한 스승이자 임종 시에 도움받기를 가장 원하는 아주 특별한 스승으로 생각하게 될 것이다.

---

3) Gombrich(1988: 29) 참조. 아쇼카왕과 불교에 대해서는 Norman(1997: 7장) 참조.

2. 바라문교의 교학적 배경

앞에서 소개한 리처드 곰브리치의 말을 통해 우리는 불교에서 말하는 종교는 '해탈의 길로 이끄는 것'임을 보았다. 반면에 힌두의 신들에게 공양을 올리는 것은 그들이 귀의할 만한 존재든 아니든 간에 그럼에도 실제로 '종교적'인 것이라고 생각할 수 있다. 그러나 '종교'에 의해서 곰브리치(혹은 그의 스리랑카인 조력자)는 여기서 오로지 불교를 의미하고 있다. '종교'는 불교이고, 불교도에게 불교는 구제, 즉 해탈에 이르게 하는 것으로 특징지어진다. 앞에서 곰브리치가 '종교'라고 번역한 말은 교법을 의미하는 'sāsana'이다. 이 단어는 스리랑카의 상좌부(Theravāda) 불교전통에서 '단지 교설로서의 불교가 아니라 역사에서의 하나의 현상으로서, 전체적 종교로서의 불교'를 가리키는 데 사용된 용어이다(Gombrich 1988: 3). 역사 속에서 하나의 종교로서의 불교는 고대 인도에서 성립되었고, 역사 속에서 형성된 진리로서의 불교 자체는 비종교의 힘 때문에 결국 소멸할 것이라고 불교도들은 생각했다. 실제로 불교는 티베트와 중국, 일본, 동남아시아로 전파되었지만 인도 본토에서는 13세기에 소멸하였다. 그러나 결국 모든 불교는 이 세상에서 소멸할 것이다. 그렇지만 미래의 어떤 시점에서 교법(sāsana)은 또 다른 붓다에 의해 다시 확립될 것이다. 그렇다면 이 시기에 인도에서 불교의 확립은 사실상 이미 이전에 존재했던 교법의 재확립이다. 이렇게 불교는 끊임없이 이어질 것이다.

각각의 시기에 교법의 확립은 끊임없는 재발견을 통해서 이루어진다. 그렇다면 매 시기에 무엇을 재발견했는가? 답은 다르마(Dharma)이다. 이 말은 서구에서 '불교'라는 명칭을 위해 불교도들에 의해 종종 사용된 용어이다. 그러나 '다르마'는 단지 종교로서의 불교만을 가리킬 수는 없다. 왜냐하면 다르마는 붓다와 승가와 더불어 불교도들이 귀의한 두 번째 삼보이다. 종교로서의 불교는 삼보 모두를 포함해야만 한다. 나아가 다르마는 내용으로서의 불교로서, 종교로서의 불교가 실제로 가르쳤던 것이다. 그것은 어떻게 사물이 여실하게 존재하며, 또 여실지견을 일으키기 위해 어떻게 수행해야 하는가에 대한 진리로 구성되어 있다. 교법의 부분으로서 표현되었을 때, 다르마는 붓다의 가르침으로, 그럼으로써 불교의 가르침으로 이루어진다. 어떤 것들이 진실로 실재한다는 것은 불교에서 핵심적인 주장이다. 불교도들은 대부분의 사물들이 인과적 흐름의 부분을 이루며, 물질은 결코 자신의 진정한 자아(ātman)가 아니라는 것은 진실이라고 주장한다. 또한 불교도들은 깨닫지 못한 상태는 궁극적으로 불만족스럽고 충족되지 못한 상태로서 고통이며, 또한 어떤 의미에서 인격적 존재로 여겨질 수 있는, 전지전능하고, 지선하며, 근원적으로 존재하는 창조주는 존재하지 않는다고 주장한다. 예를 들어 붓다가 설하신 팔정도가 집중된 의식 상태에서 수습될 때 결국 열반(nirvāṇa, Pāli: nibbāna)으로 이끌게 되듯이, 어떤 수행이 실제로 결과를 산출한다는 것도 불교에 핵심적인 것이다. 이것들은 객관적인 진리로서, 항시 진실이며, 그것들의 진리성은 붓다의 존재 여부나 그것을 실현시킬 수 있는 어떤 존재자의 존재와는 완전히 독립해 있는 것이다. 그것들이 붓다의 가르침의 내용인 다르마를 구성한다. 불교는 절대적인 진리의 객관성에 근거하여 확립되었으며, 불교도들은 다르마는 절대적으로 객관적인 진리라고 주장한다. 나라다(Nārada) 장로는 다음과 같이 말하고 있다.

> 불교를 표시하는 원래의 팔리어는 담마(Dhamma)이다. … 담마는 실제로 있는 것이다. 그것은 실재성의 교설이며, 고통으로부터 벗어나는 수단인 동

> 시에 해탈 자체이다. 붓다들이 출현하든 출현하지 않든, 담마는 영원히 존재한다. 인간의 무지한 눈으로부터 은폐된 담마를 깨달은 자가 붓다이며 깨달은 자인 그가 나타나 자비롭게 세상에 그것을 보여주는 것이다.
>
> (Nārada 1980: 162)

'다르마'라는 말은 불교가 발생한 인도문화의 맥락에서 중요한 의미를 갖고 있다. 자신의 가르침에 '다르마法'라는 용어를 사용함으로써 붓다는 어떻게 사물이 궁극적으로 존재하는지를 그가 진실로 알고 있고 가르쳤다는 사실을 사람들에게 보여주도록 의도된 용어를 선택했다. 그것에 대해 타인들이 동의하지 않는다면, 그들은 다르마를 가질 수 없다. 그들이 가르치는 것은 그런 점에서 다르마의 부정인 비법非法(adharma)이다. 붓다의 다르마인 가르침을 낳은 인도의 맥락을 보다 자세히 살펴보자.

먼저 이 책에서 그리고 초기 인도종교에 관한 다른 학자들의 저서에 등장하는 '바라문교'(Brahmanism)와 '바라문교적'(Brahmanical)이라는 단어에 주목해보자. 우리는 붓다가 '힌두 개혁자'였다고 일반적으로 언급되고 있음을 여전히 발견하지만, 이는 오해의 소지가 많다. 붓다는 역사적으로 힌두교에서 매우 중요시되었던 바라문의 사회적 계층 및 그들의 원초적인 종교문헌인 베다의 최종적인 종교적 권위를 직접적이든 간접적이든, 혹은 이념적이든 간에 인정하지 않았다. 쉬바신(Śiva)이나 비슈누신(Viṣṇu)의 중심적 위치, 상카라(Śaṃkara)의 불이론적 베단타의 관념들, 바가바드기타(Bhagavad Gītā)의 주제, 밀교수행 등 오늘날 우리가 '힌두교'라고 부르는 대부분은 붓다의 시대 이후에 발전된 것이다. 현대 인도에서 최근 수행되는 힌두교와 같은 어떤 것도 붓다의 시대에는 존재하지 않았다. 실제로 앞에서 언급된 특징들 중의 몇몇은 긍정적이건 부정적이건 간에 불교의 영향을 받은 것이다. 붓다의 시대에 실제로 성행했던 종교적 수행과 믿음은 초기불교 경전에 등장하는 2종의 수행자 그룹과 많은 점에서 근본적으로 관련이 있지만, 양자는 서로 매우 다르다. 하나는 브라흐마나(brāḥmaṇa)로서 바라문으로 음사된 그룹이며, 다른 하나는 사회적 삶을 포기한 사문(śramaṇa/Pāli: samaṇa) 그룹이다. 바라문들의 종교는 현저하게 재가자의 종교였고, 그 기원과 관심에서 볼 때 마을사람들의 종교였으며, 조화롭게 질서지어진 사회적 관계들과 '현세와 내세에서의 번영'에 초점을 맞춘 일련의 종교적 행위였다. 그것은 약 BCE. 1000년 무렵에 현재 카스피 해 근처의 남부 러시아의 초원지대에 있었다고 추정되는 원 거주지에서 인도로 이주했던, 인도유럽어를 구사하는 아리안족의 종교적 관념과 실천에서부터 발전했다. 아리안족은 말이 끄는 전차와 초기 형태의 산스크리트어, 그리고 그들이 인도에 도착하기 이전이나 도착한 직후에 성립되었을 것이라고 추정되는 인도종교 최초의 (아직 기록되지 않고 구전된) 문헌인 리그베다(Ṛg Veda)를 가지고 왔다. 여러 세기를 지나면서 베다 경전들은 (여전히 기록되지 않은 채) 증대되었고, 마침내 붓다의 시대에 『리그베다』, 『사마베다』(Sāma Veda), 『야주르베다』(Yajur Veda) 그리고 (다른 것보다 약간 늦게 생겨난) 『아타르바베다』(Atharva Veda)의 네 개의 베다 모음이 이루어졌다. 이들 베다 문헌의 각각은 게송偈頌(saṃhitā), 제의서(brāhmaṇa, 이는 바라문 사제와 동일한 철자이지만 혼동하지 말 것), 『산림서』(āraṇyaka), 그리고 마지막으로 특히 바라문 사상의 보다 비의적이고 철학적 측면을 설명하는 『우파니샤드』(upaniṣad)로 분류된다. 베다 종교는 주로 희생제의의 봉헌에 근거하고 있었고, 제의서는 희생제의의 집전을 위한 상세한 규정들을 제시하고 있는데, 그 규정들은 시대가 지나면서 더욱 복잡해졌다. 처음에 희생제의는 일반적으로 불교 문헌에서 샤크라(Śakra/Sakka)로 알려진 인드라(Indra)와 바루나(Varuṇa), 제의에서 불의 신인 아그니(Agni), 태양신

수리야(Sūrya) 등과 같은 다양한 베다의 신들에게 그들의 보답을 기원하며 올리는 공양으로서 행해졌다. 그러나 적절한 진언(mantra)을 정확히 발성하는 등 올바르게 수행된 희생제의의 요구는 반드시 대응하는 보답을 낳아야만 한다는 방식으로 희생제의에 대해 점차 신들은 반드시 보답해야만 한다는 사고로 발전했다. 바로 우주 자체가 최초의 제사(유명한 '原人 찬가', Puruṣasūkta, 리그베다, 10: 90)로부터 생겨난 것처럼, 제사를 통해 우주가 계속 유지되는 것이다. 희생제의는 아주 중요한 행위(karman, 고전 범어에서는 이 단어는 단지 '행위'를 의미)이다. 자신의 의례적이고 사회적인 지위에 부합하는 올바른 행위(karman)라는 의무로부터 그 행위의 과보는 현생에서나 내생에서 반드시 뒤따르게 된다. 그렇다면 어떻게 유의미한 행위가 결과를 낳는 것일까? 처음에 『산림서』에서, 그 다음으로 『우파니샤드』의 많은 부분에서 희생제의의 의미에 관한 사유, 그리고 『우파니샤드』에서 타세와 관련된 구원론으로 수렴하는 정교한 비의적인 해석을 발견한다. 여기 희생제의의 공간에서 수행되는 행위는 제주가 대우주에서 일어나기를 원하는 행위와 사건에 마술적으로 대응하는, 마술적으로 동일한 소우주로서 간주된다. 이 비의적 해석은 마술적 동일화의 그물로서, 그것을 아는 것은 동일시된 것에 대한 지배력을 부여하는 것이다. 그리고 초기 우파니샤드의 산문에서 노래된 가장 중요한 동일화는 문자적으로 모든 것의 가장 장대한 동일시로서 나타났다. 우주의 핵심이며, '계절과 해가 바뀜' 등 모든 현상과 사물이 변할 때에도 그대로 남아 있는 것은 우주적 본질로서의 브라흐만(Brahman, 기원은 '사제의 힘')이다. 진리이며, 불변하고, 자신의 정수이고, 우리가 '나'라고 할 때 항상 지시되는 영원한 것이며, 또한 모든 신체적이고 정신적 변화를 초월한 것이 개체의 본질로서의 자아(ātman)이다. 그리고 (초기의 산문 『우파니샤드』에서 비밀 중의 비밀로 간주된) 아트만은 사실 브라흐만과 동일한 것이다. 실로 개체의 본질은 우주적 본질과 동일하다. 우주의 근원적 본질에 대한 탐구는 인도에서 이미 초기에 정점에 이르러 내면으로 방향을 틀고 바뀌고 있었다. 초기의 우주론과 물리학은 심리학으로 수렴되고 있다. 마술적 동일화는 인도에서 정신적 관념론과 개인의 경험에 압도적인 중요성을 부여하면서 진행되기 시작했다. 『브리하드아란야카 우파니샤드』(Bṛhadāraṇyaka Upaniṣad 1: 4: 10/15)는 다음과 같이 말하고 있다.

> 만일 어떤 사람이 이와 같이 '나는 브라흐만이다'라고 안다면 그는 전체 세계가 된다. 신들조차도 그것을 방해할 수 없다. 왜냐하면 그는 그들의 자아(ātman)가 되었기 때문이다. 그러므로 어떤 이가 '신은 신이고 나는 다른 자이다'라고 생각하면서 신을 숭배한다면, 그는 이해하지 못하고 있다. …
> 그가 그의 세계로서 숭배해야 하는 것은 오직 그의 자아일 뿐이다. 만일 어떤 사람이 그의 세계로서 그의 자아를 숭배한다면, 그를 위한 의례는 결코 소멸하지 않을 것이다. 왜냐하면 바로 그의 자아로부터 그는 원하는 것은 무엇이든지 산출할 것이기 때문이다.
>
> (Olivelle 1996: 15/17)

이것이 최종적인 마술적 동일화이다. 자신을 앎에 의해, 그럼으로써 자신을 제어함에 의해, 그는 모든 것을 알고 모든 것을 조절하는 것이다.

그리고 죽은 후에는 더 이상 '오고 감'이 없으며 재생도 없을 것이다. 재생의 개념은 초기 베다 문헌에서는 발견되지 않는다. 오히려 바라문들에 의해 제정된 대로 올바르게 제사를 행하고 자신의 사회적 의무를 다하는 것이 '현생과 내생에서의 번영'으로 인도된다. 여기서 내생은 영원히 지속된다고 기대되는 일종의 천상계(pitṛloka, 조상들의 세계)로 여겨진다. 재생의 개념이 언제 어디서 유래했는지는 확실치 않다. 여기서는 더 이상 언급하지 않겠다.[4] 그러나 사후의 존재가 현생에서의 '중요한 (제사적) 행위(karman)'와 연결된 한에서, 유한한 행위의 결과인 내생 또한 유한한 것으로 보장될 수 없었을 것이다. 시대가 지남에 따라 이 관념은 '조상의 세계'에 머무르고 있는 조상들은 후손들이 그들을 위해 계속해서 지내는 희생제의의 공양 덕분에 계속 살아있게 된다는 관념이 발전했다. 그렇지만 이런 공양이 계속해서 영원히 유지될 수 있을까? 사후의 상태에서조차 다시 죽고 다시 태어나게 된다. 재생再生의 관념과 더불어 재사再死가 일어나고, 영원히 계속해서 죽는다는 관념이 베다의 현자들에게 가장 큰 두려움이었던 것으로 보인다. 재생은 반드시 문제가 되지는 않았지만, 다시 죽는다는 것은 커다란 문제이다. 왜냐하면 이 체계는 폐쇄적이기 때문에 그곳에서 벗어날 어떤 길도 제공해 주지 못하는 것처럼 보이기 때문이다. 또 다른 희생제의를 수행하는 것은 이 문제를 영속시킬 뿐이었다.

구제론적 관심과 베다의 재가자의 희생의례 사이의 넓은 관련성의 논의는 복잡한 것이다. 결론적으로 (바라문과 연결된) 재가자의 종교적 세계와 재가상태를 완전히 포기하고 재사의 심연으로부터 벗어날 수 있을 다른 대안적인 수행방식을 탐색하려는 것 사이의 대립이 점차 명료하게 되었다. 붓다는 인도의 종교적 무대에서 매우 구별되는 사회적 그룹의 일원이었다. 그는 출가한 수행자로서 해탈적인 진리를 알기를

4) 환생에 대한 믿음은 작은 크기의 사회에서 공통적으로 발견되며(Obeyesekere 2000), 고대 인도에서 그런 믿음의 발전은 아마도 놀라운 일이 아닐 것이다. Jurewiz(2004)는 재생에 대한 믿음은 리그베다(Ṛg Veda X.16.5)의 장례의례에서 발견될 수 있다고 최근 주장했다. 초기불교와 관련해 이 최근의 연구의 의의에 대해서는 Gombrich(2009: 30ff) 참조.

추구했다. 그의 삶은 촌락과 도시 속에서 사회적 의무를 수행해야 하는 결혼한 재가자의 삶에서 벗어나 있었다. 따라서 그는 사문(노력하는 자)으로 알려진 집단의 일원이었다.

과거에 학자들은 붓다가 해탈도에 관한 전형적인 초기 바라문 문헌인 『우파니샤드』의 사상에 친숙했는지, 그리고 그 문헌들에 의해 긍정적이건 부정적이건 간에 영향을 받았는지에 대한 어떠한 증거가 있는지를 놓고 논쟁을 벌여왔다. 뿌상(Louis de la Vallée Poussin)은 붓다가 우파니샤드에 대한 어떤 지식도 갖지 않았다는 일단의 견해에 동조했다 (Gombrich 1996: 14; Norman 1997: 26). 그러나 만일 우리가 현재 붓다의 열반 연도에 대해 새롭게 떠오르는 의견에 따른다면, 최초의 『우파니샤드』는 붓다의 시대보다 몇 백 년 빠를 것이다. 패트릭 올리벨(Patrick Olivelle)은 최근 완성한 그의 귀중한 『우파니샤드』 번역의 서문에서 『브리하드아란야카』와 『찬도갸 우파니샤드』(Chāndogya Upaniṣad)는 가장 초기에 성립된 것으로 '거의 확실히 불교 이전인 BCE. 7~6세기에 성립되었고 오차가 있더라도 1세기 정도 차이가 있다'(Olivelle 1996: xxxvi)고 언급하고 있다. 따라서 붓다는 초기의 산문 『우파니샤드』에 대해 알고 있었을 뿐만 아니라 그것들의 현저한 가르침을 배울 기회도 있었을 것이다. 고전 우파니샤드의 다른 것은 붓다의 재세 시나 그 직후에 편찬되었을 것이고, 아마 불교에 의해 영향 받았을 것이다. 곰브리치는 최근 (직접 붓다로 소급될 수도 있고 그렇지 않을 수도 있는) 최초의 불교경전에서 불교도들이 『우파니샤드』에 대해 직접적으로 조롱하거나 비판했음을 보여주고자 시도했다. 그의 견해는 다음과 같다.

> 붓다의 핵심적 가르침은 오래된 『우파니샤드』, 특히 『브리하드아란야카』의 핵심적 가르침에 대한 반응에서 나왔다. 붓다는 그가 받아들인 몇 가지

점에 있어서는『우파니샤드』의 교리에 동의했지만, 다른 점에 대해서는 비판했다.

(Gombrich 1996: 31; Norman 1990-6: 논문 99; 1997: 26 ff 참조)

이 견해는 중요한 『브리하드아란야카 우파니샤드』의 어떤 부분들, 특히 야즈냐발캬(Yajñavalkya)에 귀속되는 3-4권은 마가다(Magadha) 왕국과 인접한 북인도 지역인 비데하(Videha) 왕국에 위치해 있고, 사문의 사회현상과 강력히 연관되었다는 사실에 의해 지지될 수도 있다.[5] 사문으로서 그리고 깨달은 스승으로서의 붓다의 이력의 다수는 이 지역에 집중되었기 때문에 붓다의 가르침이 『브리하드아란야카 우파니샤드』에 대한 반응이었다는 곰브리치의 주장은 적어도 역사적 증거와 상응한다.

우리가 '바라문교'(Brahmanism)로서 관찰했던 것을 학자들은 희생제의의 베다 종교로 언급한다. 왜냐하면 이것은 베다 문명권의 사회적이고 종교적 용어에서 바라문의 중심역할을 보여주기 때문이다. 바라문들은 베다사회에서 이념적으로 지배적인 그룹을 형성했다. 그들은 과거에도 그리고 현재에도 세습적 엘리트이다. 바라문은 출생에 의해서 결정되지 활동에 의해서 결정되지 않는다. 우리가 아는 한, 베다 문헌은 거의 전적으로 바라문들에 의해 저술되었고, 그들은 희생제의의 집전에서

---

5) 이 두 왕국은 대략 현대 인도의 서부 Bihar주와 동부 Uttar Pradesh주에 해당된다. Witzel (1987: 201)은 동쪽의 Videha왕국은『브리하드아란야카 우파니샤드』의 Yajñavalkya 책들에서만 언급되고 있다고 주석하는 반면에, Olivelle(1999: 65)은 이 책들은 Videha가 마찬가지로 바라문의 학문중심지임을 보여주기 위해 베다의 중심지인 Kuru-Pañcāla 출신 바라문에게 적대적이라고 지적한다(Witzel 1987: 189-9 참조). 그렇다면『브리하드아란야카 우파니샤드』의 Yajñavalkya 부분들은 베다의 중심지인 Kuru-Pañcāla의 동부에서, 또 Bronkhorst (2007: 4)가 'Great Magadha'라고 부르는 경계선에서 작성되었을 것이다.

중요했다. 바라문을 바라문으로 만드는 것은 출생이지만 그 출생을 중요하게 만드는 것은 바라문의 상대적인 의례적 청정성이다. 바라문들은 의례적으로 청정하며, 그 청정함이 제주를 대신하여 희생제의를 통해 신들에게 접근할 수 있도록 만들기 때문에 청정성은 반드시 유지되어야만 했다. 직업적인 희생의례 사제로서 그들이 실제로 실행했는지의 여부와는 별도로 바라문들은 결코 오염되지 말아야 하며, 만일 불청정함을 포함하고 따라서 (쓰레기나 시체처리와 같은) 오염시키는 일들은 불청정한 것을 처리하는 다른 전문가들에 의해 행해져야만 했다. 이 '다른 이들'은 본성적으로나 출생에 따라 매우 불청정하다고 간주되었고, 그들의 불청정 때문에 그들은 시대가 감에 따라 마을 밖에서 카스트에 속하지 않는 집단(outcaste)을 형성하여 살아야만 했다. 다른 사회적 집단들은 이런 제도의 두 사회적 극(pole)의 관계 속에서 상대적인 청정함과 불청정에 따라 서열이 매겨졌다.[6] 따라서 결과적으로 현재의 카스트제도가 성립되게 되었다. 그러나 카스트제도가 붓다 당시에 어느 정도까지 발전했었는지는 명확하지 않다. 학자들은 붓다의 시대에서의 바라문교를 수세기에 걸쳐 발전한 인도적 현실로서의 카스트(jāti)의 견지에서가 아니라 오히려 바라문적 이데올로기인 계급(varṇa)의 견지에서 생각하는 경향이 있다. 이러한 구별에 주의할 필요가 있다. 왜냐하면 카스트와 계급 사이의 혼동은 인도종교들에 관한 저작에서 일반적으로 나타나기 때문이다. 베다시대와 그 이전에서 유래하는 고전

---

6) 카스트제도와의 관계에서 청정과 불청정에 대해서는 Dumont(1988) 참조. 그러나 '불청정'이나 '오염'에 대해 말할 때, 오염물질이 오물과 같은 것은 아니다. 카스트는 위생의 문제가 아니다. 오염은 형이상학적인 것이다. 사람은 카스트로 태어나지, '깨끗한' 직업을 따름으로써 오염되지 않는 것이 아니다.

바라문 문헌들은 바라문(brāhmaṇa), 크샤트리아(kṣatriya, 전사, 통치자), 바이샤(vaiśya, 부의 생산자), 수드라(śūdra, 노예)라는 네 개의 계급으로 구분된 사회에 대해 언급한다. 이러한 구분은 출생에 의한 것이며, 그것은 청정성에 따른 구별이고, 엄격히 위계적이다. 따라서 선행하는 계급은 그들이 소유한 재산과 무관하게 후행하는 계급에 비해 더 높은 사회적 지위를 가진다. 이런 제도 하에서 재산이나 권력, 그리고 사회적 지위 사이에 어떤 상관관계도 없다. 지위는 상대적 청정성에 의해 결정된다. 그것은 재산이나 권력 혹은 행위나 통찰에 의해 주어지지 않는다. 상위의 세 계급의 구성원들은 '두 번 태어난 자'(dvija)라 불리며, 결혼한 재가자로서 대부분의 삶 동안 베다 종교의 의무세계에 들어갈 자격이 있거나 들어가도록 기대된다. 여기에 집안에서의 희생의례를 위한 불씨의 보존과 특히 희생의례에 대한 의무에 참여하는 것이 속한다. 이들 각각은 적절하고 구별되는 방식으로 사회적 위계 속에서의 상대적 지위(상대적 청정성)에 의해 규정된다. 거의 모든 사람이 이러한 계급사회의 일원이었다. 그가 어떤 계급의 구성원인가가 (바라문의 법전에 따르면) 모든 범위의 사회적 행위를 규정한다. 즉, 누구와 식사를 같이 할 수 있는가부터 자신의 지팡이를 만드는 데 어떤 종류의 나무를 사용할 것인지에 이르기까지, 또는 어떤 희생제의가 누구에 의해, 몇 살에 수행되어야만 하는지가 정해진다.

수많은 세기가 지나면서 인도의 사회현실은 단지 네 계급만이 아니라 수많은 카스트(jāti)와 하위 카스트의 출현을 보았다. 우리가 계급을 카스트, 즉 바르나(varṇa)를 자띠(jāti)와 연결시키려고 한다면, 계급은 고전 바라문교의 이데올로기인 반면에 카스트는 역사적이고 실질적인 현실이다. 그들은 서로 다르다. 바르나 제도는 바라문 저자들이 보고자 한 것이다. 그것은 완전히 질서지어진 사회를 위한 모델이다. 바라문이 사회에서 지배적인 집단인 한에서 바르나 이데올로기는 그들이 구현하고자 했던 것을 위한 하나의 주형을 제공했다. 자띠는 상대적으로 후대의 역사시기에서 인도의 사회적 구별의 현실적 제도를 나타낸다. 바르나와 자띠를 혼동하지 않고, 양자의 용어를 구별하는 것이 중요하다. 붓다의 시대에 바르나 이데올로기가 있었고, 그것이 대부분의 북인도 사회에서 지배적인 그룹이었던 바라문의 이데올로기의 부분을 형성했다. 의심할 여지없이 이 지역에서 어느 정도 바르나 이데올로기의 영향을 받은 여러 형태의 사회적 구별이 존재했다. 그러나 바르나 이데올로기가 붓다가 출현한 히말라야 기슭에 위치한 지역에서 실제 사회적 구분에 어느정도 영향을 미쳤는지는 여전히 매우 명확하지 않다.[7] 이는 붓다께서 가르침을 펼치기 위해 편력했던, 마가다 왕국을 중심으로 한 지역에 대해서도 마찬가지다. 당시 베다 문명의 근거지인 아리야바르타(Āryāvarta, 아리야인의 땅)는 아마도 갠지즈강과 야무나강의 합류지점보다 동쪽으로 확장되지 않았던 반면에, 이 지역의 동부에 있는, 브롱코스트가 대마가다(Great Magadha)라고 불렀던 이 지역은 늦어도 BCE. 2세기까지는 '여전히 많은 바라문들에게 있어 낯선 영역이었다'(Bronkhorst 2007: 1-2).

---

7) 붓다는 바라문 계급의 내재적 우월성과 그와 함께 바르나 이념에 대해서 비판적이었다. 그러나 현대의 몇몇 저자들이 그렇듯이 이로부터 붓다가 '반 카스트'적이었다고 추론하는 것은 오도의 위험이 있을 것이다. 먼저, 비록 그것이 카스트의 근거가 되는 이념으로 변화될 수 있었다고 해도, varṇa 제도에 대한 비판은 본질적으로 jāti, 즉 카스트에 대한 언급은 아니다. 붓다는 진정한 바라문이란 정신적 통찰을 갖고 그에 따라 행하는 자라고 말한다(유명한 『Dhammapada』 26장 참조). 이런 의미에서 붓다는 계급조직을 태생에 의거한 위계성이 아니라 정신적 성숙도에 따른 위계성을 인정했다. 붓다가 (붓다의 의미에서) 정신적으로 성숙한 어떤 바라문에 대하여 언급했는지는 분명치 않다. 붓다는 사회개혁을 제안하지 않았다. 그리고 이것은 예상할 수 있는 견해이다. 붓다는 그 자신이 사회를 떠난 출가자였다.

'다르마'는 인도종교와 고전 인도문명 자체를 이해하기 위해 가장 중요한 개념일 것이다. 그러나 넓은 바라문적 문화라는 개념으로서 그것은 현대 서양인이 이해하기 쉬운 개념은 아니다. 왜냐하면 그것은 하나의 개념 속에 날카롭게 구분되는 두 개의 측면을 결합하고 있기 때문이다. 그것들은 '~이다'와 '하여야 한다'의 측면으로서, '어떻게 사물들이 실제로 존재하는가'와 '어떻게 사물은 있어야 하는가'(Gombrich 1996: 34)의 차원이다. 한편으로 바라문적 견지에서 다르마는 정의와 의무의 뉘앙스를 갖고 있다. 그것은 자신의 의무를 따르는 사람들의 정의로서, 의무는 본질적으로 베다 문헌과 베다에 근거한 전통에서 저작된 문헌에서 규정되고 학식 있는 바라문들이 가르치고 찬탄하는 것이다. 다른 한편으로 그것은 우주의 객관적인 질서이다. 우주는 존재들의 위계 구조와 상대적 청정성의 견지에서 구조화된 의무들, 그리고 희생의례의 객관적 실행에 상응하는 방식으로 질서지어졌다. 전통적인 인도의 바라문교에서 우주는 원래 위계적인 것이며, 계층적 위계성의 관점에서 제도화는 대부분의 전통적인 인도사상에서 가장 핵심적인 것이다. 사물의 존재방식으로서의 사회적, 의례적 의무들을 포함해서 이러한 사물의 존재방식은 어느 누군가에 의해 만들어진 것이 아니며, 또한 다르마는 근본적인 불일치나 논쟁의 주제가 아니다. 따라서 우리가 계급(varṇa)과 범행자(brahmacārin), 가장(gṛhastha), 임서자(vānaprastha), 유행자(saṃnyāsin)라는 인생의 단계(āśrama)에 상응하게 규정된 대로 행해야 할 때에 행한다면, 이 행동은 사물의 객관적 질서와 조화되는 행동을 초래한다. 그 결과는 모든 사람들이 현생과 내생에서 기원하는 행복이다. 만일 우리가 다르마에 규정된 대로 사회로부터 벗어나려고 한다면 그는 단지 죽음을 맞이할 뿐이다. 다르마의 법칙을 파괴하는 것은 우주적 문제이다. 왜냐하면 사물의 객관적 질서와 모순되는 방식으로 행동하는 것은 재앙을 야기하기 때문이다. 그것은 존재할 수 없는 것을 초래하려는 것이고 따라서 존재에 대한 반명제이다. 이는 단지 세계의 종말로 인도할 뿐이다. 매우 영향력 있는 힌두교 문헌인 『바가바드기타』(Bhagavad Gītā 4: 7-8)에서 크리슈나로서 신이 자신의 세계가 무가치하게 되는 것을 막고 다르마를 회복하기 위하여 화현했다고 선언하는 것은 놀라운 일이 아니다. 신의 구원적 행위와 이 세상에 대한 신의 개입은 사회적 위계성의 틀과 그것의 의무라는 점에서 중요한 것이다.

그럼에도 만일 주요한 의례와 사회적 행위(karman)가 재생과 그로 인한 재사로 이끈다면, 적어도 몇몇 사람에게 모든 이런 행위들은 의심스럽게 보일 것이다. 특히 모든 희생 행위들은 특정한 목적을 염두에 두고 행해진 것이다. 우리는 아이와 더 많은 소를 갖고, 장수를 위해 특정한 희생의례를 행했거나 행한다. 일반적으로 욕망은 과보를 낳는 행위를 일으킨다. 과보가 행위를 거쳐 욕망으로부터 나온다고 보는 이런 모델에 대해 어떤 근본적인 불일치는 없다. 그러나 기껏해야 과보들은 천상적인 재생과, 따라서 재사를 포함하기 때문에 그 과보들을 바라지 않는다면 어떻게 될까? 그렇다면 우리는 희생의례 행위나 의무와 같은 '중요한 행위(karman)'와 욕망을 (또는 이 모든 행동을) 끝내야 한다고 생각할 것이다. 재생과 따라서 재사로 이끌고, 투사하고, 산출하는 것은 바로 자신이나 자신이 속한 집단을 위해 무엇인가를 갈망하는 이기적 갈망인 것이다. 따라서 몇몇은 육체를 단련시켜 점점 행위를 하지 않으려고 시도하거나, 행위에 대해 보다 덜 의존하거나 비자발적 행위에 대해서조차 보다 덜 의존하려고 할 것이다. 그들은 또한 모든 욕망, 심지어는 소위 '정당한' 욕망조차 극복하려고 시도할 것이다. 가혹한 고행이 재사로 이끄는 바로 그 근원을 근절할 것이라고 생각되었다. 대안으로 우리는 삼매와 명상적 수단을 통해 변화된 의식 상태를 계발함에 의해 욕망을 회피하고 그리하여 초자연적이거나 초감각적인 방식으로 해탈적인 앎이나 다른 특별한 능력을 얻을 수 있었을 것이다. 실제로 브리하드아란야카 우파니샤드는 어떻게 사람이 내부의 자아(ātman)를 '보고' 또 '모든 악'을 넘어서기 위해 '청량하고' '적정'할 수 있는지를 서술하고 있다.[8] 그러나 이들 중의 어떤 것도 인도 촌락에서 발견되는 상호적인 의무의 사회적 세계 내에서는 행해질 수 없었으며, 아마 수용될 수도 없었고, 또 그럴 여지도 없었다. 모든 재사를 끝내고자 하는 사람은 바라문적 의례와 의무와는 근본적으로 다른 전략을 택할 필요가 있었다. 그는 (때로는 그녀는) 사회적 세계를 포기했고, 정의상 재가생활에서는 결코 찾을 수 없는 해탈적인 진리를 구하고자 '출가했다.'

이들 출가자들은 (초기불전에서) 집단적으로 사문沙門(śramaṇa)으로 알려졌다. 출가자는 사회적 관점에서 '죽은 자'이며, '걸어 다니는 시체'였으며, 여전히 현대 인도사회에서도 그러하다. 세계를 포기한 자는 그 자신의 죽음 의례를 수행한다. 카스트에 속하지 않고, 선함에서 솟아나는 출가한 사문의 현존이나 심지어 그의 그림자는 점심을 먹으려는 바라문의 음식을 오염시킨다. 그리고 그의 탐구를 시작했을 때, 미래의 붓다인 고타마(Gautama/Gotama)는 붓다가 되기 이전과 이후에도 한 명의 사문이었다. 인도의 사회적 관점에서 그는 인습의 거부자(drop-out)였다. 인습의 거부자로서 그의 목적은 우리를 해탈시켜 줄 수 있는 진리에 대한 앎을 탐구하는 것이었다.

나는 불교는 넓은 견지에서 부정적인 마음의 상태와 경험을 소멸시

---

8) Bṛhadāraṇyaka Upaniṣad 4.4.23을 보라. '이를 아는 자는 따라서 적정하고 차분하고 청량하고 인내심이 있고 올바르다. 그는 자신 속에서 자아(ātman)를 보며, 모든 것을 자아라고 본다. 악은 그를 통과하지 못하며, 그는 모든 악을 통과한다'(Olivelle 1996: 68).

키고 긍정적인 마음의 상태와 경험을 얻기 위해 마음을 변화시키는 것과 관련이 있다고 강조해왔다. 불교는 마음의 변화라는 관점에서 목표를 보는 하나의 구제론이다. 불교는 또한 어떤 의미에서는 영지적 구제론이다. 즉, 해탈의 상태를 초래하는 데 결정적인 것은 어떤 것을 알지 못할 때 그들의 해탈하지 못한 상태와 그들의 윤회상태, 그리고 그들의 고통과 불행, 실존적 불안이 설명되는 것이다. 바라문의 재가자들에 있어서 업의 중심적 역할과는 대조적으로 사문들에게 앎(지혜)이 중심적인 역할을 한다. 해탈은 ('선업'의 문제와 같은 것이 아니기 때문에) 행위로부터 오는 것이 아니라, 구제론적 진리를 아는 것에서 오기 때문이다. 이러한 어떤 것을 아는 것의 중요성은 불교를 (초기 고전 우파니샤드나 상키야학파, 요가학파와 같은) 다른 인도학파들 내에 확고히 위치시키고 있다. 이 학파들에서 앎은 구제론적 이익을 가져온다고 생각되기 때문이다. 그러나 앞으로 보게 되겠지만, 붓다의 지혜는 『우파니샤드』와 연관된 장대한 동일화의 지혜와는 매우 다르다. 『바가바드기타』의 용어로 표현하자면, 불교는 지혜의 요가(jñāna-yoga)이다.[9] 다시 말해, 불교는 매우 중요하고 근본적인 방식으로 어떤 것을 매우 중요하고 매우 근본적인 방식으로 아는 데로 이끌거나 어떤 것을 아는 것에 의거한 훈련된 행위 과정이며, 따라서 그 앎은 최종적이고 돌이킬 수 없게 아는 자를 모든 고통스러운 상태와 경험으로부터, 특히 지속적인 재생과 재사의 경험과 상태로부터 벗어나게 한다. 우리는 앞에서 붓다에 귀의하는 데 있어 핵심적인 것은 사물을 (가장 심오한 방식으로) 여실히 아는 분으로서

9) Bhagavad Gītā에 관해서는 Edgerton(1972: 165) 참조: "사실 『우파니샤드』와 Gītā는 드러난 어떤 특정하고 심원한 종교적, 철학적 진리를 '아는' 사람에게 완전한 해탈을 약속하는 경향이 있다. 이것은 초기단계의 힌두적 이론체계에서 일반적으로 나타나는 특징이었다."

붓다를 이해해야 함을 보았다. 그는 '사물을 있는 그대로 보는如實知見'(yathābhūtadarśana) 자라고 기술되며, 이러한 표현은 때로 열반 자체의 별칭으로서 발견된다.

비슷하게 붓다는 그가 '다르마'라고 부른 것을 가르쳤다. 붓다에게 이것은 현실적이며 실재하는 다르마였다. 그는 사물이 실제로 존재하는 길로서의 독립적인 진리를 발견했으며, 그런 여실한 존재방식은 동일한 범주 속에 고통과 재생으로부터 완전히 해탈하기 위해 올바른 행위규정과 일련의 수행법을 포함하고 있다. 다르마를 설할 때, 정각 이후 '법륜을 굴릴 때' 붓다는 최대한 바라문적인 다르마의 상대성을 선언함에 의해 자신의 가르침, 즉 교법을 시작했다. 이러한 바라문적인 다르마는 객관적인 진리가 아닌 '단순한 언어관습'으로 증명되었다. 붓다는 출가자였고, 따라서 그에게 바라문적인 다르마는 최종적 해탈이 아니라 반복되는 죽음으로 인도할 뿐이다.

붓다의 시기에 성격상 탁발로 살아가고 그 대가로 법을 설하는 유행하는 사문 제도가 매우 잘 확립되어 있었다는 것은 초기불전이나, 예를 들면 자이나교와 같은 다른 자료에서 분명하다. 미래의 붓다(즉 보살)이자 자신의 성姓에 따라 '고타마'(Gautama, Pāli: Gotama)로 알려진 붓다는 세속적 삶을 버린 후에 그의 새로운 삶의 형태에 공통된 명상수행 및 다른 관련된 수행들을 가르쳐줄 수 있는 스승들을 찾아 떠났다. 비록 이런 언급들이 그들의 경쟁상대의 견해에 대한 정확한 묘사인지는 의심스럽지만, 불교 문헌은 젊은 가우타마에게 친숙했던 여섯이나 열 개의 출가자 그룹들과 그 지도자 및 가르침에 대해 말하고 있다. 적어도 해탈이 재생과 재사로부터의 벗어남이라면, 그들의 '진리'를 아는 것이 어떻게 해탈로 이끌게 되는지 그들 중의 몇몇에서는 명확하지 않다. 그

럼에도 붓다의 시대에 사문들 사이에 유포된 견해를 보여주는 것으로서 다음과 같은 언급이 있다.[10)]

뿌라나 까사파(Pūraṇa Kassapa)는 인간이 무엇을 행하든 거기에는 어떤 선악도 없으며 공덕이나 비공덕도 없다고 가르쳤다. 따라서 윤리적 인과성과 같은 것은 없다.

마칼리 고살라(Makkhali Gosāla)는 일종의 숙명론을 가르쳤다. 재생은 '운명과 우연, 성격'(Basham 1951: 14)에 따라 일어나며, 우리가 행하는 어떤 것도 그것을 바꾸지 못한다. 우리는 그것에 대한 지배력을 갖고 있지 않다. 그리고 해탈은 일어날 시간이 되었을 때 일어나게 될 것이다. 마칼리 고살라는 인도에서 오랜 세기 동안 지속되었던 아지비카(Ājīvika)교의 중요한 창립자였다.

아지따 께사깜발리(Ajita Kesakambalī)는 반복되는 재생은 말할 것도 없이 내생도 없다고 하는 일종의 유물론을 가르쳤다. 인간은 지地, 수水, 화火, 풍風으로 구성되어 있으며 그것들은 사후에 다시 그 요소로 환원된다. 선행에도 공덕이 없고 악행에도 비공덕은 없다.

빠꾸다 까짜야나(Pakudha Kaccāyana)는 지, 수, 화, 풍, 기쁨, 슬픔, 생명력은 불변하며 만들어질 수 없고 독립적인 근원적 실체라는 견해를 갖고 있었다. 그는 이로부터 칼은 이 근원적 실체들 사이를 지나갈 뿐이

---

10) 팔리어 『사문과경』(Sāmaññaphala Sutta)에서 스승들의 이름도 팔리어로 제시.

기 때문에 (아마 윤리적 책임이라는 관점에서) 살생은 불가능하다는 결론을 이끌어 냈다고 보인다.

니간타 나따뿟따(Nigaṇṭha Nātaputta)라는 인물은 아마도 자이나교의 24번째 승리자(Jīna)인 바르다마나 마하비라(Vardhamāna Mahāvīra)를 가리키는 것으로 생각된다. 그다지 구체적이지 않은 불교 문헌에 따르면, 니간타 나따뿟따는 그의 전통을 따르는 자들은 4중의 절제의 장벽을 갖고 마음을 에워싸야 한다고 주장했다. 하지만 이것이 보여주는 것은 엄격한 고행과 금욕, 도덕적 제어와 조절, 자이나교의 특징, 물질의 속박으로부터 영원히 윤회하는 정신을 해탈시키는 것, 윤회와 고통에 대한 강조일 뿐이다.

산자야 벨라티뿟따(Sañjaya Belatthīputta)는 뛰어난 불가지론자 혹은 회의론자였던 것으로 생각된다. 그는 다음과 같이 말했다.

> 만일 그대가 '또 다른 세계가 있는가?'라고 묻는다면, 그리고 내가 그렇다고 믿었다면, 나는 그대에게 그렇다고 말해야 할 것이다. 그러나 그것은 내가 말하고자 하는 것이 아니다. 나는 그렇다고도 말하지 않으며, 그렇지 않다고도 말하지 않는다. 또 나는 그렇지 않다고 말하지도 않고, 또한 그렇지 않은 것도 아니라고 말하지도 않는다. …
>
> (Basham 1951: 16-17)

그리고 많은 다른 질문에 대해서도 같은 입장을 보였다.

우리는 자이나교에 대한 독립적인 지식을 가지고 있으며, 바샴

(Basham 1951)은 불명확한 아지비카교의 모습을 명료화하는 뛰어난 연구를 보여주었다. 아지따 께사깜발리의 입장은 후대 차르바카(Cārvāka)나 순세론자(Lokāyana) (Williams 1998: 840-2 참조)로 알려진 유물론학파와의 관련성을 분명히 보여준다. 그러나 다른 사문들에 있어서는 평가는 말할 나위도 없이 그들의 입장을 적절히 묘사할 수 있을 정도의 자료들이 충분하지 않다. 그러니 이러한 자료들을 통해 붓다 당시 인도에서 일어나고 있었던 호기심을 자극하고 활기와 생동감이 넘치는 논쟁의 분위기를 엿볼 수 있다. 당시는 낡은 부족연맹체가 붕괴되고 강력한 왕정국가의 성립을 향해 나아가던 시기였다. 또한 농촌 촌락에 기반을 둔 농업경제에서 상업적이고 군사적 기지로서 도시의 성장으로 이행하고 있음을 보여준다. 여러 사문의 견해에 대해 기술하고 있는 초기불교 자료들이 마을과 도시를 지적 토론과 사문들을 후원하는 센터로 묘사하고 있는 것은 놀라운 일이 아니다.[11] 아마도 새로운 도시환경의 다양성과 불평등은 가치들이 의문시되던 분위기를 자극했을 것이다. 탐구에 기여했던 또 다른 요인은 인도 북동부의 병에 걸리기 쉬운 습한 기후였을 것이다. 이 지역에서 도시의 출현은 갠지즈강 연안의 비옥한 토지의 산림벌채의 결과였으며, 아마도 유행성 질병에 의해 수반되었을 것이다. 사망률은 처음에는 비정상적으로 높았을 것이다. 통용된 가치들이 의문시된 일반적인 탐구의 분위기에 이런 조건들이 더해졌을 것이다. 붓다와 다른 사문들이 종교적 탐구를 위한 출발점으로서 실존적 두려

---

11) 반면에 법과 올바른 행위에 대한 초기 바라문 문헌(Dharma Sūtra)들이 도시에 대해 적대적이라는 것은 놀라운 일이 아니다. 왜냐하면 도시의 생활은 촌락에 의거한 베다 문명의 반대이기 때문이다. 어떤 Dharma Sūtra는 바라문이 도시에 출입하는 것을 금한다(Gautama Dharmasūtra-Dharma XVI.45, Baudhyāyaya Dharmasūtra II.6.33: 이 텍스트들에 대해서는 Olivelle 2000: 163, 265 참조).

움, 고통苦(duḥkha)을 강조한 사실은 아마도 이런 사회적 배경하에서 보다 쉽게 이해될 수 있을 것이다.12)

3. 붓다의 전기(성인전)를 어떻게 읽을 것인가?

학자들이 말하는 붓다는 언제나 현재의 교법을 세운 붓다를 의미한다. 그가 역사 속에서 불교를 개창한 '역사적' 붓다이다. 그 붓다는 가우타마(Gautama/Gotama)로 불린다. '붓다'라는 칭호는 그의 정각 이후 오직 그에게만 사용된다. 그는 때로 산스크리트어로 샤카무니 붓다(Śākyamuni Buddha), 즉 샤카(Śākya)족 출신의 성자(muni)로 불리기도 한다. 확실하지는 않지만 그의 이름이 싯다르타(Siddhārtha)였을 것이라는 후대의 기록이 있다. 그는 오늘날 네팔 남부의 테라이(Terai) 지역에서 태어났으며,13) 약 80세까지 살았다. 생애의 대부분을 삭발하고 칙칙한 색깔의 가사를 걸친 채 몇 가지 소지품만 가지고 탁발하면서 법法을 설하면서 보냈다. 붓다는 사회적 이탈자이자 '유행자'로서 아웃사이더였다. 그를 따르는 제자들에 의해 깨달은 존재로 여겨졌고 열렬한 예언자라기보다는 스승이자 모범이었다. 붓다는 어떤 저작도 저술하지 않았다. 비록 그럴 확률은 적지만, 그가 학식이 있는 인물이었는가도 분명치 않다.

우리들은 모두 훌륭한 이야기를 좋아한다. (일반적인 학생들의 에세이는 말할 것도 없이) 불교에 관한 책들은 붓다의 전기를 마치 역사적 사실처럼 설명하면서 시작한다. 그러나 왜 불교에 관한 책이나 불교에 관한

---

12) 붓다의 일생에 대한 보다 상세한 사회학적 배경의 분석을 위해서 Gombrich(1988: 49-59) 참조. 보다 최근의 논의는 Wynne(2009: xxiv-xxvii) 참조.

13) Terai 지방의 지리학적 기술을 위해서는 Allen(2008: 34ff).

입문서들이 붓다의 전기로부터 시작해야 하는가의 이유는 없다. 만일 우리가 창건자의 전기가 어떤 의미에서 뒤따르는 사건의 이해에 전적으로 중요하다고 생각한다면, 한 종교에 대한 연구를 종교창건자의 전기에서 시작하는 것은 아주 적절한 일이 될 것이다. 다시 말해, 불교의 경우 만일 붓다의 생애를 먼저 이해함이 없이는 불교의 다르마를 이해할 수 없다는 것이 진실이라면 우리는 그의 전기로부터 시작해야 할 것이다.

기독교에 대한 연구가 예수 그리스도의 생애에 대한 연구로 시작하는 것은 분명하다. 역사적 인물로서 예수의 역할은 기독교인들에게 절대적으로 중심적인 위치를 갖고 있다. 만일 예수가 생존하지 않았음이 결정적으로 제시될 수 있다면, 필히 그의 삶의 구제적 의의는 실제로, 사실상 (역사 속에서) 생겨날 수 없었을 것이며, 이는 기독교인의 자기이해에 근본적인 영향을 주게 될 것이다. 기독교는 역사적 인물에 의해 세워진 종교이며 '성스러운 역사' 속에 깊이 뿌리박힌 종교이다. 그리고 그 인물의 역사성은 모든 기독교적 메시지에서 절대적으로 본질적이다. 불교 또한 역사상의 인물에 의해 창립된 종교이며, 따라서 불교가 서구세계에서 최초로 연구주제가 되었을 때, 그 연구를 교조에서 시작하는 것은 분명하다고 보였다. 그렇지만 불교도들에게 붓다의 역할은 기독교인들에게 예수의 역할과는 아주 다르다. 앞에서 보았듯이 붓다는 스스로 해탈을 얻었고 교법(sāsana)을 재확립했다. 설사 붓다가 결코 존재하지 않았다는 사실이 어떤 명석한 학자에 의해 확실히 증명된다고 해도 그것은 불교도들에게 극적인 영향을 주지는 않을 것이다. 왜냐하면 명백히 교법이 존재하며, 그것은 '붓다가 출현하든 출현하지 않든' 객관적 진리를 표현하기 때문이다. 다르마의 유효성은 그 자체로 붓다의 발견에 의존하지 않는다. 만일 붓다가 존재하지 않았다면, 다른 누군가가 존재하여 다르마를 재발견했을 것이다. 재발견된 것이 진정으로 다르마라면 그것으로 충분하다. 물론 이 가르침을 따름에 의해 어느 누구도 해탈할 수 없었거나 해탈하지 못했음이 밝혀진다면 이는 불교도들에게 근본적인 반향을 불러일으킬 것이다. 그것은 다르마가 실제 진실한 다르마가 아님을 보여주는 것이 될 것이며, 불교의 중심적인 종교적 사건이 어떤 의미도 없음을 보여주는 것이 될 것이다. 이것은 기독교인들에게 예수가 결코 존재했던 적이 없다는 사실을 보여주는 것과 같다. 왜냐하면 그것은 기독교의 주장과 실천의 완전한 무가치성을 함축할 것이기 때문이다.

불교도들에게 붓다의 역할은 그것의 구제적 기능이 성취되기 위해 각각의 개인에 의해 행해져야만 하는 길을 단지 보여주는 것이다. 이로부터 기독교인들에게 절대적으로 중요한 예수의 역할이 불교에서는 붓다가 아니라 다르마가 수행하고 있다는 사실이 나온다. 따라서 불교 연구는 붓다의 전기가 아니라 해탈로 인도하는 다르마와 그 실천수행을 개관하는 데에서 시작하는 것이 적절하다. 붓다의 전기는 이후 어떻게 붓다의 가르침이 유용성을 갖는지를, 즉 가르침의 유용성에 대한 신뢰를 갖게 하기 위해, 또 가르침 자체의 주제들을 예시하기 위해 가르침의 보조 자료로서 중요한 위치를 갖기 시작했다. 우리가 기대하듯이, 붓다는 다르마에 종속된다. 왜냐하면 제자들에게 깨달음을 일으키게 만드는 것은 붓다가 아니라 다르마의 실천이기 때문이다.

이 책은 불교사상에 관한 저술이지 불교에 대한 입문서가 아니다. 나는 여기서 전통적인 붓다의 전기를 상세히 반복할 의도가 없다. 그럼에도 나는 가르침의 보조자료로서 붓다의 전기에 독자의 관심을 끌어내려고 한다. 다시 말해, 전통적인 붓다의 전기가 독자의 관심을 끌어내는 것은 불교와 불교의 지향점에 대해 말하기 때문이다. 먼저 몇 가지

기본적인 사항에 대해 알아보자.

언제 붓다가 태어났으며 언제 죽었는지를 정확하게 알 수 있다면 우리의 작업은 훨씬 수월해질 것이다. BCE. 3세기에 인도의 아쇼카(Aśoka)왕은 해외에 많은 전도사절들을 보냈으며, 그들이 방문한 많은 그리스왕들과 관련하여 아쇼카의 생애를 연대기적으로 확인할 수 있음이 증명되었다. 그러나 이것도 여전히 어떻게 아쇼카의 연대와 붓다의 시대를 연관시키는가에 관한 문제들을 불러일으킨다. (스리랑카의) 남방불교전통에서 (적어도 소위 '교정'본에서) 발견되는 견해에 따르면 아쇼카왕은 붓다가 열반한 지 218년 후에 왕위에 올랐으며, 그리스왕들과의 관계에서 볼 때 아쇼카의 즉위연대는 BCE. 268년이다. 따라서 붓다의 열반은 BCE. 486년이다. 그러나 붓다의 열반 시기를 계산하는 다른 방식들이 존재하는데, (중국에서 확립된) '북방' 불교전통에서 아쇼카왕은 (의심스러운 대략적 수치이지만) 붓다의 열반 후 100년 뒤에 왕위에 올랐다고 한다. 곰브리치는 최근 아쇼카왕이 붓다의 열반 후 136년이 지난 뒤에 왕위에 올랐다고 주장했다. BCE. 486년이라는 연대의 정확성에 대한 의심이 학자들 사이에서 일반적으로 매우 넓게 퍼져 있기 때문에 보통 불교에 관한 책에서 제시된 BCE. 486년은 오류라는 견해가 일반적이다. 붓다의 열반은 BCE. 500년보다는 BCE. 400년에 더 근접해 있을 것이다.14)

여기서 붓다의 연대에 관한 이 문제를 언급하는 목적은 배움의 첫 단계는 자신이 무지함을 깨닫는 것이라는 원칙에 있다. 우리는 심지어 붓다가 언제 살았는지도 모른다. 이전의 대부분의 서양학자들이 생각했었던 것보다 거의 한 세기 후에 살았을 것이다. 한 세기는 긴 시간이

---

14) 좀 더 상세한 내용은 Bechert(1991-2)와 Bechert의 저작을 평하고 있는 Cousins(1996a) 참조.

다. 이런 불확실성은 전통적인 붓다 생애의 세부 사항에 관해 (비록 직접적인 함축은 아닐지라도 방법론적 전략으로서) 극히 주의할 것을 제안한다.

붓다의 전기를 잘 알지 못하는 사람들을 위해 나는 전통적인 불교 자료에 의거하여 요약적인 붓다의 전기를 쓴 미카엘 캐리더스(Michael Carrithers)를 인용하고자 한다.

> 붓다는 왕의 아들로 태어났고 부와 쾌락, 권력 그리고 인간들이 공통적으로 모두 원하는 재물 속에서 성장했다. 그러나 성인이 되었을 때, 그는 병자와 노인, 시체를 목도했다. 그는 이제까지 보호받은 채 살아왔지만, 이런 광경은 그에게 깊은 영향을 끼쳤다. 왜냐하면 부와 권력도 병이나 노쇠함, 죽음으로부터 보호해 주지 못한다는 사실을 깨달았기 때문이다. 또한 그는 이러한 고통에서 벗어나기 위해 스스로 고행에 뛰어든 사문을 보았다. 자신이 본 모습들을 깊이 생각하면서 그는 그의 삶에서 첫 번째 큰 전기를 맞이했다. 가족의 기대와 달리 그는 집과 처자, 지위를 버리고 출가하여 피할 수 없는 이런 고통으로부터 해탈하는 방법을 추구했다.
>
> 몇 년 동안 그는 삼매와 유사한 명상수행을 했으며, 나중에는 힘겨운 고행을 닦았다. 그것은 당시 출가자들 사이에서 유행하던 수행법이었지만 그는 이러한 수행들이 효과가 없음을 알았다. 그래서 그는 심신을 편안히 한 채 앉아서 조용하게 삼매에 들어 인간들이 공통으로 겪는 비참한 상황을 생각했다. 이것이 그의 생애에서 두 번째 큰 변화로 인도했다. 왜냐하면 그는 명상에서의 숙고로부터 마침내 깨달음이 일어나고 해탈했기 때문이다. 그는 '해야 할 바를 끝냈으며' 고苦의 수수께끼를 해결했다. 그의 철학을 자신의 경험에서 이끌어내면서, 그는 45년 동안 가르쳤으며 그의 가르침은 인간의 삶의 행위가 갖고 있는 대부분의 문제들을 다루었다. 그의 모범에 따름에 의해 자신을 해방시키려 했던 승려들의 교단을 만들었고, 그들은 붓다의 가르

> 침을 외국에 전파했다. 그는 결국 다른 사람들과 마찬가지로 육체적 원인 때문에 죽었지만 다른 사람과 달리 '반열반'(parinibbuto)했다. 왜냐하면 그는 재생해서 다시 고통을 받지 않기 때문이다.
>
> (Carrithers 1983: 2-3)[15]

이 전통적 설명의 역사적 가치가 어떻든 간에, 오늘날 거의 어떤 학자도 붓다가 존재했었으며, 또한 그가 사문이었다는 사실을 부정할 정도로 나아가지는 않을 것이다. 초기 인도불교 전통에서 그가 가르쳤다고 간주한 것과 그가 가르쳤던 것이 근본적으로 다르다고는 보이지 않는다. 따라서 그의 가르침의 유형은 넓게 사문의 가르침이었으며, 그것은 재생을 포함해 모든 부정적 상태로부터 벗어날 수 있는 해탈적 진리를 아는 방식이었다. 그러나 이제 우리는 몇몇 경우에 붓다의 전통적인 이야기의 몇몇 세부적인 항목들은 적어도 일반적으로 묘사된 대로는 아니라는 것을 안다. 예를 들어 왕자가 대왕의 아들은 아니더라도 왕의 아들이라고 한다면, 붓다는 왕자로서 태어나지 않았다.[16] 우리는 샤캬족에게 왕이 없었음을 안다. 그들은 이 시기에 일어났던 광대한 정치체제에 대해 점차 그들의 독립을 잃었던 북인도 공화국의 하나였다. 이미 붓다의 시기에 샤캬족은 코살라(Kosala) 왕국에 복속되었고,[17] 코살라국도 다시 BCE. 4세기에 팽창하는 마가다국에 흡수되었다. 공화국

---

15) 이 책은 붓다와 그의 중요성에 대한 뛰어나고 간결하며 쉽게 접근 가능한 학술적 안내서로서 권장된다.

16) Norman(1997: 23)은 고타마의 아버지에게 사용되는 라자(rāja)가 또 이 맥락에서 단지 크샤트리아 계급 출신자를 단순히 의미했을 것이라고 지적한다.

17) 이에 대한 초기의 텍스트 증거를 위해서는 Wynne(2007: 12) 참조.

으로서 샤캬족은 주요한 장로들의 집회에 의해 (일종의 과두체제로서) 통치되었으며, 한 명의 장로가 선출되어 임기제 의장직을 맡았을 것이다. 아마도 붓다의 아버지는 의장의 하나였거나 또는 다른 장로들 중의 하나였거나 그렇지 않을 수도 있었을 것이다. 아마도 붓다의 승단의 민주적 질서는 고향의 정치조직에 대해 그가 기억했던 것에 의거했을 것이다. 붓다가 왕자로 태어났다는 견해는 그들 자신의 시대에 등장했던 정치적 무대의 견지에서 후대 불교도들의 이야기의 각색을 반영했을 것이다. 그러나 그것은 또한 다르마의 이해에 중요한 가르침의 포인트를 위한 암호나 기호표시를 나타낸다. 이것은 붓다가 물질적으로 상상할 수 있는 가장 강력하고 부유한 상황에서 태어났다는 것을 의미한다.

왜냐하면 붓다의 전기를 읽을 때 우리가 발견하는 것은 하나의 역사적 서술이 아닌 성인전이며, 바로 성인전으로서 우리는 붓다의 전기를 읽어야 하기 때문이다. (요즈음에는 '영적 혹은 종교적 전기'가 흔히 선호되는 표현으로 보이지만) 성인전은 성자의 삶에 대한 이야기이다. 중세 기독교 성자들의 성인전은 고전적 예를 제공한다. 성인전에서 우리는 다시 '존재'(is)와 '당위'(ought)의 결합을 만나는데, 거기서 모범적인 진리에 대한 관심 아래서 만일 그/그녀가 과거의 그/그녀였다면 어떠했는지, 어떻게 했어야 좋았는지, 어떻게 했어야만 했는지가 결합되고 있다. 이러한 모범적인 진리는 성자의 종교 체계에 대한 이미 알려진 진리이다. 이러한 관점에서 진실한 역사적 서술에 대한 관심은 때로는 보이지 않고, 반면 항시 종속적이었다. 성자의 전기는 이러한 모범적인 필요에 맞게 구성되며, 이 구성의 필요성은 전기를 집필하는 사람의 필요성인 것이다. 따라서 성자의 삶에 대한 이야기가 저술되었을 때, 종종 붓다의 전기가 그랬던 것처럼 그/그녀의 사후 얼마 동안이나 심지어 수세기 동안, 그 전기는 후속하는 그 사회의 전망과 필요에 맞게 '존재'와 '당위'의 결합을 반영한다. 주의깊은 지적 고고학은 (비록 그들이 신자는 아니지만 대부분의 현대 역사가들의 관심을 끄는) 역사적 사실의 핵심을 드러낼 수도 있지만, 역사적 사실의 '존재'는 원래의 성인전의 구성에서 단지 한 차원이며 부차적인 차원일 뿐이다. 따라서 전체적으로 성인전은 그것을 조합하는 공동체의 종교적 관심을 반영하는 하나의 이데올로기적 자료로서 읽어야 한다. 그리고 성인전의 존속은 그것이 그런 관심을 충족시켰음을 보여주는 것이다.[18)]

따라서 붓다의 전기에서 구성요소들의 역사적 정확성에 관한 문제는 불교 교의에 일차적 관심을 갖는 사람들의 목적과는 거의 관계가 없다. 앙드레 쿠튀르(André Couture)는 바로우(Bareau)의 저술에 보이는 회의적 결론을 요약하면서 다음과 같이 말하고 있다.

> 이러한 연구들이 강력하게 보여주는 것은 불교 저자들이 얼마나 자유롭게 널리 퍼진 설명을 편집했는가 하는 점이다. 상대적으로 간단한 교리와 몇몇 고대의 기억들이 교화를 위해 구성된 허구적인 일화들의 종종 모순되는 전통의 더미 속으로 이야기들이 지어내는 모순적인 전통들로 자라났다. 역사적 가능성이라는 수수께끼를 해결했다고 주장하는 사람은 분명히 영민할 것이다. 일반적으로 불교 성인전에 대해 거기에 담긴 불교의 좋은 가르침은 우리가 역사에 대해 주목하고자 했던 것을 월등히 능가한다고 말할 수 있을 것이다. 또는 바로우가 말하듯 성인전 저자에게 역사적 관심보다 설법의 필요성이 더 중요했을 것이다.
>
> (Couture 1994: 31)

---

18) 아시아의 몇몇 고승전에 관한 연구를 위해서는 Granoff & Sinohara(1994) 참조.

붓다의 전기는 무엇이 불교도들에게 중요시되었는지를 보여주는 하나의 예시로서 읽혀야 한다. 그것은 경이로운 성취를 이야기하는 중에 가르침의 권위를 확고히 하고, 또 법을 드러내는 교법의 부분을 예시한다. 또한 붓다의 생애에 대한 전통적인 설명의 각각의 요소를 통해서 나아가는 것도 가능하며, 어떻게 그 요소들이 불교도에게 중요한 법의 이러저러한 측면들을 예시하고 있는가를 보여주는 것도 가능하다.

미래의 붓다(Buddha-to-be)는 이미 최고로 발전된 보살(bodhisattva/bodhisatta)이었기 때문에, 우리와는 달리 재생하기 전에 이미 자신이 태어날 시간과 장소를 선택했다고 한다. 붓다는 그냥 출현한 것이 아니라, 붓다가 되는 것은 수많은 생애 동안 헌신적인 수행의 결과이다. 붓다의 전기는 그가 붓다가 되기 전에도 (비록 여전히 인간이지만) 매우 뛰어난 존재임을 보여준다. 고타마는 매우 부유하고 번성한 가문에서 태어났다. 만일 그가 출가하여 붓다가 되는 길을 선택하지 않았다면 그는 틀림없이 전륜성왕(cakravartin; Pāli: cakkavattin)이 되었을 것이라고 한다. 그는 아름다운 공주와 결혼해서 인도 남성의 최고의 기쁨인 강하고 건강한 아들을 낳았다. 재가在家의 삶을 영위하는 누구도 고타마보다 더 성공적이기를 기대할 수 없었다. 따라서 성공적으로 세상을 포기함에 있어 고타마는 재가생활 내에서 최고의 가능한 획득을 포기했다. 그렇게 함으로써 그는 모든 이들에게 전통적인 베다의 바라문교와 관련된 재가생활의 궁극적인 좌절과 불완전성(duḥkha) 및 종교적인 사문의 삶의 정신적 우월성을 보여주었다.

이 단계에서 우리는 바로 붓다의 전기에 의해 제시된 하나의 핵심적인 주제가 이 스토리에 등장하는 것을 보게 된다. 이 이야기는 매우 적절하게 불교의 중심적 통찰을 보여준다. 그 통찰이란 사물이 나타나는 모습과 그 실상 사이에는 간극이 있다는 것이다. 고타마는 모든 것은 완전하며 영원히 지속될 것이라고 생각하도록 양육되었다. 붓다의 전기에 따르면 고타마의 부유한 아버지는 그의 아들이 병과 늙어감, 그리고 죽음을 보지 못하게 막을 결심을 했다. 불교도에게 실존적 의심과 걱정, 의문을 불러일으키는 것은 바로 이러한 종류의 고통에 노출됨에 의해서이며, 또 이 실존적 불안은 우리로 하여금 세상을 포기하고 해탈을 추구하도록 인도한다. 물론 늙어감과 병, 죽음을 보지 않는다는 것은 불가능하다. 고타마의 아버지가 그가 어른이 될 때까지 이러한 삶의 모습을 보지 못하도록 했다는 것은 이 설명을 서사적 역사로 읽을 때의 모순을 보여준다. 하지만 그것을 성인전으로 읽을 가치는 보여준다. 고타마는 근본적으로 사물을 잘못 이해하도록 양육되었다. 사물이 실제로 다른 방식으로 존재할 때에도 그는 사물을 일면적으로 보았다. 그의 이야기는 사람들이 그 사실을 알고 있는지 아닌지에 관계없이 깨닫지 못한 사람들이 처해 있는 상황을 예리하게 묘사하고 있다. 불교도에게 고통과 좌절을 일으키는 것은 바로 우리가 보는 사물의 존재방식과 사물의 있는 그대로의 존재방식 사이의 간극이다. 있는 그대로의 방식으로 사물을 볼 때, 그 간극은 사라진다. 이것이 불교명상의 궁극적 목적이다. 그 간극을 없애는 것은 어떻게 명상이 마음을 변화시키는가에 있다. 왜냐하면 고타마가 늙어감과 병, 죽음을 처음으로 직면하고, 타인들에게 그것들의 발생이 타인들의 경우가 아니라 바로 자신의 경우임을 아는 것은(Buddhacarita 3) 진실과 직면했기 때문이다. 위기를 야기했던 것은 바로 이러한 직면이었다. 유일한 해결책은 출가였다. 출가는 가장 완전한 변화라는 의미에서 사물을 있는 그대로 보게 하고, 따라서 해탈의 획득으로 인도하리라고 기대되었다. 일면적으로 사물을 보지만, 그것은 다른 방식으로 존재한다고 하는 이러한 주제는 붓다 전기의 앞부분을 이어가는 가닥이다. 이런 실마리가 불교의 주제라는 것은 놀라운 일이 아니다. 왜냐하면 붓다의 모든 이야기는 불교가 무엇인지를 예시하고 있기 때문이다. 이러한 실마리에 의해 구축된 긴장은 정각에 의해 해소되며, 그 후에 간극은 없어지고 붓다는 대비의 행위로 구현되는 통찰을 체현하는 것이다.

출가한 후에 붓다는 사문으로서 최고의 진지함을 갖고 정신적 훈련을 수행했다. 그는 처음에는 두 명의 명상스승이 가르쳐준 깊은 명상상태를 얻었다. 이후에 고통스러운 고행을 시작해서 극단적으로 '하루에 쌀 3톨'만큼 음식 섭취량을 줄여나갔다. 그러므로 고타마는 당시의 다양한 정신적 수행들을 마스터했지만, 여전히 그는 자신의 목적을 성취하지 못했다고 생각했다. 따라서 고타마는 그를 가르칠 만한 스승이 없었기 때문에 교법을 새롭게 발견해야만 했고, 그것을 스스로 발견했다. 그가 발견한 것은 분명히 모든 다른 가르침을 능가하는 것이었고, 따라서 그들의 가르침들은 최종적인 진리일 수 없었다. 그러한 고행은 확실히 재생을 끝낼 수 있었기 때문에 극단적인 고행의 결과 그는 자신을 존경하는 동료들을 얻었다. 그러나 고타마 자신은 불편했다. 그가 재가생활을 넘어서는 그의 탁월함을 보여주었고 호화스러운 재가생활을 버린 것처럼, 그는 이제 당대 사문 출가자들의 수행의 대부분은 궁극적으로 가치가 없음을 보았다. 불교는 중도中道라고 설해지는데, 이 말의 한 의미는 감각적 탐닉(사치)과 감각적 소거(고행주의) 사이의 중도를 가리킨다. 다시 음식을 먹고 신체를 강화시키면서 고타마는 진정한 해탈은 마음에 관련된 것임을 보여주었다. 그것은 의례행위의 문제나 행위의 포기의 문제가 아니라 앎의 문제이다. 해탈은 내적인 탐구에서 오며, 극단적인 고행과 다른 사문들이 가진 저열한 이해를 극복하는 데에서 오는 것이다.

고타마의 깨달음은 아주 완벽하고 평화롭고 적정한 붓다의 깨달음이다. 그는 '해야 할 바를 마쳤고 그에게 더 이상의 재생은 없다.' 그가 발견한 것에 대해서는 나중에 살펴볼 것이다. 붓다는 비구 교단과 나중에는 비구니 교단을 세웠으며, 유행하고 가르치고 탁발에 의지해 생활하면서 다른 사람들을 가르쳤다.

불교 전통은 붓다가 사물의 존재방식에 대한 직접적 통찰의 지혜뿐 아니라 스스로 그랬던 것처럼 고통을 겪고 있는 다른 존재들에 대해 완전한 대비심을 갖고 있다고 주장한다. 45년 동안 가르침을 설한 후에 붓다는 열반에 들었다. 왜냐하면 우리가 겪는 모든 것은 무상하다는 것이 그의 깨달음의 핵심이다. 붓다는 후계자를 임명하지 않았다는 것이 정설이다. 왜냐하면 그는 해탈에 필요한 모든 것을 가르쳤으며, 따라서 필요한 후계자는 그가 발견한 가르침이라고 단언했기 때문이다. 더 이상 그들이 원하는 것이 무엇이겠는가? 붓다에 따르면 그의 후계자는 다르마 자체이다.[19] 붓다는 최후에도 다르마와 다르마의 실천을 강조했다. 붓다의 전기는 서사적 역사가 아니라 모두 다르마에 관한 것이다. 다르마가 없다면 모든 것은 무가치하다. 그것의 실천 없이는 다르마는 무가치하다.

여기서 스케치한 방식대로 붓다의 전기를 읽을 때, 우리는 그것의 의도대로 전기를 읽고, 다르마를 마스터하고, 단지 스토리를 말하는 데에서 그쳐서는 안 된다.

---

19) 붓다의 마지막 날들에 대한 설명은 팔리어 Mahāparinibbāna Sutta 참조.

4. 우리는 실제로 붓다가 가르친 것을 아는가?

붓다의 열반 직후에 그의 가르침은 기억된 대로 암송되었다고 한다. 전통에 따르면 가르침은 기억과 구전전승에 적합한 몇 가지 종류로 결집되었다. 그것들은 몇 세기 동안 문자화되지 않았다.[20] 많은 세월 동안에 다양한 학파의 불교전승과 이해를 반영하면서, 삼장의 수많은 판본들이 결집되었다. 따라서 학자들은 상좌부(Pāli) 경전, 대중부 경전, 설일체유부說一切有部(이하 유부) 경전 등에 대해 말하고 있다.[21] 모든 이런 경전의 결집은 (상좌부, 대중부, 유부, 법장부 등) 관련된 학파들이 결과적으로 기억되고 전승되고 마침내 문자화된 것으로서의 붓다의 가르침에 대한 권위 있는 진술인 경전으로 간주한 것을 반영하고 있다. 각각의 학파는 붓다의 원래의 순수한 불교를 대표한다고 주장했다. 그렇지만 모든 경전들이 동일한 언어로 결집된 것은 아니었다. 상좌부는 팔리어(Pāli)로 알려진 중세의 인도 아리안어를 선호했고, 유부는 상위 (바라문) 문화의 범인도어인 산스크리트어를 선호했다. 붓다 자신은 설법을 듣는 대중에 따라 그의 방언이나 언어를 달리했겠지만, 이들 결집된 경전 중의 어떤 것도 붓다가 자신의 설법에서 주로 사용했었을 언어로 편찬되지는 않았다. 그런 한에서 결집들은 때때로 한 차례 이상 번역되었을 수도 있는 텍스트를 포함한, 한 방식이나 또 다른 방식의 번역이다.[22]

원래의 인도어로 현존하는, 초기불교학파의 유일하게 완비된 경전은

---

20) 불교에서 구전전승의 성격과 영향에 대해서는 Norman(1997: 3장) 참조. 문자화의 과정과 영향에 대해서는 5장 참조.

21) 비록 Norman(1997: 8장)이 전체로서의 '경'이란 개념에 대하여 주의를 기울이라고 하고 있지만, 그가 우리에게 상기시키는 것은 서구적 범주이다. Collins(1990) 참조.

22) 붓다가 사용한 언어 혹은 언어들에 관해서는 Norman(1990: 38, 42 논문) 참조.

팔리어 경전이며, 스리랑카와 버마, 태국, 캄보디아의 상좌부는 그 고대의 형태와 어떤 점에서 유사하게 현대까지 존속한 이들로, 초기 불교학파들의 유일한 대변자이다. 그 경전은 세 부분으로 구성되어 있다. 이 때문에 그것은 산스크리트어로는 Tripiṭaka, 팔리어로는 Tipiṭaka로서 삼장三藏으로 알려져 있다. 팔리어 경전을 사용하는 상좌부 전통에서 모든 삼장의 내용은 붓다로부터 직접 유래했거나 또는 그가 다른 깨달은 승려들의 가르침을 승인함에 의해 성립되었다고 주장된다. 첫 번째는 율장(Vinaya Piṭaka)으로 광의적 의미에서 승단 규칙에 관한 문제를 다루고 있다. 경장(Sutta Piṭaka)은 설법(sutta/sūtra) 부분이다. 팔리어 본에서 경장은 니카야(Nikāya)로 알려진 4부 경전인 『장부』(Dīgha), 『중부』(Majjhima), 『상응부』(Samyutta), 『앙구따라』(Aṅguttara)로 나누어져 있다. 또 소부 니카야(Khuddaka Nikāya)라고 불리는 추가 결집이 있다. 니카야에 상응하는 경전으로 빨리 전통의 외부에서 특히 한역으로 남아있는 『아함阿含』(Āgama)이 있다. 마지막으로 명확히 다른 것보다 다소 후대에 성립되었다고 추정되는 '뛰어난 (혹은 '보충적인') 가르침'인 논장論藏(Abhidhamma Piṭaka)이 있다. 여기에는 율장이나 경장에서보다 더욱 철학적인 정교함을 요구하는 문제들을 자세히 다룬 7론이 있다. 논장은 사물이 실제 어떻게 존재하며, 어떻게 그것이 나타나는지의 방식을 상세히 기술하고 있다. 그 내용의 대부분은 인과성의 문제를 다룬 것으로, 사물의 역동적 성격을 해명하고, 그럼에도 어떻게 세계가 서로 연결되어 있는지를 설명하고 있다. 또한 그것은 서로 결합하여 우리가 살고 있는 세상을 구성하는 경험적 구조물을 기술하려고 시도하며, 어떻게 이 모든 것이 윤리적 행위의 문제와 연관되며, 그리고 해탈로 이르는 수행도를 따라야 하는지를 기술하고 있다.

그러나 상좌부가 본래의 불교이며, 그 부파의 삼장이 붓다의 원래 가르침이라고 맹목적으로 생각하는 것은 잘못일 것이다.[23] 다른 초기불교의 부파들도 존재하며, 그들의 삼장의 중요한 부분들은 원래의 단편으로나 티베트역, 보다 중요하게 한역으로 현존하고 있다. 앞에서 언급했듯이 각 학파는 그들이 원래의 불교이며 그들의 경전이 붓다의 원래 가르침이라고 생각했다. 학자들은 이런 다양한 경전들을 비교하는 데에서 커다란 즐거움을 찾는다. 그렇지만 세부적인 점에서 차이는 있지만, 그것들의 차이는 보통 교설의 근본적인 변화를 제시할 정도로 크지는 않다.[24]

그러나 붓다 자신이 가르친 것을 정확히 알기 위해 이들 자료를 어느 정도 이용할 수 있는가에 대해서는 학자들 사이에 차이가 있다. 람버트 슈미트하우젠(Lambert Schmithausen)은 최근 이 문제에 대하여 세 가지 접근방식을 제안했다. 그가 제시한 첫 번째 입장은 특히 영국의 불교학자들과 관련되어 있는데, 그는 다음과 같이 강조한다.

> 적어도 [최초의 근본적 경전인] 니카야 자료의 상당부분의 근본적인 **동질성**(homogeneity)과 실질적인 **진본성**(authenticity) … 이러한 가정하에서 경전은 붓다 자신의 원래의 교리를 꽤 일관된 모습으로 보여준다고 간주된다…
>
> (Ruegg & Schmithausen 1990: 1-2; 고딕은 원문)

---

23) 특히 팔리어 경전과 관련된 경전 성립에 관해서는 Norman(1997: 8장) 참조.

24) 비록 팔리어가 붓다께서 설하신 방언들과 동일하지는 않지만 그것은 여전히 연대상으로 그것들에 근접해 있다. von Hinüber(2010: 47-48, n.43)는 다음과 같이 설명한다. '비록 오래된 팔리어 문헌들이 불교 중세인도어에서 만들어졌고, 그 결과 어디에도 보존되어 있지 않지만, 또한 최초의 불교의 언어를 기껏해야 반영하는 것에 지나지 않지만, 그것들은 불교문헌의 최초 판본들을 포함하고 있다.' 이는 오직 팔리어 경전만이 최고의 불교자료들을 보존하고 있음을 의미하지는 않지만, 그럼에도 그것이 '다른 어떤 곳에서보다 한층 깊이 여기저기서 땅 속으로' 들어간다(von Hinüber 2010: 48, n.43). 팔리어 자료의 고층성에 대한 언급은 Wynne(2005) 참조.

(슈미트하우젠이 특히 그레고리 쇼펜Gregory Schopen과 슈링로프Schlingloff가 속한다고 간주하는) 두 번째 그룹의 학자들은 최초기 불교, 특히 붓다 자신의 교설을 복구하는 문제에 관해 극단적인 회의주의를 표현한다. 왜냐하면 다른 많은 것들 중에서 최초기 경전들조차 BCE. 1세기까지는 문자화되지 않았으며, 비록 비명과 같은 고고학적 자료들이 도움이 된다고 해도 경전과 관련해서 의문스러운 전제를 설정함이 없이 그 시기를 넘어 진행하는 것은 어렵기 때문이다. 슈미트하우젠은 자신을 세 번째 그룹에 위치시킨다. 이 그룹은 이런 문제점에도 불구하고 현존하는 문헌들 속에서 초기와 후대의 단편들을 탐지하고 이를 통해 초기와 후기의 교리들을 파악하는 것이 경우에 따라 가능하다고 주장한다. 이 접근은 불일치와 모순을 탐지하기 위해 특정 설명의 경전 판본에 대한 상세한 문헌비판적인 분석을 선호한다. 그런 불일치와 모순은 보다 초기의 텍스트상의 수정과 텍스트 내용의 계층화 및 교설 발전의 상이한 차원들을 제시할 수 있다. 이것은 붓다 자신에게까지 소급될 수 있는 일종의 상대적인 사상들의 연대기로 인도해줄 것이다. (슈미트하우젠에 의해 확실히 첫 번째 그룹에 속하는 학자로 간주되지만, 자신이 '일종의 근본주의자 쪽으로 채색되는 것'을 거부하는) 곰브리치는 "농담이 편찬자들에 의해 작성되었는가?"라고 물으면서, 몇몇 경전에서의 농담들은 붓다에게 소급될 수 있다고 제안했다. 그는 또한 몇몇 초기불교 경전에서 바라문교에 대한 암시를 보여주려고 시도했다. 후대의 불교 문헌은 이를 망각했다고 보이지만, 그렇기에 그런 암시들이 상대적으로 초기임을 보여주는 것이다. 만일 초기불전이 『브리하드아란야카 우파니샤드』에서 발견되는 교설을 언급하고 있고, 이런 언급들이 후대 불교도들에 의해 잊혔다면, 적어도 이런 언급은 붓다의 시대까지 거슬러 올라갈 수 있음을 보여준다(Gombrich 1996: 11-12). 붓다는 『브리하드아란야카 우파니샤드』와 같은

몇몇 초기 산문 우파니샤드에 대해 의식하면서 언급했을 것이기 때문이다.

물론 우리는 붓다에게 귀속되는 어떤 가르침도 실제상의 인물인 붓다에게 귀속되지 않는다는 주장의 허위성을 확실하게 보여줄 수는 없다. 이는 붓다가 존재하지 않았을 수도 있기 때문에 논리적으로 그런 것이다. 그렇지만 그가 존재했었으며, 그는 그의 제자들에 의해 중요하고 삶을 변화시킨다고 간주된 가르침을 주었다는 것은 개연적이다. 곰브리치는 붓다가 무아無我(anātman/anattā)가 아닌 자아(ātman/attā)를 설했다고 몇몇 학자들에 의해 주장된 가능성에 대해 어디선가 논의한 적이 있는데, 나는 그에게 동의한다. 그는 다음과 같이 관찰하고 있다: '나는 붓다가 그의 모든 제자들에 의해 그렇게 중요한 점에 대해 오해받았다는 주장을 [불교식으로 표현해서] "흐름에 거슬린다"고 생각한다.' 다른 말로 하면, 그의 제자들에게 그것이 중요했다면, 몇 가지 특정한 문제를 제외하고 초기 인도전통에서 대표되듯이 불교전통은 붓다의 가르침을 보존해 왔으리라 생각된다. 다르마는 해탈이라는 목적을 위해 실천되어야 한다. 가능한 한 오랫동안 다르마에 대한 인식을 보존할 목적으로 붓다에 의해 설립된 승단과 같은 조직화된 단체의 손 안에서 가르침의 보존이 부주의한 방식으로 취급되었다고 보이지는 않는다.[25)]

---

25) 경전을 구전으로 보존하는 것이 물론 더 낫지는 않다고 해도 최소한 문자로 보존하는 것만큼 정확할 수 있다고 생각되어 왔다. 예를 들어, 경전들이 공동으로 낭송될 때, 실수나 착종은 즉시 지적될 수 있었고 공개되었다.

5. 자신의 가르침에 대한 붓다의 태도: 화살과 뗏목

붓다는 가르침에서 그의 진정한 관심이 무엇인지를 어떻게 이해해야 하며, 또 어떻게 그의 가르침을 받아들여야 하는가를 보여주기 위해 특히 두 개의 예를 사용했다고 한다. 첫 번째는 『중부』(Majjhima Nikāya)의 63번째 경인 『쭐라말룽캬경』(Cūlamāluṅkyā(putta) Sutta)에서 발견된다. 말룽꺄뿌따(Māluṅkyāputta)라고 불리는 비구는 사문이었을 때에 자신에게 아주 중요한 철학적 의문에 대해 붓다가 답변하지 않았던 것을 걱정했다. 그의 의문은 다음과 같은 것이었다. 세상은 영원한가 아니면 영원하지 않은가, 세상은 유한한가 아니면 무한한가, 영혼은 육체와 같은가 아니면 다른가, 그리고 여래는[26] 사후에 존재하는가 아니면 존재하지 않는가 혹은 사후에 존재하기도 하고 동시에 존재하지 않기도 하는가 혹은 존재하지 않고 동시에 존재하지 않는 것도 아닌가? 붓다가 이러한 질문들에 대하여 답변할 수 있는지 아니면 솔직히 이러한 질문에 대한 답을 알지 못한다고 인정하는지에 따라 말룽꺄뿌따가 붓다의 제자로서의 생활을 지속할 것인지의 여부가 달려 있었다.

붓다의 대답은 간단했다. 이것들은 붓다가 답할 의사가 있는 (혹은 확실하게 답하고 싶은) 질문들이 아니다. 그는 이와 같은 질문들에 결코 답하지 않았다. 따라서 말룽꺄뿌따는 붓다의 제자가 되어야 할지에 대해

---

26) 일반적으로 붓다의 호칭으로 사용되지만, Norman(1990-6; 1993 volume: 252, 258-60)과 비교하라. Gombrich(2009: 151)는 최근 gata라는 단어는 문자적으로 '가다'를 의미할 수 없다고 주장한다. "gata 단어는 이런 형태의 복합어의 두 번째 부분에 나올 때에는 원래의 의미를 잃고 단지 'being'을 의미한다." 만일 그렇다면 이 복합어는 '그의 존재/상태가 그러한 자' 정도를 의미한다. 또는 Gombrich(2009: 151)가 말하듯이, "붓다는 자신을 '그와 같은 자'라고 부르고 있다. 이는 그의 상태를 기술할 어떤 단어도 없다고 말하는 것에 해당된다. 그는 단지 지시될 수 있을 뿐이다."

확실하게 결정할 수가 없었다. 왜냐하면 그는 붓다가 이 물음에 답을 해줄 것이라고 생각했기 때문이었다. 붓다는 만일 말룽꺄뿌따가 비구로서 다르마를 실천하기 전에 이러한 질문들에 대한 대답을 듣기를 원한다면, 아마도 그는 설명을 다 듣기도 전에 죽고 말 것이라고 말한다.

> 마치 독을 잔뜩 바른 화살에 맞은 사람이 있다고 하자. 그의 친구와 동료, 가족, 친척들은 의사를 불러 그 화살을 뽑게 할 것이다. 그러자 그는 "누가 이 화살을 쏘았는지, 그 사람이 바라문, 크샤트리아, 바이샤 혹은 수드라 계급인지 내가 알기 전에는, … 내가 그의 이름과 그의 가문, … 그가 키가 큰지 작은지 혹은 중간 정도의 키를 가지고 있는지를 알지 못한다면 나는 이 화살을 뽑지 않을 것이다"라고 말하는 것과 같다. 그 남자는 이러한 사실을 알지 못하고 죽을 것이다.
>
> (Rupert Gethin 1998: 66)

이 유명한 비유에서 논쟁의 여지가 없는 하나는 우리의 현실적인 실존적 상황으로서 세상의 깨닫지 못한 중생을 독화살을 맞은 사람에 비유하는 점이다. 깨닫지 못한 존재로서 이 세상에 존재하는 것, 무한한 윤회를 통해 거듭해서 이 세상에 다시금 태어나는 자로서 이 세상에 존재하는 것은 뾰족한 막대기에 눈을 찔린 것만큼이나 긴급한 상황이다. 붓다에게 있어 우리가 처해 있는 상황은 논의를 넘어선 치명적인 것이다. (삶은 하나의 치명적인 병이다.) 우리가 이를 알지 못한다는 사실 자체가 얼마나 우리가 사물의 실상을 보지 못하는가를 보여주는 징표이다. 강한 독은 무명(avidyā/avijjā)이라는 잘못된 이해의 독을 가리킨다.[27] 붓다에게 독화살을 뽑아내는 것 이외의 다른 모든 것은 가장 절박한 이 상황에서는 부차적인 문제였다. 만일 우리가 형이상학과 윤리학, 정치학의 근본적인 문제에 대하여 숙고하고 논의하는 활동에 참여하는 소크라테스와 같은 사람들을 철학자라고 한다면, 붓다는 이러한 의미에서 철학자는 아니다. 불교 문헌에서 흔히 사용되는 붓다의 이미지는 철학자가 아니라 '위대한 의사'로서의 이미지이다. 병이 치명적이지만 치유 가능성이 있을 때, 우리는 치료하는 의사와 철학적 논의를 하지는 않는다. 붓다의 가르침은 철두철미하게 목적지향적(목적론적)이다. 그것은 고통과 궁극적인 좌절로부터의 해탈이라는 목적에 전적으로 의존한다. 붓다의 관심은 논의에 있지 않으며, 숙고나 궁리에 있지 않다. 그것은 어떤 추상적인 철학을 받아들이는 데 의거한 행위가 아니라 오히려 자신이 발견한 다르마를 받아들이는 데 의거한 행위이다. 그리고 붓다가 독화살에 맞은 자는 붓다가 모든 그런 질문에 답하기도 전에 죽게 될 것이라고 말했을 때, 이 비유가 의미하는 바는 붓다의 구제론적 가르침에 적용시켰을 때 붓다가 그런 질문들에 답하는 데 이러저러한 이유 때문에 오랜 시간이 걸린다는 것이 아니라, 답해지기 이전에 모든 자는 죽어야만 한다는 것이다. 치료의 기회, 즉 해탈의 기회는 복구할 수 없을 정도로 지나갔다. 그가 먼저 답변을 요구하는 한 그는 해탈될 수 없을 것이다. 다른 말로 하면 그가 그러한 질문에 대한 답을 구하는 것을 포기할 때에 오히려 해탈의 기회를 갖게 될 것이다.

이러한 비유는 논란의 여지가 없으며, 또한 바로 이 비유는 붓다와 최초의 불교의 가르침에 어떻게 접근하는지를 보여주고 있다. 하지만 말룽캬의 질문에 대한 붓다의 반응이 마찬가지로 논란의 여지가 없는 것은

---

27) avidyā가 잘못된 이해(misconception)나 무지(ignorance)로 가장 잘 번역될 수 있는지에 대해 Matilal(1980) 참조. Matilal은 'misconception'으로 번역하는 것이 더 낫다고 주장한다. 그러나 'ignorance'란 번역은 불교학에서 이미 정착된 용어이다.

아니다. 그런 질문들이나 또는 (avyākṛta/avyākata라고 불리는) 일련의 '답변되지 않은無記' 유사한 질문들에 대해 어떻게 이해해야 하는가? 붓다가 그 질문들에 대해 답변하지 않았던 것은 무엇을 의미하는가? 이에 대해 불교 전통들과 현대 학자들은 수많은 가능성을 제시해왔다(Collins 1982a: 131-8; Gethin 1998: 66-8). 우리는 이러한 질문들이 한 세트로 간주되고 있다고 추정할 수 있다. 논리적으로 고찰해보자.

논리적으로 이러한 물음들에 대한 답이 있을 수도 있고 없을 수도 있다. 이러한 질문에 대한 답이 없다는 견해에 찬성하는 것은 그것들에 답하는 데에는 오랜 시간이 걸린다고 붓다가 생각했다고 여기는 것이다. 이는 그 질문에 답하는 것이 사실상 불가능하다는 것을 가리키는 것처럼 보인다. 그렇지 않았다면 답변이 제시되었을 것이며, 우리는 수행도를 따를 수 있었을 것이다. 따라서 이런 해석에 따르면, 이런 질문에 대한 답은 존재하지 않기 때문에 붓다는 답할 수 없을 뿐만 아니라 이러한 질문에 답하는 것은 깨닫게 되는 것과는 아무 관련도 없다. (왜냐하면 그렇지 않다면 고타마나 다른 누구도 깨달을 수 없기 때문이다.)

그러나 만일 이러한 질문에 대한 답이 존재한다면, 붓다는 그 답들을 알았거나 몰랐을 수 있다. 만일 그가 그 답을 알지 못한다면, 이는 붓다가 일체지자라는 후대의 불교 전통과 양립하지 못할 것이다. 이는 또한 말룽캬가 붓다가 그렇게 하기를 원했듯이, 붓다가 답을 알지 못했다는 사실을 정직하지 않기에 인정하지 않았다는 것을 암시할 것이다. 그러나 비록 붓다가 답을 알지 못했다고 하더라도, 붓다의 가르침이 올바른 가르침이라면, 이러한 질문에 대한 답을 아는 것은 해탈로 이끄는 수행도에게 중요하지 않다는 것을 여전히 보여줄 수도 있을 것이다. 그리고 불교도들은 이런 이야기를 하며, 따라서 우리는 이 이야기의 의미를 불교도들이 결코 받아들이지 않을 붓다의 부정직함에 귀속시키면서 이해할 수는 없다.

만일 붓다가 이런 질문에 대한 답을 알고 있다면, 답을 하는 것은 그의 의도와 관련이 있거나 없을 것이다. 그러나 만일 답이 존재하고 또 붓다는 이를 알고 있다면, 그것은 그것들을 말하는 것이 그의 목적에 중요한 그런 경우이거나 또는 그가 그렇게 해야 했었을 그런 경우일 수는 없다고 추정할 수 있다. 따라서 이러한 질문들에 답하는 것은 해탈을 얻는 것과 전혀 상관이 없다. 계속해서 우리는 같은 지점으로 돌아간다. 붓다는 정의상 깨달은 존재이고 그런 존재로서 그는 사물의 실상 및 깨닫는 데 필요한 모든 것을 이해했다. 다시 말해, 그는 다르마를 깨달았다. 해탈을 성취할 필요성이 최우선적인 명령이다. 질문에 대한 답이 있든 없든 간에, 또는 만약 답이 있다면 붓다가 그것을 알든 모르든 간에 해탈은 이러한 질문에 대한 답을 전혀 요구하지 않는다. 이 해석은 이 구절에 대한 후속하는 주석에 의해 지지된다.

> 세상이 영원하다는 등의 견해를 가짐에 의해 고귀한 삶을 살 수 있다는 것은 타당하지 않다. … 세상이 영원하다거나 또는 세상이 영원하지 않다는 견해를 지니든 간에, 여전히 생 · 노 · 사 · 비탄 · 우울, 고통, 고뇌가 존재한다. — 내가 주장하는 것은 바로 그것들의 소멸이다.
>
> (Gethin 1998: 68)

이것이 가장 합리적인 수준에서 답변되지 않은 질문들을 해석하는 데 있어 우리가 취할 수 있는 태도일 것이다.[28]

---

28) 후대 불교전통의 공통된 견해는 붓다가 이 질문들에 답하지 않은 것은 이들 질문에 답하는 것과 해탈의 길을 따르는 것 사이의 양립 불가능성을 알고 있었기 때문이라는 것이다. 왜냐하면

자신의 가르침에 대한 붓다의 태도를 보여주는 또 다른 유명한 예는 뗏목의 비유이다. 이 비유는 중부의 22번째 경인 『알라갓두빠마경』(Alagaddūpama Sutta)에 나온다. 이 교설에서 어리석고 이기적인 아릿타(Ariṭṭha)라고 불리는 비구는 붓다가 감각적 욕망은 정신적 수행도에 장애가 된다고 말했을 때, 그는 여기에 성적性的 관계는 포함되지 않는다고 생각했다.[29] 붓다는 동의하지 않고, 그를 '어리석은 자'라고 불렀고, 자신의 가르침이 그렇게 오해될 수 있다는 사실에 놀란 듯이 보인다. 어떤 이들은 그의 가르침을 배우지만 그대로 실천하지는 못한다. 그들은 단지 자신의 가르침에 대해 떠들거나 그것을 다른 사람을 비난하기 위해 사용할 뿐이다. 따라서 그들은 스스로를 해치며, 그 가르침은 '잘못 파악된 것'이다. 그것은 마치 독사를 잡으려고 할 때 머리가 아니라 꼬리를 잡으려는 것과 같다. 그는 독사에게 물릴 뿐이다. 따라서 붓다는 그의

이 질문들은 세상과 '영혼', 여래와 같은 어떤 종류의 절대적 범주들을 전제하기 때문이다. 실제로 그것들은 단지 개념적 구성물이며, 어떻게 사물이 진실로 존재하는가의 관점에서는 존재하지 않는다. 어떤 종류의 절대적인 것으로서 전제된 모든 이런 개념적 구성물들은 집착을 내포하며, 해탈과 상반된다. 따라서 이러한 질문에 대한 어떠한 답변도 집착과 갈애에 휘말리는 것을 포함하거나 또는 불교 전통에서 말하듯이 '사견'(dṛṣti/diṭṭhi)에 빠지는 것이다. 또한 그것은 말룽꺄뿟타의 깨달음뿐만 아니라 붓다의 깨달음과도 상합하는 것이 아니게 된다(Gethin 1998: 67-8; 또한 Norman 1990-6; 1993 volume: 251-63 참조).

29) 그가 실제로 말한 것: "내가 붓다가 가르침을 이해한 바에 따르면, 그의 설명은 장애하는 생각은 그것들에 탐닉한 사람에게 장애가 되지 않는다는 것이다." 이 진술의 의미는 완전히 분명하지는 않다. 그러나 Ariṭṭha의 동료들과 붓다는 감각적 쾌락(kāma)은 거의 향수를 제공하지 못한다고 말하기 때문에, 이 오해는 감각적 쾌락에 대한 붓다의 가르침에 관한 것으로 보인다. 따라서 Ariṭṭha는 (감각적 욕망에 대한 탐닉이라는) 행위 자체는 그 뒤에 있는 생각이 없는 한에서 (즉, 그런 쾌락에 대한 욕구가 없다면) 문제되지 않는다고 생각했던 것으로 보인다. 다른 말로 하면, Ariṭṭha는 도덕적으로 효과적인 요소로서 행위 자체보다 행위 뒤에 놓여있는 의도에 대한 붓다의 강조를 오해했다고 보인다. Gombrich(1996: 22-3)가 지적했듯이, 감각적 욕망(kāma)이란 용어는 이 일화에서 성행위에 대한 완곡어법일 것이다.

가르침을 매우 실천적인 것으로서 여기는 만큼, 바로 그 때문에 잘못 이해될 때 위험한 것이다. 또한 붓다는 자신의 가르침을 뗏목에 비유하고 있다. 한 사람이 커다란 물가로 와서 보니 차안(깨닫지 못한 상태)은 끔찍하고 피안(즉 nirvāṇa/nibbāna)은 안전하게 보였다. 강에는 배가 없기에, 그는 스스로 뗏목을 만들어 안전하게 건넜다. 그러나 피안에 도착한 후 그는 뗏목을 가져가지 않고 내버려두었다. 이와 같이 담마(다르마)는 강을 건너기 위해서 설해진 것이지, 그것을 계속 붙들고 있기 위해 설한 것이 아니라고 붓다는 말씀하신다.

또다시 우리는 붓다에 의한 가르침의 용도는 그것의 목적에 부속된 것임을 보게 된다. 이런 점이 중요하지만, 우리가 이런 점을 이해했을 때, (실로 그 진의를 파악했다면), 갈애渴愛와 집착執著을 갖고 그 가르침과 그 내용을 붙잡고 있지 않아야 한다(Gethin 1998: 71 ff). (내게는) 여기서 엄격하게 문자적으로 해석할 필요는 없어 보인다. 이 텍스트는 뗏목의 비유를 평가함에 의해 아릿타의 엉뚱한 사고와 같은, 붓다가 가르치지 않은 것(adhammā)은 물론이고, 가르침(dhammā; Gombrich 1996: 24ff)에 대해서조차도 집착하지 않을 수 있다고 덧붙인다. 물론 붓다가 가르치지 않은 것은 받아들여질 수 없지만 그가 가르쳤던 모든 것은 갈애와 집착으로부터의 해탈이라는 하나의 목적을 위한 것이다. 그 목적을 달성했다면, 가르침의 특정한 언어적 표현은 더 이상 요구되지 않는다.[30)]

30) 이 해석은 경전에서 붓다가 여기서의 잘못된 접근을 '사견'(dṛṣti/diṭṭhi)과 관련시킴에 의해 지지된다. 여기서 '사견'이란 표현의 의미에 대해서는 Gethin(1997b: 217-18) 참조. 그는 "심지어 '정견들'조차도 그것들이 집착되고 집착의 대상이 되는 한에서 '사견'이 될 수 있다"(1997b: 217-18)고 언급하고 있다. 따라서 특정한 참된 진술의 내용이 집착의 대상이 되는 한에서, 그것은 '사견'이 되고 따라서 제거되어야 한다. 그러나 그럼으로써 그것이 참되지 않은 것은 아니다. 게다가 교설의 입장을 특정하게 표현하는 것에 완고하고 불필요하게 집착하는 것은 비록 그

뗏목의 비유로부터 붓다의 가르침이 더 이상 사실적 진리라고 주장될 수 없고, 단지 특정 맥락에서 단지 상대적인 도움이 되는 것이라는 결론은 나오지 않음에 주의해야 한다. 어떤 특정한 가르침은 그 목적을 넘어 어떤 잉여적인 진리를 보장하지 않기 때문에 일단 실용적인 목적을 성취했다면 그것은 제거되어야만 한다고 붓다가 말하는 것이 아니다. 뗏목의 비유의 요점은 훨씬 단순하다. 가르침은 서술적으로나 사실적으로 또 인지적으로 진리일 수 있다. 그러나 붓다의 메시지는 마음을 변화시킴에 의해 해탈을 얻는 데 중점을 두며, 뗏목의 비유는 가르침 그 자체의 진리와 갈애와 집착에 묶여 그것이 취해지는 방식 사이의 잠재적 양립 불가능성에 주의를 기울인다. 만일 우리가 가르침의 요점이나 의미 혹은 그 내용을 명확하게 이해했다면 특정한 가르침이 더 이상 필요치 않다는 것도 분명하다. 요점을 잡을 때 우리는 그것에 집착할 필요가 없으며, 언어적 표현으로부터 자유로울 수 있다. 만일 필요하다면, 우리는 그 요점이 결과적으로 동일하다고 증명될 때까지 그것을 다시 표현할 수도 있다. 그리고 특정한 시기에 특정한 언급을 하거나 하지 않거나 하는 것은 전적으로 실용적일 것이다. 다시 말해, 맥락상 그것이 정신적 수행도에 도움이 될 때 어떤 표현을 하는 것이다. 그러나 표현되는 어떤 점이 실제로 객관적으로 진리가 아니라는 어떠한 함축성도 여기에는 없다. 그것이 단지 '실용적으로 진리'라는, 즉 그것이 정신적 수행도의 맥락에서 도움이 되는 것인지의 여부가 문제될 뿐이라는 어떤 함축성도 없다.

앞에서 설명한 것처럼, 인도의 불교 전통에서 붓다는 항상 명확히

것이 진리라고 하더라도, 마찬가지로 '사견'을 가리킨다는 함축성이 있다.

'사물의 존재방식'을 인식하고 있었으며, 사물의 여실한 인식과 모든 고통으로부터의 해탈로 이끄는 가르침이 존재한다고 간주되고 있다. 불교전통에서는 붓다의 가르침은 실제로 진실이기 때문에 작용하지 그것들이 작용하기 때문에 진실인 것은 아니라고 주장되고 있다. 인도의 맥락에서 해탈이 어떻게 사물이 실제로 존재하는가, 즉 사물의 진정한 본성이 무엇인지를 구별하는 데에서 나온다고 하는 것은 자명했을 것이다. 있는 그대로의 실상을 보는 것이 구제론적 이점을 가진다고 기대되어 왔으며, 그것은 바로 인도 다르마의 존재(is)와 당위(ought)의 두 차원을 정교히 하는 또 다른 방식이다. (실용적인 도움으로서) 당위는 결코 (인지적인 사실적 진리라는) 존재와 분리된 것이 아니다. 그렇지 않다면 붓다는 아마도 사물을 여실지견하지 않고도 중생들을 이롭게 할 수 있었고, 따라서 그들에게 깨달음을 초래할 수 있었을 것이다. 그렇지만 그것은 불교가 아니다.

▌제1장의 핵심 요점

- 불교도가 된다는 것은 다른 종교나 종교수행을 완전히 거부하는 것을 의미하지 않는다. 초기부터 불교는 다른 종교들과 공존하면서, 다른 종교의 주위에서 최고 목표를 최종적으로 고통의 소멸로 보는 일종의 메타종교로서 조직했다.
- 'Dharma'라는 용어는 붓다가 해탈을 얻으면서 발견한 사물이 진실로 존재하는 방식을 가리키고, 또한 사물이 진실로 존재하는 방식의 발견에 의해 고무된 가르침을 가리킨다. 따라서 붓다의 다르마는 그가 증득했던 궁극적인 종교적 진리이며, 가르침은 그의 증득에 기초해서 형성된 것이다. 그것은 불교수행자들이 행해야 하는 방식일 뿐 아니라 사물이 궁극적으로 존재하는 방식이다.
- 불교는 바라문의 의례주의적인 종교에 의해 주도되고, 또 자이나와 같이 고행자 그룹을 포함하는 사문들에 의해 주도된 종교적 풍토에서 출현했다. 이것들과 나란히 바라문 출가자들이 있었고, 그들 중의 몇몇 가르침이 초기 우파니샤드에 보존되어 있다.
- 붓다는 사문들의 기본적인 세계관을 받아들였다. 그것에 대한 최초의 서술은 초기 우파니샤드에서 발견되는데, 현세의 삶은 끝없는 윤회에 속박되었기 때문에 원래 고통스럽고 따라서 지속하는 안락을 발견할 수 없다는 것이다. 이런 이해에 따르면 죽음 후의 재생은 그의 행위에 의해 초래된 것이다. 만일 그렇다면, 윤회로부터의 해탈은 그의 현재의 삶에서 업의 힘을 끊음에 의해 일으킬 수 있다.
- 붓다의 전기는 하나의 고승전이다. 이는 그것이 역사적 사실을 결여하고 있다는 것을 의미하지 않고, 오히려 그 역사는 불교의 핵심 사항을 환기하려는 관심에 의해 포섭되어 있다. 그것은 특히 (모든 종류의 감각적 쾌락을 제공받은 왕자로서의 붓다의 이야기에 의해 예시되듯이) 사물이 나타나는 방식과 (병과 늙음, 죽음과 처음으로 직면한 미래의 붓다의 이야기에 의해 예시되듯이) 그것들이 진실로 존재하는 방식 사이에 커다란 차이가 있다는 것이다.

• 초기불전은 팔리어와 산스크리트어, 한문, 티베트어 등의 언어로 보존되어 있다. 고대 인도어로 보존된 유일하게 완비된 불교 삼장은 팔리어 삼장이다. 그렇지만 이것은 팔리어 삼장이 보다 믿을만한 역사적 자료라는 사실을 뜻하지는 않는다.

• 불교교설은 오랜 세기 동안 문자화 되기 이전에 구전으로 전승되었다. 비록 수백 년 동안 문자로 전해지지 않은 교설에 대해 회의적이기 쉽지만 아주 초기의 텍스트들은 보존되어왔다는 것도 가능하다. 시간이 경과함에 따라 초기문헌에 대한 학자들의 견해는 약 세 그룹으로 분류될 수 있다. 그것들은 극단적인 회의주의와 조심성 있는 낙관론, 그리고 초기문헌이 붓다의 원래 가르침을 담고 있다는 사실을 일반적으로 받아들이는 견해이다.

• 붓다의 교설은 아주 실용적이다. 다시 말해, 그것은 사람들로 하여금 열반을 증득하도록 돕는 데 한정되어 있고, 그리고 (붓다가 답하기를 거절했던) 추상적인 철학적 논점들을 우회하는 것이다. 그러나 이는 이 교설들이 객관적으로 진리라고 주장되지 않았다거나 또는 정신적으로 효과적인 가르침이 모두 Dharma 속에 포함되어 있음을 함축하지는 않는다. 그것은 차라리 교설이란 사물이 진실로 존재하는 방식을 재고시킨다고 이해되어야 하며, 그런 객관적 진리의 진술은 붓다의 구제론적 목적의 맥락에서 생겨난 것임을 의미한다.

제2장

♦

주류 불교 –
붓다의 근본사상

제2장

주류 불교-붓다의 근본사상

1. 사성제

불교에 관한 책들은 이른바 사성제四聖諦의 가르침에서 종종 시작한다. 왜냐하면 이 주제는 붓다의 정각 이후에 붓다의 최초의 설법이었다고 주장되었다는 점에서 하나의 중심 주제를 이루기 때문이다. 그 교설은 팔리어로 Dhammacakkappavattana Sutta(『전법륜경轉法輪經』)로 알려져 있다. 그러나 노만이 지적하고 있듯이, 팔리어 표현인 ariyasaccāni가 왜 '성스러운 진리'(noble truths)로 해석되어야 하는지에 대한 커다란 이유는 없다. 이 단어는 마찬가지로 '성자들의 진리', '성자들을 위한 진리', '성스럽게 하는 진리', '성자들이 지닌 진리'(1990-6, 1993: 174) 등으로 해석될 수 있다. 사실상 이 팔리어 표현 (내지 산스크리트 표현)은 앞에서 말한 모든 의미를 갖고 있지만, 적어도 중요한 팔리어 주석자 붓다고사(Buddhaghosa)는 '고귀한 진리'를 가장 적합하지 않은 것으로 간주한다(위의 책 및 Norman 1997: 16). 아마도 노만 자신의 견해로는, 이 표현의 가장 나은 해석은 '성자(붓다)의 진리'가 될 것이다. 이것은 어떻게 사물들이 붓다에게 보이는가에 대한 진술에 해당되며, 여실하게 인식되었을 때 사물들이 실제로 존재하는가에 대하여 붓다가 설법한 내용을 담고 있다. (satya/sacca는 '진리'라는 뜻으로 존재를 의미하는 sat에서 파생되었다.) 사물들을 이런 방식으로 보지 않고 그에 맞게 행동하지 않음으로써 우리는 고통을 받는다. 그럼에도 이런 표현을 해석하는 여러 대안적 방식을 염두에 두지만, 여기서는 '성스러운 진리'로 해석하는 전통에 따르기로 한다.31)

사성제의 정식은 의학 진단의 방식에 근거하고 있다고 보인다. 즉, 병과 병의 원인 그리고 병이 치료된 상태와 마지막으로 그런 치료를 낳는 방법을 서술한다. 예를 들어 독화살의 비유에서 붓다는 자신과 또 사성제의 가르침을 부상당한 사람을 치료하는 의사에 비유한다. 차례로 사성제의 각 항목을 살펴보자.

1) 고苦(duḥkha/dukkha)

팔리어 『전법륜경』에서 붓다는 다음과 같이 설하고 있다.

> 생生은 고苦이며, 노老는 고이고, 병病은 고이며, 사死도 고이며, 좋아하지 않는 것과 만남도 고이며, 좋아하는 것과 헤어짐도 고이며, 원하는 것을 얻지 못함도 고이다. 요약하면, 집착의 대상인 오온五蘊이 모두 고苦이다.32)

---

31) 또한 Norman(1990-6, in 1993 vol.: 173)은 주석자 Dhammapāla가 복합어 ariyasaccāni에 대해 같은 네 가지 해석을 제시할 때 붓다고사가 제시했던 가장 중요하지 않은 마지막 해석을 선택하고 있다고 지적한다. 붓다고사가 Dhammapāla보다 초기전통을 잘 대변하고 있다고 생각할 이유가 없기 때문에 '성자의 진리'라는 번역은 '성스런 진리'보다 낫지는 않을 것이다. ariya라는 용어는 팔리 텍스트에서 자주 형용사 '고귀한'(noble), '우수한'(sublime)으로 사용되고 있다는 점도 주의해야 할 것이다.

이 말은 결국, 깨닫지 못한 개인이 느끼는 모든 것은 고(duḥkha)에 속한다는 것이다. 그러나 이 단어를 '고'로 번역하는 것에 반대하는 설명이 적지 않게 보인다. 불교는 어떻게 사물이 존재하는지를 말하기 때문에 실제로 현실적이고, 또한 고를 극복하는 방법을 말하기 때문에 낙천적임에도 불구하고, 이런 주장은 모든 깨닫지 못한 삶이 고통이라고 주장하는 것은 다소 염세적으로 들린다는 느낌 때문에 생겨났을 것이다. 불교에서는 전통적으로 3종의 고苦에 대해 말하고 있다. 첫 번째는 문자 그대로 고통(duḥkhaduḥkha)으로, 맨발로 압정을 밟았을 때와 같은 느낌이다. 두 번째 형태의 고는 변화의 고통으로, 사물들이 무상하기에(anitya/anicca) 생기는 고통이다. 사물들은 변화하고 쉽고 다르게 된다. 이와 같이 행복조차도 이러한 의미에서 고통이다. 따라서 행복조차도 다르게 변화될 수 있기 때문에 이런 의미에서 고통이다. 불교도들은 이런 종류의 고가 윤회 속에 변재하고 있다고 간주한다. 미래의 붓다가 발견한 노·병·사에서 완전하게 예시되었듯이, 근본적이고 부단한 무상성은 우리의 깨닫지 못한 상태의 본질적인 존재론적 차원으로서 발견되었다. 마지막으로 유위법의 고行苦가 있다. 조건지어진 세계 속에서 조건지어진 개체로서의 우리의 존재 자체가 고통인 것이다. 이것은 불완전함과 깨닫지 못한 우리의 상태에 내재하는 것은 바로 고통이다. 게틴은 다음과 같이 말하고 있다.

> 우리는 불안정하고 신뢰할 수 없는 조건들로 구성된 세계의 일부이며, 그 속에서 고통과 즐거움, 행복과 고뇌가 갖가지 종류의 방식으로 서로 결합되어

---

32) Nārada(1980: 50)의 번역에서 dukkha(苦)는 'suffering'의 대용, Cf. Vetter(1998).

있다. 붓다의 가르침이 제시하는 것은 만일 우리가 고통으로부터 벗어나기 위해 우리 각자가 이해해야만 하는 것은 바로 이러한 사태의 실상이다.

(Gethin 1998: 62)

이것으로부터 불교의 전문술어인 'duḥkha'(苦)가 '고통'보다 더 넓은 의미를 가져야 한다는 결론이 나온다. 불교는 비록 웃음과 행복이 여전히 고의 범주에 있다고 해도, 우리가 웃고 행복하다는 사실을 부정하지는 않는다. 그것들이 진실로 비참하다는 의미에서가 아니라 그것들이 무상하다는 의미에서 그것들은 고의 범주에 속한다. 여하튼 그것들은 깨닫지 못한 존재들의 웃음과 행복이다. 그럼에도 불교에서 고통의 확장된 의미를 염두에 두면서도, 붓다가 중생들의 실존적 상황을 의학적으로 진단하기 위하여 고통과 괴로움을 의미하는 일상 언어인 duḥkha를 선택했다는 것이 중요하다. 이것은 완전한 해탈을 구하기 위해 세상을 버린 사문으로서의 그의 입장에서 진실일 것이다. 따라서 '苦'는 실로 duḥkha의 적절한 번역이다. 불교 산스크리트어나 팔리어에서 전문술어로서 이 단어는 일상적인 의미의 苦(苦苦性, duḥkhaduḥkhatā)보다 넓은 의미를 가지고 있으며, 따라서 우리는 불교 영어에서의 '고'(suffering)는 일상 영어에서의 'suffering'보다 넓은 의미를 가지고 있다는 사실을 인정해야만 한다. 깨달은 붓다의 관점에서 볼 때, 깨닫지 못한 개인으로서의 우리와 같은 존재는 진실로 '고'이다. 이것은 또한 인도의 한 사문이 어떻게 그치지 않는 윤회를 진단하는가 하는 것이다.

2) 집集(samudaya): 고의 원인

고의 원인集은 갈애渴愛(tṛṣṇā/taṇhā)이다. 전법륜경에서는 갈애에 대해 다음과 같이 말하고 있다. "이 갈애가 재생으로 이끌고, 즐거움을 향한 욕망과 연결되며, 이곳저곳에서 기쁨을 발견하는 것이다. 즉, 욕망의 대상에 대한 갈애欲愛, 존재에 대한 갈애有愛, 비존재에 대한 갈애非有愛이다." 이 구절은 갈애가 세 가지 형태로 분류될 수 있음을 보여준다. 즉 감각적 쾌락에 대한 욕망뿐만 아니라 지속적인 생존 – 영원한 삶 – 과 완전한 끊음滅, 비존재, 완전히 모든 것을 소멸시키려는 3종 갈애를 의미한다. 이것들은 모두 갈애의 대상이 될 수 있다. 'tṛṣṇā'(渴愛)를 평범하게 'desire'(바람)라고 번역하는 것보다는 'craving'(갈망, 갈구)이 훨씬 더 원래 의미에 가까운 번역임에 주의하라. 왜냐하면 영어 단어 'desire'는 흔히 '요구'와 동의어로 사용하는데 붓다는 요구 자체가 잘못되었다고 말한 것은 아니기 때문이다. 만일 우리가 X를 초래할 것으로 예상되는 이성적 행위를 예견해서 행한다면, 그것이 제멋대로 하는 행동이거나 외부의 강요나 자신의 의지에 반하는 행동이 아니라면 우리는 X를 원한다고 말할 수 있다. 붓다가 탁발을 나갔을 때 그는 아마도 탁발하기를 원했을 것이다. 그는 제멋대로 행동하지 않았고, 자신의 의지에 반하여 탁발을 하도록 강요받지도 않았다. 그는 자유의지에 따라 행동했다. 즉 그는 탁발하러 가기를 원했다고 말할 수 있다. 그러나 어떤 것을 원한다고 해서 그가 그것에 대한 갈애를 갖고 있다는 결론은 나오지 않는다. 붓다의 탁발은 갈애의 결과가 아니며 갈애로부터 나온 것이 아니었다. 따라서 이것은 해탈을 원하는 불교도에게 있어 잘못된 것이나 (때로 사람들이 내게 이야기하듯이) 모순된 것으로 간주되지 않았다. 불교도들은 어떤 것을 원하는 것이 그것을 산출하려는 행위에 자유롭고 의도적으로 참여하는 조건이라는 의미에서 해탈을 원한다. 깨달음에 대해 갈애를 갖는 것은 실제로 잘못이다. 불교의 수행도는 정확히 갈애를 종식시키기 위한 것이기 때문에 깨달음을 원하는 것은 무엇보다 깨달음 자체에 대한 갈애를 제거하는 수행을 원하는 것이다. 여기에 어떠한 모순도 존재하지 않는다.

여기서 갈애를 범인처럼 고립시킴에 있어, 붓다는 사문들 사이에서의 일반적인 경향을 따랐을 것이다. 이 경향은 지속적인 재생과 재사를 이기적인 관심과 개인적인 이득의 추구로 돌리는데, 이는 베다의 희생제의 문화를 강화시키고 또 '현세와 내세에서의 좋은 과보'라는 중요한 (희생제의) 행위(karma)로 인도하는 것이다. 적절한 행위의 결과를 확보하기 위해 미래의 재생을 투사하는 갈애와 같은 어떤 중요한 것을 완전히 제거하는 것이 모든 재생을 끝내는 길이라는 사실이 사문들 속에서 잘 알려져 있었을 것이다. 갈애가 적절한 행위의 결과를 확보하기 위해 (말하자면) 미래의 재생을 투사하는 것이다. 그렇지만 불교에서는 이런 갈애는 아주 깊이 뿌리박힌 유형의 집착이다. 왜냐하면 그것은 각각의 깨닫지 못한 존재에게 태어날 때부터의 거의 본능적인 반응으로 간주된다. 우리는 단순히 원하는 것이 아니라 마치 특히 인도의 무더위 속에서 목마른 사람이 물을 찾듯이 갈구한다. 갈애는 취착(upādāna)으로 인도할 수 있으며, 불교 전통은 4종의 취착에 대해 말한다(Gethin 1998: 71). 즉, 감각적 욕망의 대상에 대한 집착欲取, 견해(dṛṣṭi/diṭṭhi)에 대한 집착見取, 생활방식과 행동준칙에 대한 집착戒禁取, 자아의 주장에 대한 집착我語取이다. 여기서 결정적인 요소는 갈애와 집착의 대상이 아니라는 방식에 주목해야 한다. 다른 사문들과 대조적으로 이 주제에 대한 붓다의 접근방식의 특징은 바로 그의 심리학적 접근방식이다. 갈애는 마음의 문제이며, 따라서 이것은 행위로부터 벗어남에 의해서나, 또는 격렬한 고행苦行과 신체를 괴롭힘에 의해서 제거되는 것이 아니라, 명상을 통한 심적 변화에 의해서 제거되는 것이다. 불교도에게 결정적인 것은 심리적 요소이다. 해탈이란 결국 마음에 관한 것이다.

그러나 그런 결과를 가져오는 것이 어떤 갈애이며, 그리고 어떻게 갈애의 제거가 정확히 해탈로 인도하는가? 먼저, 우리가 고통을 극복하고자 할 때, 갈애에 관해 주목하는 것은 그것이 무상성과 (심리학적으로) 양립할 수 없다는 데 있다. X가 확실히 소멸한다면, X에 대한 갈애는 X가 소멸할 때 (좌절된 욕망은 고통스럽기에) 고통으로 인도하며, 또한 새롭게 생겨나는 갈애도 다시 소멸할 운명에 있는 것이다. 이렇게 해서 갈애가 미래의 재생을 투사하기 때문에 해탈은 영원히 성취되지 못한다. 무상의 관점에서 이 갈애는 근본적으로 현명하지 못하다. 해탈이라고 하는, 사물을 있는 그대로 보는 데에 필요한 것은 이러한 모든 무상한 사물을 무상한 것으로 보는 것이고, 따라서 갈애를 놓아버리는 것이다.

에리히 후라우발너(Erich Frauwallner 1973: 150ff)는 욕망이란 단지 감각기관根과 감각대상境의 접촉觸에 의해 생겨난다는 것이 붓다의 원래 아이디어였을 것이라고 제안하고 있다. 갈애는 (분명히 반드시는 아니지만) 보통 심적 경험을 포함한 감각적 경험에서 일어난다. 왜냐하면 불교는 다른 인도의 철학체계처럼 의意(manas)를 기억과 환상적 이미지와 같은 심적 대상을 보는 여섯 번째 기관으로 취급한다. 따라서 해탈의 길은 미래의 경험을 재생으로 향하게 하는 힘을 가진 갈애의 생기를 막기 위해 감각적 경험을 항시 주의 깊게 살피는 정념에 달려 있다. 갈애는 감각적 경험을 따라 일어난다. 이것은 예를 들면 '연기'(pratītyasamutpāda/paṭiccasamuppāda)의 정형구 속에서 나타나는데, 거기서 6종의 감관六入處에 의해 조건지어져 감각적 접촉觸이 있고, 감각적 접촉에 의해 조건지어져 감수受가 있으며, 감수에 의해 조건지어져 갈애渴愛가 있다고 주장되었다.

따라서 앎을 통해 감각적 경험과 거기서 귀결되는 갈애 사이에 하나의 방해물을 삽입하는 것이 가능하다. 따라서 재생 이후의 자동적인 윤회 과정이 방해받게 된다. 그러나 후라우발너는 이후에 붓다(혹은 불교전통)는 윤회의 원인으로서의 갈애로부터 그러한 극적 효과를 가진 갈애를 둘러싼 요소로 관심을 옮겼다고 제안한다. 근본적으로 갈애 이면에 있는 요소이며, 고통의 진정한 원인은 무명(avidyā/avijjā), 즉 이기심을 낳는 무지나 미혹이다.

이것이 붓다를 이해하는 두 개의 다른 단계를 나타내는지에 대해서는 여전히 논란이 있다.[33] 무명과 갈애는 아마 두 개의 다르지만, 떼어놓을 수 없을 정도로 혼합된 윤회 경험의 (인식적이고 정서적인) 차원들이라고 이해하는 것이 더 나을지도 모르겠다. 여하튼 무명은 시간적으로 모든 과정이 전적으로 시작되는 어떤 것이라는 의미에서 제일원인은 아니다. 아무것도 존재하지 않았고, 그 후에 무명이 일어나고 세계가 생겨났다는 것은 아니다. 전통적인 불교의 관점에 의하면 우리가 말할 수 있는 한 생명의 흐름은 무한히 과거로 확장된다. 나아가 해탈하지 못하는 한, 재생은 말할 수 있는 한 무한히 미래로 확장될 것이다. 따라서 시간상의 (혹은 존재론적으로 필요한) 제일원인은 없다. 오히려 무명은 개념적이고 해탈론적 의미에서 제일원인이다. 무명은 고苦와 윤회의 뿌리인 재생의 순환을 위한 하나의 개념적으로 최종적인 설명으로서의 역할을 수행한다. 무명을 완전히 극복했을 때, 윤회로부터의 해탈이 생겨난다. 무명을 고의 근본적 원인이라고 서술하면서, 불교는 인도의 지적 체계로서의 자격을 보여준다. 만일 무명이 윤회의 원인이라면, 앎이나 지(vidyā = jñāna)는 궁극적인 열반의 조건이 된다.

고의 원인으로 설해지는 무명은 때로 불교전통에서 정확히 사성제에

---

33) Jurewicz(2000)의 Frauwallner의 주장에 대한 최근의 논의 및 연기에 대한 최근의 저작과 관련한 그것의 개연성에 대해 Gombrich(2009: 138) 참조.

대한 무지로 설명된다. 다시 말해, 무명은 사물을 여실히 알지 못하거나 자신을 여실히 알지 못하는 것이다. 그것은 모든 정견을 방해한다(Nārada 1980: 240). 따라서 그것은 법에 대한 무지이며, 붓다에 의해 인지적이고 실천적으로 진리로서 인정된 것에 대한 무지이다. 특히 무명은 이를테면 『우파니샤드』와 공통적으로 자아의 진실한 본성에 대한 무지이다. 그러나 모든 사물의 이면에 숨겨진 자아를 현시하려는 우파니샤드(또는 자이나교)와 근본적으로 달리, 붓다는 자아로서 제시된 모든 것들은 자아가 아니라고 말할 것이다. 자아에 대한 이 모든 주장에서 벗어나는 것이 바로 열반의 전제조건이다. 그리고 갈애를 그렇게 위험하게 만드는 것은 정확히 '나'와 '나의 것'을 강력히 주장하는 자아와 거의 끊을 수 없이 얽혀있고, 그럼으로써 또 다른 갈애가 일어나는 방식이다. 따라서 해탈의 방법은 감각적 경험에 대한 정념에 놓여있는 것이 아니라, 오히려 자아에 대한 모든 주장이 실제로는 자아가 아님을 인식함에 의해 영원히 자아에 대한 잘못된 생각을 끊는 데 있다. 이것은 아주 중요한 주제로 나중에 다시 다룰 것이다.

3) 멸滅(nirodha): 열반에 대하여

붓다는 진단을 내렸다. 이제 그는 치료법을 제시한다. 만일 모든 형태의 고苦가 갈애로부터 나온다면, 만일 갈애가 완전히 제거될 수 있다면, 고는 종식되게 될 것이라는 결론이 나온다. 우리가 보았듯이, 갈애를 완전히 제거하는 방법은 가능한 한 가장 심원한 방법으로 사물을 있는 그대로 봄에 의해서 갈애의 원인인 무명을 제거하는 것이다. 고의 완전한 소멸은 열반(nirvāṇa/nibbāna)이다.

열반은 넓은 의미에서 해탈의 결과이며, 현재의 생과 사, 재생과 재사를 통해 쾌락과 그것에 필히 뒤따르는 고통의 지속적 경험을 강화하는 갈애의 힘으로부터 벗어나는 것이다. 그것은 요약하면 열반이다. 그것은 완전하고 지속적인 윤회의 소멸이며, 사물을 여실하게 봄에 의해 무명(및 탐·진·치라는 삼독)을 극복하기 때문에, 윤회를 추동시키는 힘으로부터 벗어나는 데에서 나오는 모든 형태의 고통의 소멸이다. 여기서 열반은 (신을 나타내는 불교적 명칭은 고사하고) '절대적 실재성'을 가리키는 불교적인 명칭이 아니다. 이 단어는 동사 어근 nir-√vā에서 파생된 행위명사로서, 꺼짐, 소멸, 끔을 의미한다. 그러한 것으로서 열반은 하나의 일어남이며, 하나의 사건이지만, 존재가 아니며, 궁극적인 존재도 아니다. 문자적으로 열반은 '불을 끔'에서 '끔'을 의미하며, 구제론적으로 완전한 소멸을 의미한다. 그렇다면 무엇을 소멸시킨다는 것인가? 『불에 대한 경』(Ādittapariyāya Sutta)에서 붓다는 사람의 감각기관들과 그것들의 대상과 그것들에 대한 인식은 탐·진·치의 불에 의해 타오르고 있다고 설명한다. 불의 비유를 사용하는 맥락에서 열반이란 용어는 탐·진·치의 소멸을 표시하며, 따라서 윤회를 추동시키는 힘들이 완전히 그쳤음을 가리킨다.[34] 고의 원인을 설명하기 위해 갈애의 비유가 사용된 사성제의 맥락에서 열반은 갈애의 불길을 끔으로서 이해되어야 한다. 만일 윤회의 상태가 간절히 물을 구하는 목마른 자로 생각된다면, 열반은 대조적으로 갈증을 완전히 해소했고, 따라서 전혀 바라는 바가 없는 사람이다. 열반을 얻은 자는 문자적으로 청량하다.

붓다가 깨달았을 때, 이런 꺼짐의 사건이 일어났다. 그는 나무 밑에

34) '불의 교설' 또는 '불타는 것에 대한 교설'(Ādittapariyāya)은 팔리 율장(Vinaya Vol.I, Mahāvagga, pp. 34-5)에서 발견된다. 이곳과 다른 곳에서 붓다가 불의 비유를 사용한 것에 대해서는 Gombrich(2009: 111ff.) 참조.

서 선정에 들었을 때 '열반을 획득한' 것이다. 그리고 선정에서 깨어난 후에 그는 이런 사건이 최종적으로 이루어졌음을 알았다. 불교도에 의해 열반은 사람이나 개인의 소멸을 가리키는 것으로 사용되지 않는다. 붓다는 해탈을 얻었을 때, 갑자기 존재하기를 그친 것이 아니다. 따라서 단지 이 용어의 사용에 의해서 불교에서 해탈이 (몇몇사람들이 생각하는 것처럼) 더 이상 존재하기를 그치는 것에 상당하다는 결론은 나오지 않는다. 또한 열반이 전적으로 부정적이라는 것은 순전히 문법적인 의미 이상의 어떤 것이 아니다. 열반 후에 붓다는 탐·진·치로부터 완전히 벗어난 인간으로서 살고 또 행동하면서, 이 세상에 계속해서 머물고 행동했다. 또한 이런 방식으로 사는 것이 우리가 윤리적인 용어로 부르는 것에서 그렇게 규정된다는 사실에 주목할 필요가 있다. 탐·진·치가 없이 행동하는 사람은 그와 같은 존재로서 도덕적으로 살고 행한다. 열반이 반윤리적 상태라고 이해되지는 않는다.

불교 전통은 탐·진·치를 완전히 소멸시켰을 때 붓다가 얻은 열반을 유여의열반有餘依涅槃(sopadhiśeṣanirvāṇa/saupādisesanibbāna)이라고 부른다. 붓다와 같은 깨달은 자가 죽을 때, 정의에 따라 더 이상의 재생은 없다. 이것이 일어날 때, (집합적으로 오온으로 알려진) 체화된 살아있는 개체를 구성하는 심리적-물질적 요소들은 소멸하며, 더 이상의 심리적-물질적 요소들로 대체되지 않는다. 이것은 무여의열반無餘依涅槃(nirupadhiśeṣanirvāṇa/anupādisesanibbāna)이라고 불린다. 게틴이 지적하고 있듯이(Gethin 1998: 76; Norman 1990-6, 1996 volume: 12-18), 이 무여의열반은 적어도 현대의 불교의 표현에서는 반열반(parinirvāṇa)이라고 불리는데, 여기서 열반은 유여의열반에 국한된다. 그렇다면 무여의열반을 획득한 붓다란 어떤 존재인가? 그에게 열반은 어떤 것일까? 그것은 즐거운가? 이런 질문은 모순이라고 간주된다. (식을 포함해서. 이에 대해서는 Harvey 1990: 67; 1995 참조) 심리적-물질적 요소들이 없다면, 사람의 관념에 대해서도 (그리고 적어도 그 말이 윤회 속에서 일반적으로 이해되는 것처럼 '즐거운'에 대해서도) 어떤 의미도 없다. 뒤에서 보겠지만, 불교전통의 공통된 이해에 따르면 붓다는 즐거움을 경험하는 '실재하는 사람'일 수 있을, 어떠한 자아의 위상을 가진 추가적인 후보자도 고려하지 않았다. 우리 마음에 집착할 어떤 것도 남아있지 않다. ('인간과 신들이 그를 보지 못한다', Norman 1990-6, 1993 volume: 253.) 집착할 어떤 것도 마음에 남아있지 않기 때문에, 어떤 것도 말해질 수 없다. 우리는 앞에서 사후에 붓다(Tathāgata)가 존재하는지, 존재하지 않는지, 존재하기도 하고 존재하지 않기도 하는지, 존재하지도 않고 존재하지 않지도 않는지를 묻는 질문은 붓다가 답하지 않은 무용한 질문들 중의 하나였음을 보았다. 그렇게 하려는 어떤 시도도 불가능한 것을 시도하는 것이다.[35]

실제로 그 때문에 초기불교 전통에서 붓다 또는 깨달은 자는 그가 죽기 전에도 규정될 수 없다고 주장하는데, 하물며 그가 죽은 후에야 말할 나위도 없을 것이다. 『불에 관한 바차고타경』(Aggivacchagotta Sutta, MN 72경)에서 살아있을 때에도 여래는 대해처럼 '심원하고 무량하고 측정될 수 없기' 때문에, 사후에 그에게 무엇이 일어날지의 질문은 답변될 수 없다고 말한다. 그런 질문은 현세에서 열반을 얻은 사람에게는 단순히 적용될 수 없는 것이다.[36]

따라서 열반은 형이상학에 대한 영어표현에 등장하는 '절대', '실재', '신'과 같은 명사 술어보다는, '획득하는', '그치는'과 같은 사건을 나타내는 용어로 표현되어 왔다. 그렇지만 불행히도 문제는 처음에 생각한

---

35) '죽음과 여래'에 관하여 Norman(1990-6; 1993 volume: 251-63) 참조

36) Aggivacchagotta Sutta에서 이 구절에 대해서는 Wynne(2007: 95) 참조

것보다는 조금 더 복잡하다. 붓다가 열반에 관해 설한 『우다나』(Udāna, 自說, 感興語)에 나오는 다음 문장을 어떻게 해석해야 하는가는 여전히 흥미로운 문제이다.

> 비구들이여, 지·수·화·풍, 공무변처空無邊處, 식무변처識無邊處, 무소유처無所有處, 비상비비상처非想非非想處가 존재하지 않는 그러한 영역은 있다. 거기에는 현세도 없고, 타세도 없고, 태양과 달도 없다. 나는 이것이 오고 간다거나, 머물고 죽고, 재생한다고 말하지 않는다. 그것은 토대도 없고 발생도 없으며 대상도 없다. 바로 이것이 고의 끝이다.
>
> (Gethin 1998: 76-7)

'영역'(domain)은 명사로 보일 수도 있다. 이를 해독하는 한 가지 방법은 열반을 하나의 사건으로서 논의하는 것에 덧붙여, 여기서 설해진 열반을 절대적인 실재성으로서 해석할 여지를 인정하는 것이다. 이는 아마도 우파니샤드나 힌두 학파 가운데 불이론적 베단타 철학의 브라흐만(Brahman), 또는 몇몇 종교적 교의에서의 표현 불가능한 '신성'과 같은, 하나의 실재성일 것이다.

우파니샤드의 절대적 브라흐만이 '태양도 비치지 않고 달과 별도 비치지 않는' 장소로서 때로 비슷한 용어로 서술되고 있다는 사실이 이런 해석의 가능성을 지지해 준다.[37] 이런 관점에서 위에서 인용한 태양과 달이 존재하지 않는 '영역'에 대한 우다나의 구절은 아마도 초기 우파니샤드의 영향의 결과일 수도 있겠다. 이는 우파니샤드의 절대자가 붓

37) Kaṭha Upaniṣad V.15, Śvetāśvatara Upaniṣad VI.14, Muṇḍaka Upaniṣad II.2.11. 이 구절들에 대해서는 Wynne(2007: 115) 참조.

다에 의해 인정되었다거나 또는 열반이 절대적인 것으로서 초기불교의 다수의 교설에서 함축되고 있음을 의미하지 않는다. 만일 이 우다나가 일종의 절대적 실재성의 진술로서 간주될 수 있다면, 최근 제안되었던 하나의 가능성은 아마도 이것은 불교에 귀의한 몇몇 초기 바라문들의 믿음의 표현일 수도 있다는 것이다.[38)]

붓다의 이 우다나는 어떤 결론을 내림이 없이 힌두나 절대주의적 해석에 대한 동조로 읽을 수 있으며, 후대의 인도불교 전통과 한결 어울린다. 불교전통은 이 맥락에서 열반을 단지 조건지어지지 않은 것無爲(asaṃskṛta/asaṃkhata)이나 '조건지어지지 않은 영역'(-dhātu)이라고 말한다. 위의 우다나의 인용에서 유일한 긍정적 표현은 '영역'이나 '계'(āyatana = dhātu)이다. 비록 내가 부정적인 용어를 사용해서 (브라흐만과 열반과 같은) 두 가지를 동일하게 기술했지만 그럼으로써 내가 동일한 사태를 기술하고 있다고 하는 결론은 나오지 않는다. 바나나와 오렌지 모두를 '사과가 아닌 것', '양배추가 아닌 것', '초록색이 아닌 것', '자동차가 아닌 것', '디젤로 움직이지 않는 것' 등으로 서술한다고 생각해보라. 그리고 우리는 더 이상의 증거나 논증 없이 위의 인용에서의 표현으로부터 불교도들은 불이론적 베단타철학의 브라흐만과 동일한 것에 관하여 말한

---

38) Wynne(2007: 116ff)에 따르면 이런 종류의 우파니샤드 아이디어는 초기불교 문헌에서 발견되지만, 그것들이 초기불교사상의 '반실체론적' 함축성과 모순되기에 붓다 자신에게 귀속되기보다는 후대의 바라문 출신의 제자들에게 귀속되어야 할 것이다. 만일 그 바라문 제자들이 불교로 귀의한 후에도 그들의 오랜 관념을 지녔다면 힌두의 접근처럼 그들은 절대적 실재는 개아의 진정한 자아(ātman)와 동일하다고 믿었을 수도 있다. 그런 제자들은 중요한 초기불교의 가르침은 (예컨대 신체와 같이) 자아가 아닌 것만을 부정했지 함축적으로 진정한 자아를 인정했다고 믿었을 수도 있다. 초기불교의 무아의 가르침에 대한 이런 '절대주의적' 견해는 Bhattacharya(1973)와 Perez-Remon(1981)과 같은 현대학자들에 의해서도 제안되었지만, Collins (1982a, 1982b, 후자는 Perez-Remon에 대한 공격적인 비평논문)에 의해 강력히 비판되었다.

다고 하는 결론을 내릴 수 없다. 이러한 연관성을 명백히 부정하는 주류 불교전통의 입장이 존중되어야 할 것이다.

여기서의 유일한 긍정적인 표현인 불교의 '영역'(āyatana)과 '계'(dhātu)의 사용에 대해 보다 주의를 기울일 때, 문제되고 있는 것에 대한 이해가 생겨날 수도 있다는 생각이 든다. 초기불교의 지각론에서 12처(āyatana)와 18계(dhātu)가 논의된다. 12처는 (5根과 意根이라는) 6종의 감각기관과 이에 상응하는 (색처 등의) 6종 대상들이다. 18계는 12처와 그 결과로 생기는, (안근과 색경이 만난 결과로 생기는 안식 등의) 6종의 식들이다. 따라서 지각이론에서 '계'(dhātu)라는 용어는 처(āyatana)라는 용어와 중복된다. 열반을 '영역'이나 '계'로서 언급할 때, 지향적인[39] 인식 대상으로서 열반에 대해 말하는 것이 분명하다고 보인다. 여기서 'X가 인식의 대상'이라는 것은 단지 '우리는 X를 경험할 수 있다'는 것을 의미할 뿐이다.[40] 이것이 바로 붓다가 우다나의 또 다른 유명한 구절에서 '만일 저 태어나지 않고, 생성되지 않고, 산출되지 않고, 조건지어지지 않은 것이 없다면, 태어나고 생성되고 산출되고 조건지어진 것으로부터 분

39) 여기서 '지향적'(intentional)이라는 단어는 철학자 Franz Brentano(1838~1917)까지 거슬러 올라가는 전문적인 철학적 의미에서 사용되었다. 이 맥락에서 '지향적 대상'은 지향적인 심적 상태의 대상을 의미한다. 소망, 믿음, 인식과 같은 심적 상태들은 어떤 것에 관한 것이다. 그것들이 무엇에 관한 것이라는 것이 그것들의 지향적 대상이다. 그 대상이 그것들의 지시대상이다. 심적 상태는 이 '지향성'에 의해 비심리적 상태와 구별된다. '지향성'의 이러한 사용은 '나는 영국에 갈 의도를 가지고 있다.'거나 또는 '업(karman)은 의도를 뜻한다.'라고 말할 때처럼 또는 팔정도의 두 번째 항목인 '정사유'를 가리킬 때처럼 의지를 포함하는 '의도'와는 다르다.

40) 사르트르와 같은 철학자들이 지적했듯이, (Being and Nothingness(1966: Ch.1: 2)에서 카페에서 피에르의 부재의 지각에 대한 사르트르의 언급 참조) 부재와 같은 부정적인 지향적 대상을 가지는 것이 가능하다는 점에 주의하라. 따라서 인지적 대상은 자체적으로 '긍정적인 실재성'을 함축할 필요가 전혀 없다.

명히 벗어나지 못할 것이다'라고 말한 이유이다.[41] 불교적 맥락에서 이 모든 것이 실제로 말하는 바는 열반의 획득은 그러한 방식으로 인식할 수 없는 마음에 의해서는 불가능하다는 것이다. 즉, 열반에는 그러한 인지적 내용이 존재하지 않는다. 다시 말해, 열반에는 그런 경험이 없고 그런 사건이 존재하지 않는다. 인식의 지향대상으로서 열반은 거의 전적으로 부정적인 용어를 사용하여 서술되고 있다. 왜냐하면 그것은 그것이 전적으로 부정하는 윤회와 극단적인 반대항 속에서 서술되기 때문이다(Norman 1990-6: paper 117, esp. 23-4). 윤회는 조건지어진 것이다. 그것이 왜 윤회가 무상하며, 무상에 종속된 것으로서, 그것은 적어도 한 종류의 고통에 종속되어야 하는가의 이유이다. 따라서 윤회가 아닌 것으로서 규정된 열반은 정교하게 부정을 사용해서 서술되고 있다. 열반은 윤회에 속한, 연기의 정형구의 일부가 아니기 때문에 조건지어지지 않은 것이다. 열반은 조건지어진 사물이 없는 곳에 있으며(K. R. Norman), 따라서 조건지어진 사물들처럼 무상한 것이 아니다. (따라서 고통에 빠지지도 않는다.) 그리고 이 모든 것 중에서 확실한 한 가지는 열반은 성취될 수 있다는 사실이다. 열반의 추구는 실패할 운명으로 정해진 것이 아니다. 그것에 어떤 인지적 내용이나 지시대상이 없다고 해도, 열반의 인식은 불가능하지 않다. 덧붙여서 열반은 윤회의 부정이며, 소멸이 함축하는 모든 것이다. 그렇지만 거기에는 어떤 긍정적인 존재론적 함축성도 없다. 이러한 의미에서 열반은 (보리수 아래에서 붓다에게 일어난) 열반이라는 사건이 일어나기 위한 개념적 조건에 지나지 않는다. 따라서

41) 나는 여기서 일부러 오류에도 불구하고 Woodward의 유명한 번역에서 인용했다(Norman 1990-6; 1996, vol. 18에서 인용). 이 번역은 불교에 대해 '불이론적 베단타와 같은' 혹은 '진정한 자아'의 해석을 주기 위해 자주 인용된다.

열반에게 가능한 또는 필요한 유일한 긍정적 표현은 영역으로 번역되는 처處(āyatana)나 계界(dhātu)이다. 나머지 다른 모든 표현은 여기서와 같이 동사적 부정을 통해 직접적으로, 또는 부정적 표현으로 해독되는 '출세간'(lokottara)과 같은 표현을 통해 간접적으로 윤회라는 고통의 부정을 가리킬 수 있다. 따라서 이 세 번째 의미의 열반은 해탈적 통찰의 내용이나 지향적 지시대상으로서의 의미이다. 그것이 전부이다.[42]

4) 도道(mārga)

『전법륜경』에서 열반에 이르는 길은 '팔정도八正道'라고 설해진다. 그 완전한 발전 속에서 이것은 성자들의 여덟 가지 (혹은 여덟 차원의) 길이다. 성자들은 열반에 이르는 길을 통해 여래가 깨달으시고 지견知見을 촉진하고, 그리고 적정과 뛰어난 지혜, 깨달음, 그리고 열반으로 향하는 중도라는 수행도의 결과를 얻은 고귀한 사람들이다(Nārada 1980: 50).

팔정도는 붓다와 같은 사문들이 재가자들의 탐닉적이고 감각적인 방식과 또 어떤 사문들에 의해 수행된, 자기 고행과 신체적 괴롭힘 사이의 중간의 수행도라는 의미에서 초기경전에서 '중도中道'로 서술되고 있다. 감각적 욕망에 대한 긍정적이며 허용될 수 있는 탐닉은, 그것이 다르마와 충돌하지 않는 한, 인도문화(Kāmasūtra, 특히 2장)에서 재가자의 전적인 특권으로 간주되어 왔다. 붓다에게 이것은 '출가한 사람'에게 전혀 적절하지 않으며, 따라서 고苦와 윤회에 종지부를 찍기 위해 수행도에 전념하는 사람에게는 전혀 바람직하지 않은 것이다. '중도'를 말하면서 붓다는 재가생활의 틀을 벗어나라고 직접적으로 표현한다. 그

42) 열반에 대한 포괄적이고 정교한 연구는 Collins(1998) 참조.

러나 마찬가지로 붓다는 해탈을 정지를 통해 마음을 변화시키는 것과 관련된 것으로서 심리학적 관점에서 이해했다. 그러므로 고행 그 자체는 해탈을 가져올 수 없으며, 실제로 (단식과 같은) 어떤 유형의 고행은 마음을 올바로 작동시키는 데 심각한 산란을 일으키는 것으로 여겨졌다.[43]

불교의 수행도는 탐·진·치를 그것들의 반대항인 무탐, 자심, 지혜나 통찰을 계발함에 의해 극복하는 것이다. 수행도의 8가지 요소들의 목록은 (이것들은 연속되는 성격보다는 서로 보완적인 성격을 가리키고 있기 때문에 아마도 '차원'이란 표현이 더 나을 것이라 보이지만) 초기의 전법륜경에서 발견된다. 각각의 요소의 앞에는 '바른'(samyak/sammā) 혹은 '완전한', '적합한'이라는 형용사가 붙는다. 팔정도는 다음과 같다.

(1) 바른 견해(정견正見, 즉 samyagdṛṣṭi/sammādiṭṭhi)
(2) 바른 의도(정사유正思惟)
(3) 바른 말(정어正語)
(4) 바른 행위(정업正業)
(5) 바른 생활방식(정명正命)
(6) 바른 노력(정정진正精進)
(7) 바른 주의집중(정념正念)
(8) 바른 선정(정정正定)[44]

---

43) 붓다가 깨달음을 얻기 전에 다양한 고행 수행을 행했지만 거부했다는 전통에 대해 Bronkhorst (1993: 1ff) 참조. 그 고행수행들은 예를 들면 호흡을 참음에 의해 사고를 억누르는 고통스런 시도를 포함하고 있다. 붓다의 '중도'는 신체적 금욕뿐 아니라 그러한 고통스런 명상수행의 거부이다.

44) 이것은 Gethin(1998: 81)의 번역으로, 그는 아주 편리하게 표로 만들어 팔정도를 해석했다. 나는 여기서 그의 명확하고 읽기 편한 설명에 의거하고 있다. (역주: 괄호 속에의 확립된 한문번역

사성제의 맥락에서 '정견'은 사성제의 진리를 보는 것으로서 (도제에 팔정도가 포함되기에 스스로를 지시하는 것으로서) 풀이된다.[45] 이는 어떻게 사물이 여실하게 존재하는가 하는 실재성에 부합되게 말하고 행동하고 생각하는 것을 말한다. 여기서 '견'(dṛṣṭi/diṭṭhi)이라는 말이 사용되고 있는데, 이런 의미에서 그 단어의 사용은 앞에서 모든 '견해들'은 결국 이롭지 못하다고 서술한 의미와는 구별되어야만 한다. 비록 갈애를 수반한 정견을 갖는 것은 갈애를 수반한 잘못된 견해를 갖는 것보다 불교에서 선호되지만, 갈애를 수반한 그런 정견을 갖는 것은 궁극적으로 제거되어야 할 견해를 갖는 것이다. 이는 왜냐하면 갈애를 수반한 정견을 갖는 것은 모든 갈애를 제거하고 갈애를 여읜 정견으로, 다시 말해 어떤 견해도 갖지 않은 정견으로 이끄는 수행도에 몰두하는 것이기 때문이다.

'정사正思'란 세속적 쾌락에 대한 집착이나 이기심, 아집이 없이 자비심에 의해 각성된 의도를 말한다(Nārada 1980: 181-3 참조). 불교 수행도의 세 가지 주요한 구분, 즉 지혜(prajñā/paññā)와 계율(또는 행위, śīla/sīla), 삼매(samādhi)에서 정견과 정사는 '지혜'에 속한다.

'정어正語'는 거짓되지 않고 불화를 일으키지 않으며, 다른 사람에게 고통을 주지 않고, 단순히 잡담이 아닌 말이다.

'정업正業'은 생명체를 해치지 않는 것인데 특히 그들을 죽이지 않고, 주어지지 않은 것(즉 도둑질)은 하지 않고, 잘못된 성적 관계를 멀리하는 것이다. 비구와 비구니의 경우에는 모든 성적 행위를 멀리하는 것을 의

어를 보충했다.)

45) Collins(1982a: 89-90) 참조. 이러한 '봄'은 단지 바른 견해나 믿음을 갖는다는 것과 반드시 동일시 될 필요는 없다. 이 복잡한 문제에 관해서는 Gethin(1997b: 특히 223) 참조.

미한다.[46]

'정명正命'은 정어와 정업에 포함되지 않는 생활방식을 말한다. 몇몇 팔리어 경전에는 (비구나 비구니는 말할 것도 없이) 특히 불교를 믿는 재가자에게 적합하지 않은 5종의 장사, 즉 무기와 인간, 고기, 술(아마도 다른 홍분제 같은 종류), 독(Nārada 1980: 184)을 언급하고 있다. 불교 수행도에서 중요한 세 가지 범주의 관점에서, 정견과 정업, 정명은 '계'에 포섭되며, 팔정도의 다른 항목들은 '정'에 포함된다.

'정정진'은 (탐·진·치 등) 아직 일어나지 않은 불선한 심적 상태가 일어나는 것을 막고, 이미 일어난 불선한 심적 상태를 제거하려는 노력이다. 그것은 (무집착, 자심, 지혜라는) 아직 일어나지 않은 선한 상태를 일으키려는 노력이며, 이미 일어난 선한 상태를 증대시키려는 노력이다.[47]

'정념正念'은 (상좌부 주석서에 근거한 게틴의 견해를 따르면) 신체와 감수, 마음과 신체적, 심리적 과정에 대한 끊임없는 주의집중과 앎을 가리킨다. 이것들을 주의 깊게 바라보면서, 우리는 그것들의 흐르는 성질들, 생멸하는 찰나들, 그것들의 무상성과 그것들로부터의 해탈을 아는 것이다. 이런 방식으로 바라보면서, 우리는 그것들을 있는 그대로 알며, 그것들이 지속하는 행복을 줄 수 있는 것으로서 또는 자신의 진정한 자아로서, 집착의 대상으로서 갈애를 일으킬 가치가 있다는 어떠한 관념도 버

---

46) 최근에 영어로 발행된 계율에 관한 아주 유용하고 포괄적인 저작에 대해서는 Thanissaro Bhikkhu(1994) 참조. '정언'과 '정업'은 재가자를 포함한 모든 불교도가 지켜야 할 것으로 기대되는 5계 가운데 네 개이다. 나머지 하나는 술을 멀리하는 것이다. 오계에 관해서는 Gethin(1998: 170 ff.) 참조.

47) Kuśala와 그 반대말을 'virtuous', 'unvirtuous' 혹은 'good', 'bad'라고 번역하기보다는 'wholesome', 'unwholesome'으로 각각 번역하는 것에 대하여 학자들 사이에 다소 논란이 있다. Cousins(1996b) 참조.

리게 된다. 몸과 감수, 마음과 신체적, 정신적인 과정들을 있는 그대로 보고 알면서 우리는 갈애의 토대, 따라서 고통과 재생을 추동시키는 힘을 약화시키기 시작한다.

'정정正定'은 심이 하나의 대상에 집중한 상태(심일경성心一境性), 즉 심이 하나의 대상에 집중하는 것으로서, 그것은 수행자가 4정려(dhyāna/jhāna), 혹은 이 맥락에서는 아마도 '집중상태'에 들어가는 것으로 간주될 수 있다. 이 정려들은 정려자를 인간들이 일반적으로 머무르는 욕계(kāmadhātu)에서 벗어나 (순수한) 색계(rūpadhātu)에 들어가게 한다고 설해진다. 처음의 가장 낮은 단계인 초정려는 팔리어 경전에서 심尋, 사伺, 희喜, 낙樂, 심일경성心一境性을 포함하는 것으로 특징지어진다. 제2정려에서 심·사尋伺는 탈락되고 내적 평정함과 삼매에서 생겨난 심일경성은 남아있는데 여기서 희와 낙이 생겨난다. 비록 제3정려에는 희가 없지만, 여전히 낙의 상태이고 낙과 심일경을 가진 단계이며, 정려자는 심일경성의 상태로 서술되기보다는 정념과 정지를 갖고 있다고 말해진다. 제4정려는 평정과 정념의 '완전한 청정'으로 설해지기 때문에 제3정려의 완성처럼 보인다. 여기에는 제3정려에서 설해진 낙이나 낙의 비존재도 없다.[48] 피터 하비를 인용하면

> 제4정려는 깊은 적정과 평화의 상태로서, 여기서 마음은 흔들림 없이 하나의 대상과 평정에 도달하고 있으며, 호흡은 거의 정지된 단계로 고요하다. 마음은 '밝게 빛나는' 심오함 때문에 찬란히 빛나며, 겉으로 드러나게 된다. 마음은 마치 모든 종류의 귀중하고 뛰어난 것들을 만드는 데 사용되는 정련

48) Gethin(see Majjhima Nikāya, 번역 2008: 28-30)에서 Sāmaññaphala Sutta 참조. '심(尋)과 사(伺)'에 관해서는 Cousins(1992) 참조.

된 금처럼 '작용 가능하고' '사용 가능하다'고 말해진다. 따라서 이것은 한 층 더 다양하게 계발하기 위한 이상적인 도약점이다. 실제로 이 상태에서 붓다는 정각을 얻기 위해 나아갔던 것으로 보인다.

(Harvey 1990: 250-2)

네 정려는 또한 우리가 어떤 형태의 천신으로 재생할 수 있는 영역으로서, 우주론적 영역과 심리적 변화를 흥미로운 방식으로 결합시킨 것이다. 이는 '외적' 우주론과 '내적' 심리학을 불교 경험의 정제된 차원에서 통합시켰음을 보여준다. 이 점에 대해서는 추후에 다시 언급할 것이다.

2. 무아無我(anātman/anattā)

영어로 발행된 책에서는 붓다가 자아의 존재를 부정했다고 종종 설명된다. 나는 이것이 도움이 되는 설명이라고 보지 않는다. 서양사상에서 '영혼'(soul)은 넓은 의미에서 신체에 생명을 불어넣는 것으로 여겨졌다. 아리스토텔레스와 같은 몇몇 철학자들은 그것을 신체의 물질을 실제 살아 있는 생명체로 만드는 신체의 '형상'이라고 생각했다. 그는 명백히 영혼을 신체와 분리된 것으로 생각하지 않았다. (아리스토텔레스의 견해를 따르는 중세의 아퀴나스와 같은 철학자들을 포함하여) 다른 철학자들은 최소한 인간의 영혼을 신체가 죽은 후에도 신체로부터 독립해서 살아갈 수 있는 비물질적인 어떤 것으로 보았으며, 몇몇 다른 철학자들은 신체적 생명과 죽음에서 살아남는 것 그리고 인격적 동일성의 문제들을 철저히 이원론적 방식으로 연결시켰다. 잘 알려져 있듯이, 데카르트는 신체에 생명을 부여하고 죽음에서 살아남는 것을 마음과 동일시했고, 또한 마음인 영혼

(mind-soul)을 진정한 자아로서 신체와는 본질적으로 다른 재료로 이루어져 있다고 생각했다. 이 마음인 영혼이 시간과 변화를 초월한 개체의 동일성이 의거하는 요소인 것이다. 그러나 이러한 여러 견해들은 관련된 철학자들의 다양한 견해일 뿐이다. 예를 들면 기독교 신학은 영혼이나 인격적 동일성에 대한 특정한 견해에 개입하지 않는다. 신학이 단지 개입하는 것은 신체에 생명을 부여하는 어떤 것이 존재하며, 죽음은 관련된 특정한 개인에게 있어 스토리의 결말이 아니라는 점이다.

영혼에 대한 이 논의의 어떤 것도 붓다와는 거의 관련이 없다고 보인다.[49] 붓다는 많은 것들은 자아가 아닌 무아(anātman/anattā)라고 말했지만, 나는 이렇게 함으로써 그가 신체에 생명을 부여하는 것은 그것이 무엇이든 모두 부정했다고 생각할 이유도 알지 못한다. 또한 나는 붓다가 죽음이 모든 스토리의 끝이 아님을 부정했다고 생각하지도 않는다. 그는 어떤 의미에서 이 스토리는 죽음 이후에도 ('사후의 삶', '재생') 진행된다고 주장했다. 이것이 사실이 아니라고 말하는 것은 불교에서 단멸론(ucchedavāda)이라는 사견邪見으로 간주되었다. 오늘날 가끔 논쟁이 있지만 전통적 불교는 어떤 의미로든 사후에도 생명이 있다는 입장을 온전히 가지고 있다.[50] 그러나 이 모든 것은 붓다의 가르침의 핵심 요소

---

49) 이 맥락에서 이와 유사한 Gombrich(1996: 15-16)의 언급을 참조하라.

50) Hirakawa(1990: 6)는 붓다의 관심은 전적으로 해탈에 있기 때문에 재생은 붓다의 가르침의 본질적인 부분이 아니라고 주장한다. 붓다는 단지 인도의 폭넓은 종교적 환경 속에서 재생의 개념을 수용하였을 뿐이라는 것이다. 이것은 그다지 확신을 주지 못한다. 해탈에 대한 붓다의 관심은 다른 것들 중에서 지속적 재생으로부터 벗어나는 것이었다. 왜냐하면 붓다는 윤회를 인정했기 때문에 해탈을 구하는 것이 그에게 아주 중요한 문제였다. 그렇지 않다면, 적어도 (단지 한번만 오는) 노·사는 그다지 두려운 일은 아니었을 것이다. (사실 일찍 죽는다면 늙음은 피할 수 있다.) 더욱 단멸론은 진리가 될 것이며, 또한 많은 악한 행위들은 그것을 행한 사람들에게 괴로운 결과를 가져오지 못하게 될 것이다. (따라서 업業도 붕괴될 것이다.) 죽을 때, 모든 사람

인 무아의 교설과는 전혀 관계가 없는 것이다.

붓다는 『전법륜경』에서 무아에 대한 언급을 하지 않고, 대신 그의 가르침을 중도와 사성제에 대한 통찰의 획득으로 제한하고 있다. 언뜻 보면 이 경이 붓다의 첫 번째 설법으로 여겨지고, 또 무아의 교설이 항시 불교도들에게 있어 다른 모든 비불교도 스승들을 능가하는 붓다의 독창적인 발견으로 주장되고 있음을 고려할 때 특이하다고 보인다. 만일 붓다가 발견한 것이 우리를 해탈케 하는 진리라면, 바로 그런 의미에서 무아는 해탈의 진리이다. 그렇지만 불교전통은 붓다가 『전법륜경』을 설한 후에 팔리어 판본에서 『무아상경』(Anattalakkhaṇa Sutta)으로 알려진 또 다른 경에서 무아에 관해 설했다고 주장한다. 실제로 두 가르침은 팔리어 율장에 포함된 자서전적 설명에서 어떤 갭도 없이 나타난다. 한 장소에서 행한 연속적인 가르침으로서 이해되었을 때, 중도와 사성제에 대한 가르침은 붓다의 사상의 소개로서 보다 복잡한 무아설을 위한 토대를 마련하는 것처럼 보인다. (그리고 바로 붓다의 첫 번째 제자들을 해탈로 이끈 것은 바로 무아상경이었다.)[51] 이 경은 아마도 불교의 구제론적 기획과 관련하여 불교사상의 주류 견해를 이해하기 위한 단일 경전으로는 가장 중요한 자료일 것이다. 여기서 붓다가 자신의 최초 제자들에게 법法을 설하는 것을 보게 된다.

비구들이여, 색色(rūpa)은 자아가 아니다.[52] 만일 색이 자아라면, 이 색은 고

은 탐·진·치와 모든 고통의 최종적인 소멸을 얻게 될 것이다. 전통적으로 이해되었던 대로의 불교에게 재생의 부정과 함께 과연 무엇이 남아 있을지 생각하기란 어려울 것이다.

51) Dhammacakkappavattana Sutta(전법륜경)의 형태에 대한 역사적 논평에 대해서는 Wynne(2002) 참조.

52) 여기서 번역에 주의하라. 팔리어 경전은 색은 자아를 결여하고 있다거나, 자아를 가지고 있지

통으로 이끌지 않아야 할 것이며, 색에 대해 다음과 같이 말하는 것이 가능해야만 할 것이다. '나의 색은 이렇게 되기를; 나의 색은 이렇게 되지 말기를.' 그리고 그것이 고통으로 이끌고, 또 색에 대해 '나의 색은 이렇게 되기를, 나의 색은 이렇게 되지 말기를'이라고 말할 수 없는 것은 바로 색이 자아가 아니기 때문이다.

감수受(vedanā)는 자아가 아니다. … 상想(saññā)은 자아가 아니다. … 행行(saṃkhārā)은 자아가 아니다. … 식識(viññāṇa)은 자아가 아니다. …

(Ñāṇamoli 1992: 46)

따라서 붓다가 말하고자 한 것은 자아의 위상을 위한 이들 각각의 요소들이 실제로 자아가 아니라는 것이다. 그 근거는 만일 어떤 것이 자아라면, 그것은 (i) 고로 이끌지 않아야 할 것이며, (ii) 그것은 그 사람의 자아에게 복종해야 할 것이다.[53] 다른 말로 하면, 자아가 무엇이든 간에, 그것은 우리가 그것에 대해 완전한 자제력을 가진 어떤 것이며, 또 행복으로 이끄는 (또는 적어도 불행으로 이끌지는 않는) 어떤 것이다.

않다거나 또는 무아라고 말하지 않는다. 팔리어 경전은 문법적으로 매우 직설적으로 색은 자아가 아니라고 말한다. 이에 대해 Norman(1997: 26-8) 참조.

53) 여기서 논의되고 있는 '자아'는 자재력과 연결되어 있기 때문에 그것은 내적 조정자로서의 우파니샤드의 자아 개념을 아마도 반영하고 있을 것이다(Collins 1982a: 97 참조). 그렇지만 이것은 타당하지 않다. 왜냐하면 이 구절에서의 자아는 조정하는 자라기보다는 조정되어지는 것으로 이해되기 때문이다(Wynne 2009b: 87; Kuan 2009: 162). 반면에 '우파니샤드적' 아트만은 비이원적 본질이며, 따라서 단지 생각하는 사람에 의해서는 말할 것도 없이 결코 변할 수 없는 것이다. (또한 그것은 이 가르침이 전제하듯이 색으로 이루어졌을 수가 없다.) 그러므로 이 가르침은 초기 우파니샤드의 가르침에 대한 반응이었을 것이다. 그것은 대신 개아가 변화에 저항할 수 없고 무상하다는 것에 대한 불교의 강조를 반영하는 것으로 보인다. 이는 비슷하지만 단순한 'Saccaka에 대한 짧은 경전'(Cūḷasaccaka Sutta: MN no. 35)의 포인트였다고 보이는데, 이 경전은 이 가르침의 원천일 가능성이 있다.

자아로 간주될 수 있지만 간단히 살펴보더라도 자아에 대한 기술에 맞지 않는 다섯 가지 경험의 영역의 항목은 다시 물질적인 것(색)과 심리적인 것(나머지 넷: 수受, 상想, 행行, 식識)의 2종으로 분류된다. 이런 경험의 다섯 영역들이 오온五蘊(skandha/khanda)으로 알려졌다.[54] 붓다는 자아로 추정되는 특징에 대하여 계속해서 설명하고 있다.

> 비구들이여, 그대는 어떻게 생각하는가? 색은 영원한가 아니면 무상한가? '세존이시여, 무상합니다.' 그렇다면 무상한 것은 괴로운 것인가 아니면 즐거운 것인가? '세존이시여, 괴로운 것입니다.' 그렇다면 무상하고 고통스럽고 변하는 것에 대하여 '이것은 나의 것이다. 이것이 나다. 이것이 자아이다' 라고 말하는 것이 올바른 것인가? '세존이시여, 올바르지 않습니다.'
>
> (Ñāṇamoli 1992: 46)

그리고 붓다는 나머지 네 온蘊에 대해서도 동일하게 설해질 수 있다고 설명한다. 따라서 우리는 어떠한 자아도 (iii) 영원해야 할 것이라고 덧붙일 수 있다. 그리고 만약 어떤 것을 '이것은 나의 것이다. 이것은 나다. 이것은 나의 자아이다'라고 말할 수 있기 위해서는 적어도 그것이 영원하고, 즐겁고, 변화하지 않는 것이어야 한다. 이 모든 것으로부터 붓다는 우리의 심리적 물질적 구성요소의 어떤 부분, 즉 오온의 하나 또는 나머지로 분류될 수 있는 어떤 것도 그것이 자아이기 위해 가져야만 하는 전형적인 기술에 부합되지 않는다고 생각한다. 그것들은 모두 자아가 아니다. 그리고 중요한 점은 그것들은 모두 무상하다는

---

54) 오온에 관해서는 Gethin(1986, 1998: 135-6) 참조.

것이다. 사물을 이렇게 보는 것이 올바로 보는 것이다.

> 따라서 비구들이여, 모든 색은 과거든 미래든 현재든, 내적인 것이든 외적인 것이든, 거칠거나 미세하거나, 열등하거나 뛰어나거나, 멀거나 가깝거나 간에, 정견에 의해 다음과 같이 여실하게 인식되어야 한다: '이것은 나의 것이 아니다. 이것은 내가 아니다. 이것은 나의 자아가 아니다.'
>
> (Ñāṇamoli 1992: 46)

그리고 나머지 온蘊에 대해서도 동일한 내용이 적용된다. 또 다른 경전 『알라갓두빠마경』(Alagaddūpama Sutta)에서, 붓다는 누군가 나무를 태워야 했을 때 누구도 자신이 타고 있다고 생각하지는 않을 것이라고 언급하고 있다. 이와 같이 우리의 물질적인 신체가 우리의 자아가 아닐 뿐 아니라(몇몇 우파니샤드 수행자도 생각했었듯이) 세계도 우리의 자아일 수 없다는 것은 분명해 보인다. 물론 앞의 『알라갓두빠마경』에서 이해한 내용에 근거하여 세계도 자아일 수 없다. 왜냐하면 그것은 괴로움을 야기하며, 그 사람의 자아에게 복종해야 할 것이며, 무상하기 때문이다. 우리는 '나는 이 모든 것이다. 이것은 나의 자아이다'라고 말할 수 없다. 설사 대우주의 본질(Brahman)이 나의 본질(아트만)과 진정 동일하다는 사실을 깨닫는다 해도 내가 대우주에 대한 지배권을 얻는 것은 아니다. 왜냐하면 대우주는 나의 자아가 아니기 때문이다. 그것은 자아에 대한 설명과 일치하지 않는다.[55)]

이제 이 경의 가장 중요한 내용을 담고 있는 부분과 만나게 된다. 『무

---

55) Norman(1990-6: paper 48, 1997: 27) 참조; Gombrich(1990b: 13 ff.), cf. Gombrich(1996: 2장) 및 Wynne(2010).

아상경』(Anattalakkhaṇa Sutta)에서 붓다는 이런 방식으로 여실하게 사물을 인식한 결과가 무엇이었는가를 다음과 같이 설하고 있다.

> 비구들이여, 이와 같이 보는 현명하고 성스러운 제자는 색에 대하여 이욕하고, 감수에 대하여 이욕한다 … 이욕함에 의해 그의 탐욕은 소멸하며, 탐욕이 소멸함으로써 그의 마음은 해탈한다. 해탈했을 때 '해탈했다'고 알고, '태어남이 다하고, 성스러운 삶을 살았고, 해야 할 바를 이미 다했으며, 이 생 이후에 다시 생이 없다'고 안다.
>
> (Ñāṇamoli 1992: 47)

나는 이것이 심리-물리적 세계가 실제로 어떻게 존재하는지를 보는 관점에서 있는 그대로의 방식으로 사물을 보는 것과 해탈 사이의 관계를 훌륭하게 보여주고 있다고 생각한다. 도덕적 반응(의무)의 변화는 어떻게 사물이 존재하는가를 보는 것 속에 구축되었다. 붓다는 이런 변화는 어떻게 사물이 진실로 존재하는가에 대한 자동적인 반응이라고 제안하는 듯이 보인다. 18세기 스코틀랜드의 철학자 흄(Hume)의 주장과는 반대로 붓다는 '존재'(is)에서 '당위'(ought)를 찾는 것은 충분히 가능하다고 생각했다(Hume 1969). 해탈은 자아가 아닌 것을 놓아버림에서 나온다. 우리가 사물들은 불행의 원천이고, 자신의 지배력 밖에 있으며, 무상하다고 볼 때, 우리는 그것들이 어떤 종류의 자아일 수 없다고 보는 것이다. 이와 함께 우리는 사물들로부터 벗어나게 된다. 왜냐하면 사물에 얽매이는 것은 단지 불행으로 인도하기 때문이다. 모든 이런 것들을 놓아버릴 때 해탈이 있다. 왜냐하면 고苦와 윤회로 이끄는 갈애의 힘이 더 이상 존재하지 않기 때문이다. 모든 이런 것들이 자아가 아님을 보는 것이 바로 해탈로 향하는 수행도이다.

붓다는 온들을 자아가 아니라고 특징지었다. 왜냐하면 그것들은 고통으로 이끌고, 온을 가진 사람에게 복종하지 않으며, 무상하기 때문이다. 이로부터 만일 어떤 것이 이러한 특징과 반대되는 모습을 갖는다면, (즉 고통으로 인도하지 않고, 온을 가진 사람에게 복종하며, 영원하다면) 그것은 자아이거나 또는 최소한 자아의 가장 유력한 후보일 것이다. 이런 사실에 근거하여 붓다가 여기서 언급한 모든 것은 자아가 아닌 것을 보여주려는 것이라고 생각하는 사람들이 있다. 그러나 붓다는 자아와 같은 그러한 것은 전혀 존재하지 않는다고 결코 말하지 않았다. 나는 이것을 제대로 이해할 수 없다고 고백한다. 만일 붓다가 자아가 아닌 것만을 보여주었다고 생각했거나, 그의 부정을 넘어 자아에 대한 묘사와 전형적으로 일치하며, 오온과 독립해 있고 그것을 초월한 하나의 자아를 실제로 인정했다면, 그는 분명히 그렇다고 말했을 것이다. 그리고 우리는 붓다가 실제로 매우 분명하게 그렇게 말해야 했을 것이라고 확신할 수 있다. 그러나 그는 그렇게 말하지 않았다. 붓다 당시의 모든 비불교도 수행자들은 고통으로부터의 해탈을 향한 탐구는 자아를 발견할 때 끝난다고 보았던 듯하다. 예를 들면, 『브리하드아란야카 우파니샤드』처럼 자아(ātman)를 가르치는 인도 학파들은 이 주제에 주로 몰두하고 있으며, 어떤 방식으로 그들이 자아를 주장하는지를 명백히 한다. 우파니샤드들이 자아를 설하지 않는다고 누구도 말한 적이 없으며, 우파니샤드도 아마 그렇게 하지 않았을 것이다. 반면에 초기불전과 주류 불교 문헌에서 우리가 발견하는 모든 것은, 다양한 사물들이 자아가 아니라는 진술이며 부정이다. 만일 붓다가 자아가 존재한다고 생각했지만, 여기서는 단지 자아가 아닌 것만을 나타내려고 했다면, 자아를 발견하는 것이 실제로 해탈과 무관하다고 그가 생각했었을 것이라고 상상할 수 없다. 그러므로 『무아상경』에서 붓다가 자아가 아닌 것을 안 후에 어떻게 우리는 '해탈했다'는 인식으로 이끄는 자아를 발견하는지의 설명으로 나아갔을 것이라고 우리는 기대할 것이다. 그러나 붓다는 그렇게 하지 않았다. 그는 『무아상경』에서 진정한 자아를 발견하는 것에 대해 어떤 언급도 하지 않는다. 앞에서 보았듯이, 붓다는 사물들이 자아가 아님을 단지 봄에 의해 모든 갈애와 집착을 놓아버리는 데에서 어떻게 해탈이 오는지를 설명하고 있다. 이것이 그가 자아에 대해 언급한 전부이다. 우리는 재생과 고로 인도하는 힘을 끊는다. 이 모두를 초월한 자아를 가정할 필요는 없다. 실제로 어떤 가정된 자아도 집착으로 인도할 것이다. 왜냐하면 붓다에게 그런 묘사와 일치하는 자아는 집착의 적합한 주체처럼 보였을 것이기 때문이다. 붓다가 오온을 초월한 자아라고 불리는 (혹은 자아의 기술에 부합되지만 다른 명칭을 가진) 어떤 부가적 요소가 존재한다고 생각했다는 어떠한 시사도 없다.[56]

붓다가 모든 부정의 배후에 있는 참된 자아를 설했다고 생각하는 (상주론(śāśvatavāda/sassatavāda)의 삿된 견해를 가진) 사람들이 있는 것처럼, 붓다는 우리가 존재한다는 것을 부정하려고 의도했다고 생각하는 사람들도 있다. 이것은 단멸론斷滅論(ucchedavada)의 삿된 견해이다. 불교에 대해 사용될 때 '중도中道'의 또 다른 의미는 상주론常住論과 단멸론 사이의 중도이다. 주류 불교전통의 공통된 이해는 중도란 우리가 단지 어떤 종류의 역동적이고 인과적으로 생겨난 심리-물질적 온에 의존해서 존재한다는 것이다. 지금까지의 언급을 통해서 개체, 즉 평범한 인간존재의 경우 개아는 5종의 물질적이고 심리적인 지속체의 관점에서 설명되고 있다는 것은 분명할 것이다. 각각의 온은 흐름을 구성하는 모든 요소들과

56) Collins(1982a)는 지금까지 무아에 관한 최고의 연구로서 가장 표준적인 책이다.

함께 하나의 흐름을 형성하며, 또 5종 지속체 자체도 하나의 역동적 더미 속에 묶여 있다. 다음 절에서 보겠지만 그것을 하나로 묶는 이 묶음의 원리들은 인과적인 것이다.

이러한 환원에 의해 드러나는 것 이상의 어떤 것이 우리에게 존재한다는 관념은 여실지견의 견지에서는 잘못된 것이다. 불변하는 요소로서의 실재하는 '나'는 단순히 존재하지 않는다. 그것은 하나의 허구이며, 허구로서 무시이래의 무명의 결과이며, 끝없는 슬픔의 원인이다. 따라서 상주론은 오류이다. 그러나 이러한 일반적인 인간, 즉 개아에 대한 설명은 실제로 이들이 존재한다는 것을 전제하고 있음에 주목하라. 따라서 단멸론도 오류이다. 비록 붓다 자신은 해탈시키는 역할을 하는 부정에 보다 관심이 있었을 수도 있었겠지만, 후대의 불교 전통이 여기서 부정되지 않는 것이 무엇인가에 대해 어떤 혼란도 없었다고 확신하기에는 조심스럽다. 더미를 부르는 실용적인 방법은 그것에게 '아처볼드'(Archerbold)나 '피오나'(Fiona) 같은 하나의 명칭을 부여하는 것이며, 이는 일반적으로 인정될만한 것으로 여겨진다.[57] 일상적인 의미에서 개아는 존재하고, 후대의 불교 전통에서 개아는 pudgala(Pāli: puggala)라고 불리며, 부정되어야 할 자아와 조심스럽게 구별되고 있다. 붓다는 특별한 유형의 것으로서 자아를 부정하고 있으며, 그것이 깨닫지 못한

---

57) 이 점을 아주 명확히 하고 있는 영향력 있는 후대의 자료로 『밀린다왕문경』(Milindapañha 2:1:1) 참조. 수레의 비유를 사용하여 수레는 (바퀴와 같은) 수레 중의 어느 한 부분과 동일시될 수 없다고 지적된다. 수레로서의 하나의 구성요소는 존재하지 않는다. 그리고 바퀴나 바퀴살, 축대 등과 같은 구성요소 모두의 배후에 '수레'라고 불리는 어떤 별개의 것도 분명 존재하지 않는다. 그러나 우리는 수레의 다양한 구성요소에 의거하여 유용한 표식을 사용해서 실용적인 목적에서 여전히 수레에 대하여 말할 수 있다. 이 수레의 비유는 팔리어 경전의 Vajirā Sutta에서도 발견된다. 이 텍스트에 대한 역사적 비평에 대해서는 Wynne(2009a: 68-70) 참조.

사람들에게 (그들이 그것을 알든 모르든) 괴로움의 뿌리가 된다고 보았다. 그는 개아의 존재를 부정하고자 하지 않았다. 그는 당신과 나 그리고 그가 단순히 존재하지 않는다는 모순을 설하지 않았고, 우리 모두는 이를 더욱 잘 깨달을 수 있을 것이다. 개아는 존재하지만, 그것은 심리-물질적 더미에 관해서 말하는 실용적인 방식 이상은 아니다.

3. 연기緣起

『갈애의 소멸에 관한 대경』(Mahātaṇhāsaṅkhaya Sutta)에 등장하는 어리석은 비구 사띠(Sāti)는 식識이 경험의 불변하는 주체로서 실질적으로 자아이며, 또 바로 그것이 이 생에서 저 생으로 변하지 않고 윤회한다고 하는 생각을 했다. 이것은 식(vijñāna)이 개아의 자아라는 초기 우파니샤드의 관념과 다소 비슷하다. 여기서 자아는 이 생에서 저 생으로 윤회하는 경험의 불변하는 주체이다. 붓다는 단호하게 이러한 생각을 부정했다. 식은 이러저러한 조건에 의존해서 생겨난다. 예를 들면 '식'은 장애되지 않은 눈이 시각대상과 만났을 때 생겨나는 감각적 경험에 대해 우리가 부여한 이름에 불과하다. 그때 이것은 '안식眼識'이라고 한다. 그런 경험의 흐름이 존재하며, 만일 경험들이 실제로 생겨난다면 의식적 경험을 넘어 식 자체로서 실제로 존재하는 부가적인 주체는 필요하지 않다. 붓다가 다른 경우에서 말하듯이, 마음보다는 오히려 신체를 자아로 간주하는 것이 나을 것이다. 마음은 분명 끊임없이 변화하는 반면에 신체는 적어도 마음보다는 일정한 안정성을 갖고 있기 때문이다(SN Ⅱ: 94-5, Lamotte 1988: 29). 따라서 불변하는 자아를 발견했다는 주장에 대한 붓다의 답변은 많은 것들 가운데 우리가 추정하는 자아란 인과적 조건들의 결합의 결과로서 생겨난다는 명확한 사실을 지적한 것이다. 이에 따라 그것은 불변하는 것일 수 없으며, 그러므로 자아일 수 없다. '식'은 다른 어떤 것보다 자아가 아니다. 그것은 우리가 경험의 흐름에 부여한 명칭일 뿐이다. 그럼으로써 붓다는 변화의 근저에 놓인 자아에 의거한 세계관을 그것의 본질적으로 역동적인 성격이라고 그가 보고 있는 것에 대해 호소로, 즉 인과적 조건의 중심성에 근거한 경험의 역동성으로서 대체하고 있다. 다른 말로 하면 세계로부터 자아 속으로의 이동은 세상을 있는 그대로 보고 집착을 놓아버림에 의해 대체되어야 한다.

붓다는 만일 우리가 윤회 전체를 여실하게 관찰한다면 우리는 그것이 고苦(duḥkha)와 무상無常(anitya), 무아無我(anātman)라는 세 가지 특징(trilakṣaṇa/tilakkhaṇa)에 의해 퍼져 있음을 알게 된다고 생각했다. 변화와 필연적인 죽음으로부터의 도피처로서 우리를 위해 확보하고자 하는 안정성을 제외하고, 세계는 진실로 그 안에 어떤 안정성도 없는 원인과 결과의 격류이다. 그러한 안정성은 단지 고통을 증대시킬 뿐이다. 왜냐하면 그것은 안전을 확보하고자 하는 우리의 절망적인 집착에 의해 만들어진 허구적인 안정성이기 때문이다. 따라서 유일한 참된 안정은 열반에 있다. 왜냐하면 (앞에서 보았듯이) 열반은 정확히 세간의 격류가 아니기 때문이다. 윤회의 역동적인 성격에 대한 이러한 강조는 열반의 고요하고 평온한 지평을 부각시켰다.

인과적 의존성은 붓다에게 일차적으로 중요했는데, 왜냐하면 그것은 세계의 이성적이고 일관된 구조를 보여주기 때문이다. 그것은 윤회 과정을 되돌림에 의해 열반을 초래하기 위해 무엇을 해야 하는가를 보여준다. 붓다는 X가 Y 때문에 존재한다는 사실에 관심이 있었다. 왜냐하면 Y의 소멸을 통해 더 이상 X도 존재하지 않기 때문이다. 붓다에게 인과적 의존성은 어떠한 자아에도 의존함 없이 어떻게 재생이 일어날 수 있는가를 보여주기 때문에 중요했다. 더욱 그것은 선업과 불선업이 즐겁고 고통스러운 과보를 낳는 메커니즘을 보여준다.

또한 끝없는 일련의 인과과정으로서 윤회가 존재하는 방식을 지시하는 것이 불교도들에게 중요하게 되었다. 왜냐하면 그것은 모든 종류의 인격적인 창조신을 허용하지 않기 때문이다. 붓다는 의도적이건 또는 함축적이건 궁극적인 신에 대한 논의를 인과적 의존성의 논의로 대체했다. 신은 인과의 매끄러운 그물에서 존재할 여지가 없는데, 여기서 각각의 사물은 또 다른 의존적 사물의 인과적 결과로서 무한히 설명되어질 수 있다.

『갈애의 소멸에 관한 대경』에서 붓다는 사물들이 인과적 조건에 의존하여 생겨난다는 점을 강조함으로써 사띠의 견해를 바로잡아 주며, 인과성에 대한 이러한 강조는 불교의 존재론의 핵심적인 특징을 보여준다. 윤회의 모든 요소들은 이러저러한 의미에서 그것들의 원인과 결과와 관련하여 존재한다. 이것이 그것들이 무상한 이유이다. 왜냐하면 만일 원인이 무상하다면 결과도 마찬가지일 것이기 때문이다. 특히 체화된 개체로서 우리의 존재는 적합한 원인들의 결합의 결과이며, 또한 우리는 저 적절한 원인들이 우리를 존재 속에 유지시키는 한에서 존재한다. 따라서 체화된 개체로서 우리는 불가피하게 언젠가는 존재하기를 그칠 것이다. 바로 이 특정한 경에서 붓다는 인과적 의존성에 대한 그림을 제시하는데, 여기서 연기緣起는 해탈에 대한 권고와 관련해 가장 생생하게 표현되고 있다. 바로 이 실천성이 초기 자료의 생생함이라고 보인다. 한 아이가 태어나고 성장한다.

> 그는 눈으로 색을 보고, 귀로 소리를 듣고, 코로 향을 맡으며, 혀로 맛을 보고, 몸으로 촉각되는 것을 접촉하며, 의意로 법을 인식하면서, [이는 6종의 근과 대상, 그리고 양자에 의거한 식으로 구성된 18계를 가리키는데], 그것이 좋

아할 만한 것이면 애착하고, 그것이 좋아할 만한 것이 아니면 싫어한다. [그것의 참된 성격에 대해 무지하기 때문에 그는 탐욕과 증오를 일으킨다.] 그는 신체에 대한 확립된 정념 없이 주하며, 한정된 마음을 갖고 악하고 불선한 상태가 남김없이 소멸된 심해탈과 혜해탈을 여실하게 알지 못한다. 즐겁거나 괴롭거나 아니면 중립적인 [3종] 감수를 느낄 때, 그는 탐착하거나 배척하면서 그 느낌을 향수하고, 수용하고 받아들인다. 그가 그 감정을 즐거워하면 그에서 향수가 생긴다. 그러한 감수를 향수하는 것이 집착이다. 집착을 조건으로 하여 유有가 있고 유를 조건으로 하여 생生이 있으며, 생을 조건으로 하여 노사가 일어나며, 우憂·비悲·뇌惱·고苦·절망이 일어난다. 이것이 고통의 더미 전체가 생겨나는 방식이다.

(Ñāṇamoli 1992: 251 ff)

이것이 실천적인 의미에서 고苦가 일어나는 방식이다. 그것은 원인들을 통해 발생하며 따라서 원인들을 되돌림에 의해 고통은 종결될 수 있다. 이 텍스트는 이어 한 분의 붓다가 이 세상에 출현하게 된다고 설한다. 누군가가 법을 듣고 승려가 된다. 승려로서 붓다의 수행도를 진지하게 따름으로써 그는 정념과 명상에 대한 능력을 계발하여 감각적 경험을 향한 자신의 욕망을 끊음을 배운다. 그래서 위의 항목에서 각각의 요소는 선행하는 요소의 소멸을 통해 그친다.

애愛의 소멸에 따라 취取가 소멸하고, 취의 소멸에 따라 유有가 소멸하며, 유의 소멸에 따라 생生이 소멸하고, 생의 소멸에 따라 노사老死가 소멸하며, 이와 같이 우·비·뇌·고·절망이 소멸한다. 이것이 어떻게 모든 고통의 덩어리가 소멸하는 방식이다. (Ñāṇamoli 1992, 255)

따라서 붓다는 고의 발생을 비인격적인 법칙과 유사한 행위와 연결시키고자 하며, 이 연쇄를 비인격적 법칙과 유사한 인과성의 행위 속에 정초시키고 있다. 이런 비인격적 법칙과 유사한 인과성은 초기 경전에서 표준적인 정형구로 제시되어 있다: '이것이 있음으로 저것이 있고, 이것이 생하므로 저것이 생하며, 이것이 없으므로 저것이 없고, 이것이 멸하므로 저것이 멸한다'(Gethin 1998: 141). 이것이 초기불교가 말하는 연기緣起이다. 또한 이것은 사건들 사이의 관계로서 X가 일어날 때 Y가 발생하고, X가 일어나지 않을 때 Y도 일어나지 않는다고 하는 것이다. (팔리어: imasmiṃ sati, idaṃ hoti; imasmiṃ asati, idaṃ na hoti.) 이것 이상의 인과성에 대한 어떤 것도 없다. 붓다가 '연기'(Pratītyasamutpāda/Paṭiccasamuppāda)를 자신의 중도('연기를 보는 자는 법(法)을 보고, 법을 보는 자는 연기를 본다': Mahāhatthipadopama Sutta)의 중심에 놓은 것은 바로 연기가 비인격적이고 법칙과 유사하기 때문이다. 팔리어 경전 『상응부』(SN II: 12: 20)에서 붓다들이 출현하든 출현하지 않든 진실이라고 주장된 것은 바로 비인격적인 법과 같은 인과적 질서이다. 이것이 붓다가 재발견했다고 말해지는 것이며, 그가 깨닫게 되었다고 주장된 것도 바로 이 발견과 그것의 함축성 속에서이다. 고통의 생기는 원인에 대한 직접적이고 비인격적인 법칙과 유사한 반응이기 때문에, (희생제의나 신에 대한 기원 없이) 고통은 그것의 원인을 제거함에 의해 자동적으로 종식될 수 있다. 따라서 비록 붓다가 『전법륜경』에서 연기에 대해 언급하고 있지는 않지만, (무아처럼) 그 자신의 깨달음의 내용을 형성한 사성제四聖諦의 의의 자체는 비인격적 법칙과 같은 인과성의 행위에 은연중에 의존하고 있다고 말할 수 있을 것이다. 아마도 무아와 연기에 대한 붓다의 이해는 그가 발견한 것의 함축성에 대해 그가 보다 깊이 사유했을 때 일어났을 것이다. 앞에서 보았듯이, 후라우발너(Frauwallner 1973)는 붓다가 갈애의 직접적 원인을 규명하지 않고 오히려 모든 것을 최종적으로 무명으로 돌린 것은 가르침에 대한 그의 이해와 발전에서 후대의 단계였다고 제안했다. 이런 관점에서 무아와 연기는 모두 무명(avidyā)을 치유하는 최종적인 지식(vidyā)의 두 기둥을 형성하고 있다.

『갈애의 소멸에 관한 대경』의 설명은 예를 들면 『대인경大因經』(Mahānidāna Sutta)에서 발견되는 좀 더 복잡하고 (한결 불명확한) 형태의 연기구조에 대한 붓다의 초기 정형구를 보여주는 것으로 보인다. 붓다는 비록 연기가 매우 심오하긴 하지만 자신에게는 그다지 어렵지 않다고 감히 말하는 충실한 시자 아난다에게 『대인경』을 설했다. 그것은 단순한 것이 아니며, 붓다는 사람들이 연기를 이해하지 못하기 때문에 윤회에 오랫동안 떨어질 수밖에 없다고 여기서 설명하고 있다. 왜냐하면 (Gombrich 1996: 46가 관찰하듯이) 붓다는 개인적으로 이를 아난다에게 설했지만, 그는 전통에 따르면 붓다가 열반한 이후에도 여전히 깨닫지 못했다. 『상응부』(SN II: 12:1; cf. Gethin 1998: 141-2)에 나타난 연기의 완성된 정형구는 다음과 같다.

(1) 무명(avijjā)에 조건지어져 (2) 행行(saṅkhārā)이 있고, 행에 조건지어져 (3) 식識(viññāṇa)이 있으며, 식에 조건지어져 (4) 명색名色(nāmarūpa)이 있고, 명색에 조건지어져 (5) 육처六處(saḷāyatana)가 있고, 육처에 조건지어져 (6) 촉觸(phassa)이 있고, 촉에 조건지어져 (7) 수受(vedanā)가 있고, 수에 조건지어져 (8) 애愛(taṇhā)가 있고, 애에 조건지어져 (9) 취取(upādāna)가 있고, 취에 조건지어져 (10) 유有(bhava)가 있고, 유에 조건지어져 (11) 생生(jāti)이 있고, 생에 조건지어져 (12) 노사老死(jarāmaraṇa)가 있다. …

그리고 그것으로부터 모든 윤회의 고통이 뒤따른다. 이것은 비인격적인 법칙과 유사한 인과성에 달라붙은 것이기 때문에, 무명을 극복함에 의해 이 과정을 역전시키는 것은 마찬가지로 전적으로 비인격적으로 해탈로 이끈다고 보장될 수 있다.

독자들은 여기서 읽기를 멈추고, 결과는 저절로 원인에 의해 발생한다는 사실의 의미를 깨달았을 때 붓다가 느꼈을 아주 경이로운 감정을 느껴보기 바란다. 붓다의 제자 중 지혜가 가장 뛰어난 사리자(Śāriputra)는 '원인에 의해 생겨난 법(dharma)들에 대하여 붓다는 원인과 그것의 소멸을 말씀하셨다'라는 게송을 들은 즉시 이전의 스승을 떠나 붓다를 따랐다고 한다.[58] 붓다는 명백히 다른 이들이 깨닫지 못한 사물들의 실제적 법칙성(dharmatā)을 발견하였는데, 이것은 분명히 타인들이 깨닫지 못한 것이었다. 왜냐하면 타인들은 이것을 가르치지 않았기 때문이다. 이 법칙을 통해 그는 이제 만일 사람들이 그 방법을 알았다면 멈추고자 했었을 모든 것을 중단시킬 수 있는 열쇠를 갖게 되었다. 그 발견은

---

58) Gethin(1998: 141)의 번역이다. 여기서 'dharma'(팔리: dhamma)라는 단어는 특별한 전문술어로 사용되었다. 때때로 이 술어는 '사물' 등을 의미하는 말로 아주 광범위하게 사용되기도 하고 좀 더 특정한 의미로는 (현상 이면에 보다 근본적인 실재인 본질이 존재한다는 어떠한 함축 없이) 경험되거나 경험될 수 있는 '현상'을 나타낸다. 대부분의 불교철학(아비다르마/아비담마)에서 말하는 다르마는 모든 우리의 경험 속에 실제로 존재하는 것을 가리킨다. 그것은 다수이며, 현실적인 것의 다수이다. 따라서 그것은 (예를 들면 분별론자의 아비다르마Vaibhāṣika Abhidharma에서) 우리에게 주어지고 우리가 사는 세상이 구성되는 경험적 토대를 제공하는 궁극적 실체(dravya)를 의미한다. 붓다가 발견하고 붓다에 의해 설해진 'Dharma'와 구별하기 위해서 이러한 의미에서의 다르마를 언급할 때에는 'dharma'(또는 문맥에 따라 복수형 dharmas)를 사용하는 것이 학자들에게 일반적이다. 하지만 불행히도 소문자 'dharma'나 복수형 'dharmas'를 중복하여 사용하면서 상황은 더욱 복잡해졌다. 이것은 여섯 번째 의(意, mano)의 대상들을 가리키기 위해 사용된 술어이다. 이런 의미에서 '다르마'는 넓게 말해 예상하고 기억하는 사고의 대상을 가리킨다.

절대적으로 벗어나게 하는 것이다. 세계의 내적 전환점을 발견했을 때, 그리고 그것들의 끊임없는 순환을 중단시키는 해탈에 직면했을 때의 붓다의 경이로부터 불교사상의 온 역사가 시작되었다.

연기에 관해 설하고자 하는 바가 무엇인지는 명확하지만, 그럼에도 12지 연기의 정형구가 실제상으로 무엇을 의미하는지는 세세한 점에서 분명하지는 않다. 이는 이 정형구의 조합된 성격을 반영할 것이다. 왜냐하면 우리가 『갈애의 소멸에 관한 대경』에서 발견하는 연기緣起의 모델이 훨씬 명확하고 초점이 뚜렷하기 때문이다. 후대 불교전통에서 (비록 보편적은 아니지만) 널리 인정된 하나의 이론은 3세에 걸쳐 12연기를 정하고 있다.[59] 그와 같이 12지 연기의 정형구는 지속하는 자아에 의지하지 않고도 재생을 설명하는 데 있어 다른 어떤 것보다도 중요하게 되었다. 이 모델에 따르면 12연기의 첫 번째 연결은 무명의 결과로 (윤리적으로 선하거나 불선한) 의도에서 나오는 신身·구口·의意의 행위로서 업의 형성이 생겨난다고 설명한다. 붓다는 업에 대해 다음과 같이 설했다. '신·구·의의 행위를 하는 것은 의도에 의한 것이기 때문에 행위는 의도思(cetanā)라고 나는 설한다'(『증지부』 AN III, p. 415, Lamotte 1988: 34). 따라서 붓다에게 (윤회를 촉진하는) 바람직한 결과를 가져오는 행위로서의 업은 단순히 (바라문의 희생제의 전통에서처럼) 외적 행위이기를 그치게 된다. '업의 과보'의 관점에서 결정적인 것은 선하거나 불선한 의향, 즉 의도이다.[60] 불교는 전적으로 마음에 관한 가르침이다. 다음 절

---

59) Gethin(1998: 149-59)의 뛰어난 설명에서 Visuddhimagga(『清淨道論』)와 Abhidharmakośa(『俱舍論』) 참조.

60) 만일 업이 선하거나 불선하다고 생각된다면, 그것은 단지 의도 이상의 어떤 것임이 틀림없다고 제안될 수도 있다. 만일 불선한 행위가 죽이려는 의도일 뿐이라면, 불교의 수행도를 따른다는 견지에서 살생을 수행함에 의해서도 어떤 것도 도덕적으로나 실제로 덧붙여질 것이 없을

에서 보겠지만, 붓다는 모든 '중요한 행위'의 전 체계를 내면화했고, 그렇게 함으로써 비인격적 인과성의 관점에서 업을 윤리화시켰다.

12연기의 처음 두 항목은 과거 생에 속한다. 과거에서의 무명이 과거에서 도덕적으로 결정된 의도를 낳고, 이것이 다시 현재세에서 세 번째 항목인 식識을 초래하는 것이다. 이 해석에 따르면, 여기서 '식'은 재생과정의 첫 번째 단계로서 모태로 들어오는 식이다. 그리고 이 식에 의해 조건지어져서 네 번째 항목인 명색名色이 있다. 여기서 명名(nāman)은 식과 함께 다른 수·상·행의 세 가지 온을 가리키며, (비물질적인) 심과 상응하는 것이라고 말해진다. '색'(rūpa)은 유기체의 물질적 측면이며, 4대종인 '지地·수水·화火·풍風'의 파생물로 구성된다. 따라서 이러한 연쇄로 우리는 도덕적으로 결정된 전생의 행위에 의존해서 태어난, 체화된 개체이며, 이를 통해 우리가 전생에서 깨닫지 못했음을 확인할 수 있다.

붓다는 '재생한' 존재가 이전에 죽었던 자와 동일하다고 주장하지 않았다. 그래서 엄격히 말하면 이것은 재생의 경우가 아니다. 마찬가지로

것이다. 이를 인식하고 있었던 불교 전통은 완전한 업이 일어나기 위해서는 수많은 다양한 요소들이 필요하다고 덧붙인다. 우리는 (예를 들면, 살생의 경우 X가 중생임을 인식하듯이) 대상이 무엇인지를 인식해야만 하고, 그 행위를 할 의도를 갖고, 실제 그 행위를 하고, 기대되고 희망했던 그 행동의 결과, 즉 중생은 죽는다는 결과가 실제로 일어나야 한다. Gethin(1998: 120)에서 기술된 이 주제에 관한 상좌부 전통은 이 네 가지 항목에 앞서 어떤 의미에서 대상이 (즉, 중생이) 현존해야 한다고 서술한다. 다른 인도 문헌에 근거한 유용한 티베트 자료는 『빠봉까 린포체』(Pabongka Rinpoche 1991: 442 ff.)이다. 이 텍스트는 다른 요소, 즉 내포된 미혹을 덧붙인다. 이는 사실상 탐·진·치의 현존을 가리키는 것이다. 이것의 효과는 탐·진·치가 현존하지 않더라도 예를 들면 살생행위를 범할 가능성을 열어둔 것이다. 따라서 그러한 살생행위는 불선한 행위(적어도 전적으로 불선한 행위)는 아닐 것이다. 아마 이 표현은 대승의 '선교방편'(upāyakauśalya)에 의해 보살이 연민심을 갖고 살생하며 따라서 불선한 행위를 범하지 않는 것이 가능해진 그런 관점이 반영되었을 것이다.

'재생한' 존재는 죽었던 존재와 다르지도 않다. 만일 '다르다'는 것이 적어도 너와 내가 다르다고 하는 방식으로 완전히 다름을 의미한다면 말이다. 재생한 존재는 인과과정에 의해 죽었던 자와 연결된다. 죽은 자를 A, 재생한 자를 B라고 부르기로 하자. 그러면 B는 A와 동일하지 않다. 예를 들면, B는 A와 동일한 사람이 아니다. (적어도 이는 내게는 논쟁의 여지가 없어 보인다.) B는 A에 인과적으로 (타당하게) 의존해서 생겨난다. 중요한 인과적 요소들 중에서 과거에 (또는 A 이전에 이론적으로 무한대로 소급될 수 있는 X, Y, Z으로서의 이전의 재생에서) A에 의해 (위에서 이해된 의미로) 수행된 선업과 불선업이 행해졌다. 따라서 죽을 때, 이들 요소들은 복잡한 방식으로 다른 체화된 개체로 이끄는 인과 과정 속으로 들어가는 것이다. 이 개체는 과거의 재생 속에서 A에 의해 수행된 행위에 직접적으로 의존해서 생겨난다. 따라서 '재생한 존재'와 '죽었던 존재' 사이의 연결은 인과적 의존관계의 견지에서 설명되며, 여기서 행위의 인과성은 전체 과정을 유지시키는 핵심적 요소라고 주장된다. 인과성과 함께 A와 B를 연결하는 자아를 전제할 필요가 전혀 없다. 이것이 '올바른 유형'의 인과적 의존성이라고 말하는 이유이다. 죽을 때, 심리-물질적 온들은 다시 형성된다. 하나의 형태가 사라지면, 또 다른 형태가 대체된다. 이 더미가 온의 더미이지만, 전체적으로 취해진 각각의 온은 하나의 찰나적이고 무상한 구성요소들의 더미이다. 이 구성요소들이 그런 온의 유형을 이룬다. 따라서 개아는 일시적인 더미들의 더미로 환원되며, 여기서 모든 구성요소들은 근본적으로 무상하며, 올바른 종류의 인과 관계를 통해 일시적으로 결합되어 있다. 이 모든 것은 (현저하게 업의 종류의) 인과법칙과 일치한다. 올바른 종류의 인과적 의존성이 존재하기 때문에, 우리는 B가 A와 완전히 다르다고 말할 수 없다.[61]

따라서 동일성과 차이, 상주론과 단멸론 대신에 붓다는 인과적 의존성의 의미에서 연기緣起를 제시했고, 그럼으로써 연기는 '중도'의 또 다른 의미가 되었다. 그러나 이 모든 것은 여기서 (그리고 후대의 불교 전통은 더욱 자세하게 이 과정을 상술하고 있지만) 특히 재생 과정에 대해 언급된 것인데 비해, 붓다는 그중 많은 것이 생을 통해서도 타당하다고 생각했다는 점에 주목하자. 생애 동안 인과법칙과 올바른 종류의 과정에 따라 항시 변화가 있다. 생애의 한 단계와 다른 단계 사이에 있는 사람들 사이에서 단계들 사이의 관계는 동일한 것도 아니고 다른 것도 아니다. 죽음은 인과 관계의 특정양태로 작동되는 특별한 종류의 변화이다. 그러나 붓다는 한편으로 세 살 때의 아키발드(Atchibald)와 73세의 아키발드 사이에서 사물이 존재하는 방식에, 그리고 다른 한편으로 81세에 죽은 아키발드와 그의 재생인 아기 피오나(Fiona) 사이에 어떤 근본적인 차이가 있다고 생각했던 것 같지는 않다. 그러나 한편으로 아키발드와 피오나 사이의 관계와 (아키발드의 보험설계사인) 던컨 사이에는 차이가 존재한다. 세 살 때의 아키발드와 73세의 아키발드, 81세의 아키발드 그리고 아기 피오나 사이에는 올바른 종류의 인과적 연결을 제외하면 어떤 공통점도 없다. 마찬가지로 던컨과도 그런 연관성은 결여되어 있다. 이와 같이 우리는 73세와 81세의 아키발드 그리고 아기 피오나가 동일하다는 것을 부정하지만 또한 그들이 다르다는 것도 부정한다. 그러나 던컨은 다르다.

우리가 이제 체화된 개체를 가지고 있다고 한다면, 삼세에 걸쳐 해석된 12지의 정형구는 우리가 현생에서 계속해서 고통과 재생, 재사에 빠

---

61) 이 모든 것에 관한 최고의 연구는 Collins(1982a)이다. 철학적 고찰과 이 모든 것에 관한 일관성의 비평은 Williams(1998a, 2장과 5장) 참조. Pettit(1999)와 Siderits(2000)의 비평과 그에 대한 Williams의 답변 참조.

지는 과정을 보다 상세하게 설명해준다. 앞서 보았듯이 고통은 감각적 경험에 대한 갈애 때문에 일어난다. (인도에서 마음 역시 하나의 감각기관으로 취급됨을 기억하라.) 이와 같이 명색에 의해 조건지어져서 다섯 번째 항목인 육처(ṣaḍāyatana)가 있다. 육처는 그것들에 적합한 대상들과 접촉한다. 이 (여섯 번째) 접촉(sparśa)을 통해 일곱 번째 항목인 즐겁거나 괴롭거나 또는 중립적인 감수受(vedanā)가 생겨난다. 이것은 연기 과정에서 아주 중요한 단계이다. 왜냐하면 이 항목은 (세 번째 식 이후의) 현생에 속한 앞의 모든 항목들과 함께 전생의 업의 결과이기 때문이다. 따라서 그것들은 자체적으로 도덕적으로 선하거나 불선한 것이 아니라 중립적인 것이다. 그러나 이 단계에서 그런 감수들에 의해 조건지어진 여덟 번째 항목인 갈애(tṛṣṇā)가 쉽게 일어날 수 있다.[62] (물론 이는 과거의 습관 때문에 일어나지만, 현자는 이를 주의 깊게 관찰하고 대치해야 한다.) 갈애로부터 아홉 번째 항목인 취取(upādāna)가 생겨난다. 그리고 갈애와 취는 도덕적으로 부정적인 번뇌(kleśa/kilesa)이기 때문에, 그때부터 모든 것은 내리막길이다. 정형구에 따르면, 취에 의해 조건지어진 열 번째 항목인 '유有'(bhava)가 일어난다. 이것이 어떤 의미인지는 즉시 분명하지는 않다. 여기서 '유'는 취로부터 생겨나며, 생生·노老·사死 등을 설명하고 있다. 유에 의해 조건지어져서 11번째 항목인 생生(jāti)이 있기 때문에, 삼세에 걸친 정형구를 설명하기 위해서는 '유'는 현세를 설명한 정형구의 시작과 궁극적으로 대등해야 한다. 따라서 '유'는 ('갈애' 때문에 발생하는) 취

62) 감수受의 생기와 갈애愛의 생기 사이의 관계는 명백히 ('이것이 있기 때문에 저것이 있다'는 등의 정형구와 일치하는) 단일한 원인과 결과의 관계일 수 없음에 주목하라. 이는 왜냐하면 느낌들은 일어나지만 갈애는 뒤따라 일어나지 않을 수가 있기 때문이다. 만일 그렇지 않다면 12지 연기의 정형구는 완전히 폐쇄적인 결정론적 체계가 되고, 해탈은 불가능하게 될 것이다.

로부터 일어나는 선하거나 불선한 의도로서의 업의 '유'를 의미한다고 설명된다.63) 그리고 이로부터 새로운 재생으로 들어가는 '생'이 생겨나며, 또 그것으로부터 노사라는 12번째 항목이 있다.

이러한 12지 연기의 정형구는 낯설다. 어떤 점에서 그것은 삼세로 확장하는 것은 의미가 있지만, 이 설명은 원래 다른 원천들로부터 편집된 것을 이해할 수 있게 설명하려는 시도처럼 보인다.64) 예를 들면 왜 삼세 중의 과거세를 12지 연기의 첫 번째 두 항목만으로 설명하며, 열 번째 항목인 유를 두 번째 항목인 행과 본질적으로 같은 것으로 설명하는가? 어떤 항목도 명시적으로 업으로 언급되지 않는데, 왜 업의 관점에서 설명을 하는가? 후라우발너(Frauwallner 1973)는 고통을 갈애에 근거시키는 제8지에서 12지까지의 설명에는 어떤 논리가 있다고 주장하려고 했다. 아마도 첫 번째에서 일곱 번째 항목까지는 애를 무명에 연결시키기 위하여 구성되었을 것이다. 그러나 완전한 12지의 정형구에 대한 원래의 논리가 설사 있다고 하더라도, 그것이 무엇을 의도했는지를 만족스럽게 파악하는 것은 현재의 학문적 단계에서는 불가능하다고 생각된다.65)

---

63) 언뜻 보기에 여기에 하나의 문제(혹은 적어도 어떤 긴장관계)가 있는 듯하다. 행위들은 덕스럽거나 좋기 때문이 아니라 불교의 해탈론적 기획의 견지에서 깨달음에 이르는 길로 나아가는 데 이바지하기 때문에 '선한 것'(kuśala/kusala)이라고 불린다. 그렇지만 선한 행위들 자체는 깨달음으로 인도하지는 않는다. 그것들은 행위(karma)일 뿐이며, 그러한 것으로서 계속해서 즐거움이 일어나도록 하기 위한 적절한 재생을 포함해 미래의 즐거움으로 인도한다. 모든 인도의 지적 체계에 있어서처럼 깨달음은 인식智 내지 앎의 결과이다. 그렇지만 선한 행위들이 해탈에의 길을 계속 행하는 데 기여한다는 사실을 부정할 수 없다.

64) 모든 12지가 삼세가 아니라 각각의 찰나에 적용하도록 의도되었다는 견해가 있다. 이렇게 적용할 때 약간의 기발함이 있을 수도 있겠지만, 이것이 12지 정형구의 원래 의도였다는 것은 의심스러워 보인다. 그렇다면 도대체 거기에 원래의 의도가 존재했던가? 12지의 요소들이 '동시적' 생기라는 견해와 몇몇 다른 견해들은 유부의 해설서인 『대비바사론』(Mahāvibhāṣā)에서 비판적으로 다루어지고 있다. Potter(1996: 114) 및 거기에 있는 참고문헌 참조.

4. 업業에 대한 추가 설명

앞에서 보았듯이, 붓다에게 있어 업은 본질적으로 신身·구口·의意의 행위들을 낳게 하는 의도이다.[66] 선업과 불선업을 일으키는 의도들은 그런 감수들을 경험할 수 있는 특정한 심적-물질적 감관과 함께 그것들의 업의 과보로서 (현생 혹은 내생에서) 즐겁거나 괴로운 경험, 즉 감수들을 가진다. 선하고 불선한 의도들은 정의상 도덕적으로 유덕하거나 부덕한 것인 반면, 즐겁거나 고통스러운 그 결과들은 자체로 선하거나 불선한 것이 아니다. 고통은 본질적으로 어떤 도덕적 성질도 갖고 있지 않고, 다만 불선한 업의 의도의 결과이다. 따라서 즐거운 감수는 그런 감수 자체로서는 도덕적으로 불선한 것이 아니다. 반면에, 즐겁지 않은 것에 대한 심적 반응으로써 (무명에 의해 생겨난) 증오나 탐욕의 의지나 의도는 도덕적으로 잘못이다. (즉 불선하며, 해탈도를 행하는 데로 이끌지 못한다.) 붓다에게 이 모든 것은 비인격적인, 법칙과 유사한 인과성의 행위

65) Jurewicz(2000)는 최근의 논문에서 12지 연기의 연쇄는 초기 바라문의 종말론(cosmogony)에 대응한다고 주장했다. 그 종말론에 따라면 아트만은 선창조적 내지 미현현의 상태로부터 자기 인식을 거쳐 스스로 변화한다. 그 사건은 어떤 것을 인식하거나 알려는 충동에 의해 촉발된다. 만일 연기가 이 아이디어에 대한 반응이라면, 붓다는 자아가 존재하지 않는다는 그의 생각을 서술하기 위해 일반적 도식을 사용했으며. 그래서 선창조적인 비인식의 상태는 무명(avidyā)의 상태로 인식되는 것처럼 보인다. 무명으로부터 제행(saṃskārā)이 나오며, 제행은 식(vijñāna)을 조건짓는다. 이것이 연기의 12지의 특정한 시작을 설명해주지만, 그것은 각각의 용어가 개체 존재의 어떤 단계를 가리키는지, 즉 현재세인지 아니면 과거세를 가리키는지를 설명하지 않는다. Gombrich(2009: 138)는 최근에 Jurewicz의 이론이 12지가 두 단계로 구성되었지만, 이것은 이 연쇄의 시작이 무엇을 가리키는지는 해명하지 않았다는 Frauwallner의 논지와 통합될 수 있다고 주장했다. 12지 연기는 약간의 수수께끼로 남아있다.

66) 이것이 불교를 의도의 윤리학으로 만드는지 아니면 오히려 선과 악이 해탈론적 목적을 향한 관련된 의도의 기여에 의거하는 목적론적 윤리로 만드는지에 대해서는 Keown(1992) 참조.

에 의해 실증된다. 따라서 그것이 과보로서 고통스런 감수를 초래하는 원인이기 때문에 불선한 의도이다. (윤회에서의 모든 것처럼) 고통의 감수는 과보이어야 하며, 따라서 그것은 그것의 원인인 불선한 의도의 결과이어야 한다.[67] 그리고 결과로서의 고통의 감수는 정의상 원인으로서 생겨난 불선한 의도와 동일한 인과적 연속체에서 생겨난다. 이것이 왜 불교도들이 자아 없이도 또 무상한 심리적-물질적 연속체만 갖고도 '인과적 혼란'이나 '연속체의 혼란'이 없다고 주장하는 이유이다. 자아가 없더라도, 업의 결과는 거기서 불선한 의도들이 일어나는 동일한 연속체 속에서 생겨난다. 그러므로 고통의 감수들은 (타인들이나 신 또는 천신들과 같은) 다른 것들에 의해서가 아니라 바로 '스스로'에 의해 초래된다. 여기서 '스스로'란 일상 언어에서 우리는 '스스로'를 동일한 인과적 연속체 속에서 일어나는 사건을 가리키기 위해 사용하는 의미에서이다. 이는 '전적인 책임'의 상황이다(Gombrich 1971: 5장).

곰브리치는 '우파니샤드적 세계관의 중심에 존재자가 있듯이, 업은 붓다 세계관의 핵심에 업이 있다'고 주석하고 있다. 물론 '행위'란 'kamma'로서, 일차적으로 도덕적으로 중요한 행위를 가리킨다(Gombrich 1996: 48-9). 곰브리치는 바라문의 업 관념은 지혜와 해탈에 대한 붓다의

---

67) 서구에서 특히 대중매체에 있어 종종 이에 대한 많은 혼란이 있다. 예를 들어 고통은 전생을 포함해 과거에서 불선한 의도의 업의 결과라고 말하면서, 붓다는 그가 단지 현실상황의 '존재'(is)를 기술하는 것일 뿐이라고 생각한다. 이것은 사람들이 왜 고통을 겪고 있는지를 설명해 준다. 붓다는 이 현실 상황을 '당위'(ought)라고 보았다. 이런 '당위'는 일반적으로 그것들로부터 나오는 불선한 의도들과 행위들을 피하는 '당위'이다. 따라서 그는 미래에 고통을 받지 않을 상황을 초래할 것이다. 불교 전통은 업에 따른 인과의 진리라고 해도, 고통의 현실 상황은 '그것이 그들 자신의 잘못이기 때문에' 고통받는 자들이 동정과 도움을 받지 못하고, 외면 받아야 함을 의미한다고 생각하지 않는다.

진정한 관심과 불편하게 마주하기 때문에 붓다는 불교 이전에 존재했던 바라문의 업 관념을 단순히 계승하지 않았다고 주장하고자 한다. 업에 대한 붓다의 태도는 넓은 바라문 문화의 태도와 다르며, 해탈의 증득에 포함된 것의 통찰을 위한 일부이다. 다시 말해, 붓다는 당대의 사상가들과는 아주 다른 의미에서 업을 이해했고, 그런 차이는 해탈론과 밀접히 관련된다.

바라문적인 맥락에서 업은 중요한 의례 행위이거나 또는 (초기 우파니샤드 시기에 이르기까지) 실제로 선하고 악한 행위들이다. (그 함축성은 악한 행위 없는 악한 의도는 업에 포함되지 않는다는 것이다.) 자이나교도에게 (우리가 알고 있는 또 다른 사문 그룹의 예로서) 업은 자아를 타락시키고 윤회에 묶어 놓는 유사물질적인 더러운 때와 같은 것으로 간주된다. 따라서 그들에게 모든 업은 어떤 방식이든 나쁜 것이다. 궁극적으로 우리는 전적으로 행위를 그쳐야 한다.[68]

붓다의 입장은 그들의 입장과 아주 다르며, 우리가 말할 수 있는 한에서 (자아에 대한 그의 입장과 함께) 그것은 인도의 다른 모든 사상들과 다르다. 업이 심리적 사건으로서 의도라고 선언한 사람은 바로 붓다였다. 그렇게 함으로써, 붓다는 '바라문적 관념체계를 전복시켰고, 세계를 윤리화시켰다. 나는 붓다가 세계를 윤리화시킨 것의 중요성에 대해 아무리 강조해도 지나치지 않다고 생각한다. 나는 그것을 인류 문명사의 일대 전환점으로 간주한다'고 곰브리치는 말한다(Gombrich 1996: 51). 이와 같이 붓다는 육체적 고행주의의 실천이나 혹은 전형적으로 목욕이나

68) Cf. Bhagavad Gītā 3장에서 크리슈나의 비판. 모든 행위를 중지하라는 이러한 요구는 자발적으로 성스럽게 단식사斷食死하는 자이나교의 sallekhanā 행위와 관계될 수도 있다. Jaini(1979: 227-3)와 Tukol(1976) 참조.

'소의 5종 산물'의 섭취를 포함한 바라문적 정화 행위와 같은, '악업'에서 나온 염오를 제거하는 신체적인 행위의 회피로부터 '내적 청정', 즉 심적 수행으로 관심을 돌렸다. 앞에서 보았듯이, 붓다에게 있어 하나의 심적 상태로서의 갈애는 역시 하나의 심적 상태로서의 무명으로부터 생겨나며, 그리하여 하나의 심적 상태로서의 (불선한) 업으로 이끌며, 이것이 다시 하나의 심적 상태로서의 고통으로 이끄는 것이다. 업을 실제로 의도라고 보는 붓다의 관점은 사물을 여실하게 보는 통찰에 의해 갈애의 극복에 초점을 맞춘 것과 같은 종류이다. 사물이 어떻게 존재하는지를 앎에 의해 갈애는 해소된다. 우리는 이를 곰브리치(1996: 61)가 '윤리화된 의식'이라고 부른 것과 연관시킬 수 있다. 『삼명경三明經』(Tevijja Sutta)을 따르면서 곰브리치는 온 세계를 자심과 비심으로 넘치게 하는데 열심히 몰두하고 있는 비구에 대해 말하고 있다. 이것은 고苦의 극복과 해탈로 인도하는 일종의 무한하고 궁극적 업이다.[69]

5. 붓다의 세계

이제 나는 붓다(혹은 초기 불교 전통)가 그가 머물고 있고, 그럼에도 초월했던 우주의 구조를 어떻게 보았는지에 대해 간략하게 살펴보고자 한다.[70] 여기서 교리적 틀은 5종(혹은 6종)의 윤회 세계와 '삼계三界'이다.

먼저 붓다는 『대사자후경』(Mahāsīhanāda Sutta)과 같은 문헌에서 5종 재

69) 그래서 Gombrich는 자료들의 면밀한 읽기는 붓다가 해탈을 얻는 수단으로 자심과 비심을 가르쳤음을 보여준다고 주장하고자 한다. Gombrich가 인정하듯이, 이것은 불교 문헌들을 이해하는 전통적인 방식은 아니다. 그는 1998년 논문에서 이런 견해로 돌아왔다.

70) 불교의 우주론에 대한 뛰어난 설명은 Gethin(1998, 5장) 참조. 나는 이 책과 또 그의 책(1997a)에서 많은 도움을 받았다.

생의 유형에 대해 설한다. 모든 재생은 업 때문이며, 무상한 것이다. 해탈을 얻지 못했기 때문에 우리는 자신의 업의 전적으로 비인격적인 인과적 성격에 따라 각각의 영역에서 태어나고 죽으며, 어딘가에서 재생할 것이다. 끝없는 생과 재생, 재사가 윤회이다. 우리는 (때로 그것의 무상하고 정화시키는 성격을 강조하기 위하여 '연옥'으로 번역되기도 하는) 지옥에서, (다른 유형의 재생을 하는 존재를 제외한 모든 존재를 포함하는) 축생으로, 아귀,[71] 인간 또는 천신으로 재생한다. 다른 불전은 6종의 존재형태趣(gati)를 설하기 때문에 이런 5종의 목록은 주목되어야 한다. 6종에는 질투심이 많고 신에게 적대적인 (때문에 영어에서 종종 'titan'으로 설해지는) 아수라(asura)가 포함되는데, 그는 신들과 끊임없이 전쟁을 벌인다고 말해진다. 이 6종의 존재형태가 서구에 더 널리 알려져 있는데, 이는 '생명의 바퀴'(Wheel of Life)라고 불리는 티베트의 불화 덕분이다. 그러나 가장 초기의 목록이 단지 5종을 포함했는지에 대해서는 논쟁의 여지가 있다. 팔리어 논장의 다섯 번째 문헌인 『논사論事』(Kathāvatthu 8: 1)는 6종의 존재형태에 대한 교설은 명확히 모순되며, 아수라는 천신들과 아귀로 나뉠 수 있다고 주장한다.[72]

지옥이나 축생, 또는 아귀로 재생하는 것은 '악취惡趣'로, 반면 인간이나 신으로 재생하는 것은 선취善趣이다. 악취는 그곳에 괴로움이 우세하

---

71) 아귀는 종종 끊임없는 굶주림으로 특징지어진다. 이는 죽은 자를 굶주리고 있고, 먹을 것을 주어야 하며, 살아있는 후손을 괴롭히는 존재로 보는 문화적 관념을 반영하고 있다. 특정한 희생의례를 통해 죽은 자에게 음식을 주고, 적절한 행위(karma)를 통해 사후에도 살아 있게 만든다는 후기 베다시대의 관념에 대한 나의 이전의 연구와 비교하라.

72) 흥미롭게도 팔리어 경전인 『장부』의 『상기티경』(Saṅgīti Sutta, D III: 234)에서 다섯 가지 존재형태(D III: 234)와 여섯 가지 존재 형태(D III: 264)의 목록을 모두 찾아볼 수 있는데, 이는 초기 불교 자료들에서 약간의 불확정성을 보여주는 것이다.

기 때문에 그렇게 규정된 것이다. 선취는 (신으로 재생처럼) 고통보다는 즐거움이 우세하거나, 또는 (인간으로서의 재생처럼) 일반적으로 괴로움과 즐거움이 비슷한 곳이다. 또한 많은 지옥들이 있으며 그곳에서 보내야 할 시간은 아주 길다. 솔직히 그곳은 소름끼치는 곳이다. 비록 지옥에서의 삶도 종국에는 끝이 있지만, 가장 하층에 위치한 지옥은 '아비지옥'(avīci, '중단 없는')이라고 불린다. 이러한 육도 중의 어느 하나로 정해지는 것은 신이나 다른 누군가의 행위 때문이 아니라, 바로 자기 자신의 업 때문이라는 점에 주목해야 한다. 따라서 우리는 자신의 운명에 대한 선택권을 가지고 있다. 후대의 불교 전통에서 (아수라가 질투에 사로잡혀 있는 존재라는 점을 고려하면) 아수라로서의 재생이 선처인지는 불확실하다. 그것이 선처라는 빈번히 제기된 주장은 교리적 입장이라기보다는 (셋은 선취, 나머지 셋은 악취라는) 균형의 필요성 때문이었다고 생각된다.

'삼계三界'는 (i) 욕계欲界(kāmadhātu), (ii) 색계色界(rūpadhātu), (iii) 무색계無色界(arūpadhātu)로 구분된다.[73] 욕계는 (전체적으로 본다면) 천신들의 영역을 제외한 다른 모든 재생의 영역으로 이루어졌다. 오직 한 그룹의 천신들이 욕계에 속하며, 그들은 이에 부합되게 '욕계의 신'이라고 불린다. 그들은 인간과 가장 가까운 천신들이며, 불교 전통은 베다의 바라문교와 후대 힌두 전통에서 친숙한 신들을 이 범주에 포함시킨다. 그들은 (당연히 여신도 포함하여) 강력한 천신들이며, 그들이 윤회세계의 부분이라고 알면서, 그들의 보답을 받기 위해 기원하거나 주술을 통해 접

---

73) 불교의 우주론에 대한 방대한 설명은, 천신들과 지옥, 재생 등의 영역에 대한 공통된 유산을 전제하지만 상세한 논의의 방식으로 많은 것을 제시하지는 않는 초기자료들에서는 발견될 수 없다. 몇 가지 자료는 이와 관련된 『장부』의 『케바다경』(Kevaddha Sutta)을 보라. 본서의 짧은 설명은 Gethin(1998)과 Lamotte(1988: 31-3)에 의거하고 있는데, 그들은 특히 후대 아비다르마 문헌에서 상세한 설명을 이용하고 있다.

축하는 것은 적절할 것이다. 따라서 그들은 탐진치貪瞋癡와 거기서 파생된 (자만, 분노, 탐닉이라는) 번뇌에 종속되며, 분명 깨닫지 못한 존재이다. 욕계의 중생들의 공통된 특성은 그들이 5종의 감각기관과 의식을 갖고 있다는 점이다. 바꾸어 말하면, 그들은 감각적 경험에 의거하여 작동한다. 욕계의 신들은 '육욕천六欲天' 중의 하나에 산다고 생각되며, 각각은 어떤 방식에서는 아래에 위치한 천신보다 뛰어나다.74) 비록 감각적인 '신들의 세계'를 능가하는 한층 높은 차원에 수많은 신들이 여전히 존재한다는 것을 보게 되지만, 만일 이 여섯 개의 천상계를 하나로 합쳐 생각한다면 이들은 '신들의 세계'(devaloka)로 분류될 수 있을 것이다. 존재들이 5종의 감각기관과 의식을 갖고 있는 이 영역이 우주론적으로 세계를 형성하고 있다. 게틴은 최근 저서에서 불교 우주론과 그것이 명상 내지 불교의 구제론과 갖는 관계에 대해 관심을 불러일으키는 데 크게 기여했다. 그의 설명보다 발전된 세계영역에 대해 기술을 시작할 수는 없을 것이다.

> 4대주의 중심에는 거대한 산 메루(Meru) 혹은 시네루(Sineru)가 있다. 이것은 산과 바다로 된 일곱 개의 동심원으로 둘러싸여 있다. 이들 산 너머에, 사방에 네 대륙이 있다. 남쪽의 대륙인 잠부드비파(Jambudvīpa), 또는 '로즈애플 나무의 대륙'은 일반적인 인간들이 사는 대륙이다. 눈으로 뒤덮인 높이

---

74) 여기서 상세하게 언급하지 않겠다. 이들 영역 모두는 Gethin(1998: 116-17) 속에 멋있게 도표로 제시되고 있다. 여섯 가지 욕계천 중에서 특히 주목할 만한 것은 네 번째 도솔천(Tuṣita)이다. 왜냐하면 그곳은 미래의 붓다인 보살이 지상으로 내려와 그의 마지막 생을 받고 붓다가 되기 전에 머무는 것이라고 말해지기 때문이다. 산스크리트어에서 'Tuṣita'는 '만족한'(팔리어: Tusita)을 의미하고 그곳에서의 수명은 16,000 '천상적인 년'이라고 한다(아주 긴 시간이지만, 어떤 것도 보다 높은 위치에 있는 신들의 많은 겁과는 비교될 수 없다).

봉우리 아래의 남쪽 지방은 실은 붓다가 태어난 지방인 인도이다. 세계 영역 사이와 그 아래의 공간에는 여러 지옥들이 있고, 반면 메루산 비탈의 그늘진 곳에는 (때로 베다의 신 인드라와 동일시되는) 샤끄라왕(Śakra/Sakka)에 의해 삼십삼천(Trāyastriṃśa/Tāvatiṃsa, 두 번째 욕계천)에서 쫓겨난, 아수라라고 불리는 질투의 신들이 거주하고 있다. 메루산 비탈과 그 정상 위에 욕계의 신들이 사는 육욕천이 있다. 색계의 낮은 영역의 대범천이 천 개의 세계를 다스리고 있고, 색계의 더 높은 영역에 있는 범천들은 십만의 세계를 다스린다고 한다.

(Gethin 1998: 118-19; 1997a 참조)

여기서 하나의 세계에 대해 기술하고 있지만, 수많은 세계영역이 존재하며, 그것은 실제로 너무 많기에 그 숫자는 무한대에 달한다는 것을 주목해야 한다. 따라서 전체적으로 받아들인다면, 불교의 세계관은 시간이 무한할 뿐 아니라 공간도 무한하다는 것이다. 불교의 우주론적 전망은 상상할 수 있는 한 가장 광대하다. 하나의 세계영역에서 욕계의 신들은 물리적 공간에서 위치를 차지하고 있으며, 샤크라는 인간과 가장 밀접하게 관련된 신들을 지배하고 있지만 그를 지배하는 상계의 신들도 존재한다.[75] 비록 최고의 지배자이며 창조신이기도 한 유일신이

75) 『케바다경』(Kevaddha Sutta)의 설명에 의하면 이는 대범천大梵天(Mahābrahmā)을 가리킨다. 사까(Sakka, 제석천)와 같은 하위의 천신들은 그를 '뛰어나고, 강력하며, 모든 것을 보며, 지배자이고, 모든 것의 주인이며, 통제자이고, 창조자이며, 모두의 주인이며, 각자에게 적절한 위치를 주는 자이며, 가장 오래된 존재이며, 존재하고 존재할 모든 것들의 아버지'(번역: Rhys Davids(1889: 281)라고 기술한다. 그러나 불교의 익살스런 표현에서 대범천은 으스대고, 다소 망나니 같고, (비록 다른 신들이 그 사실을 알기를 원치 않지만) 아주 무지한 존재로 묘사된다. 그는 초선정의 가장 높은 단계에 상응하는 색계에 거주하면서 스스로의 전지성을 가장한다.

존재한다고 생각하는 사람들이 있을지도 모르지만, 하나의 세계영역이나 모든 세계영역을 다스리는 최종적인 신은 존재하지 않는다. 어쩌면 자신이 모든 체계의 창조자이며, 최고의 지배자라고 잘못 생각하는 신이 있을지는 모르겠다.76)

전문적으로 색계色界와 무색계無色界의 신들은 '천신'으로서가 아니라 '범천梵天'으로 알려져 있다. 색계의 신들은 앞서 설명했듯이 네 가지 명상이나 집중상태인 4선정四禪定(dhyānas/jhānas)에 대응하는 네 개의 그룹(각각 3, 3, 3, 7)으로 구분되어 (상좌부 전통에서) 16단계의 위계구조로 분류된다. 이 영역 중의 최상층이 '색구경천'色究境天(akaniṣṭha/akaniṭṭha)이다. 색계의 범천들은 단지 시각과 청각의 두 가지 감각기관만을 갖고 있다고 한다. 무색계의 범천들은 4종의 무색정의 위계구조에 대응하는 네 유형이다. 네 가지 무색정이란 (i) 공무변처정空無邊處定, (ii) 식무변처정識無邊處定, (iii) 무소유처정無所有處定, (iv) 비상비비상처정非想非非想處定이다. 마지막 단계는 '존재의 정상有頂'(bhavāgra/bhavagga)이라고 불린다. 무색계의 범천들은 단지 의식만을 갖고 있으며, 그 재생 속에 매우 오랫동안 머물며, 해탈을 얻지 못한 한, 적합한 명상상태를 향수한다. 따라서 윤회의 세계에는 전체적으로 (아수라를 포함하여) 31종의 다른 유형의 존재나 상태들이 있다. 이 모두를 벗어난 것이 열반이다. 열반은 다른 어떤 장소가 아니다. 그것은 단지 윤회 속에 있는 것이 아니다. 그것은 윤회세계의 일부가 아니며 단지 그것의 부정의 관점에서만 특정될 수 있을 뿐이다.

해탈을 얻기 전에 이 모든 영역이나 단계의 최고 위치까지 올라갈

따라서 천신의 기준에 따라 그는 사실 이 체계에서 매우 아래에 있다.

76) 『범망경』(Brahmajāla Sutta) 2장 참조

필요는 없다. 그것들은 사다리처럼 단계가 있는 것은 아니다. 많은 사람들은 바로 인간의 단계에서 깨달음을 얻었다. 앞에서 설명했듯이, 해탈은 지혜의 문제이며 지혜는 이론적으로 어떤 장소에서나 어느 때라도 얻을 수 있는 것이다. 그러나 실제로는 불교 전통은 열반을 인간계나 인간계 위의 천상계에서만 얻을 수 있다고 주장한다. 실로 색계에서 가장 높은 다섯 가지 천상계의 신들은 제4선정의 가장 높고 가장 완전한 발전에 대응하는 '청정한 장소'에 머문다고 설해지며, 그런 한에서 모두 '불환자'(anāgāmin)이다. 제4선정이 깨달음을 위해 특히 중요한 도약대 역할을 한다는 것은 이미 설명했다. 비록 아직 깨닫지는 못했지만, 그들은 결코 윤회에서 더 낮은 영역으로 되돌아가지 않는다. 그들은 무색계에 머무를 필요 없이 마침내 깨달음을 얻는다.[77]

인간이 그런 것처럼 물리적 위치를 차지하고 감각적 경험을 하는 천신들과 지옥을 포함한 재생의 영역을 가진 불교 우주론은 합리적으로 이해될 수 있다. 그렇지만 '동일한 우주론적 넓이 속에' 명상의 단계로서 색계와 무색계의 신들에 대해 언급함에 의해 의미하는 바는 무엇인가? 그것들은 윤회의 장소인가 아니면 깊은 선정에서 직면하는 명상자의 일종의 '내적 상태'인가? 게틴(Gethin 1998: 119 ff)은 여기서 문제되는 것을 이해하는 핵심은 '우주론과 심리학의 등가성의 원리'라고 주장한다. 이것에 의해 내가 의미하는 것은 전통적인 이해에서 존재의 다양한 영역은 어떤 공통적으로 (그리고 그렇게 공통적이지는 않게) 경험된 마음의 상태와 보다 밀접히 관련되어 있다는 사실이다. 그러나 게틴은 불교의 우주론은 모두 바로 현재적이거나 잠재적인 마음의 상태에 관한 심리

77) '불환不還'의 단계는 '성자'(ārya)의 네 단계 중에서 세 번째이다. 그는 붓다의 가르침을 따름에 의해 '수행도의 과보'를 얻었다. 이하를 보라.

학이며, 또는 지금 여기서의 명상에 관한 것이며, 따라서 이것은 재생의 영역이나 장소가 존재한다는 의미에서 실제로 진정한 우주론이 아니라고 말하지 않았다는 점에 주의해야 한다. 이들 다른 장소는 실제로 윤회의 영역이다. 그렇지 않다면 재생은 항시 인간계 속으로만 떨어질 것이거나 아니면 어떤 재생도 존재하지 않게 될 것이다. 그렇다면 그것은 전통적인 불교가 아니다. 게다가 만일 '우주'가 충분히 광범위하게 규정된다면, 이것이 왜 '우주론'으로서 설명되지 않아야 하는지의 이유가 없다. 따라서 만일 어떤 사람이 여기서 죽는다면, 그들은 당연히 적절한 조건에 따라 예를 들어 (위에서 설명된 '재생'의 의미에서) 무색계에 재생할 것이다. 그들의 거친 신체는 여기서 화장될 것이다. 따라서 과거의 체화된 개아의 마음으로서 그들의 마음이 남겨졌다는 것은 의미가 없다. 그러나 이 스토리는 끝나지 않았다. 전통은 여기서 '다른 곳'에 대해 말하고자 하며, 그리고 '그들은' 다른 곳에서 재생했다. 그들이 무색계에서 재생하는 것은 그 재생 이전의 삶에서 그들의 명상적 성취에 인과적으로 의존되어 있다. 따라서 우리는 그 상태들이 바로 현생에서 어떤 특정한 체화된 개체의 마음의 상태라는 의미에서 이 맥락에서는 마음의 상태, 심리학, 또는 명상에 대해 말할 수 없다.

무탐과 무진, 무치라는 세 가지 기본적인 바른 마음의 상태에 의해 촉발된 선한 정신적 의도(karma)들은 그에 맞는 행위와 선호하는 재생을 일으킨다. 탐·진·치에 의해 야기된 불선한 의도들은 좋아하지 않는 재생을 낳는다.[78] 여기서 '선호하는 재생'은 (아마 아수라를 포함해) 인

---

78) 만일 그가 다른 점은 비슷하지만 탐욕에 의해 압도된다면 아귀가 된다. 만일 증오에 의해 압도된다면 지옥에 떨어지며, 우치에 의해 압도된다면 동물이 된다. 이는 잘 정리된 것이지만, 앞에서 보았듯이 윤회에서 무명이 가장 핵심적이다.

간이나 욕계의 신으로의 재생이다. 좋아하지 않는 재생은 지옥이나 아귀 또는 (물고기나 벌레, 곤충 등을 포함해) 축생으로의 재생이다. 따라서 선호하고, 좋아하지 않는 재생은 마음의 상태로부터 일어난다. 그리고 그것들 외에 사실상 명상에서만 생겨나는 특정한 선한 마음의 상태들이 존재한다. 그것들은 사선정(dhyānas/jhānas) 중의 하나를 얻은 것과 같은 상태이다. 다양한 감각적 즐거움을 누리는 욕계의 신으로의 선호할만한 재생은 무탐·무진·무치와 같은 그러한 마음의 상태에 의해 촉발된 행위를 통해 일어난다. 비슷하게 예를 들어 색계의 신으로의 선호할만한 재생은 사선정 가운데 하나 혹은 그 이상을 수행했기 때문에 일어난다.[79] 예를 들면 높은 수준의 수행도를 계발했던 비구는 깨달음을 방해하는 다양한 부정적인 요소들을 제거하고 제4선정을 얻는다. 사후에 그는 제4선정에 대응하는 청정한 영역 중의 한 곳에 재생할 것이고, 그곳에서 해탈을 얻을 것이다. 따라서 재생이 심적 사건들과 일치한다면, 명상상태에 대응하는 것으로서 상계의 영역을 언급하는 것은 단순히 그런 영역에서 재생하기 위해 필요한 심적 사건의 유형을 서술하는 것이다. 그곳에서 재생한 사람들의 '신체'는 그런 영역에서의 경험을 지지하고 표현하는 신체이다. (그 경험은 색계에서는 의식 외에 보고 듣는 경험의 관점에서 또 무색계에서는 오직 의식의 관점에서 규정된다.) 그런 영역들에서 재생한 존재들은 그런 선정을 경험한다.

모든 이러한 사실로부터 명상자가 현생에서 예를 들어 제3선정을 획득했을 때, 그는 일시적으로 색계의 특정한 영역에서 천신으로 재생하는 자의 경험을 한다는 결론이 나온다. 그것은 그곳에서 재생하는 자의

79) 아마 무탐, 무진, 무치에 의해 작동된 행위에 전념하는 승려의 경우이다.

경험과 비슷하다. 상응하게 현생에서 어떤 마음의 상태를 경험한 사람에게 있어 그는 일시적으로 대응하는 영역에서 재생한 존재와 상응하는 경험을 한다. 따라서 만일 그가 탐·진·치에 압도당한다면, 그는 각기 아귀나 지옥, 또는 축생으로 재생한 자의 상태에 있다. 그러나 제3선정에 친숙한 사람은 사후에 그 선정에 대응하는 세계에서 재생할 것이다. 우주론의 대응하는 영역은 단순히 명상자의 심리적 상태의 기술이 아니다. 마찬가지로, 몇몇 현대의 불교도들 사이에서의 공통된 제안에도 불구하고 지옥의 영역은 단순히 현생에서 증오에 가득 찬 사람의 심적 상태는 아니다. 그의 마음에 따라 그는 실제로 그렇게 된다.[80)]

마지막으로 세계의 파괴가 있다. 인도사상에서 창조신을 믿는 전통에 있어서조차 무로부터의 세계의 창조와 같은 것은 없다. 하나의 공통적인 인도의 모델은 우주를 우리가 '내적 폭발'이라고 부르는 것의 상태로부터 현현까지 전개하는 것이라고 본다. 그런 후에 우주는 오랫동안 존속하고, 마침내 다시 폭발한다. 그것은 (유신론자에게는 신의 행위 때문에) 다시 전개되기까지 오랫동안 파괴된 상태로 남아있다. 이렇게 하여 영원히 반복되는 것이다.

---

80) 그러나 인간계에 태어난 사람이 다른 영역들과 결부된 마음의 상태들을 경험할 수 있는 것처럼, 다른 세계에 태어난 중생도 몇 가지 제약은 있지만 마찬가지라는 점에 주의하라. 따라서 지옥중생도 선한 마음의 상태를 경험할 수 있으며, 이는 지옥에서 벗어나는 종자를 만드는 하나의 수단일 수 있다. 또 다른 수단은 어떤 이유에 의해서건 과거의 선업을 성숙시키는 것이겠다. 마찬가지로 제3선정에 상응하는 색계 중의 어느 하나에 태어난 중생도 불선한 마음의 상태나 불선업의 성숙을 경험할 수 있고, 보다 저열한 영역에 태어날 수도 있을 것이다. 그러나 제4선정에 상응하는 청정한 영역에 태어난 중생은 더 이상 낮은 영역에 떨어지지 않는다. 끝없는 윤회를 통해 우리는 끝없는 재생을 경험하기 때문에, 우리 모두는 비록 무한히는 아니라고 해도 모든 윤회의 영역에서 상승하고 떨어지면서 수없이 재생했다고 불교도들은 생각한다. 따라서 우리는 그러한 영역과 연결된 마음의 상태에 수없이 익숙해졌다는 결론이 나온다.

불교도들도 비슷한 모델을 사용해서, 이 모든 것들은 법칙과 유사한 비인격적인 인과성 때문에 일어나지 신의 변덕 때문은 아니라고 이해한다. 이 체계의 요소들은 『기원에 대한 경』(小緣經, Aggañña Sutta)과 같은 문헌에서 발견되며, 후대의 아비달마 문헌에서 정교해졌다. 우주가 파괴될 때, 그것은 하계에서부터 위로 파괴된다. 따라서 지옥이 첫 번째로 파괴된다. 때로 파괴는 불을 통해서 일어나고, 이것은 (대범천, Mahābrahma의 영역인) 색계의 세 번째 영역에 이르기까지 진행되며, 그럼으로써 초선에 대응하는 영역을 포함해 그곳에 이르기까지 모든 것을 파괴한다. 그러나 나머지 영역들은 존속한다. 불을 통한 파괴는 가장 빈번한 종류의 파괴이다. 다른 때에는 파괴는 물을 통해 일어나며, 위에서 말한 모든 것에 더해 제2선정에 대응하는 영역들을 파괴한다. 다른 때에는 바람에 의한 파괴도 있는데, 이것은 물에 의한 파괴에 더해 제3선정에 대응하는 영역을 파괴한다. 그렇지만 파괴는 더 이상 진행되지 않는다. 제4선정에 대응하는 영역이나 (그 이상의 영역)에서 태어난 존재들은 어떠한 것에 의해서도 영향받지 않는다. 하나의 파괴가 생겨날 때, 소멸하는 존재들은 아직 존속하는 어딘가에서 완전히 그들의 업에 상응하게 재생한다. 그들에 대해 근심할 필요는 없겠다.[81]

6. 불교 명상 – 이론적 구조

우리가 고통과 재생을 일으키는 힘을 소멸시키고 따라서 해탈을 얻기 위해 요구되는 인식 속에서 변화를 초래할 수 있는 것은 바로 마음

---

81) 불교우주론에 관한 더 자세한 내용은 Reynolds & Raynolds(1982), Kloetzli(1983), Kongtrul(1995), Sadakata(1997) 참조. Kongtrul의 텍스트는 티베트어이지만, 인도 자료들에 근거하고 있다.

과 함께 작용하고 마음에 작용함을 통해서라고 불교도들은 생각한다. 앞에서 시사했듯이 불교도에게 명상은 사물들이 그렇게 현현하는 방식과 그것들의 실상 사이의 간격을 줄인다. 어떻게 명상이 그런 역할을 하는가? 비록 인도와 다른 지역의 불교전통의 전부는 아닐지라도 다수의 전통을 통해 또 가장 오래된 문헌 속에서 불교 명상의 구조는 마음을 가라앉히고 적정하게 하는 것이다. 이는 보통 우리의 이해를 장애하는 방해물들과 장애들로부터 벗어나 사물들을 보기 위한 것이다. 이러한 방해물들과 장애들은 윤회에 빠지는 것을 수반한다. 마음의 적정이 '샤마타止'(śamatha/samatha)라고 불리며, 적정한 마음을 갖고 사물의 실상을 발견하는 것이 '비파샤나觀'(vipaśyanā/vipassanā)라고 불린다. 적어도 어느 정도의 샤마타는 비파샤나에 필요하다고 여겨진다. 앞에서 보았듯이, 정정正定은 팔정도八正道의 마지막 단계이다. 그렇지만 명상자의 능력에 따라 비파샤나 명상을 시작하기 전에 실제적인 선정의 획득에 이르기까지 샤마타 명상을 통해 나아갈 필요는 없다. 샤마타와 비파샤나가 연결된다면, 마음은 사물의 실상에 대한 심원한 변화의 경험을 할 수 있는 힘과 방향을 갖는다.

우리가 기대하듯이, 불교 전통은 명상의 수행도의 단계와 요소들에 대하여 아주 상세하게 설명하고 있다. 많은 자료들이 특히 팔리어 경전인 『사문과경』(Sāmaññaphala Sutta)과 『대념처경』(Mahāsatipaṭṭhāna Sutta)과 같은 초기자료에서 발견될 수 있다. 그러나 수행도의 상세한 설명을 보기 위해서는 상좌부의 붓다고사(Buddhaghosa, CE. 5세기)의 『청정도론清淨道論』(Visuddhimagga)이나 세친世親(Vasubandhu)의 『구사론俱舍論』(Abhidharmakośa)과 같은 권위있는 논서들을 보아야만 한다. 세친은 유부有部 혹은 경량부經量部 전통을 따랐으며 CE. 4~5세기에 『구사론』을 저술했다. 이 두 문헌은 서로 독립적으로 작성되었고, 다른 불교 전통을 계승하고 있다. 그것들은 세부적으로 매우 다르다.

사마타 명상은 마음을 적정하게 하는 데 목적을 둔다. 그것은 명상자가 붓다의 가르침에 대한 믿음을 갖고 있고, 좋은 불교도에게 요구되는 도덕적 관점을 채택했으며, 진지하게 수행도에 전념하는 수행자에게 요청되는 종교적 활동에 포함되어 있음을 전제한다. 원하는 심리적 적정을 일으키기 위해 명상자는 마음을 집중하는 법을 배우고, 주의를 집중하여 따라서 단지 알게 되는 데에서 시작한다. 다른 말로 하면, 그는 집중하는 것이다. 집중은 집중할 어떤 [명상]대상을 필요로 하기 때문에 『청정도론』 등과 같은 저작은 40종의 명상대상을 열거하고 있다. 그것들은 예를 들어 푸른 원에 대한 집중을 포함한다. 이것이 팔리 전통에서 까시나(kasiṇa)로 알려진 10종 명상대상의 하나로, 명상대상으로서 색깔이 있는 원을 택하는 것은 삼독 중에서 진에심에 의해 지배되는 성향의 사람에게 특히 적합한 수행이라고 한다. 탐욕에 의해 지배되는 성향의 사람들은 해골을 명상대상으로 삼을 수 있고, 미혹에 의해 지배되는 성향의 사람들(또는 산란의 성향이 있는 사람)은 수식관에서 출발할 수 있을 것이다. 마지막 것은 『대념처경』에서 최초의 명상수행이기 때문에 현대사회에 잘 알려졌다. 이 경은 현대의 버마 명상지도자들에 의해 특히 선호되며, 그곳에서 이용되고 있다. 이는 아마도 명상지도자들에게 모든 사람의 마음이 처음에는 산란의 경향이 있기 때문일 것이다. 이 텍스트는 이를 '유일한 길'로 묘사한다.

> 여기서 비구는 숲이나 나무 밑, 또는 빈 곳으로 가서 가부좌를 하고 앉아서 자신의 몸을 곧게 세우고 주의를 집중한다. 주의를 집중하면서 그는 숨을 들이쉬고, 주의를 집중하면서 숨을 내쉰다. 길게 숨을 들이쉬면서 '나는 길게 숨을 들이쉰다'고 알고, 숨을 길게 내쉬면서 '나는 숨을 길게 내쉰다'고

안다. 숨을 짧게 들이쉬면서 '나는 숨을 짧게 들이쉰다'고 알며, 숨을 짧게 내쉬면서 '나는 숨을 짧게 내쉰다'고 안다.

(Nyanaponika Thera 117-18)

또는 '범주梵住' 내지 '무량심無量心'으로 알려진 수행법도 있다. 이것은 비록 깨달음 자체를 얻는 데 충분한 자량을 가지고 있지만, 증오의 성향이 강한 사람에게 특히 권장된다.[82] 이것들은 모든 곳에 변재하는 자심慈心(maitrī/mettā)의 계발을 포함한다. 이것은 '모든 중생들이 평화롭고 행복하기를'이라는 변재하는 바람이다. 그는 '모든 중생이 고통에서 벗어나기를'이라는 변재하는 바람으로서 비심悲心(karuṇā)을 계발하며, 또한 타인의 행복을 같이 기뻐하는 변재하는 희심喜心(muditā), 그리고 변재하는 평정심捨心(upekṣā)을 계발한다. 그런 명상 속에서 그는 꾸준히 반복해서 수행하며, 마음이 산란해질 때, 마음을 부드럽게 다시 대상으로 향하는 것이다. 수행자는 욕탐欲貪, 진에瞋恚, 혼침수면昏沈睡眠, 악작도거惡作悼擧, 의疑이라는 오개五蓋를 극복하도록 권고된다. 오개를 제거할 때, 명상자는 '자신이 부채로부터 면제되고, 병을 극복하고, 감옥에서 풀려난 안전한 자유인'(Rhys-Davids 1899: 84)이라고 여긴다고 『사문과경』은 말한다. 그리고 마침내 그는 초선을 획득하게 된다.

앞에서 보았듯이, 초선정은 심尋, 사伺, 희喜, 그리고 원리遠離에서 생겨난 낙樂으로 특징지어진다. 제2선정에는 심과 사가 없고, 희와 삼매에서 생겨난 낙이 있다. 왜냐하면 이 상태에서 명상자의 내적 집중은 매우 미세해져서, 의식적으로 사용되는 심과 사는 마음을 대상에 묶기 위해

---

82) 깨달음을 얻는 방법으로서의 Brahmavihāra(범주梵住)에 대해서 Gombrich(1996: 60 ff.; 1998) 참조.

더 이상 필요하지 않다. 제3선정에는 마음을 산란시킬 수도 있는 희조차 사라지고, 오직 낙과 심일경성만이 있으며 정념과 평정의 상태이다. 마찬가지로 제4선정에는 낙이 존재하지 않고, 완전한 정념과 평정捨의 상태이다. 제4선정을 획득한 이후에 '신통神通'(ṛddhi/iddhi) 또는 '통通'(abhijñā/abhiññā)이라고 불리는 초능력을 발전시키는 것이 가능하다. 이것들은 '마음에 의해 이루어진' 몸을 만들고 벽을 뚫고 걸어가거나 하늘을 날거나 먼 거리의 소리를 듣거나 다른 사람의 마음을 알거나 자신과 다른 사람의 과거생을 아는 능력 등을 말한다.[83]

비록 비파샤나 명상을 시작하기 전에 실제로 제4선정을 획득할 필요는 없다고 하더라도, 일반적인 불교 전통의 관점에서 볼 때, 비파샤나 명상을 극히 효과적으로 계발시키기 위해서는 샤마타 명상에 대한 어느 정도의 능력은 필요한 것이다. 비파샤나 명상은 명상적인 집중상태의 산출을 포함하는데, 여기서 명상대상은 샤마타 명상의 대상 중의 하

---

83) 『사문과경』(Sāmaññaphala Sutta) 참조. 여기서 이 신통(iddhi)들의 획득은 특히 '사문의 과보'로서 칭송된다. 불교에 대한 책에서 붓다는 이 놀라운 능력들을 해탈도에 있어 장애라고 보았고, 계발되거나 보여주어서는 안 된다고 말했다고 한다. 그것은 그렇게 분명하지는 않다. 붓다는 그런 신통들이 집착의 대상이 될 수 있으며, 그것들의 계발은 해탈도와는 무관함을 잘 알고 있었다. 율장에서 그런 능력을 가지고 있다는 잘못된 주장은 비난되었다. 그러나 붓다와 그의 대제자들이 가르치고 수행하기 위해, 또는 타인들을 돕기 위하여 그런 힘을 사용했다는 많은 경우들이 있다. 그의 제자들과 다른 사람들이 붓다가 이러한 신통이나 그와 유사한 능력을 갖고 있다고 기대했었을 것은 확실하다. Gethin(1998: 186) 참조. 역사적 관점에서 많은 초자연적 힘들은 예를 들어 범천의 영역에 몸으로 도달할 수 있는 바라문적 느낌을 갖고 있다. 초기 바라문 문헌에서 천신들은 신체를 갖고 있지 않으며, 따라서 물질형태로 천계에 도달하는 것은 불가능하다고 설해졌다. 초기 불전에서의 반대주장은 아마도 부파 내부의 논쟁의 맥락에서 불교명상이 전례가 없는 힘을 부여하기 때문에 뛰어나다는 점을 지시하기 위해 이루어졌을 것이다. 그러나 모든 초기불교도들이 보다 극단적인 초월적 힘들에 대해 믿은 것은 아니다(Wynne 2009b 참조).

나가 아니라 고와 무상, 무아 및 그것들의 함축성과 효과의 관점에서 이해된 사물의 실상이다. 그렇게 함으로써 그는 '지혜'(prajñā)를 얻게 된다. 앞의 설명을 통해 쉽게 이해할 수 있듯이, 가능한 한 직접적이고 가장 심오한 방식으로 보는 것은 재생과 고로 이끄는 힘을 완전히 단절시킨다고 주장된다.[84)]

붓다고사의 『청정도론』(18-22장)에서 사용된 비파사나 명상의 수행도를 위한 모델은 '7종 청정'이다. 앞의 두 가지 청정은 (i) 계戒(sīla)의 준수, (ii) 사마타의 계발과 관련된다. (iii) 세 번째는 '견해의 청정'으로서, 상호 의존성 속에서 심-신으로 구분된 오온의 더미의 견지에서 경험에 대한 지속적이고 직접적인 정념을 통해 자아 관념을 파괴하는 것이다. (iv) 네 번째 청정은 '의심의 극복에 의한 청정'이다. 견해의 청정이 어떤 한 순간에 심-신의 상호의존성에 대한 이해를 포함하는 것처럼, 네 번째 청정은 인과적 의존성을 시간상의 연속체로서 관찰하는 것을 포함한다. 따라서 그는 업을 이해하게 되고, 어떻게 사물이 법칙과 유사한, 비인격적인 인과성의 결과에 지나지 않는가를 직접적으로 보게 된다. 붓다고사(19:27)에 따르면, 의심을 극복할 때 그는 예류향預流向이 된다. (v) 다섯 번째 청정은 '무엇이 수행도이고 무엇이 아닌지를 알고 보는 것'이다. 이는 다양한 현상의 그룹과 종류를 취해서, 그것들이 모두 무상·고·무아라고 아는 것을 포함한다. 그때 그는 사물들이 지속적인 변화와 무상성 속에서 생멸하는 것으로서 본다. 따라서 명상자는 사물의 견고성을 해체하고, 세계를 하나의 과정과 흐름으로서 직접 보는 것이다. 게틴은 붓다고사가 명상자의 경험에 단계에 대해 (초기 경전으로부

---

84) prajñā/paññā를 '지혜'로 번역하는 것에 관해서는 Williams(1989: 42-5) 참조.

터) 뽑은 비유들에 대해 주의를 환기시킨다.

> 세계는 더 이상 지속적이고 견고한 사물로 구성된 것으로서 경험되지 않고 오히려 생겨나는 순간 사라지는 것으로서, 마치 태양이 뜰 때의 이슬이나 물거품, 물에 그은 줄, 송곳 끝에 있는 겨자씨, 번갯불과 같은 것으로서 경험된다. 사물은 마치 신기루, 마술, 꿈, 쥐불놀이에서 만들어진 원환, 간다르바의 도시, 물거품 또는 바나나 나무의 줄기처럼 본질적으로 실체성을 여의고 있으며, 항시 우리의 파악을 벗어나고 있다.
>
> (Gethin 1998: 190;『청정도론』 20: 104 참조)[85]

이때에 명상자의 마음은 선정(dhyāna)과 가깝다고 하지만, 그는 만족하고 집착하게 될 위험도 있다(『청정도론』 20: 105 ff). 이를 제거함으로써 명상자는 (vi) 여섯 번째 청정인 '도를 알고 봄에 의한 청정'을 얻는다. 이 단계에서 명상자는 새로운 활력과 한층 깊은 이해를 갖고 제법의 생멸을 관찰하는 데로 되돌아가며, 그는 '아홉 번째로서 진리와 상응하는 지智를 수반한 일련의 여덟 가지 지를 얻는다(『청정도론』 21장). 깊은 평정과 삼매의 상태에서 여덟 가지 지를 획득한 후에 명상자는 세간적인 선정으로부터 출세간적 선정으로 넘어간다. 이 순간에 명상자는 종성種姓(family)을 바꾼다. 그는 범부(pṛthagjana)의 종성에 속하지 않고, 성자(ārya)의 종성에 속한다. 그는 이제 열반을 명상대상으로 취한다고 설해진다.

---

85) 이것을 대승의 『반야경』 문헌과 중관사상과 비교하라. 또한 다음 단계에 대한 Buddhaghosa(21:53ff.)의 서술에서 명상자는 모든 것을 '공'(śūnya/suñña)하다고 본다는 것과 비교하라.

그럼에도 번뇌의 완전한 제거에는 여전히 시간이 걸린다. 십결十結(saṃyojana) 중에서 유신견과 의심, 계금취의 처음 삼결을 제거함에 의해 그는 '예류'(srotaāpanna)가 된다고 설해진다. 이것들을 최종적이고 철저히 제거할 때, 그는 깨닫기 전까지 최대한 일곱 번 재생하게 된다. 예류과(또는 다른 세 가지 사문과의 하나)를 얻을 때, 그는 (vii) 일곱 번째 청정이며 마지막 청정인 '알고 봄에 의한 청정知見淸淨'을 얻는다고 한다. 또한 이어 탐심과 진애의 두 결을 지속적으로 약화시킴에 의해 그는 인간으로서 단지 한 번만 이 세계에 재생하는 '일래一來'(sakṛdāgāmin)가 된다. 모든 이런 5종의 결結을 완전히 제거할 때 그는 '불환不還'(anāgāmin)이 되며, 만일 그가 계속 해탈을 얻지 못한다면, 죽어서 색계의 가장 높은 영역 중의 한 곳에서 재생할 것이다. (앞의 5종의 결에 더해서 색계에 대한 탐욕(色欲), 무색계에 대한 탐욕(無色欲), 아만(我慢), 도거(悼擧)와 무명(無明)의 5종을 포함해) 모든 10종의 결을 돌이킬 수 없을 정도로 제거했다면 그는 깨닫게 되고 아라한(arhat/arahat)이 된다. 한 찰나에 명상자는 사성제와 깨달음으로 인도하는 요소들(=보리분법)을 보고 이해한다. 다음 찰나에 그는 선정의 '과보'를 향수한다고 설해진다. 이들 네 가지 '성스러운 과보'는 오랜 기간에 걸쳐 연속적으로 획득되게 된다. 그러나 그것들의 획득이 신속히 연달아 이루어지거나, 또는 그는 이 사문과의 하나나 다른 것을 건너뛸 수도 있다는 견해도 있다.86)

86) 이것은 명상의 길에 관해 광범위하게 주장된 불교의 구조에 대한 하나의 관념을 독자에게 주기에 충분하다. Buddhaghosa는 스리랑카에서 저술을 지었다. 세친에게 발견되는 유부 모델의 요약을 위해서는 Gethin(1998: 194-8) 참조. 양자는 대승 자료를 포함해 여러 다른 인도의 접근들을 반영하고 있으며, 매우 영향력이 있었다.

7. 아비다르마(Abhidharma/Abhidhamma)

앞에서 보았듯이 '아비다르마'는 기본적으로 삼장三藏의 세 번째 부분(piṭaka)을 가리킨다. 이것은 또한 논장에 포함된 가르침이나 접근법, 통찰을 파생적으로 지칭하거나, 또는 세친의 『구사론』과 같은 후대의 주석서와 강요서, 요약문에 포함되어 있는 그것들에 대한 설명과 상술, 요약을 모두 지칭한다. 다만 두 개의 온전한 아비달마의 논장이 현존한다. 팔리어 경전의 상좌부(테라바다) 아비달마와 한역으로 남아 있는 유부의 아비다르마이다.[87] 양자 모두 7가지 논서로 구성되어 있으며, 비록 몇몇 논서들은 공통된 원천을 공유하고 있다는 신호가 있지만 그것들은 서로 다른 문헌이다.[88] 상좌부의 팔리어 삼장에서 논장은, 비록 논장의 하나인 『논사論事』(Kathāvatthu)가 어떤 목갈리뿌따띠사(Moggaliputtatissa)의 저작이라고 설해지며, 붓다의 사후 발생한 교리적 논쟁과 분명히 관련되어 있지만, 직접적으로 붓다에게 귀속되고 있다. 유부의 아비다르마는 붓다 이외의 다른 장로들에게 귀속되지만, 그들은 경전에 산재된 자료들을 모아 책으로 편찬했다는 점에서 저자라기보다는 편찬자라고 주장된다. 또 다른 학파인 경량부經量部(Sautrāntika)는 비록 아비다르마의 많은 교설과 접근방식을 수용하지만, 붓다 자신이 논장

87) '상좌부'(Theravāda)라는 표현은 '장로들의 주장'을 의미한다. '설일체유부'는 '모든 것이 존재한다고 주장하는 자의 설'이라는 의미이다. 유부의 또 다른 명칭인 '바이바시카'(분별부, Vaibhāṣika)는 티베트 불교에서 주로 사용되는데, 아비다르마 강요서인 『대비바사론』에 입각하고 있다는 의미를 갖고 있다.

88) 유부의 Dharmaskandha(『法蘊足論』)와 팔리 Vibhaṅga 사이의 유사성 및 유부의 Dhātukāya(『界身足論』)와 팔리 Dhātukathā 사이의 유사성에 대한 Frauwallner(1995: 17ff; 25)의 언급을 보라. Frauwallner(1995: 41)는 그 저작들의 공통된 핵심은 BCE. 200년 이전으로 소급될 수 있다고 생각한다.

을 실제로 설했다는 어떠한 주장도 거부했기 때문에 (경을따르는자라는) 명칭을 얻었다.

아비달마 논서의 지위에 관한 논란은 현재의 형태에서 볼 때 율장이나 경장보다 분명 후대의 자료를 여기서 다루고 있음을 보여준다. 아비다르마는 경장에 포함되어 있는 가르침의 체계화와 명료화의 단계를 대변하며, 암송을 위해 준비된, 교설의 핵심 주제에 대한 요약목록에서부터 아마도 발전되었을 것이다. 그렇지만 아비다르마와 아비다르마 스타일의 발전과 더불어 우리가 발견하는 것은 교설에서의 핵심요점의 목록이 아니라, 경전에서 설해지거나 또는 일반적으로 생활에서 생겨나는 특정한 심리학적, 물리적 상황에서 실제 무엇이 생겨나는가를 가능한 최대로 정확하게 나열하는 목록이다. 이 목록들은 사물을 여실하게 보는 자에 의해 타당하다고 인정된 목록이다. 아비다르마의 목록들은 가능한 심리-물질적 사건들의 포괄적인 목록이다. 따라서 그것들은 비파사나 명상의 내용에 대응하며, 그것을 위한 틀을 형성한다.

붓다가 '비구들이여, 나는 탁발을 할 때 딸기를 받았다'고 말했다고 하자. 그러나 만일 그가 가능한 한 엄밀하게 말해야 했다면, 깨닫지 못한 사람에 의해 경험되는 방식으로 '나'라는 말에 의해 지시된, 어떤 독립적인 실체도 존재하지 않을 것이다. 또한 '딸기'에 의해 지시되는 그 사물은 존재하지 않을 것이며, 마찬가지로 깨닫지 못한 사람들이 일상생활에서 단순한 문장을 말할 때 보통 추정되는 다른 많은 사물들도 아마도 존재하지 않을 것이다. 만일 우리가 여기서 최대한 엄밀하게 말해야 한다면 우리는 어떻게 이 상황을 분석할 수 있을 것인가? 그 답은 다양한 심리학적이고 물질적인 요소들의 나열을 포함해야 할 것이며, 그 요소들의 각각은 무상하고 또 각각은 특정한 인과관계 속에서 다른 것들과 관련이 있을 것이다. 그것들은 어떤 유형의 심리학적이고 물질적인 요소들이며, 또 거기에는 어떤 유형의 인과성이 존재하는가? 어떻게 이 특정한 상황에서 심리학적이고 물질적인 요소들이 인과관계 속에 결합되는가? 이것이 바로 아비다르마 문헌이 다루고 있는 것이다.

앞에서 보았듯이, 사물이 현현하는 방식과 사물이 실제 존재하는 방식 사이에의 구별은 아주 초기부터 불교철학에서 함축되고 있다. 불교사상은 표면적인 안정성과 표면적인 통일성을 넘어 구성적 부분들의 흐름에 대해 관찰하려는 경향이 있다. 그 구성적 부분의 흐름이란 심리적 구성과 실체화의 과정에 의해 일상세계의 상대적으로 고정된 실체 속으로 정교히 구성된 것이다.[89] 거기에 자아처럼 보이는 것이 나타나지만, 실제로 거기에 자아는 존재하지 않는다. 실제로 색·수·상·행·식의 흐름만이 존재한다. 사물이 현현하는 방식과 그것이 실제 존재하는 방식은 다르다. 불교사상의 발전에서 매우 초기에 −분명히 아비다르마 자료에서− 이 구별은 언설적 진리世俗諦(saṃvṛtisatya/sammutisacca)와 궁극적 진리勝義諦(paramārthasatya/ paramatthasacca) 사이의 명확한 구별 속에서 논의되었다. 불교의 종교철학적 시도는 세속적인 것을 세속적인 것으로 직접적으로 아는 데 있지, 그것을 완전한 환상을 갖고 다루려는 데 있지 않다. 궁극적 진리는 궁극적인 것처럼 보이는 것이 단지 언설적인 것에 지나지 않는다는 사실에 정확히 놓여 있다. 자아는 존재하는 것처럼 보이지만, 실제로는 오직 오온의 흐름만이 존재하고, 자아는 단지 인위적

89) (성장과 같은 하나의 과정으로서) 어떤 것을 '실체화' 하는 것은 그것을 고착된 단일체로서, 그 자체로 그런 것으로서 존재자로 만드는 것이다. '개념적 실체화'는 실체화가 개념적 적용에 의해 유발되었거나 또는 개념의 적용과 연관되었을 때에 일어난다. 따라서 우리는 '성장'이라는 하나의 단일한 개념을 갖고 있기 때문에, 성장을 하나의 과정으로 보는 대신에, 그것을 고착된 단일한 사물로 실체화시킨다. 또는 우리는 '숲'이라는 단일한 개념을 적용함에 의해 숲을 단일한 사물로 취급할 수도 있다.

단일자에 불과하며, 자아, 자신, 개아는 사실상 실용적인 언어적 구성체이다. 그렇지만 우리가 일단 이 관점을 채택한다면, '오온'이라는 말조차 생겨날 수 있는 심리-물리적인 무상한 요소들의 훨씬 복잡한 목록을 위한 압축물이라는 것이 분명하다.

비파사나 명상 속에서 경험된 불교철학의 공통적 접근법은 증명하고 탐구하는 것이다. 분석이 발견하는 것, 따라서 증명하고 해체하는 분석에 저항하는 것이 실제로 존재한다는, 그 분석의 귀결점이 궁극적 진리로서 (또는 궁극적 실재성으로서) 설해진 것이다. 붓다의 열반 후 이어지는 세기 동안 불교사상에서 이런 증명하는 분석은 계속 다루어졌고, 단순한 단일체로서의 오온조차 계속적인 해체, 즉 요소들을 계속해서 복합성으로 분석하는 것을 모호하게 하는 것으로 여겨졌다. 이러한 분석은 의식을 가진 존재의 심리-물리적 온蘊을 포함할 뿐 아니라 우주에 있는 모든 사물들을 포섭하게 되었다. 이 요소들은 법(dharma/dhamma)으로서, '현상'이나 단순히 '요소'로 알려졌다. 다르마가 우리가 경험하는 세계의 심리-물질적 구성요소를 이룬다.

예를 들어 첫 번째 온인 색(rūpa)을 보자. 만일 우리가 색이 어떻게 실제로 존재하는가에 대해 말하고자 한다면 색은 생겨나지 않는다. '색'은 다르마가 아니다. 오히려 이 표현은 (고대 인도사상에서) 견고함地, 유동성水, 열火, 운동空, 이동성風 및 이것들로부터 파생된 여러 다른 가능한 물질적 요소들의 특정한 경우의 발생을 위한 압축물이다. 그것들은 (아마도 그것에 의해 물리적 대상인 '딸기'를 표현하는) 어떤 종류의 인과적 연결과 관련되어 있다. 따라서 일반적으로 '색'의 범주 아래 다양한 사건들의 유형이 포함된다. 이것은 예를 들어 견고성의 특정한 경우에도 마찬가지일까? 아마도 그렇지 않을 것이다. 견고성의 경우는 더 이상의 요소로 환원될 수 없다. 따라서 자체 무상한 것으로서의 견고성의 경우는 실제로 존재하는 것으로, 사물을 여실히 보는 사람에 의해 인식된 것이다. 그러므로 견고성의 경우는 하나의 다르마(법)이다. 아비다르마 문헌들은 우리가 실제 무엇이 존재하는가를 알고자 할 때, 그 속에서 경험들이 분석될 수 있는 모든 유형의 사건들의 목록을 제시하고자 시도한다. 그것들은 또한 생동감 있는 경험의 세계를 우리에게 제공하기 위해 어떻게 이것들이 인과적으로 연결되며 어떻게 서로 관련되는가를 설명한다. 따라서 경전과 대비해볼 때, 아비다르마 문헌은 보편적으로 타당한 '여실지견의 언어'로 서술되어 있지, 붓다가 현실적인 가르침의 상황에 적합한 방식으로 설했을 때 사용했던 그런 느슨한 일상 대화의 언어로 서술되고 있지 않다. 따라서 우리는 불교의 교설에 본질적인 것으로서 확정적이고 있는 그대로 말하는 문헌이나 가르침了義(nītārtha/nītattha)과 어떤 특정한 목적을 갖고 서술된 문헌이나 가르침 사이의 구별을 발견한다. 만일 우리가 엄밀함에 관심이 있다면, 후자에 속한 문헌이나 가르침은 해석되어지기를, 즉 그것들의 의미가 도출되어지기를 未了義(neyārtha/neyyattha) 요구할 것이다. 일반적으로 이를 옹호하는 사람들에게 아비다르마 문헌과 아비다르마의 가르침은 궁극적 진리(paramārthasatya)에 관심을 두고 있으며, 확정된 의미를 가지고 있다(nītārtha).

상좌부의 아비담마에서는 82종의 법을 제시한다.[90] 말하자면 모든 가능한 경험은 사건으로 분석될 수 있으며, 그것들 각각은 82종의 담마의 이러저러한 경우일 것이다. 그 법의 81종은 직접적인 원인의 결과로서 조건지어진 것有爲法(saṃskṛta/saṃkhata)이고, 남은 하나가 조건지어지지 않은 것으로 열반이다. 따라서 전문적으로 상좌부 아비달마에서 열

90) Dharma에 대한 명료한 논의는 Lamotte(1988: 593 ff.)와 Hirakawa(1990: 139 ff.)에서 발견될 수 있다.

반은 하나의 궁극적인 것이고, 하나의 법이다. 이것은 가장 일반적인 의미에서 열반은 보다 근본적인 구성요소로 분석될 수 없는 경험적인 사건의 내용을 이루고 있음을 의미하며, 그것은 '조건지어지지 않은 것無爲'으로 기술된 고유한 범주에 속한다. 조건지어지지 않은 것으로서, 자체로 원인의 결과가 아닌 것으로서 그것은 결코 소멸하지 않는다.[91] 각각의 담마는 자신의 고유한 성질自性을 가지고 있으며, 그것에 의해 그 법의 일어남이 인식되는 것이다. 따라서 견고성의 담마는 자성으로서 물리적인 저항성을 가지고 있다. 물리적 저항성의 경우가 있을 때, 그것은 견고성을 가리킨다. 그것이 어떤 것이 견고성을 갖고 있음을 아는 방법이다.

81종의 유위법은 심心(citta=vijñāna), 심소心所(cetasikas), 색(rūpa)의 세 범주로 분류된다. 식은 한 종류의 법이다. 심소법은 52종의 법으로 이루어져 있다. 그들 중 25종은 무탐, 무진, 무치, 믿음, 염念(sati), 자애 등을 포함하는 선법善法이고, 14종은 사견邪見을 포함하는 불선법이다. 13종은 도덕적으로 중립적인 것이며, 그것들과 함께 생기는 다른 법들에 의해 그것들의 도덕적 색채가 결정된다. 13종에서 촉觸, 수受, 상想,[92] 사思, 명命, 삼매三昧, 작의作意의 7종은 모든 심적 활동에 공통된 것이다. 색色은 28종의 법으로 이루어져 있다. 다른 아비담마의 논의들은 어떤 담마의 조합이 허용될 수 있는가에 관심을 갖고 있다. 왜냐하면 우리는 동일 찰나의 심리적 작용에서 생겨나는 무탐과 탐을 가질 수 없기 때문이다.

---

91) 어떻게 열반(nibbāna/nirvāṇa)이 원인의 직접적 결과가 될 수 없는지는 아비다르마에서 많이 논의되었다. 여기서는 이를 한 쪽에 남겨둘 것이다.

92) 이 양자는 오온五蘊 중의 두 번째와 세 번째 온이다. 아비다르마 항목에서 식識은 다섯 번째 온이다. 첫 번째 온인 색온은 물리적 혹은 물질적 형태로서, 우리가 보듯이 수많은 dhamma들로 구분된다. 한 범주로서 가장 많은 dhamma를 가진 행온도 마찬가지다.

누가 아키발드를 죽이고 그의 무덤에서 춤출 때 어떤 담마들이 생기는가? 제3선정을 얻을 때, 어떤 담마들이 생기는가?

명백히 이것은 지적 관심에서 나온 분석에 몰두하는 추상적인 철학이 아니다. 그 목적은 해탈로 이르는 수행도와 직접적으로 관련된 것이다. 비파사나 명상에 몰두하는 승려는 조용히 머물면서 명상 속에서 제법의 생멸을 관찰하고, 사물들이 어떻게 실제로 존재하는지를 보고 자아 관념을 제거한다. 그는 또한 어떤 심소心所가 긍정적이고 선한 심리작용으로 이끄는지를 알며, 따라서 어떻게 악을 행함을 그치고 선을 행하는 것을 배우는가를 알게 될 것이다. 랜스 커신스(Lance Cousins 1995)는 '아비담마의 분석의 목적은 이론적인 것이 아니라 비파사나 명상과 관계되며, 심적 경직성을 제거하도록 변화와 무아無我에 대한 통찰을 도모하기 위해 과정에 근거한 세계관을 제공하는 것'이라고 설명하고 있다. 비록 나는 아비달마의 관심이 어떻게 사물이 실제로 존재하는가의 존재론과 반대하여 어떻게 집착을 줄이는가의 실천적 문제에 있을 것이라고 해석하는 아비다르마의 이해에 따르지만, 그런 방식으로 주장하지는 않을 것이다. 나는 이미 (인도)불교에서 그러한 대립이 존재하지 않음을 시사했다. 아비다르마적인 분석이란 사물들을 있는 그대로 보는 것을 포함하며, 그리고 그것은 존재론의 문제이다. (물론 열반은 제외하고) 담마는 비인격적인 인과법칙에 의해 연결된 무상한 사건들이다. 그것이 바로 어떻게 그것이 진실로 존재하는가이다.

아비담마 문헌들은 담마란 어떻게 사물이 여실하게 존재하는가에 대한 것이라는 견해를 보여준다. 그러나 이는 개아나 책상, 의자와 비교하여 더 이상 환원될 수 없는 것으로서의 법들 사이에 대조를 넘어 정확한 법의 본성에 대한 어떤 특정한 입장을 이 문헌이 가지고 있다는 것은 아니다. 담마를 실체적 존재론에 의거하기보다는 사건으로서의 존재론에 의거한 것으로서 모든 것을 보려는, 즉 담마를 사건(events)으로서 보는 데 포함되어 있는 것은 팔리 아비달마 문헌이나 그것을 따르는 상좌부 문헌에서는 상대적으로 덜 탐구된 듯하다.[93] 그런 한에서 우리는 비파사나 명상의 일상적 실천가능성은 중요하다고 주장할 수도 있다. 담마의 존재론적 성격에 대한 특정한 질문에 대한 관심은 상좌부 논사들 속에서가 아니라 유부와 그들의 반대자들 사이에서 많이 발견된다.

여기서 유부의 많은 세부적인 점에 대해 언급하고 싶지는 않다. 이후의 장에서 몇 가지 유부의 특징적인 입장에 대해 언급할 것이다. 유부의 다르마 체계는 많은 측면에서 팔리어 아비담마와 상좌부 전통과 아주 유사하다. 그것은 75법을 가지고 있으며 여기에 3개의 무위법無爲法이 포함된다.[94] 유부의 다르마 중 몇 가지는 그들의 체계에서 아주 독특하며 다른 학파들(특히 경량부)과의 격렬한 논쟁의 주제였다. 그렇지만 여기서는 다르마의 존재론에 대한 유부의 접근방식을 간략히 설명하고자 한다. 인도에서 대체적으로 고전시기에 (비록 독립적인 학파로서 현재까지 존속하지는 않지만) 유부는 아비다르마의 전통에서 아주 중요하고 영향력 있는 학파였다고 보인다. 이런저런 방식으로 유부는 불교철학이나 수행법 모두에 관한 대승의 접근에 가장 큰 영향력을 끼쳤다고 보인다.

아비다르마는 일종의 환원으로 특징지어진다는 것이 앞에서 설명했던 것으로부터 분명해졌을 것이다. 이 환원적 과정을 통해 어떤 요소

---

93) 팔리 아비담마의 실체-존재론(substance-ontology)과 사건-존재론(event-ontology) 사이의 차이에 관해 Ronkin(2005: 2장, 특히 50ff) 참조.

94) (비록 하나의 삼장은 아니지만) 유가행파와 관련된 또 다른 아비다르마 체계의 문헌도 존재한다. 이 학파는 대승의 관점과 연결되었다고 간주된다. 유가행파의 아비다르마는 100법을 포함한다.

들, 어떤 요인들이 실제로 토대로서 존재하는가에 대한 탐구가 진행되었다. 그 토대 위에서 심리적 증익과 실체화의 힘이 일상적인 '생활세계'를 형성할 수 있다. 하나의 '승의제'는 환원적 분석을 통한 해체시도에 저항한다고 발견된다. 이런 탐구는 실용적 목적을 위한 심리적이고 문화적 구성물에 불과한 것으로 증명된 사물들에 대한 모든 이기적 갈애를 끝내고 해탈하려는 소망에 의해 활성화된다. 그런 사물에 대한 부조리한 갈애는 재생으로 이끈다. 모든 인도의 불교사상가들은 이러한 분석방향에 대하여 동의하는 것처럼 보인다. 너와 나, 혹은 테이블이나 의자들이 구성부분들로 분해될 수 있고, 실제로 단일성을 결여하고 있으며, 단일성은 단지 실용적인 일상적 필요 때문에 그것들 위에 덧붙여진 것이라는 데 이견은 없다.

이 문제에 대한 불교사상가들의 의견의 불일치는 단지 일상적인 현현의 배후에 실제로 존재하는 그런 요소들을 발견했다고 하는 주장에 모아진다. 불교 철학에서 주요한 불일치는 궁극적인 진리 혹은 진리들의 위상에 대한 요구와 관련된다. 따라서 우리가 '일상적' 갈애라고 부르는 것을 일상세계의 해체를 통해 해소하는 것에는 일치하고 또 이를 당연히 받아들인다. 진정한 불일치는 일군의 불교사상가들이 그들 자신이 궁극적인 것으로 인정하지 않은 승의제를 다른 사상가들이 발견했다고 하는 주장의 관점에서 저들에게 귀속시키고자 했던 갈망과 관련되어 있다.

엘리트 그룹의 학자들의 이러한 번쇄적인 작업이 아비다르마 프로젝트 내에서 일어나기 때문에, 모든 불교철학은 아비다르마 철학이라고 보인다. 중관이나 유식, 그리고 여래장(tathāgatagarbha) 사상과 연관된 대승의 철학 학파는 이러한 증명하고 해체하는 분석이 어디까지 진행될 수 있는지에 대해 논쟁하고 있다.

고전적인 유부의 체계에서 분석을 통해 구별된 존재자(=법)의 다수성은 바로 그것들의 위상에 의해 분석적인 존재자로서 승의제이다. 유부 문헌들도 승의제로서의 법들을 '일차적 존재자實有'(dravyasat)라고 부르며, 일차적 존재자로부터 구성된 합성 요소들을 '이차적' 또는 '개념적 존재자假有'(prajñaptisat)라고 부른다.

유부에게 (너, 나, 의자, 탁자, 숲 등의) 개념적 존재자는 전혀 존재하지 않는다는 의미가 아니라는 점에 주의해야 한다. 그것은 단지 실용적 목적을 위한 하나의 단일체로서 올바르게 취급되는 특정 유형의 존재, 실체의 존재를 낳아야만 한다. 그것은 존재론적으로 보다 근본적인 것으로 간주될 수 있는 구성요소의 다수로 분석될 수 있다. 개념적 존재자도 틀림없이 존재하지만, 그것은 의도를 가진, 실용적인 맥락에서 존재하며(즉 단일체로서 주어지며), 그것의 단일성은 개념적인 실체화를 통해 고착된 것이다. 따라서 개념적 존재자는 특정한 종류의 인과과정의 결과로서, 개념적 실체화 또는 다수성에서 나온 통일이다. 하나의 탁자는 그 자체로 하나의 단일체, 하나의 사물로 보이며, 그것은 실제로 일상생활에서 실용적 목적을 위한 하나의 사물로서 언설되고 생각될 수 있다. 그러나 그것은 그 자체로 하나의 단일체는 아니다. 그것은 이런 실용적 맥락을 넘어 존재하는 하나의 사물이 아니다. 탁자는 우리가 실용적 목적을 위해 다리 네 개와 상판에 부여하는 명칭이다. 그것들은 계속해서 법으로 분석될 수 있다. 그렇지만 사물이 그 속으로 분석될 수 있는 법은 (이런 점에서 법들은 사실상 감각자료와 같은 어떤 것이겠지만)95) 단순

---

95) 이런 두 '물리적' 다르마들이 실제적인 물리적/물질적 발생의 예인지, 아니면 자체로 감각적 경험의 사건인 감각자료의 예인지에 대한 아비다르마 자료에서의 공통된 양면성에 대해 주의하라. 후자의 경우에 물리적 사물들은 실제로 경험의 더미로 환원된다.

한 것이어야만 한다. 왜냐하면 법은 거기서 구성이 존재하기 위해서 환원될 수 없을 정도로 거기에 존재해야만 하는 것이기 때문이다. 법들은 그 자체로 단일체이여야 한다. 그렇지 않다면 분석은 최종적인 지점에 이르지 못할 것이다.

따라서 일차적 존재자들은 분석적인 증명 과정의 최종점으로서 존재해야만 한다. 그것들은 더 이상 환원될 수 없는 단일한 것이어야 하며, 당신과 나, 테이블, 의자, 숲처럼 개념적인 실체화의 결과여서는 안 된다. 따라서 그것들은 분별론자, 즉 유부 아비다르마의 용어로 '자성自性'(svabhāva)을 가져야만 한다.[96] 대조적으로 이차적인 개념적 존재자들은 개념적 실체화의 결과이며, 그들의 고유한 성질을 여읜 것이다. 즉 그것들은 단일한 것이 아니며, 자성이 없는 것(niḥsvabhāva)이다.[97] 따라서 이차적 존재자들은 자성의 공空(śūnya)이며, 공하다는 것은 자성이 없는 것을 달리 표현한 말이다. 그러나 유부의 이론적 체계 내에서 어떤 것이 자성을 가졌다(sasvabhāva)는 것은 자성의 결여라는 의미의 일부라는 점에 주의해야 한다. 그것은 모든 것은 공하지 않다는 공성의 의미의

---

96) Tillemans(2001)은 svabhāva를 보다 직접적인 own-existence나 own-being, self-existence 대신에 intrinsic nature('내재적 본성')로 번역하자고 제안한다. (역주: 번역에서는 용어상의 통일을 위해 자성이란 전문술어를 사용했다.) 그것은 아비다르마와 중관 양자의 사용과 맥락에 적용하면서 동시에 철학적 엄밀성의 적절한 수준을 연결한다는 점에서 특히 좋은 번역이다.

97) 유부의 아비다르마에서 다르마가 내재적 본성을 갖고 있으며, 따라서 (중관학파에 의해) 인과적으로 의존적인 것이 아니라고 말해진다는 의미는 숲과 같은 방식으로 개념적 실체화에 의존하지 않는다는 것임을 볼 수 있다. 중관학파에도 불구하고, 이것은 분명히 자성을 지닌 하나의 다르마가 결코 원인이나 조건의 결과가 아니라고 주장하는 것과 동일한 것은 아니다. 유부 아비다르마에게 있어 모든 유위법, 즉 대부분의 법들은 원인과 조건의 결과이다. 그것들은 근본적으로 무상하다. 그러나 마찬가지로 모든 다르마들은 자성을 가지고 있다. 그것은 그것들이 단일자이며, 다수성에서부터 개념적으로 실체화되지 않았다고 말하는 것이다.

일부이다. 모든 것이 자성을 결여하고 있다고 말하는 것은 모든 것이 실체화된 개념적 구성으로서 개념적 존재자들이며, 따라서 그런 개념적 존재에게는 그것으로부터 실체화되고 구성될 수 있는 어떤 것도 남아있지 않다고 말하는 것이다. 그러나 이것은 모순일 것이다. 왜냐하면 그것은 이차적, 개념적 존재의 범주 자체를 파괴하는 것이며, 그럼으로써 일차적 존재자를 포함해서 전 세계를 파괴하게 될 것이기 때문이다. 모든 것이 자성을 결여하고 있다(niḥsvabhāva)고 말하는 것은 불합리한 허무주의를 함축해야만 한다. 뒤에서 보겠지만, 그것이 바로 완전한 해탈의 추구 속에서 용수龍樹(Nāgārjuna)의 중관 사상이 시작되는 지점이다. 이것은 대승 반야경 문헌에서 예고되었다.

그러나 붓다는 오래전에 열반하셨다. 붓다의 열반 후 몇 세기 동안 대승불교의 발전과 함께 우리는 몇몇 불교도들 사이에서 불교가 궁극적으로 무엇에 관한 것이어야 하는가에 관한 하나의 새로운 차원의 이해를 만나게 되며, 더욱 새로운 대승경전의 편찬 속에서 하나의 새로운 대응에 직면하게 된다.

▌제2장의 핵심 요점

- 비록 duḥkha 개념이 문자적으로 '고통'을 의미하지만, 불교 교설에서는 세계 내에서 인간존재의 조건지어진 성격과 모든 것이 무상하다는 사실의 내재적 불만족함과 같은 보다 미묘한 개인적 고통의 의미를 가리킨다.
- 개인의 고통의 원인인 갈애는 깊이 뿌리박힌 취착의 한 형태이며, 따라서 단순히 어떤 것을 하려고 하는 것이 아니다. 따라서 불교수행자가 그의 취착을 중지함에 의해 고통의 종식을 성취하고자 원하는 사실에는 어떤 비일관성도 없다. 예를 들어 붓다가 갈애의 종식을 성취했지만 그럼에도 타인들로 하여금 열반을 증득하게 돕는 것과 같이 어떤 것을 행하고자 원한다고 서술하는 것은 완전히 일관된 것이다.
- 열반은 신이 아니며, 장소도 아니고, 심지어 우파니샤드의 브라흐만과 같은 어떤 것 속에 있는 절대적 실재도 아니다. 그것은 수행자가 윤회를 낳는 탐진치를 완전히 소멸시키는 경험을 할 때의 근본적인 심리학적 변화라는 하나의 심적 사건으로서 가장 잘 이해될 수 있다.
- 무아에 대한 붓다의 가르침들은 서구에서 '영혼'(soul)이라고 불리는 것과 무관하다. 그 가르침들은 물질적 형태나 감수 등과 같은 현상적 개체의 어떤 측면도 자아를 구성할 수 있음을 부정한다. 여기서 자아란 한 개체의 불변하는 내재적 존재성을 구성하는 비우연적인 실체이다. 붓다에 따르면 그가 그러한 실체를 완전히 결여하고 있다는 실존적 사실을 이해할 때, 그는 '어떻게 사물들이 실제로 존재하는지'를 보며, 따라서 자아가 아닌 것으로부터 벗어나 열반을 증득한다.
- 연기의 교설은 어떻게 개체의 윤회경험이 실제로 인과적 조건의 역동적 과정을 이루는가를 설명한다. 이 도식에서 창조신이나 자아를 위한 어떤 필요성은 없다. 왜냐하면 이 교설은 개체의 지속성과 도덕적 보답의 기능의 작동기제를 설명하기 때문이다. 즉, 그것은 선행과 악행 사이, 그리고 그것들의 즐겁고 즐겁지 않은 과보 사이의 연결을 설명해준다.
- 업(karma)과 재생에 대한 불교의 이해는 고대 인도에서 일어났던 다른 모든

교설과 완전히 다르다. 행위를 뜻하는 업을 의도와 동일시함에 의해 붓다는 선업과 불선업이 재생을 야기한다는 관념을 효과적으로 내면화시켰다. 따라서 공덕과 악행과 같은 도덕적 성질은 개인 심리학의 문제로 되었다. 이는 불교사문의 심적 훈련을 하나의 윤리적 관심으로 만들었고, 불교적 수행도는 (후에 붓다고사의 책 제목처럼) '청정의 길'로서 간주될 수 있었다.

- 불교 명상은 샤마타止와 비파샤나觀의 원리에 근거해 있다. 이런 이해에 따르면, 우리는 먼저 다양한 집중 수행을 통해 마음을 적정하게 해야 하며, 따라서 거기서 나오는 심적 명료함의 상태는 우리로 하여금 사물에 대한 여실한 통찰을 가능케 한다.

- '아비다르마'라는 용어는 불교의 다르마에 대한 탐구와 그 설명의 방식뿐 아니라 논장이라는 불교 삼장의 한 부분을 의미한다. 이 탐구는 경험 속에서 주어진 것을 다르마(dharma)들로 알려진 그것의 일차적 부분들이나 찰나들 속으로 분석하는 것을 포함한다. 이 분석의 요점은 세상에서 개별적 존재의 관습적이고 구성된 실재를 넘어서는 것이며, 그 대신에 경험이 심적, 물질적 사건들의 흐름으로, 궁극적으로 실재하는 다르마들로 구성되어 있다는 궁극적 진리를 보는 것이다.

제3장

대승불교의 성격과 기원

제3장

대승불교의 성격과 기원[98)]

한 저명한 옥스퍼드 출신의 철학자가 "인도 철학은 어떤 종류의 '동물'인가?"라고 내게 물은 적이 있다. 만일 우리가 대승불교가 어떤 종류의 '동물'인지를 명확히 하고자 한다면, 우리는 지금 말하고 있는 종교 현상의 유형에 관해 과거에 상당한 오해가 존재했음을 현대 학계가 설득력 있게 바로 지적하기 시작했다는 사실을 곧 발견하게 된다. 모든 논의는 주로 분파나 부파에 관한 것이었다. 그 모델은 개신교와 로마 가톨릭 사이의 차이에 의거한, 뚜렷한 교리적, 행위적 차이, 경쟁과 대립이라고 보인다. 이 모델은 문헌의 메시지에 주의를 기울이지 않는 사람들에 대한, 아마도 몇몇 대승경전에서 발견되는 분명한 적대감에 의해 강화되어 왔다. 그들은 대승경전이 의도적으로 논쟁적이고 모욕적인 표현을 사용하여 '소승'(Hīnayāna)이라고 부른 것을 일관되게 따르고 있다.[99)]

---

98) 3장에서 다루어진 모든 논점들에 대한 보다 풍부한 논의는 Williams(2009: 1장) 참조

99) Mahāyāna라는 표현은 물론 문자적으로 mahā '큰'과 yāna '수레, 길'을 붙인 것이다. 그러나

따라서 우리는 스스로 진정한 붓다의 말씀이라고 보고, 따라서 경으로서의 논란의 소지가 있는 지위를 요구하는 텍스트들을 보게 된다. 그들 중에서 가장 초기에 성립한 문헌은 현존하는 형태와 비슷한 형태로 BCE. 2~1세기에 편찬되었을 것이다. 이 문헌들은, 비록 모두 반드시 동일한 전망(vision)은 아니지만, 그들이 '대승'(Mahāyāna)이라고 부르는 전망을 옹호한다.[100] 몇몇 경우에, 대승은 아마도 시간이 감에 따라 증대하면서 소승과 대비되었고, 때로 이런 대비는 상당히 과격한 언어에 의해 표현되었다. 어떤 대승경전은 소승의 추종자들은 '재칼과 같다'고 말한다(Williams 2009: 23).

그렇지만 (비대승불교도에 의해 모두 위경僞經(apocryphal)으로 간주된) 몇몇 대승경전의 거친 표현에도 불구하고, 우리는 광범위한 경쟁과 대립 그리고 신봉자를 가진 분파와 부파의 이미지는 매우 오도된 것임을 알고 있다. 예를 들어, 우리는 후대 중국 자료들에서 인도로 갔던 중국의 구법승들이 같은 승원에서 소위 비대승 승려들과 대승 승려들을 발견하고 있음을 보았다. 이들 두 그룹 사이의 아주 분명한 차이는 대승 승려

---

mahā는 반드시 형용사적으로 '큰 길'처럼 이해될 필요는 없다. Mahāyāna가 지지자들에 의해 '위대함으로 [이끄는] 길', 즉 아라한과 같은 열등한(/하위의) 목표가 아니라 붓다의 상태로 인도하는 것으로 여겨졌기 때문에 본래 그렇게 불렸다는 것은 매우 가능하다. 그러나 마찬가지로 초기 대승자료들에서 '위대한'이란 표현은 단순히 그 경이 경 자체를 포함해 그의 반대자보다 위대하다고 생각한 것을 지시하는데 사용되었을 수도 있다. 만일 그렇다면, Mahāyāna는 그의 경을 '가장 위대한 것'으로, 즉 이 가르침과 이 견해들, 이 수행들은 단순히 가장 위대하다는 것을 말하기 위해 사용되었을 것이다.

100) 그렇지만 최초의 대승의 연대를 어디까지 소급할 수 있는지에 대해서 Paul Harrison(1995: 55-6)의 논평에 주의하라. 우리는 부유하는 문헌에서 논의되었던 부유하는 관념을 다루고 있다. 그 문헌은 결과적으로 우리가 지금 가지고 있는 형태로 확인될 수 있는 형태를 취했을 것이다. 이것은 아마도 일련의 요인들에 기인했을 것이며, 그중의 몇몇은 역사적 우연이었을 것이다.

들이 완전한 붓다의 상태를 향한 길에서 연민심을 가진 존재인 보살상에 특별한 존경을 보이고 예배했던 반면, 비대승 승려들은 그렇지 않았다는 데 있다.101)

학생들은 몇몇 대승경전의 반감으로부터 당시 이들이 사실상 실질적인 대립을 하고 있었다고 무비판적으로 추정하지 않도록 주의해야 한다. 또한 그는 대승경전의 규모로부터 고전 인도에서 대승의 정체성의 성격이나 범위를 추정하지 않도록 주의해야 한다. 대승불교의 전망을 받아들이지 않았던 비구나 비구니들이 그것을 경멸했고, 그 전망을 단순히 매우 정당화되지 않은 권위와 그에 필연적으로 뒤따르는 권위를 요구하는 소위 말하는 대승경에 근거한 모순된 허구로 보았다는 증거가 있다. 용수(Nāgārjuna, 예: 『보행왕정론』 Ratnāvalī)나 샨티데바(Śāntideva, 『입보리행론』 Bodhicaryāvatāra)와 같은 많은 대승불교 논사들은 대승 경전의 권위를 옹호하면서, 대승을 옹호했다. 그러나 내가 아는 한, 이제까지 발견

101) 나는 여기서 경멸적인 '소승'(Hīnayāna)이라는 표현 대신에 '비대승'이란 표현을 사용할 것이다. 나는 Williams(1989)에서도 동일하게 사용했고, 역사적으로 대승을 논의하는 현재의 맥락에서 이것이 아마도 가장 안전하고 중립적인 표현일 것이라고 생각한다. Theravāda는 아주 만족스럽지 못한 표현이다. 왜냐하면 Theravāda는 대승불교 흥기 이전에 생겨난 불교 전통 중에서 유일하게 남아 있는 것이지만, 우리가 보았듯이 역사적으로 그 안에는 많은 다른 점들이 존재한다. 인도에서 고전시기에 Theravāda는 가장 중요한 부파와는 거리가 있었다. 어디서 대승 자료들이 Theravāda의 교리와 수행론을 알게 되었거나 혹은 그것에 반대했는지를 보여주기는 어렵다. 더욱 Theravāda는 승원부파이며, 우리가 보듯이 대승은 다른 유형의 '동물'이다. 그것들은 어울리지 않는 현상이다. 그렇지만 분명히 '비대승'은 전체로서의 불교의 논의에서는 사용하지 않을 것이다. 요즘 나는 비대승을 위해 아마도 Eric Cheetham이 (The Buddhist Society에서 발행된 그의 일련의 작은 책자들을 참고) 처음 사용했고 현재 폴 해리슨에 의해 사용된 '주류불교'(Mainstream Buddhism)라는 표현을 더 선호한다. '주류불교'라는 표현은 비대승 불교와 대승불교 사이의 관계처럼 보이는 것을 보다 잘 나타내고 있다고 보인다. 거기서 적어도 인도에서는 대승은 (아마도 불교 안의 소수파로서) 불교, 즉 주류불교인 비대승불교 내에서 하나의 특정한 유형의 발생이다.

된 비대승불교 문헌에서 대승불교에 대한 상세하고 체계적인 비판은 존재하지 않는다.[102)]

현대 학자들은 세친(Vasubandhu)의 방대한 『구사론俱舍論』(Abhidharmakośa)과 같은 비대승불교 문헌 속에서 대승에 대한 간헐적이고 비체계적인 언급에서 주장되는 것이 무엇인지에 대해 탐색하고 증명한다. 인도에서 불교의 오랜 역사와 또 대승문헌의 규모를 고려할 때, 대승경전의 규모로부터 인도의 대승불교의 추정된 범위를 가정한다면, 이것은 아주 놀라울 것이다. 그러나 우리는 그러한 추론을 할 수 없으며, 고전시기의 인도에서 대승불교는 위협이 아니었고 혹은 진지하게 고려되지 않았다는 것이 침묵에 가깝지만 유일한 설명이라고 제시하려고 할 것이다. 이는 왜냐하면 대승문헌의 규모에도 불구하고 인도에서 불교가 성행했던 기간 동안에 아주 소수의 승려들만이 대승불교의 교의를 받아들였고, 그 승려들은 다른 비대승불교를 수용한 승려들에게 해롭지는 않지만 다소 특이한 존재로 여겨졌기 때문에 그랬을 것이다. 또는 다른 대안적 설명에 따르자면, 이는 왜냐하면 검소하고 수행자적 삶을 살기 위해 모인 사람들 사이에서 무엇이 하나의 위협으로 여겨지는가의 견지에서 볼 때, 대승은 경쟁자가 아니기 때문에 그랬을 것이다. 나는 이 두 가지 요인들이 결합되었을 것이라고 생각한다.[103)]

---

102) 내가 아는 가장 비근한 경우는 Abhidharmadīpa(4장과 6장)의 논의이다. 이 문헌은 CE. 6세기경에 성립되었다. 거기서 논의된 요점은 정상적인 주류의 삼장에서 설해진, 붓다의 상태로 이끄는 보살승이 실제로 존재한다는 것이다. 이 삼장은 유일한 권위 있는 불교 문헌이다. 따라서 소위 '대승경전'은 진짜가 아니다.

103) 진실로 설명을 요하는 것은 왜 대승의 전망이 인도 외부의 중국이나 일본, 티베트와 한국과 같은 다른 불교세계에서 그렇게 지배적인 흐름이 되었는가 하는 점일 것이다. 그것은 부분적으로 대승불교가 다른 비인도 문화권에 전파되기가 상대적으로 용이했다는 것과 관련이 있

하인츠 베헤르트(Heinz Bechert 1982)에 의거한다면 불교에서 '교단분열'은 교리적 불일치와는 무관하며, 승원의 계율의 차이에서 비롯된 결과이다.104) 이것은 일리가 있다. 불교 승원의 전체적인 목적은 여러 그룹의 사람들이 내적 개발을 위하여 적절한 생활용품을 갖고 함께 검소한 생활을 하는 것이다. 그런 맥락에서 주된 불일치를 낳고, 또 승단분열(saṃghabheda)로 이끌 수 있는 것은 승원의 거주자가 아닌 사람에게는 매우 사소한 행동의 불일치로 보이는 그런 것이었다. 만일 어떤 비구가 정오 이후에 식사하는 것이 허용되어야 한다고 주장하고, 반면 다른 승려들은 정오 이전에 식사를 끝내야만 한다고 생각한다면, 이는 평화로운 승원의 일상에 중대한 문제를 야기했었을 것이다. 계속적인 어려움이 승원과 재가자 공동체 사이의 조화로운 관계라는 아주 중요한 문제와 관련하여 일어날 수 있었을 것이다. 농사일을 하고 있는 재가자들이 다른 시간대에 탁발을 나선 그 지역 승원의 두 그룹의 승려들에 의해

겠지만, 그러나 또 다른 중요한 요소는 특히 많은 대승경전에서 주장된(불행을 제어하고 극복하는) 강한 주술적 잠재력과 대승경 내에서 만트라(mantra)와 다라니(dhāraṇī)와 같은 주문이었을 것이다. 왕과 황제는 종교적 후원이 그들의 권력을 증대시키는 데 항시 관심이 있었다. 주술적 힘은 특히 매력적이었으며, 우리는 이것이 왜 중국과 일본, 티베트의 황제들이 관대했으며, 특히 일본과 티베트에서 불교 전도자들을 적극적으로 후원했는가에 대한 하나의 이유임을 알고 있다. 대승이 외부인들에게 매력적이었던 또 다른 요소는 대승의 토대 위에서 주장할 수 있는 보살로서 선언되는 왕이기 때문에 얻어질 수 있는 이점이었을 것이다. 여기서 보살의 위상은 매우 정교하게 다듬어지고 어떤 면에서는 승가 내지 깨달은 승려(아라한; Williams 2009: 11 참조)를 뛰어넘는 잠재적인 우월성이 인정되었다. Jātaka(전생담)에서 보살들은(전생에서의 석가모니 붓다로서) 왕이나 왕자를 포함해 재가자로 종종 기술되며, 그들은 예측할 수 없을 정도로 연민심에 차서 중생의 이익을 위해 행동한다고 묘사되고 있다.

104) 그렇지만 Sasaki(佐佐木閑 1994)는 승단분열(破僧, saṃghabheda)에 대한 이러한 비교리적 이해는(BCE. 3세기) 아쇼카 시대 동안에만 일어났다고 주장하려고 한다. 나는 납득이 가지 않지만, 아무튼 대승 자체가 아쇼카 시대 동안이나 그 후에 처음으로 일어났다고 보이기 때문에 대승과 승단분열에 관한 논점에 영향을 주지는 못할 것이다.

방해를 받았을 때의 반응을 상상해 보라. 그러한 상황하에서 생각이 다른 비구와 그에게 동조하는 승려들이 분열하는 것은 관계된 모든 사람들에게 더 나았을 것이다. 반면에 어떤 비구가 모든 사람들의 최종 목적은 열반이 아니라 모든 중생의 이익을 위한 완전한 붓다의 상태라고 주장한다고 가정해 보자. 또는 그는 명상 속에서 다른 승려들에게는 알려지지 않은 아미타불이라고 불리는 붓다로부터 개인적인 가르침을 받고 있다고 믿는다. 이는 다른 많은 동료들에게 매우 이상하게 생각될 것이다. 그러나 만일 그것이 참을 수 없는 정도의 방해되는 행동으로 이어지지 않는다면, 또 실제로 그렇지도 않겠지만, 그 승려의 대승에 대한 견해가 '승단분열'로 이어질 필요는 없다.

고대 인도불교에서 승단분열이 항시 승원규정의 문제인가의 여부 또는 그것은 어떤 의미있는 교설상의 차이에 의해 초래되었는가의 여부는 학자들 사이에서 논쟁의 주제로 남아있다. 최근의 연구(Walser 2005: 99-100; cf. Williams 2009: 4)는 승단분열은 승원의 규정에 대한 불일치뿐 아니라 '가르침이 아닌 것을 가르침으로 가르치는 것'과도 연결될 수 있다고 자료상으로 제시했다. 베헤르트는 불교에서 승단분열을 승원의 규정에 대한 논란과 전적으로 연결된다고 주장함으로써 지나치게 일반화시켰다. 여하튼 제도적으로 불교는 정통설이라기보다는 정통적 행위이다. 중요한 것은 교리의 조화가 아니라 행위의 조화이다. 기독교 역사에서 교리적 불일치에 의해 수행된 역할은 불교의 경우에는 적용되지 않는다. 물론 승원의 계율과 관계된 실제상의 승단분열이 존재하는 곳에서는 계속해서 이후에도 교리적 상위성이 발생할 수 있을 것이다. 그러나 그와 같은 교리적 차이는 승단분열의 주된 요인처럼 보이지 않는다. 따라서 대승불교는 승원의 계율에 대립하는 행위를 의미할 필요가 없는, 전망과 동기의 문제이기 때문에, 그것은 승단분열로부터 나왔을 리가 없다. 그것은 그러한 종류의 사건이 아니며, 그러한 종류의 '동물'이 아니다. 이런 점이 이해된다면, 대승불교와 비대승불교 사이의 대립은 개신교에 반대하여 양극화된 로마 가톨릭의 대립과는 어떤 방식으로든 비교할 수 없겠다. 거기서 정체성은 교리적 충성, 즉 경쟁적 믿음의 문제이다. 기독교 역사에서 승단분열은 정확히 교리적 불일치의 결과이다. 불교에서 정체성은 승원의 규칙인 계율의 준수에 의해 제공된다. 정체성은 승단의 문제인 것이다.

붓다의 입멸 후, 시대가 경과하면서 승단의 분열이 있었으며, 많은 수의 율장들이 남아있다. (붓다의 열반 후 40~100년경) 북인도의 바이샬리에서 거행된 제2차 결집에 대한 전통적인 상좌부의 설명은 어떻게 어떤 '사악한 승려들' 사이의 상이한 행동과 관계된 문제들을 해결하기 위해 소집되었는가를 서술하고 있다.[105] 이 결집에 관한 상좌부의 설명을 따를 수 있는가에 대한 의문의 소지는 있지만, 그것이 그러한 중심적인 문제들을 해결하기 위해 소집되었을 것이라는 점은 납득될 수 있다. '사악한 비구들'은 패배했지만 여전히 완고하게 남아 승단을 파괴하였다는 것이 승단분열(saṃghabheda)에 대한 설명이다. 그러나 이 설명은 어떤 단순한 방식으로도 대승의 기원을 설명하는 데 사용될 수 없다. 왜냐하면 그와 같은 것으로서 대승불교이라는 복합적이고, 교리적으로도 다양한 형태가 단순한 방식으로 승단분열에서 나왔을 수는 없기 때문이다. 제2차 결집에서 승단분열은 대승의 기원일 수는 없다.

전통적인 상좌부의 설명은 다른 율장과 교리적 전통을 가진 대중부

105) 1차 결집은 전통적으로 붓다가 열반한 직후에 개최되었다고 주장된다. 깨달은 붓다의 제자들이 붓다에게 들은 가르침을 암송하고 그 내용에 동의했을 때, 그들은 불교경전, 즉 삼장을 편찬했다.

(Mahāsāṃghika)의 기원을 [이 결집에서] 패배한 승려들과 관련시킨다. 과거에는 대승의 기원을 대중부 전통 내에서 교설의 경향들에서 추적하려는 경향이 있었다. 그러나 두 설명 모두에 문제가 있다. '사악한 바이샬리의 승려들'이 대중부의 기원이거나 그들과 관련이 있다는 것은 거의 그럴듯하지 않다고 보이며, 또 어떤 현대 학자들도 직접적 방식으로 대승을 다른 특정한 율장전통(혹은 비대승 부파)과 동일시하지는 않을 것이라고 말하는 것으로 충분하다. 우리가 대승불교의 자료로부터 그러한 자료들의 편찬자들이 가진 계율이나 아비다르마 전제들을 탐색할 수 있는 한, 우리는 대승의 경향들이 비대승 부파와 학파들의 경계를 뛰어넘었음을 볼 수 있다. 예를 들어 CE. 5세기 초 구마라집에 의해 한역되고, 용수가 지었다고 하는 방대한 대승논서인 『대지도론』(*Mahāprajñāpāramitā Śāstra)[106]과 카슈미르의 유부(비바사사) 전통 출신의 승려들 사이에는 분명한 연관성이 있다. 그러나 다른 한편으로, 대승의 『내장백보경內藏百寶經』(Lokānuvartana Sūtra)은 붓다는 어떤 의미에서 항상 초세간적이라는 관념과 공성의 교설을 향한 강력한 경향을 보여주는데, 이 양자는 대중부와 관련된 것이다(4장 참조). 다른 대승 경전들은 법장부法藏部(Dharmaguptaka)와의 관련성을 보여준다. 이 경들은 여러 부파들에서 유통되었고 이에 따라 변경되었을 것이며, 그래서 어떤 그룹이 하나의 특정한 대승경전을 만들었는지를 발견할 수 없다고 한 학자는 제안했다.[107]

---

106) 그런 경우에 별표는 산스크리트 제목을 한역 제목에서 가정적으로 재구성함을 가리키는 표준적인 방식이다. 여기서 산스크리트 판본은 더 이상 현존하지 않으며, 어쩌면 과거에도 그랬을 것이다. 한역 제목은 (예컨대 Dazhidulun처럼) Pinyin 표기법으로 인용되며, (예컨대 Ta-chih-tu Lun으로) 오래된 Wade-Giles 방식으로 처음 나올 때 제시된다.

107) Williams(2009: 6, 17) 참조. 대중부 중에서 경향성과 대승 사이의 추정된 관계에 대한 최근의 논문은 Dessein(2009)이다. 그렇지만 그는 대승이 오로지 대중부 중에서 생겨났다고 제안하

상좌부 율장은 하나의 특정한 율장이며, 어떤 비구가 상좌부 율장에 따라 수계 받고 그 율장에 따라 생활하는 한, 그는 상좌부 승려라고 규정될 수 있다. 그러나 고전 시기의 인도에서 가장 중요한 율장 중의 하나는 근본유부(Mūlasarvāstivāda)의 율장으로 보이며, 이것은 지금까지 티베트 불교의 승원생활을 규정한다. 중국과 중국의 영향을 받은 전통에서는 법장부의 율장이 다른 것보다 일반적이다. 모든 이런 율장들은 여러 세기에 걸쳐 발전된 것이지만, 중요한 사실은 그것들은 대승 대 비대승의 논의와는 전혀 관계가 없다는 점이다. 대승의 율장과 같은 것은 존재하지 않는다.[108] 따라서 대승불교는 승단분열 속에서 기원했다고 말할 수 없다. 게다가 아주 현실적인 의미에서 인도에는 어떤 대승불교 승려들도 존재할 수가 없었다. 왜냐하면 비록 대승적 전망과 동기를 가진 승려들은 당연히 존재했겠지만, 승려로서의 정체성은 율장의 문제이기 때문이다. 우리가 대승의 정체성이 율장의 문제가 아니며 따라서 승원생활의 맥락에서 공적으로 중요한 행위의 문제가 아니었다는 점을 이해한다면, 인도를 방문한 사람들이 대승의 승려와 비대승 승려들을 동일한 승원에서 보았을 것이라는 사실은 온전히 이해될 수 있다. 왜 우리는 다른 방식을 기대해야 하는가? 만일 그것이 여전히 이상해 보인다면, 승단분열의 모델이나 또는 유사한 기독교의 사례에 의해 제공된 모델의 비적절함을 아직 이해하지 못한 것이다. 더욱 다른 율장들은 비록 승원의 관심과 세부사항의 맥락에서 의심할 여지없이 중요한 차

지 않는다.

108) 나는 8~9세기 일본에서 문제가 되는 Saicho의 경우를 알고 있다. 그는 분명히 비대승의 율장과 대비하여 하나의 대승의 율장의 확립에 대해 말했다. 물론 파승과 율장의 문제와 관련하여 나의 관심은 여기서 인도불교 내에서 대승의 기원과 동일성에 관한 것이다.

이들을 담고 있다고 해도 서로 매우 비슷하다. 때때로 대승과 비대승 사이에서 발견되는 근본적인 교리적 차이들은 고대 인도에서 불교도들에게 실생활에서 중요했던 승원에서의 행위와 어울리지 않는다.

나는 대승을 분파나 학파, 혹은 승단분열의 결과라기보다는 하나의 전망(vision)으로서, 불교가 최종적으로 무엇에 관한 것인가에 관한 하나의 전망이라고 언급했다. 이러한 대승의 이미지는 대승의 성격과 또한 대승은 무엇에 관한 것인가에 대한 학문적 연구가 지시하기 시작하는 것에 대응한다. 그것은 또한 대승불교란 실제 무엇에 관한 것인가에 대한 내가 좋아하는 이미지에 잘 대응한다. 그 이미지는 11세기 인도의 불교논사이며 티베트에 불교를 전파한 아티샤(Atiśa)의 『보리도등론菩提道燈論』(Bodhipathapradīpa)에서 발견된, 명백히 후대이지만 (티베트불교에 막대한 영향을 끼쳤던) 자기규정이다. 앞서 일어난 불교 전통에 근거하여, 아티샤는 종교수행자들을 그들의 동기에 따라 세 가지 위계적 단계로 구분할 것을 제안했다. 사람들의 위계적인 구분은 (카스트나 계층과 같이) 매우 인도적인 전략이지만, 동기에 따른 구분은 본질적으로 불교적인 것으로서, 여기에서 앞에서 보았던 것처럼 초기부터 윤리적으로 유의미한 업業을 낳는 데 있어 주요하게 기여하는 요소는 행위 이면에 있는 의도였다. 따라서 가장 낮은 단계의 수행자들은 윤회에 의해 동기 부여된 행위, 즉 현생이나 내생에서의 물질적 이익이라는 의도를 가진 세속적인 행위를 수행한다. 중간단계의 수행자들은 모든 고통과 재생으로부터 해탈하려는 바람, 환언하면 열반과 깨달음을 향한 바람에 의해 유발된다. 그러한 목적을 성취한 사람들이 사실상 아라한이라고 불리는 그룹이며, 이 위계적 구조 내에서 그들은 소승(Hīnayāna)을 따른다는 점을 주목해야 한다. 그러나 최고의 동기를 가진 뛰어난 수행자들은 모든 중생을 고통으로부터 해탈시키려는 것, 즉 다른 중생들을 도울 수 있는 가장 큰 가능성을 성취하려는 소망에 의해 동기 부여된 완전한 붓다의 상태를 목적으로 삼는다. 그들이 최고의 대승의 길을 따르는 자들이다. 사실상 가장 낮은 단계의 동기를 가진 수행자는 윤회를 얻고, 중간단계의 동기를 가진 수행자들은 열반에 얻지만, 모든 것들 중에서 가장 높은 동기를 가진 수행자들은 대승불교 논사들이 '무주처열반無住處涅槃'(apratiṣṭhita-nirvāṇa)이라고 부르는 상태에 도달한다. 이 열반은 그러한 이원성을 초월해있다. 그것은 윤회가 아니지만, 동시에 여전히 고통을 겪는 중생을 버리는 어떠한 열반에도 안주하지 않는 것이다. 따라서 최종적 분석에서 대승의 추종자를 만드는 것은 가사나 계율 혹은 철학이 아니다. 그것은 동기이며 의도이다. 전체로서 대승이란 최종적인 동기와 진지한 수행자의 목적이 무엇이어야 하는지에 대한 특정한 전망이다. 아티샤의 대승에 대한 자기규정이 특히 우리에게 가장 유용하다. 왜냐하면 이것은 같은 승원에서 대승불교도와 비대승불교도의 공존의 이미지에 상응하며, 또한 대승과 비대승 사이에 근본적인 격절성隔絶性이 없고, '대승불교의 승단분열'은 존재하지 않는다는 고고학적 증거와 초기의 문헌적 증거와 일치하기 때문이다. 그것은 불교에서 의도의 중심적 역할을 다시 확인시켜 주며, 왜 대승이 비대승 전통의 경계를 뛰어넘는 것인가를 설명해준다. 대승불교는 그러한 것으로서 제도적인 정체성이 아니다. 오히려 그것은 내적 동기이며 전망이고, 이러한 내적 전망은 그들의 학파 소속성에 상관없이 누구에게나 발견될 수 있다. 따라서 이론적으로 상좌부 대승불교도가 존재할 수 있을 것이다.[109)]

---

109) Bechert(1977)는 상좌부 대승론자가 분명히 존재했었으며, 그들의 저작의 하나인 Buddhā-padāna가 상좌부들에 의해 오늘날까지 보존된 채 팔리 경장에 남아있다고 주장한다. (이에 대한 참조자료는 Williams 2009: 5, 268-9 참조.) 스리랑카에서 상좌부 대승론자는 주기적으로

나는 초기의 고전시기에 어쩌다 우연적인 방문자로서 인도를 방문한 사람들이 그런 것으로서의 대승불교를 전혀 발견하지 못했을 수도 있다고 생각한다. 나는 용수(CE. 2세기)나 무착(Asaṅga, CE. 5세기)과 같은 위대한 대승 논사들이 비대승 논사들과 다르게 보이지 않았을 것이라 확신한다. 인도인으로서 그들은 현대의 상좌부 승려들과 비슷하게 보이고, 옷을 입고, 행동했을 것이다. 심지어 그들의 공식적인 행동도 비대승 승려들과 완전히 다르지는 않았을 것이다. 그러나 만일 누군가 그들을 잘 알거나 그들의 방이나 수행처를 방문했다면, 그는 다른 전망이나 의도, 그리고 이 모든 것이 무엇을 뜻하는지에 대한 다른 관념과 또한 그 모든 것이 실제로 무엇에 관한 것이었는지에 대한 다른 관념도 간파할 수 있었을 것이다. 그리고 그들의 내적인 삶뿐 아니라 연민에 찬 그들의 동료와 함께 하는 그들의 개인적인 종교적 행위에서 나타나는 것으로서의 그들의 생활은 외부인들과는 한결 달랐을 것이다.

지금까지 우리는 대승불교가 율장의 차이와 관련이 없으며, 승단분열의 결과가 아니라는 점을 보았다. 따라서 그것은 불교의 한 부파가 아니다. 그것은 상이한 율장 전통들의 경계를 뛰어넘고, 또한 (아비다르마와 같은) 교설학파들의 경계를 뛰어넘을 수 있었던 현상이다.[110] 대승은 아주 다양하다. 그것은 단지 모든 중생의 이익을 위해 완전한 정각을 얻을 수 있는 (보살과 같은) 사람들을 위한 궁극적인 목표의 전망에 의해서, 또한 (결과적으로) 제불께서 여전히 우리 주위에 계시며, (그러므로 지속하는 현현의 가능성으로서) 접촉될 수 있다는 믿음에 의해서 결합되

왕권에 의해 억압받았다. 이 억압은 그들의 승원 내의 반대파들에 의해 옹호되고 지지되었다.

110) Harrison(1995: 56)에 따르면 '대승은 성령강림 혹은 권능적 기독교와 같이, 분파적 영역을 뛰어넘는 범불교운동이거나 또는 보다 정확히 말하면, 다소 느긋한 형태의 운동이었다.'

었다. 이 범위에서 '대승'이란 표현은 단순히 실용적 목적을 위해 사용된다. 그것은 반드시 동일하지 않거나 심지어 양립할 수 없는 수행이나 가르침들의 범위를 포괄하는 하나의 '친족용어'(family term)로서 사용된다. 따라서 대승은 자체로 불교의 한 학파일 수 없다. 그것은 그런 종류의 통일성이 없으며, 그런 종류의 '동물'도 아니다. 몇몇 대승경전에서 대승을 인정하지 않는 사람들에 대한 비판, 특히 관련된 특정 경전을 수용하지 않는 사람들에 대한 비판을 찾아볼 수 있다(Schopen 1975). 때로는 다른 경전이나 그것을 옹호하는 사람들에 대한 비판이나 주석도 있다(Harrison 1978; Pagel 1995: 36 ff.). 쇼펜(1975)에 따르면, 원래 대승은 경쟁관계에 있는 특정 경전들에 대한 숭배뿐 아니라 공표를 포함한 많은 '경전 의례'(sūtra cult)에 중점을 두고 있었을 것이다. 이 경전들은 붓다나 제불로부터의 특정한 새로운 가르침을 담고 있다고 주장한다.

지금까지 인도에서 대승의 성격과 기원에 관한 가장 중요하고 시사적인 작업은 그레고리 쇼펜의 저작에서 나왔고, 폴 해리슨은 추가적으로 이에 기여했다. 쇼펜은 우리가 문헌자료로부터 도출하려고 유혹받는 추론에 반대하여, 인도에서 실제로 무엇이 일어났는지에 대해 우리에게 알려주는 생생한 그림을 위해 비문적인 증거와 같은 고고학적 자료의 중요성에 주의를 기울여왔다.111) 대승불교 문헌군의 규모만으로도 대승은 고대 인도에서 널리 퍼진 경향이었음을 제시하고 있고, 이것조차도 따를 필요는 없을 것이다. 결국 한 사람이나 한 그룹의 스승들이 매우 많이 저술했을 것이다. (많은 반야경 문헌에서 반복되는 구절에 주목하라.) 인도의 비문들 속에서 대승의 증거에 관한 쇼펜의 연구(1979)는

---

111) 고고학적 증거보다는 문헌자료를 선호하는 현대 학자들 사이의 '개신교적' 경향에 관한 쇼펜의 방법론적 반성에 관해서는 Schopen(1997: 1장) 참조.

문헌자료에서 흔히 도출해 내는 그림들과 모순된 것처럼 보이는 몇 가지 흥미로운 결론으로 인도한다.[112] 첫 번째로, (예를 들면, 승원에 불상을 기증한 사람들의 명문과 같은) 인도 비문에서 대승에 관한 증거는 상대적으로 매우 드물다. 어떤 증거가 존재하는가는, 비록 CE. 4세기부터 대승을 언급하는 것으로 확인될 수 있는 몇 가지 용어들의 사용이 있다고 주장되고는 있지만, 하나의 경우를 제외하고 비문에서 '대승'이라는 용어가 최초로 사용된 시기는 CE. 5~6세기이다. 여하튼 대승에 대한 비문 증거는 가장 초기의 (BCE. 2~1세기) 문헌자료보다 여러 세기 뒤에 있음을 보며, 특정 그룹의 사람들에게 자기정체성을 부여하기 위한 '대승'이란 용어의 사용은 훨씬 오래 걸렸다고 주장될 수 있다. 따라서 쇼펜은 '우리가 현재 대승이라 부르는 것은 [적어도] 4세기 이전까지는 별개의 독립적인 그룹으로 등장하지 않았다고 추정할 수 있다'(Schopen 1979: 15; 2005 reprint: 239)는 결론을 내리고자 한다. 아마도 수많은 대승경전의 산출과 수많은 대승의 위대한 사상가들을 낳았던 5~6세기 동안, 비문에 충실하자면 대승은 '사회적 기층에서'(on the ground) 하나의 확인될 수 있는 '교단'으로서 인식되지는 않았다고 보인다.

하나의 예외가 1977년에 발견된 CE. 2세기경의 비문에서 발견되는데, 이것은 대승의 아미타불(Amitābha) 붓다를 언급하고 있다. 그러나 쇼펜(1987b)이 지적하듯이, 이 비문과 그것의 아미타불의 언급에서 놀라운 점은 아미타불(amitābha, 또는 amitāyus)을 다루고 있는 대승경전과 문헌들이 오랫동안 존속했지만, 이것이 여러 세기에 걸쳐 유일한 것이라는 사실이다. 대승의 추종자들에게 명확한 자기정체성의 부재와 함께,

112) 부차적으로 인도 내에서 발견된 대승에 관한 문헌자료가 극히 희귀하다는 점에 주목하라. 고대 대승문헌의 형태로 '제대로 인도'에서 발견된 것은 거의 없다.

몇몇 학자들이 주장하듯이, 당시 북인도에서 '아미타불 신앙'이 유행했다는 증거는 고사하고, 그들의 희귀성의 증거를 발견하는 듯하다. 적어도 대승불자들의 빈번성에 대한 증거는 없다. 쇼펜의 결론은 상세히 인용할 가치가 있다.

> 2세기에 공식적 영역에 최초로 모습을 드러낸 이후에서조차, 대승은 적어도 그 후 2세기 동안 **기록된** 공공연한 대중적인 지지를 전혀 얻지 못했던, 극히 제한된 소수자의 운동으로 ―만일 그런 운동이 조금이라도 존재했다면 ― 남아 있었던 듯하다. 또한 대승에 대한 어떤 대중적 지지도 CE. 4~5세기까지는 기록될 수 없었다는 사실을 보여줄 수 있다. 그때에도 재가자의 보시가 아니라 승려 보시자들에 의해 압도적으로 후원이 이루어졌다. … 한역 경전에서 알 수 있듯이 비록 상당한 분량의 초기 대승문헌이 존재했지만, 대승이 속했어야만 했던 그런 초기의 조직화되고 독립적이며 대중적으로 지지받은 운동은 존재하지 않았다.
>
> (Schopen 1987b: 124-5; 2005 reprint: 268-9 고딕은 원문)

쇼펜이 재가자가 대승불교의 기원이나 발전과 연관되어 있다는 널리 퍼진 견해를 지지해 주는 어떤 근거도 발견하지 못했다는 점에 주목하라. 이는 대승이 외진 곳에서 살았던 엘리트 승려들에 반대해서, 원래 재가자와 그들의 염원에 호의적인 사람들에 의해 주도된 하나의 운동이었다는 최근까지 널리 주장된 견해와 모순되기 때문에 중요하다.113) 특정한 상대적으로 초기의 대승경전의 기원이 재가자와 관계가

113) 보다 전통적인 견해에 관한 간결하고 상대적으로 최근의 설명은 Yoshinori Takeuchi(1993: 142-5)에 있는 Kajiyama의 논문을 참조하라. Kajiyama는 출발점으로서 비구는 유골 의례와 관

없다는 견해를 뒷받침하는 부가적인 증거를 주는 자료를 폴 해리슨(1978, 1990)에 의해 연구된 『반주삼매경』(Pratyutpanna Sūtra)에서 지적할 수 있다. 대승이 원래 재가자와 관련이 있다는 생각은 적어도 부분적으로 어떤 경전을 지나치게 문자적으로 읽거나 원하는 방식으로 읽은 데에서 나왔다고 보인다. 그 경전들은 경쟁관계에 있는 승려들과 연관된 비대승 (사실상 명백히 소승의) 견해를 비판하기 위하여 (거상인 유마거사(Vimalakīrti)나 젊은 공주 아쇼카닷따(Aśokadattā)와 같은) 재가 설시자의 수사적 기교를 사용하고 있다.[114] 그러나 대승은 아마도 부유한 상인계급에 의해 고무된 재가자의 운동이나 재가자의 열정의 산물이 아니었고, 조숙한 어린 공주들의 귀족적인 소녀들의 운동의 결과도 아니었다.[115] 고

여해서는 안 된다는 『대반열반경(Mahāparinibbāna Sutta)』에서의 붓다의 진술에 근거하여, 종종 언급되고 있는 재가자와 탑신앙 및 유골숭배와의 관련성을 다루고 있다. 이것은 재가자의 관심사였을 것이다. 이는 이 경전의 오독에 근거하고 있다고 Schopen(1997: 6장 및 10장 참조)은 설득력 있게 주장했다. (여기서 Schopen을 특히 Vetter(1994: 특히 1247 ff)와 비교하라.) 대승의 흥기를 탑과 유골을 중심으로 한 의례와 연결시키는 것은 Schopen(1977)에서 비판되었다. 탑 신앙과 재가자, 대승의 기원을 연결시키는, 널리 인정받았던 이론의 창시자는 일본학자 Hirakawa(平川彰, 예를 들면 1963 그리고 1990)이다. Schopen(1997: 2장)은 최초의 기증비문에서 (종종 아주 학식 있는) 비구와 비구니들이 탑에서의 주요 기증자였음을 보여준다. 승가 구성원의 비율은 시간이 지남에 따라 증가했고, 마침내 그들은 압도적인 다수를 점하게 되었다. 더욱 대승으로 확인될 수 있는 비문과 압도적으로 연관된 자들은 바로 비구와 비구니들이다. '대승은 승려 중심의 운동이었다.'(1985: 26). Hirakawa의 관점은 Harrison(1995)의 뛰어난 논문에서도 비판되고 있으며, 최근에는 일본학계 내에서조차(Sasaki 1994 참조) 비판되고 있다. Vetter(1994)는 Hirakawa의 견해에 공감을 표시하지만, 그것은 내게는 Hirakawa의 주장에 대한 납득할 수 없는 찬동으로 보인다.

114) Schopen(1992: 107)은 대승경전의 수사적 방식의 오해에 대해서도 동일한 지적을 한다. 그는 무비판적으로 대승경전에서 얻은 이미지에 근거한 대승에 대한 (최근의) 몇몇 저작에서 제시되었듯이, 비대승의 비구들을 '자기중심적'이고 '나태한' 존재로 묘사하는 것을 고고학적 비문에 의해 제공된 이타적이고 사회참여적인 이미지와 대비시킨다.

115) Williams(2009: 21-7) 참조. 또한 Harrison(1995: 57 ff, 특히 68) 참조.

대 인도의 상황에서, 지속적인 종교적 개혁은 그렇게 할 시간이 있었던, 종교적으로나 제도적으로 중요한 그룹들에 의해 수행되었다는 것은 분명해 보인다. 이는 교육받은 재가자들 중에서도 일차적으로 정통적인 가장생활의 구조에 근거한 카스트와 계층 내에서 활동하는 바라문 스승들을 의미한다. 그것은 또한 가르치고 탁발로 생계를 이어가는 사문을 의미한다. 불교사의 이 시대에 일어난 불교적 관념의 주요한 변화들이 재가 바라문들에 의해 고무되고 유지되었다고 보이지 않는다. 그러한 변화들이 불교 사문들, 즉 승려들 사이에서 일어났다는 것이 전적으로 이해 가능하다.

곰브리치(Gombrich 1990a)는 우리가 알고 있는 대승이 문자 없이 생겨났을 가능성은 없어 보인다고 주장했다. 대승불교가 원래 대승불전의 창작과 보존과 연관되며, 또한 초기 대승에서 책의 형태로서의 경권 신앙에 관한 쇼펜(1975)의 언급을 고려할 때, 이는 명확하다고 보인다. 이것은 붓다나 그의 뛰어난 제자들의 유물을 보존하는, 현존하는 탑신앙의 모델 위에서이다. 불교경전의 문자화는 BCE. 1세기에 최초로 시작되었다. 따라서 그러한 것으로서의 대승은 경전의 필사가 사용하기 훨씬 이전에 생겨났던 것 같지는 않으며, 아마도 존속하지 못했을 것이다. 이에 반대하여 훼터(Vetter 1994)는 초기 대승의 자료가 구전되어 전승되었다는 몇 가지 증거들이 있다고 시사했다. 그렇다고 하더라도, 대승은 자료를 보존할 준비를 갖추고 있던, 지속적으로 존경받는 불교 교단 내에서 일어나지 않았다면 존속하지 못했을 것이다. 불교의 경우, 만일 불교 문헌을 보존하는 정규 조직, 즉 승가의 구성원이 아니었다면, 그 조직이 어떠했을지 알기 어려울 것이다. 반면에, 승단이나 어떤 중요한 승단의 구성원이 승가에 반대하는 재가자 운동에서 기원했던 급진적인 개혁 문헌을 보존했다고 상상할 수 없다.

고고학적 자료에 관한 쇼펜의 저작에서 우리가 얻은 아이디어는 CE. 2세기 말 지루가참(支婁迦讖, Lokakṣema)에 의해 한역된, 지금도 현존하는 최초의 몇몇 대승경전에 대한 폴 해리슨(Harrison 1987)의 연구에 의해서도 뒷받침되고 있다. 해리슨은 비록 비구니들뿐 아니라 (재가여성도 포함해) 재가자도 경전에 등장하고 있지만, 이러한 자료에서 초기 대승의 구성원의 그림은 비구들이 압도적이라는 사실을 보여주고 있다. 여성이 남성과 동등한 입장에서 거의 취급되고 있지 않았다는 사실에 주목하라. 또한 우리는 이 경전들에서 승단 제도, 즉 승가 자체에 대한 어떤 적대감도 발견하지 못한다. 이 문헌들에 나타난 초기 대승의 중심적인 것은 완전한 깨달음에 대한 염원으로서, 다시 말해 자신이 보살로서의 서원을 가지는 것이다. 반면에 후대에 숭배의 대상으로서 '천상의 보살들'로 불리는 신성한 존재로서의 보살들은 이 단계에서 나타나지 않았다.

초기 대승은 또한 모든 중생을 위해 완전한 정각을 이루기보다는 단지 자신의 개인적 고통에서 벗어나는 소승의 해탈도, 즉 아라한의 단계를 추구하는 사람들에 대해 상당히 적대적인 태도를 보이는 것으로 특징지어진다.[116] 해리슨은 자신의 최근 저서에서 다음과 같이 주장하고 있다.

> 대승의 초기발전을 위한 동력은 산림에서 수행하는 승려들로부터 왔다. 많은 대승 경전은 도시에 사는 재가자의 헌신적 운동의 산물과는 매우 거리가 먼, 불교의 원래적인 지향점인 불성이나 깨달음의 추구로 복귀하려는 철저

116) 그러나 가장 초기의 대승불전에서 이런 종류의 적대적 태도는 그렇게 널리 퍼져 있지 않았다는 제안에 대해서 Williams(2009: 27-30)와 비교하라.

한 고행주의적인 시도라는 증거를 준다. (Harrison 1995: 65)

따라서 대승은 부분적으로 차라리 엄격한, 거의 고행주의적인 '부흥운동'을 나타낸다. 이 그림은 쇼펜(Schopen 1999)에 의해 지지되고 있다. 그는 모호한 대승경전인 『미륵대사자후경』(Maitreyamahāsiṃhanāda Sūtra)의 경우에서 이 경이 쿠샨 왕조시대(CE. 1세기)에 원래 북서인도에서 성립했음을 아주 설득력 있게 보여준다. 이는 이 경을 연대를 확인할 수 있는 최초의 대승경전의 하나로 만드는 것이다. 이 경전은 재가자의 열등한 위치와 이상으로서의 산림에서의 엄격한 수행에 중점을 둔 극히 보수적인 승단의 관점을 옹호하고 있으며, 불탑 숭배와 같은 저급한 수행에 참여하고 있다고 덜 고행주의적인 비구를 비난하고 있다. 쇼펜은 다음과 같이 결론 내린다.

> 만일 『미륵대사자후경』에서 발견되는 논쟁이 '대승불교의 흥기'와 어떤 '관련'이 있다면, 그 관련성은 여전히 베일에 싸여 있다. 이 초기 '대승'의 논쟁은 어떤 것의 '흥기'와 관련된 것이 아니라, 의례와 승원에서의 수행에 대한 일련의 보수적인 불교적 아이디어의 지속성 및 일관성과 관련되어 있는 듯하다. 그것이 전부이다.
>
> (Schopen 1999: 313; 2005 reprint: 95)117)

117) 아마 초기대승을 산림에 머무는 명상자들과 관련시키는 것은 Williams(2009: 12)에서 내가 주목한 점과 관련이 있었을 것이다. 대승의 기원을 보았던 시대는 '마지막 날'에 살고 있으며, 사물들이 쇠락해가거나 또는 과거와 같지 않은 시대, '고통 속의 삶'이라는 인식에 의해 특징지어진다. … 대승불교도가 이러한 맥락에서 그들 자신의 실천과 믿음을 윤리적, 정신적인 쇠퇴에 대항하는 보루로 보았다는 것은 가능하다. Harrison(1995)은 초기 대승불교도들의 다수가 산림에 거주하는 고행주의 수행자들이었다는 사실이 왜 우리가 그들에 대한 고고학적

몇몇 대승 경전의 기원에 있어 특히 중요한 것은 붓다(혹은 여러 붓다)가 여전히 접촉될 수 있고, 실제로 그의 무량한 대비심 때문에 여전히 가르치고 있다는 믿음일 것이다. 초기불교가 왜 자비로운 석가모니불이 80세에 열반에 드셨는가를 진정한 문제로 여겼다는 증거가 존재한다. 붓다의 시대에는 평균 수명이 100세라는 견해가 광범위하게 퍼져 있었다. 수명은 공덕의 결과로 간주되며, 만일 원한다면 붓다는 1겁도 살 수 있다는 『대반열반경』의 암시도 있다. 또한 우리는 처음 몇 세기 동안 붓다가 현존하지 않기 때문에 그를 친견하거나 그로부터 도움을 받을 수 없다는 사실이 몇몇 사람들에 의해 아주 예민하게 느껴졌다고 생각할 근거를 갖고 있다. 이러한 이유 때문에 붓다가 열반했을 때, 왜 붓다는 실제로 열반했는가에 관한 하나의 현실적인 교리적 문제가 존재했다. 하나의 전략은 붓다에게 이 겁이 다할 때까지 살아계시도록 곧바로 간청하지 않은 붓다의 시자인 아난다를 비난하는 것이었다. 그렇지만 그러한 접근은 자비로운 붓다의 이미지와 거의 조화를 이룰 수 없었다. 그리고 대승에 중심적인 것은 붓다가 실제로는 열반하지 않고, 여전히 우리 주위에 계시다는 전망과 이해일 것이며, 인도에서 실제 그렇게 발전했다. 이렇게 서술되고 인정되었을 때, 이 이해는 불교 자체가 지속적인 현현의 견지에서 변화할 잠재력을 가졌음을 함축했다.

붓다가 여전히 우리 주위에 계시다는 제안은 (부분적으로) 불수념佛隨念(buddhānusmṛti)으로 알려지고 또 붓다를 관상觀像(visualizing)하는 명상수행과 관련된, 명상이나 꿈에서의 특정한 영상(vision)에 대한 반응이었을 수도 있다. 그러한 수행들이 아주 초기부터 인기가 있었고, 그 수행들

증거들을 거의 발견하지 못하는지의 이유일 수 있다고 시사한다.

의 결과의 하나는 명상자가 마치 붓다의 앞에 있는 것처럼 느낀다는 것이다(Williams 2009: 39-40, 209-14; Harrison 1978, 1990). 지루가참(Lokakṣema)에 의해 한역되고, 폴 해리슨에 의해 연구된 『반주삼매경』(Pratyutpanna Sūtra)에서, 우리는 명상자가 무량수불(Amitāyus)을 서방에 있는 그의 '정토'에서 하루 24시간이나 1주일 내내 관상하는 관상수행에 대한 상세한 설명을 발견할 수 있다. 그 후에 명상자는 아미타불의 영상(vision)을 가질 수 있고, 전에 들어보지 못한 새로운 가르침을 받을 수 있다. 나아가 명상자는 이들 새로운 가르침을 중생들에게 전하고 설명해야 한다고 권고 받는다.

『반주삼매경』이나 (또 아마 정토사상과 불수념과 연관된 다른 초기 대승경전)과 같은 문헌이 현현시키는 영상들로 인도하는 수행을 서술하고 있고, 또 『반주삼매경』 자체가 그렇게 받은 가르침의 포교를 옹호한다는 것은 분명해 보인다. 그러나 영상들은 명상 속에서 일어날 수 있는 반면에, 명백히 붓다로부터의 메시지인 영상들의 발생은 왜 어떤 사람이 그 메시지를 진지하게 받아들여야 하는지를 설명하지 못한다. 실제로 우리는 불교 전통이 일반적으로 명상에서 보았던 영상들에 관해 매우 조심하는 경향이 있으며, 심지어 이를 거부하곤 했다고 듣는다. 물론 수백 년 동안 고전 인도에서 대승불교의 추종자가 거의 없었다는 것이 정확하다면, 이 문제는 덜 심각할 것이다. 그러나 분명히 몇몇 사람들은 이러한 현시를 진지하게 받아들였고, 불교사에서 이를 진지하게 받아들인 위대한 논사들도 있었다. 초기불교의 일반적인 견해에 따르면, 붓다의 열반 후에 그는 언급과 회상을 초월했으며, 그와 여전히 적극적인 관계를 가질 수 있는 그런 존재가 아니다. 그런 관점에서 명상 속에서 살아있는 붓다를 친견하고 그로부터 가르침을 받는다는 아이디어에는 문제가 있다. 이를 회피하는 하나의 방법은 영상화된 붓다는 이러저러한 이유로 아직 열반에 들지 않은 붓다라고 주장하는 것이다. 그것은 교리적인 화해전략을 채택하는 것이 될 것이다. 앞으로 설명하겠지만, 이는 대승경전에서 일반적으로 채택된 전략이다. 그러나 쇼펜의 저작은 고대 인도에서 불교권의 분위기는 이전에 깨달음을 얻은 붓다보다는 이미 열반에 든 붓다가 여전히 우리 곁에 머물러 있다는 사고가 감정적으로 보다 수용하기 용이했었을 것이라고 제안한다. 쇼펜은 고고학적이고 비문상의 근거 위에서 열반한 후 탑에 보존된 붓다의 유골이 붓다 자신으로 느껴졌을 것이라고 주장했다. 붓다는 어떤 의미에서 그의 유골 속에, 그리고 그의 삶과 연관된 장소에서 여전히 살아 계시다고 생각되었다(Schopen 1987a, 1990, 1994). 그의 사리를 통해 붓다는 마치 승원에 현존하는 것처럼 취급되었고, 불교 승원과 넓은 불교 공동체에 의해 법적으로 양도할 수 없는 소유권을 가진 사람으로 여겨졌다.[118] 쇼펜은 붓다가 비록 보이지는 않지만 일상생활에서 승려들 사이에 현존하는 것으로 느껴졌음을 보여주었다.

그렇다면 '불수념佛隨念'이라는 공통적인 명상수행에 의해 고무된 어

118) 계 · 정 · 혜 · 해탈 · 해탈지견에 의해 스며든 것으로서 유골에 관한 Schopen(1994: 47; 2004 reprint: 299)의 언급에 주목하라. 다른 말로 하면, 유골들은 붓다를 붓다로 만드는 바로 그 성질들을 갖고 스며든 것이다. 그러나 이 성질들도 어떤 불교 논서에서 '법의 집합'(dharmakāya)으로서 종종 언급된 성질(法, dharma)이기도 하다(Williams 2009: 175). 따라서 우리는 붓다의 물질적 신체가 아니라 그의 붓다-성질인 법신에 귀의해야만 한다고 말하는 문헌들은 (이전에 생각되었듯이) 붓다를 구성하는 그러한 성질들을 자신 속에 표현함을 통해 붓다가 될 필요성을 언급한다고 할 수 있다. 그것들은 또한 비록 돌아가셨다고 해도, 그의 유골에 변재하는 법신으로서의 그의 현존, 즉 붓다의 지속적인 현존을 가리키는 것이다. 죽음을 초월하여 붓다는 여전히 승원 내에 현존하고 있다. 그러나 '엄격한 고행 수행에 매진하는 명상자의 사원조직의 산물'로서 대승을 언급하는 Harrison(1995: 62)과 비교하라. 여기서 '사람들은 유골에 대한 숭배가 아니라 법의 증득 속에서 또 법의 증득을 통해 붓다는 발견되어야 한다고 단언한다.'

떤 승려들이 그들이 본 붓다의 영상과 그들에게 현현했던 것의 진실성을 받아들였다는 것은 아마도 놀라운 일이 아닐 것이다. 따라서 그들은 지속적인 붓다의 현현과 새로운 경전의 가능성에 이르렀다.119) 그때, 우리가 결과적으로 어떤 집단에서 모든 대안적인 목적을 초월하는 깨달음의 궁극성에 중점을 두고 발전된 종교성의 형태를 발견하는 것 또한 놀라운 일은 아니다. 이런 종교성은 여전히 현존하면서, 죽음까지도 초월하여, 중생을 돕는 붓다의 대비심에 초점을 맞추었다. 그것은 스스로 붓다가 됨으로써 뚜렷한 불멸성을 증득할 필요를 고무했다. 붓다가 됨으로써, 석가모니는 결국 사악한 존재인 '악마' 마라(Māra)에게 승리를 얻었다고 설해진다. 마라의 어원은 그가 죽음을 의인화한 것임을 보여준다. 그렇다면 우리가 그동안 '정토의례'에 대한 참여를 보는 것도 놀라운 일이 아니다. 정토의례는 비록 현생에서 명상 속에서는 아니지만, 사후에 재생을 통해 그가 아직도 주하고 있는 정토에 현존하는 붓다를 친견하려는 필요성이다.120)

---

119) 적어도 대승불교의 어떤 경향들의 기원 속에서 우리는 아마도 영상들의 생기와 그것의 중요성을 신통력의 일어남과 연결시킬 수 있다. Harrison(1995: 66)은 (경이로운 보살들은 말할 것도 없이) 명상 및 그것과 연관된 힘들은 제한된 자원들을 놓고 경쟁관계에 있었던 고대 인도의 종교인들 중에서 대승교도들에게 하나의 중요한 요소 속에서 모서리를 제공했었을 것이라고 시사하고 있다. 본질적으로 이것은 정신적 공덕을 열망하고 또한 신통과 경이로운 결과들에 접하던 재가자를 후원함으로써 보시를 받으려는 경쟁이다. 나는 앞의 각주 103)에서 대승경전이나 대승불교의 형태를 인도 외부의 왕과 황제에게 그토록 매력적으로 만든 것은 바로 이 마술적 힘이라는 요소였을 것이라고 제안했다. Harrison(2003: 117-8)에서 대승의 기원에 대한 시각적 차원에 대해 연구가 확장되고 있으며, 대승의 기원에서 꿈의 중요성에 관해 주의를 기울인다.

120) 붓다의 앞에서 (즉, 탑 근처에서) 죽고, 묻히는 것은 천상계에서의 재생으로 이끈다고 생각되었다는 Schopen(1987a: 212; 1997 reprint: 117-8)에서의 명백한 증거에 주목하라. 최초의 정토들은 천상계를 모델로 했다. 일단 정토의 관념이 발전했을 때, (불수념佛隨念의 공인된 결과로

따라서 초기 대승문헌에서 몇몇 불교 수행자들에게 명상을 통해 여전히 살아 계신 붓다를 친견하고, 새로운 가르침, 아마 대승경전 자체를 받는 것은 가능하다고 느껴졌음은 분명하다고 보인다. 몇몇 사람들이 이러한 가능성을 진지하게 받아들였다는 것은 일면으로 신체적 존재로서 붓다의 생생한 현존의 시기가 지나갔다는 비통한 느낌에 의해 촉진되었을 것이다. 또한 그것은 비록 보이지는 않더라도 법신法身(dharmakāya)이라는, 깨달음의 속성들에 의해 가득 채워진 사리로서 그가 승원에 여전히 현존한다는 인식에 의해 유발되었다. 이것들은 뒤에 다시 다룰 주제들이다.

서) 붓다의 현존과 연관된 죽음은 천상계보다는 차라리 정토에서의 재생으로 이끌 것이다.

▌제3장의 핵심 요점

- 대승은 불교 내에서 가장 커다란 내적 발전과 구분을 나타낸다.
- 불교는 일차적으로 교리적 정통이라기보다는 행위적 정통이다. 가장 중요한 것은 행동의 조화이지 교설의 조화가 아니다. 비록 전적이지는 않더라도 대부분 승가의 분열은 공통적인 율장에 의해 규정된 대로 받아들일 수 없는 이질적 행위의 문제이다.
- 스스로 올바른 붓다의 말씀이라고 보며 따라서 많이 논란되었던 경의 위상을 요구하는 문헌들이 BCE. 2세기나 1세기에 출현했다. 그런 위경僞經들은 비록 모두 완전히 동일하지는 않지만 하나의 전망을 옹호하는데, 그것이 대승이라고 불리게 된다.
- 대승은 불교의 수행도를 따르는 데 있어 전망과 동기의 문제이다. 이는 승원의 규정과 대립하는 행위를 포함하지 않는다. 따라서 그것이 자체로 어떠한 승단의 분열과 연관될 수 있다고 보이지 않는다. 사실상 인도를 방문했던 외국인들은 종종 대승과 비대승의 승려들이 같은 사원에 살고 있다고 보고하고 있다.
- 우리가 대승 자료들로부터 그런 자료들의 편찬자들의 전제를 탐색할 수 있는 한, 대승의 경향들은 비대승학파와 부파의 경계를 종단하고 있다.
- 소승이란 용어는 대승의 추종자들이 그들의 전망과 논란이 많은 자료들을 받아들이지 않은 사람들에 대해 사용한 경멸적 표현이다.
- 대승은 매우 다양하다. 그것은 아마도 스스로 깨달은 자가 되어 그럼으로써 자신의 고통으로부터 벗어나려고 했던 사람들을 위해서라기보다는 모든 중생들의 이익을 위해 붓다의 상태를 획득할 수 있는 사람들을 위한 궁극적 목표의 전망에 의해 결합되었을 것이다.
- 이런 한에서 '대승'이란 표현은 실천적 목적으로 단지 사용된다. 그것은 반드시 동일하지 않거나 또는 양립할 수 없는 실천이나 교설의 영역을 포괄하는 '가족 용어'로서 사용된다.

- 상대적으로 초기의 대승의 문헌자료에도 불구하고 고고학적 증거는 대승이 최소한 CE. 4세기 또는 아마도 5세기까지는 구별된 독립적인 집단으로 출현하지 않았음을 보여준다.
- 학자들은 대승의 기원이 재가자들에 의해 도입된 혁신이나 또는 '대중적' 불교와 직접적으로 관련되었다는 이전의 견해에 회의적이다. 그렇지만 최근 학계에서는 대승의 가능성과 존속을 서사書寫의 도입과 관련시키고 있다. 그것은 승가 내에서 새로운 위경의 창작과 보존을 가능케 했다. 논란이 많은 그 문헌들은 붓다의 친견과 새로운 현시에 의해 최초로 자극을 받았을 것이다. 그 경험은 숲 속에 거주하는 명상자와 은거승려들에 의해 명상이나 꿈에서 경험된 붓다 내지 권위가 있다고 믿어진 다른 성스런 존재로부터 왔다고 생각되었다.

제4장

♦

주류 불교사상의 학파

제4장
주류 불교사상의 학파

1. 설일체유부(Sarvāstivāda) / 분별론자(Vaibhāṣika)

상좌부上座部와 더불어 설일체유부說一切有部의 율장과 그것에 따르는 설일체유부의 수계 전승이 온전히 존재한다. '설일체유부'(이하 '유부')라는 명칭은 '일체(sarva)가 존재한다(asti)는 설說(vāda)'을 의미하며, 그것이 무엇을 의미하든, '일체가 존재한다는 설'은 유부 전승에서 수계를 받는 것과 동일한 것은 아니다. 반복하자면, 만일 승려가 특정한 수계 전통에서 구족계를 받는다면, 즉 특정한 승원의 규정(Vinaya)에 따라 구족계를 받는다면, 이로부터 그가 특정한 철학적 교리적 입장을 가진다는 결론은 나오지 않는다. 따라서 예를 들어 '일체가 존재한다는 교설'(Sarvāstivāda)로서 알려진 유부의 특정한 교설을 지니지 않지만 유부의 율장에 따라 수계를 받은 유부의 승려가 있을 수 있다. 이 교설 및 다른 연관된 교설들을 지니고 옹호하는 것은 교설 전통으로서의 유부를 따르는 것이며, 본서나 현대의 다른 학문적 저술에서 (Pāli 용어인 nikāya의 용법에 대응하는) 부파와 (vāda에 대응하는) 교설에 따른 학파 사이의 구별이 행해졌다. 우리는 전자를 자신들의 율장에 따라 수계를 하는 승원 전통이라고 말하는 것이다. 양자는 다르다. 교설에 의해 유부의 승려가 되지 않더라도, 수계에 의해 유부의 승려가 되는 것은 논리적으로 분명히 가능하며, 그 역도 마찬가지다. 비록 실제로 교설 연구의 정교화에 특히 관심이 많은 (틀림없이 소수일) 승려들에게 양자가 종종 연결되는 경우가 있다고 해도, 유부의 수계 전승과 유부의 교설 사이의 연관성은 우연적인 것이다.

그러나 (전통적으로 비대승불교와 연관된 18개의 부파들이 있었다고 하는데) 모든 위대한 불교의 교설학파들이 그들과 관련된 율장과 독립적인 승원의 계율항목(prātimokṣa)을 가진 것은 아니다. 예를 들어 '경량부經量部'(Sautrāntika)는 우리가 아는 한, 단지 교설학파이다. 따라서 유부의 율장에 따라 수계를 받았지만 경량부의 견해를 가진 유부의 승려가 있을 수 있다. 그리고 앞에서 보았듯이, 대승은 자체로 율장 전통이나 교설학파도 아니다. 그것은 차라리 하나의 전망이나 열망이며, 궁극적인 것을 열망하는 불교도들에게 그것이 무엇이어야 하는가에 대한 이해이다. 궁극적 관심이란 모든 중생의 이익을 위해 완전한 붓다의 상태를 얻어야 한다는 것이며, 완전한 붓다의 상태는 단지 자기 자신의 고통에서 해방된 아라한이 되는 것보다 훨씬 뛰어난 것이다. 따라서 어떤 이가 경량부의 교설에 대한 이해를 지닌 유부의 비구인 동시에 대승불교도가 된다는 데에는 어떤 모순도 없을 것이다. 특히 중관학파와 유가행파와 같은 어떤 교설학파를 대승불교와 보편적으로 관련시키는 것도 비록 중관과 유식의 교학적인 입장과 연결된 그 학파의 개조들과 위대한 스승들이 대승적 전망을 갖고 있었던 것처럼 보이지만, 필연적 관련이 아니라 우연적인 사항이다.

여기서 나는 역사적으로 대승과 직접적으로 연관되지 않은 교설학파와 관련된 몇 가지 아주 중요한 입장들에 대해 간략히 소개하고자 한다. '모든 것이 존재한다는 교설'은 교설학파로서의 유부에게 아주 중요했기 때문에, 그것이 이 학파의 이름이 되었다. 그러나 CE. 2세기에 『대비바사론大毘婆娑論』(Mahāvibhāṣā)이 편찬된 이후부터 아마 분별론자(Vaibhāṣika, 대비바사론을 따르는 자)라는 표현이 이 학파의 보다 공식적인 명칭이었다.[121] 유부와 관련된 지리적 영역 가운데 (카슈미르와 같은) 북서부 인도는 교학적인 관점 및 아프가니스탄과 중앙아시아 그리고 거기서부터 중국에 대한 이 학파의 영향력 때문에 특히 중요했다.

유부는 존재론적 문제에 특별한 관심을 가졌던 것으로 보인다. 이러한 관심은 자아의 존재론과 여실지견如實知見에 대한 기본적인 불교의 관심에 대한 이해될 수 있는 반응으로 이해되어야 할 것이다. 그것들은 본질적으로 존재론적 논점이며, 존재론에 대한 관심에서 유부는 본질적으로 불교적이다. 우리는 이미 유부가 다르마들이 존재하는 방식과 다르마로부터 구성된 복합 요소들이 존재하는 방식 사이에 체계적인 구별을 이끌어냈음을 보았다. 전자는 '일차적 존재자實有'(dravyasat)이며 일차적 존재자들로부터 구성된 것이 '이차적' 혹은 '개념적 존재자假有'(prajñaptisat)이다. 양자는 비록 방식이지만, 모두 실제로 존재한다. '일체가 존재한다는 교설'은 특히 여기서는 과거와 미래의 법들을 비존재로 언급할 때의 명백한 역설에서 생겨나는 진지하고도 지속적인 철학적 문제들과 관련된다.[122] 만일 하나의 다르마法가 무상하고 따라서 생겨

---

121) 다시 말해, 약 CE. 2세기 중엽부터이다. 『대비바사론』은 유부의 7론 가운데 하나인 『발지론發智論』(Jñānaprasthāna)에 관한 상세한 주석서로 간주된다. 그것은 유부의 정설을 형성했을 뿐만 아니라, 유부 내부와 다른 부파와의 광범위한 교리적 논쟁들을 상술하고 있다.

122) 이어지는 내용들은 Williams(1981)의 일부를 간단히 요약한 것이다. 또한 Williams(1977), Cox(1995), 그리고 간략히는 (1998) 참조.

난 직후에 소멸한다면 이미 소멸했고, 따라서 명백히 비존재하는 어떤 것이 어떻게 작용할 수 있겠는가? 어떻게 그것이 (기억의 경우에서처럼) 인식의 대상으로 작용할 수 있으며, 또 어떻게 그것이 (업의 경우에서처럼) 결과를 초래할 수 있는가? 나아가 미래의 법들에 대해서도 동일하게 말해질 수 있을 것이다. 어떻게 그것들이 예기와 동기 부여된 행동 속에서 일어나는 것으로서 인식이나 업의 대상으로 작용할 수 있는가? 모든 이런 점들을 고려하면서, 유부의 반응은 과거와 미래의 법들은 비록 찰나적인 현재의 법들과 동일한 방식으로 분명히 존재하지는 않는다고 해도, 그럼에도 계속해서 존재해야만 한다는 것이다. 단순히 비존재하는 어떤 것은 인지적 ('지향적') 지시대상으로 작용할 수 없고, 또한 그것은 과거에 행했던 악행 때문에 지금 생겨나는 고통의 경우에서처럼 결과를 초래할 수도 없다. 따라서 '일체가 존재한다는 교설'은, 만일 하나의 다르마가 미래나 현재 또는 과거의 다르마라면, 그것은 그럼에도 여전히 존재한다는 교설이다.[123)]

다르마들이 과거, 현재, 미래에 존재한다는 관념은 (특히 경량부와 같이) 적대적인 교설학파들에 의해서 다르마는 실제로 영원해야만 한다는 논리적 결말에 아주 근접해 있다고 받아들여졌다.[124)] 그러나 만일 우리가 과거와 미래로서 존재하는 것을 현재로서 존재하는 것과 충분히 적절하게 구별한다면, 이 반론은 나올 필요가 없다. 우리는 이미 『대비바사론』 이전에 이를 행하는 많은 시도를 발견하는데, 여기서 어떤 세우世友

123) 책들이 언급하고 있듯이, (과거, 현재, 미래의) 삼세가 존재하는 것은 아니다. 시간의 존재론적 차원에 관한 문제는 다르다.

124) 이에 관한 비판으로는 특히 『구사론』(Abhidharmakośabhāṣya 5: 25 ff.) 참조. 요약은 Potter (1999: 554-7)에서 찾아볼 수 있다.

(Vasumitra)의 설명이 선호되었다. 중현衆賢(Saṃghabhadra, CE. 4세기 말이나 5세기 초?)이 지적했듯이, 유부 논사들에게 과거와 미래의 다르마들이 절대적으로 비존재일 수 없다는 것은 분명한 것으로 보였다. 그것들은 (공통된 인도의 비유를 사용하면) 불임녀의 아들이 단순히 존재하지 않는 방식으로 존재하지 않는 것이 아니다. (다시 말해 그러한 것은 없으며, 우리는 그러한 것을 상상할 수조차 없다.) 실제로 어떤 의미에서 인식의 대상이 될 수 있는 것은 어떤 것이든 존재한다. 그러나 과거와 미래의 다르마들이 존재하는 방식과 현재의 다르마들이 존재하는 방식을 구별하기 위하여 유부 논사들은 다르마의 '자성自性'(svabhāva) 개념을 이용한다. 앞에서 설명했듯이, 그것이 하나의 다르마이고 개념적 구성물이 아닌 한에서, 각각의 다르마들은 자성을 가진다. 다르마의 자성은 각각의 다르마를 개별적인 특유한 것으로 만드는 것이다. 그것의 내재적 자성은 각각의 다르마를 개별적이고 유일한 것으로 만드는 것이다. 여기서부터 다르마를 다르마로 만들어주는 것으로서, 그럼으로써 매번 다르마라고 할 때 지시되는 것으로서 내재적 자성으로 넘어가기는 쉬웠다. 따라서 유부는 과거와 미래의 법들은 단지 그것들의 자성의 양태(sasvabhāvamātra) 속에서만 존재한다고 말한다. 다시 말해, 각각의 과거와 미래의 다르마들은 그것의 '그것임'으로서 존재하며, 바로 이것이 우리를 인식하게 하고, 말하게 하는 것이다. 이런 유형의 존재는 항시 그런 유형의 다르마에 의해 수반된다. 그것은 비시간적인 것이며, 다르마를 다르마로 만드는 것이다. 따라서 우리는 다르마를 '더 이상 분석될 수 없는 것'이라고 말하고, 그것들을 법의 목록으로 분류한다. 그것이 우리가 '지향적 존재'라고 부르는 것이다. 그것은 언어와 인식의 대상인 한에 있어서, 어떤 것이라도 가진 유형의 존재이다. 유부 논사들은 과거의 다르마는 이러한 유형의 존재를 가지기 때문에 결과 속에 과거의 어떤 것이 생

겨난다는 것에 어떤 역설도 없다고 제안하고자 한다. 그렇지 않다면 그것은 비존재할 것이다.

그러나 이런 방식으로 존재하는 것에 더해서, 현재의 다르마들은 그것들의 특징적인 작용력(sakāritra)을 가진다. 즉, 아비다르마에서 이해되는 것처럼, 현재의 다르마는 그 다르마가 행하는 것이다. 다르마가 그 작용을 아직 행하지 않은 것이 그것을 미래의 다르마로 만드는 것이다. 적절한 원인과 조건이 모였을 때, 그것이 작용하는 것을 작용하는 것이 그것을 현재의 다르마로 만들며, 그리고 원인과 조건이 소멸했을 때 그것이 작용하는 것을 중지한 것이 그것을 과거의 다르마로 만드는 것이다. 이러한 '작용'은 순간적이거나 찰나적이다. 따라서 어떠한 다르마의 현존도 찰나적이다. 이것은 완전히 시간적이며, 우리는 시간 속에서 살아가고 또 시간 속에서 다르마의 생기는 찰나적이기 때문에 찰나성은 보존된다.[125)]

주목할 만한 유부 사상의 보다 흥미로운 차원은 인과성 자체에 대한 분석이다. 왜냐하면 현저한 철학적 유연성과 대담성을 보여주는 방식으로, 유부 논사는 원인과 결과의 동시성에 반대하지 않았고, 심지어 원인은 결과 이후에 생겨날 가능성도 기꺼이 수용하기 때문이다. 유부

---

125) 이와 많이 관련된 하나의 문제가 있다. 우리는 과거의 다르마들이 또한 인과적 작용력을 가진다는 점을 이미 보았다. 따라서 '그것이 작용하는 것을 행하는 것'이 현재의 다르마에서 결정적일 수는 없다. 그러한 비판에 대응하여, 중현(Saṃghabhadra)과 같은 후대 유부의 논사들은 현재의 다르마에 대해 결정적인 '공능'과 다르마가 가질 수도 있을 어떤 다른 인과적 작용능력 사이를 구별하고 있다. 현재의 '작용'은 인과적 연쇄에서 동일한 유형의 후속 다르마를 산출하는 것이다. 따라서 안식(眼識)이라는 다르마의 현재 작용은 다음 찰나의 안식이라는 다르마를 조건지우는 것이다. 이러한 유형의 작용은 항시 하나의 다르마가 현존할 때 생겨난다. (업과를 산출하거나 또는 인식의 대상으로 기능하는) 다른 어떤 인과적 능력은 생길 수도 있고 생기지 않을 수도 있다. 그것은 다르마의 현재적 생기에 대해 결정적이 아니니다.

는 6종의 직접적 원인六因(hetu)과 4종의 간접적 조건四緣(pratyaya, Hirakawa 1990: 179-84 참조)을 설한다. 원인의 첫 번째 형태는 능작인能作因(kāraṇahetu)이다. 이것은 ('작용효력이 있는' 능작인으로서의 원인으로서) 모든 다르마가 직접적으로 다른 다르마를 산출하는 데 기여하거나, 또는 ('작용효력이 없는' 능작인으로서의 원인으로서) 그것의 생기를 방해하지 않는 한에서, 결과 자체로서의 다르마를 제외한 다른 모든 다르마로 이루어졌다. 따라서 모든 것들은 이런 저런 방식으로 인과의 그물에 연결되어 있다. 여기서 능작인의 유형은 특히 결과에 선행하거나 동시적일 수 있는 원인들을 포함한다고 설해진다(Potter 1999: 704에서 衆賢). 다르마들이 동시적인 상호 인과의 관계 속에서 생겨나는 곳에서 나타나는 구유인俱有因(sahabhūhetu)의 경우에 동시성은 훨씬 더 분명하다. 예를 들어 (딸기를 지각하는 것과 같은) 특정한 복합적인 심적 사건 속에서 식識과 그것의 심적 작용心所들은 함께 일어나기 때문에, 만일 식이 일어나면 심적 작용들도 반드시 일어나며, 만일 심적 작용들이 일어나면 식도 반드시 일어나야만 한다. 만일 식이나 심적 작용 중의 어느 하나라도 여기서 결여된다면, 이러한 복합적 심적 사건의 구성요소로서의 다른 것들도 생기할 수 없을 것이다.[126] 그러므로 그것들은 여기서 모두 상호적이고 또 동시적으로 원인과 결과이다. 반면에, 원인과 결과 사이의 연속적인 일치를 가리키는 '동류인同類因'(sabhāgahetu)은 명백히 그것의 결과에 선행해야만 한다. 따라서 예를 들어 선행하는 선한 원인은 이후에 좋은 결과를 가

---

126) 이러한 유형의 원인에 대한 또 다른 해석이 존재한다. 여기서 그것들이 동시에 상호작용하여 결과를 낳기 때문에 '동시적인 원인'이라고 한다(Hirakawa 1990: 180). 표준적인 유부의 견해는 동시적 원인은 그것의 결과와 동시적으로 일어난다는 것이기 때문에(Saṃghabhadra, Potter 1999: 704 참조), 이 설명은 한결 만족스럽지 않다.

져오며, 선행하는 악한 원인은 이후에 나쁜 결과를 초래한다.[127) 『구사론』(AKBh 2: 52)은 유부의 중심 논서인 『발지론發智論』(Jñānaprasthāna)에서 찬반 의견을 모두 인용하면서, 원인이 발생 순서상 결과 후에 생길 수 있을 가능성도 고찰하고 있다. 『구사론』 자체는 이러한 가능성을 부정하지만, 이 논서 전체를 통해 저자 세친은 경량부에 상당히 동조하면서 자주 유부의 확립된 교설조차 거부하고 있다.[128)] 경량부의 관점에서 원인이 그것의 결과에 선행해야만 한다는 것은 자명하다.

유부의 독특한 교리이자 다른 부파와 격렬한 논쟁을 벌인 주제가 '득得'(prāpti)이다. 내가 강렬한 악한 의도를 가지고 있다고 하자. 그 악한 의도는 불선한 업이며, 그것은 결국에 나에게 고통을 야기할 것이다. 그러나 의도 자체는 무상하다. 그것이 소멸했을 때(유부의 용어로, 현재에서 과거로 갔을 때), 그것의 업과가 미래에, 즉 원래의 의도가 일어났었던 동일한 심적-물질적 연속체의 미래 단계에서 일어난다는 것은 어떤 의미인가? 다른 말로 하면, 부정확한 일상적인 표현에서 만일 불교도들이 완전한 무상성을 강조한다면, 나의 악한 의도의 업과가 (비록 아마 환생이겠지만) 내게 일어날 것임을 보장하는 것은 무엇인가? 비록 인과적으로 연결되어 있다고 해도, 미래에 '나'를 구성하는 모든 요소들은 현재의 '나'를 구성하는 요소와 완전히 다를 것이다. 유부가 말하고자 하

127) 다른 유형의 원인들에 상응인相應因(samprayuktahetu), 변행인遍行因(sarvatrāgahetu), 이숙인異熟因(vipākahetu)이 있다. 이숙인은 윤리적인 선행이 낙과樂果를 낳는 것으로 설명되며 동류인과 대비된다. 네 가지 간접적 조건인 4연은 (1) 인연因緣(hetupratyaya), (2) 등무간연等無間緣(samanantarapratyaya), (3) 지각 대상의 경우 인식대상인 소연연所緣緣(ālambanapratyaya), 그리고 (4) 증상연增上緣(adhipatipratyaya)이다.

128) 『구사론』에 대한 비판적 논서인 중현의 『순정리론順正理論』(Nyāyānusāra)은 세친의 입장에 대한 정통 유부의 입장을 대변하고 있다.

는 대답은 원래의 의도가 생겼을 때 그것이 나의 것이라는 것이다. 다시 말해, 의도 자체 외에도 심의 흐름 속에서 일어나는, '득'(possession)이라 불리는 별도의 다르마가 존재한다. 의도는 '소멸한다.' (즉, 유부에게는 '과거의 양태'로 지나간다.) 다르마가 무상한 것처럼, '득'도 그렇다. 그러나 득은 다른 득을 발생시키는데, 이 경우에 '저 악한 의도를 가졌던' 득이다. 그 득도 무상한 다르마이다. 그것이 소멸할 때, 그것은 또한 다른 유사한 득을 산출한다. 따라서 원래의 악한 의도의 결과로서, 나의 심적-물질적 연속체의 부분은 '악한 의도를 가졌던' 득의 지속적인 흐름으로 이루어진다. 결과적으로 조건들이 적절하다면, 원래의 악한 의도의 결과로서 고통이 일어날 것이다. 원래의 의도는 과거의 양태 속에서 여전히 존재한다. 그리고 고통은 또 다른 연속체 속에서가 아니라, 바로 '저 악한 의도를 가졌던' 득의 흐름을 가진 심적-물질적 연속체 속에서 일어날 것이다. 위에서 사용한 부정확한 일상용어에서 업과는 내가 득의 흐름을 가진 존재이기 때문에, 내게 일어날 것이다. 즉, 나는 다른 사람이 아니라 원래의 의도를 가졌던 자이지, 다른 누구도 아니다.[129] 비슷하게 깨닫지 못한 중생은 부정적인 번뇌의 '득'을 갖고 있다. 따라서 이 번뇌들이 깨닫지 못한 중생 속에서 실제로 작동하지 않을 때조차 그는 부정적인 번뇌의 득을 가지고 있기 때문에 여전히 깨달은 자와 동등하지 않다. 그러나 깨달은 자에게는 부정적인 번뇌의 득이 완전히 연결되어 있지 않을 뿐 아니라, 부정적인 번뇌를 다시 재발

129) 이로부터 나는 득의 흐름을 가진 존재, 즉 나는 득의 흐름을 가진다는 결론이 나온다는 점에 주의하라. 그러나 무엇이 득을 나의 것으로 만드는가? 나의 흐름('me')이 득의 흐름을 가진다는 것은 무엇인가? 후대의 유부는 무한 소급을 피하기 위해 첫 번째 득과 상호적인 득의 관계에서 '득의 득', 즉 '이차적인 득'을 말한다. 첫 번째 득은 (악한 의도뿐만 아니라) '득의 득'을 가지며, '득의 득'은 첫 번째 득을 갖는다.

시키지 않게 하는 '비득非得'(aprāpti)이라는 또 다른 다르마가 존재한다.[130] 득이나 비득 양자는 경량부와 같은 대립적인 불교학파들에 의해 실제로 추상적인 특성들을 근본적으로 존재하는 다르마로 불합리하게 실체화하는 것으로서 불필요하다고 거부되었다.

2. 경량부經量部(Sautrāntika)[131]

'경량부'라는 명칭은 아비다르마 논서를 의미하는 '후대의 논서(śāstra)들보다 경을 타당한 권위(pramāṇa)로 삼는 사람들'을 의미한다(Yaśomitra, Cox 1995: 39, 50). 얼마나 초기에 이 용어가 그 그룹을 위해 사용되었는지, 또 어떻게 그것이 '예시의 방법을 사용한 사람들'을 의미하는 표현인 '비유자譬喩者'(Dārṣṭāntika)와 관련되는지는 명확하지 않다. 일본학자 준쇼 카토(Cox 1995: 38-9)에 따르면, 비유자는 아마도 원래 그들의 반대자들에 의해 경량부를 따르는 자들에게 사용된 표현이었고, 반면 '경량부經量部'는 스스로 자칭했던 명칭이다. 앞에서 보았듯이, 경량부의 수계전통은 존재하지 않는다. 자신을 '경량부'라고 기술했던 승려들은 아마도 주로 유부의 의식에 따라 수계를 받았을 것이다. 그들의 경량부 소속성은 실제로는 정교한 교학적인 논의와 논쟁에서의 특정한 입

---

130) 깨닫지 못한 사람은 깨달음의 '비득'을 갖고 있다. 깨달음을 얻기 위해서는 이 비득으로부터 분리되어야 한다. 유부는 이 모든 것에서 부정적인 때를 제거하고 깨달음을 얻는 것을 득을 끊고 비득의 득을 일으키는 것이라고 생각한다. 이는 유부의 체계에서 명확히 부정적인 번뇌와 같은 다르마들은 삼세에 걸쳐 지속적으로 존재하기 때문에 그런 것으로서 제거될 수 없다는 것을 반영한다. 이 모든 것과 유부의 다른 독특한 가르침에 대해서 Cox(1995) 참조.

131) 경량부는 상대적으로 최근에 Journal of the International Association of Buddhist Studies의 특집(Volume 26-2, 2003)의 주제였다.

장을 나타낸다. 그들은 논장이 불설佛說이라는 주장에 회의적이었고, 또 그들은 아비다르마적 접근방식과 많은 부분에서 공통점을 갖고 있었지만 후대 아비다르마 논사들의 철학적 주장에 대해서는 훨씬 회의적이었다. 콜레트 콕스(Collett Cox)는 (카토의 저술에 의존하면서) 다음과 같이 말한다.

> '경량부'라는 명칭을 하나의 고유한 수계 전통이나 일련의 잘 규정된 형태의 교학적인 입장을 포함한다고 해석하지 않는 것이 가장 낫다. 그 대신에, 그것은 아비다르마 논서를 손상시키는 잘못된 추론과 대조되는, 올바른 원리와의 일관성을 보장하는 경에서의 붓다의 진실한 가르침에 대한 신뢰를 나타낸다. 교리적으로 경량부의 관점은 제법이 삼세에 걸쳐 존재한다는 명확한 유부의 입장을 단지 거부하는 것으로 특징지어진다. 따라서 '경량부'라는 명칭은 규정적이고 제한된 형태의 교학적 의견에 적합하다기보다는 오히려 이들 일반적인 지침에 적합한 광범위한 범위의 개인들의 견해를 포괄하기 위해 사용되었을 것이다. (Cox 1995: 40)

경량부를 선호하는 학자들의 존재는 불교전통 내에서 철학적 논쟁의 생명력과 활력을 보여준다. 교학적인 입장들은 수계 전통과 일치하지 않았으며, 또 같은 사원 안에 있는 승려집단 내에서도 행위의 공통적 규칙의 맥락에서 교학적인 문제들에 관한 근본적인 불일치와 논쟁이 있었을 것이다. 경량부의 추종자들은 삼세에 걸친 다르마의 존재성을 부정했는데, 그들은 그 견해가 다르마의 영원성을 필연적으로 함축한다고 보았다. 실제로는 단지 현재의 다르마만이 존재한다. 과거의 다르마는 존재했었고, 미래의 다르마는 (적절한 조건들이 결합될 때) 존재할 것이다. 오직 현재의 다르마만이 실제로 존재한다(AK 5: 25 ff. 참조). 그렇지만 경량부는 유부로부터 다르마의 현재 단계는 그 다르마가 그것의 특징적 작용을 발휘하는 데 있다는 관념을 차용했다. 따라서 그것의 작용성은 이제 그러한 다르마의 현재 단계의 표식이 아니라, 바로 그것의 존재성 자체의 표식이다. 실제로 존재하는 것은 작용하는 것이다. 그러나 이로부터 하나의 다르마는 얼마 동안 지속하다가 그런 후에 작용하는 어떤 것일 수 없다는 결론이 나온다. 만일 가정적으로 법이 작용하기 전 얼마 동안 다르마가 존재했다면, 다르마가 작용하지 않는 찰나에는 그것은 실제로 존재할 수 없었다. 왜냐하면 존재하는 것은 작용하는 것이기 때문이다. 마찬가지로 만일 다르마가 가정적으로 그것이 작용한 후에도 얼마 동안 존재했다면, 그 찰나 동안에 그것은 실제로 존재할 수 없었을 것이다. 따라서 다르마는 그것이 작용하는 찰나(kṣaṇa)에서만 존재해야 한다. 그리고 그 찰나는 자체로 시간적 길이를 가질 수 없다. 왜냐하면 만일 찰나가 시간적 길이를 가진다면, 한 찰나의 첫 번째 찰나, 한 찰나의 두 번째 찰나 등이 있어야만 하기 때문이다. 만일 그렇다면, 다르마가 찰나의 첫 번째 찰나에 작용했는지 아니면 그 찰나의 이어지는 찰나에서 작용했는지에 대해 의문이 생겨나게 될 것이다. 그 답이 무엇이든 간에, 다르마는 실제로 그 찰나의 한 찰나에만 존재했다는 결론이 나올 것이다. 그리고 만일 우리가 시간적 찰나는 자체적으로 그 이상의 찰나로 쪼갤 수 없다는 입장을 취하지 않는다면, 이러한 과정은 무한소급에 빠질 것이다. 따라서 다르마가 작용하고, 존재가 생기는 그 찰나는 그 자체를 넘어 어떤 시간적 길이를 갖지 않는다. 그것은 완전히 순간적인 것이며, 너무 짧기 때문에 그것은 존재하기 전의 비존재와 그것이 존재한 후의 비존재 사이의 무한히 짧은 시간차를 표시한다고 말해질 수 있을 뿐이다. 존재하는 것은 소멸되는 것이다. 소멸은 바로 존재의 본성이며, 존재하는 것으로서의 바로 그것의 본성을 통해 하나의 다르마에게 일어난다고 설해진다. 우리는 여기서 언어의 한계를 확장하고 있다. 다르마의 존재는 시간적으로 매우 짧기 때문에, 우리는 그것을 '존재'의 견지에서 더 이상 말할 수 없다. 삶은 항시 흐르는 과정으로서 가장 잘 이해되며, 또 사물이나 존재에 대해 말하는 것은 단지 실용적으로 유용할 뿐이지만, 그것은 쉽게 오도되고, 집착과 그에 따르는 고통을 초래한다.

비록 철학자 디그나가陳那(Dignāga, CE. 5~6세기)와 다르마키르티法稱(Dharmakīrti, CE. 7세기)의 견해와 『구사론』에서 세친의 경량부의 견해 사이에 어떤 관계가 있는지는 분명하지 않지만, 이것들 모두의 인식론은 특히 두 사람에 의해 논구되었다. 만일 실제로 존재하는 것이 소멸하기 이전에 극소의 시간에 지속한다면, 우리는 본다고 생각하는 것을 진실로 결코 보지 못한다는 결론이 나온다. '봄'의 가장 일반적인 의미에서 우리가 어떤 것을 보았을 때, 그것은 이미 존재하기를 그쳤다. 디그나가의 『집량론集量論』(Pramāṇasamuccaya 1)에 따르면 다만 실질적 지각 행위의 바로 첫 순간만이 실제로 존재하는 것인 다르마를 인식한다. 따라서 이 첫 번째 순간이 '분별을 여읜 것'(nirvikalpa)이라고 불린다. 우리가 보통 '지각'이라고 부르는 이어지는 찰나가 '보여진 사물'의 구성을 산출하는데, 그것은 우리의 이해에 따르면 전혀 찰나적인 것이 아니다. 우리는 책상을 보고 있다고 말하지만, 그 책상은 찰나적인 것이 아니라 오히려 시간 속에 존재하는 것이다. 이 후속하는 지각의 단계들은 '분별을 수반한 것有分別'(savikalpa)이라고 불린다. 그러나 비찰나적인 것들은 존재하지 않기 때문에, 이들 이어지는 단계는 언어적, 개념적인 실체화를 통한 허구적인 과정을 이룬다. 이 허구적인 과정이 (자상自相, svalakṣaṇa으로 알려진) 실제적인 찰나적 실재를 반복적으로 만들어진 비찰나적 보편자(sāmānya)와 연결시킨다. 하지만 보편자란 비찰나적인 어떤 것으로서 실제로는 결코 존재할 수 없다. 따라서 우리가 본다고 생각하는 것은 실제로는 하나의 구성된 이미지行相(ākāra)이며, 그런 한에서 하나의 허구이다. 그 이미지가 완전히 구성되었던 때에 원래의 다르마는 이미 오래전에 소멸되었다.[132)]

경량부 논사들은 과거의 다르마는 과거로서 여전히 존재하기 때문에 그것의 결과를 산출할 능력이 있다는 관념과 함께 유부의 득得(prāpti) 이론을 철저히 거부한다. 경량부의 이론에 따르면 업과 그 결과의 경우 실제 생겨난 것은 예를 들어 악한 의도가 일어났을 때, 그 의도를 가진 사람의 심리적 연속체나 흐름相續(saṃtāna)은 더 이상 과거의 그것이 아니라는 것이다. 그것은 직접적으로 변화되었고, 또 그 흐름의 각 찰나는 이제 (아마 유전적 인상과 유비적으로) 변화를 겪는다. 변화된 흐름으로서 이 흐름의 마지막 찰나는 결과를 산출할 수 있는 특별한 능력을 가진다. 따라서 과보는 변화된 흐름의 선행하는 찰나의 직접적 결과이며, 그 흐름도 선행하는 찰나의 결과이다. 이렇게 해서 변화를 초래했던 원래의 악한 의도까지 소급된다. 이 과정을 설명하기 위해 사용된 이미지들이 '종자種子'(bīja)와 '훈습薰習'(vāsanā)이다. 따라서 불선한 의도는 심적 흐름에 종자를 저장했다고 말해진다. 그 심적 흐름의 성격은 그것이 싹과 결과로서의 꽃을 산출할 때까지 변화되는 것이다. 꽃의 존재는 종자로부터의 변화과정의 결과이다. 이런 이미지에 의해 흐름의 변화를 하나의 추가적인 다르마로 잘못 생각하지 않도록 하기 위해, 불선한 의도

---

132) 단순함을 위해 나는 이 설명에서 하나의 지각행위의 두 번째 찰나를 생략했다. 그 찰나는 '심적 지각'의 단계이며, 또한 '무분별'(nirvikalpa)이라 불린다. 이후 분별을 수반한 단계들이 뒤따른다. Dignāga와 Dharmakīrti의 인식론에 관한 보다 상세하지만 여전히 간결한 설명은 Williams(1996) 참조. Dreyfus(2007)는 그것의 티베트에서의 발전에 관한 완결된 연구이다. Dharmakīrti에 대한 안내서는 Dunne(2004)이다.

의 영향은 훈습과 같다고 설해진다. 어떤 추가적인 것이 존재하는 것이 아니라 흐름이 이제 다른 향기로 물들어지는 것이다. 그렇지만 '종자들'과 훈습이 실제로 일상적인 식識의 단계에서 존재할 수 있는지는 (그것들은 그러한 것으로서 항시 경험되지는 않기에) 명확하지 않다. 따라서 몇몇 경량부 논사들은 식識의 미세한 층위가 존재하며, 그 속에서 이 훈습이 일어난다고 제안했다. 저 미세식은 열반에서 그것이 소멸할 때까지 윤회하는 동안 지속된다. 그것은 우리의 의도들에 의해 파종된 종자들뿐 아니라 심적 구성 속에 함축된 대로 전체 현상세계의 생기를 위한 종자들도 포함하고 있다고 주장된다. 또한 아마도 선한 행위를 위한 구생의 종자도 존재할 것이다. 이 이론들은 유가행파의 근본의식(ālayavijñāna)의 교설에 기여했다.

마지막으로, 앞에서 보았듯이 유부는 3종 무위법無爲法에 대해 말한다. 그것들 중에서 가장 중요한 것이 열반(nirvāṇa)이다. 법으로서 그것들은 (실유법인) 일차적 혹은 근본적 존재성을 갖고 있다. 경량부 논사들은 이들 무위법 모두는 실체나 존재(bhāva)라는 유부의 입장을 인정하길 거부했다. 그것들은 단지 부정을 표현하는 방식일 뿐이다. 열반은 하나의 긍정적인 사물이 아니라 단순한 부정이고, 비존재(abhāva)하는 것이며, 단순한 소멸로서, 따라서 탐·진·치와 고통 그리고 모든 윤회 요소들의 비존재이다.

3. 상좌부(Theravāda)

일반적으로 불교 개론서에서 상좌부上座部는 팔리어 삼장을 가진 불교와 동일시된다. 편의상 그리고 역사적인 이유에서, 팔리어 삼장은 보통 외견상 불교의 '근본적'이고 따라서 아마도 최초의 불교를 개관하기 위해 사용된 자료들이기 때문에, 상좌부가 유부와 마찬가지로 하나의 수계 전통이자 교설학파라는 것이 적절하게 이해되지 못하고 있다. 유부와 상좌부 모두 자신들이 붓다의 본래 불교를 해명하고 옹호한다고 간주했다. 양자는 매우 오래되었다고 주장하지만, 그럼에도 여러 세기에 걸쳐 복잡한 방식으로 발전된 부파이고 학파이다.[133] 그렇기에 두 학파는 많은 공통점을 가지고 있지만 그들 사이에, 또 다른 불교학파들 사이에는 교학적인 차이들도 존재한다. 유부가 그렇듯이, 교설학파로서의 상좌부는 『미린다왕문경』(Milindapañha)과 논장論藏에 대한 주석서들, 그리고 특히 붓다고사의 『청정도론淸淨道論』(Visuddhimagga)과 같은 해설 문헌에 크게 의존하고 있다. 또한 상좌부 논장에 포함된 텍스트들 중에 『논사論事』(Kathāvatthu)가 포함되어 있는데, 이것은 다른 견해들과 논쟁을 시작했고, 따라서 스스로를 그들의 경쟁자와 대립하는 하나의 교설학파로서 위치시키고 있다.

(역사적으로 문제가 있는) 전승에 따르면, 유부와 산스크리트어로 'Sthaviravāda'(장로들의 교설)로 알려진 그룹 사이에 삼세에서 다르마의 존재라는 논점에 대해 교설상의 분열이 일어났다. 상좌부들은 스스로를 '분별론자分別論者'(Vibhajyavādin/Vibhajjavādin)라고 불렀다. 그들은 다르마가 현재에 존재한다는 것은 인정했지만, 미래에 존재한다는 것은 부정했다. 과거와 관련하여 분별론자들은 이미 과보를 산출했기에 더 이상 존재한다고 말할 수 없는 선하거나 악한 의도와, 그리고 아직 과보를 산

133) 역사적으로 'Theravāda'의 범주는 특히 그것을 고대 인도 부파의 논쟁과 관련시키려고 할 때 결코 명확한 것이 아니라고 보인다. 2006년 12월에 peter Skilling의 미출판된 논문에 의해 영향을 받아 (H-Net에서) 학자들 사이에 중요한 인터넷 논쟁이 있었다. 그것은 현대 이전에 'Theravāda'라고 불리는 단일한 불교전통의 관념이 존재했는가에 관한 것이다.

출하지 않았기에 여전히 존재해야만 하는 선하거나 악한 의도 사이를 구별하고자 했다. 'Sthaviravāda'라는 명칭은 팔리어로 'Theravāda'이며, 오늘날 상좌부들은 '분별론자'라고 불리는 것에 만족한다. 그러나 이것에도 불구하고 삼세의 다르마에 대한 전통적인 상좌부의 입장은 현재의 다르마만이 존재한다는 것이기 때문에, 상좌부들은 적어도 다르마와 삼세의 문제와 관련해서 고대에 논쟁을 했던 'Sthaviravāda'와 실제로 동일시될 수는 없다(Kathāvatthu 1: 6 참조).134)

상좌부의 독특한 교설은 '유분심有分心'(bhavaṅga)의 교설이다. 유분심은 소위 '무의식'이나 깊은 잠의 경우처럼 표층적 의식 작용이 일어나지 않을 때에도 여전히 존재하는 비활동적인 차원의 마음이다. 예를 들어 안식眼識이 생길 때, 마음은 유분심有分心의 상태로부터 벗어나서 시각 대상에 주의를 돌려 감각자료를 경험하고 받고, 대상을 탐색하고, 그것을 결정하고, 그것을 파악하고 확인하는 복잡한 과정에 참여한다. 그러나 상좌부의 견해는 각각의 의식 과정의 끝에서 마음은 그 되돌아옴이 아무리 짧다고 해도, 유분심의 상태로 되돌아온다는 것이다. 또한 유분심은 죽어가는 사람과 재생 사이를 이어주는 마음의 차원이다. 인과적 연쇄가 생겨나고 식이 자궁 속의 태아 속에서 처음으로 생겼을 때, 그 식이 바로 전생의 업력에 의해 결정된 유분심이다. 죽어가는 사람의 식과 재생식 사이의 연결은 직접적이다. 상좌부의 교설상의 입장은 죽음과 재생 사이에 어떤 중간상태中有(antarābhava)도 없다는 것이다.

---

134) Vibhajjavāda(분별부)라는 용어와 이를 사용했었을 학파에 대해서는 Cousins(2001)과 그 참고문헌 참조. 그것은 붓다 자신에 대해 말할 때 원래 사용된 표현인 것처럼 보인다. 시간이 지남에 따라 이 표현은 단지 '정통파', 즉 그 학파가 무엇이든 간에 자신의 교설학파를 정통으로서 언급하기 위해 사용되었을 것이다(Cousine 2001: 137).

'중유'의 이론은 유부 등의 다른 불교학파에 의해 인정된 것이고, 또한 '티베트 사자의 서'(Bar do thos grol)와 같은 책에서 티베트인들에 의해 옹호된 이래 서양에 잘 알려진 것이다.135) 따라서 이 특정한 유분심은 생애의 모든 경험을 함께 연결시키고, 죽음과 재생 사이를 연결시키는 개개인의 마음의 근본 차원이다.

일반적으로 상좌부는 유부와 같은 학파들에 비해 담마의 존재론에 관한 문제들에 대한 관심이 한결 약했다고 보인다. 그럼에도 바로 아비다르마 프로젝트의 성격이 담마들로 구성된 양배추나 왕과 같은 실체, 그리고 비록 원인과 조건들의 결과는 구성물이 아니며, 따라서 그것들 자체의 고유하고 독특한 존재를 가진 담마 자체 사이의 약간의 구별을 필히 이끌어냈다. 이런 점은 경장 이후의 팔리 문헌들에 나타나는 담마에 대한 정의에 반영되어 있다: '담마들은 그것들의 자성(Pāli: sabhāva/svabhāva)을 지니고 있기(dhārentī) 때문에 그렇게 불린다.' 비록 상좌부가 그것의 함축성과 발전에 대체로 관심을 갖고 있지 않다고 보이지만, 이는 물론 유부의 존재론에서도 매우 핵심적인 것과 동일한 관념이다.

4. 개아론(Pudgalavāda, 補特伽羅論)

'개아론'(Pudgalavāda)은 특히 독자부犢子部(Vātsīputrīya)와 정량부正量部(Sāmmatīya)라는 두 개의 부파 및 그들의 하위부파들과 연관된 유명한 교설

135) 그렇지만 죽음과 재생 사이에 어떤 간격이나 중간상태가 존재하지 않는다는 이 Theravāda의 교설은 Theravāda와 연결된 동남아시아에서의 공통된 추정과 다르다. 그곳에서 죽은 자는 이러저러한 방식으로 죽은 후 얼마동안 그들의 공동체 주위에 있다고 여겨진다. 이에 대해 Williams & Ladwig(2011)에서 몇 개의 논문 참조.

이다. 불행히도 그들의 문헌은 거의 전해지지 않으며, 그들의 특유한 교의에 관한 대부분의 우리의 지식은 다른 학파들의 비판에서 온다. 상좌부의 『논사』(Kathāvatthu)는 이 교설에서 시작하며, 유부의 아비다르마 논서인 『식신족론識身足論』(Vijñānakāya)에서도 중요한 논의가 보인다. 또한 『구사론』에서도 상당히 긴 분량이 이에 대한 비판에 할애되고 있다. 현존하는 가장 잘 알려진 개아론에 관한 문헌은 한역으로만 남아 있는데, 『정량부론正量部論』(*Sammitīyanikāya Śāstra)이라는 산스크리트어 제목이 붙어 있다. 또한 『삼법론』(*Tridharmaka Śāstra)이라는 또 다른 개아론의 저작도 한역으로 남아 있다.136)

학자들은 7세기의 인도 구법승 현장이 당시 인도 불교 승려의 약 4분의 1이 정량부(Sāmmatīya/Sāmmitīya) 승려였다는 추정을 자주 언급한다 (Lamotte, 1988: 542-5, 608). 앞으로 보겠지만, 개아(Pāli: puggala)의 교설은 불교의 무아론과 표층적으로 긴장관계에 있다고 보인다. 그것은 다른 불교학파들에 의해 강력히 비판되었다. 개아론의 추종자들은 불교도이기를 포기했다고 비난받았다. 그렇지만 나는 비록 현장의 추정이 정확하다고 하더라도, 이는 정량부가 당연히 가장 널리 퍼지고 대중적인 수계 전통이었음을 의미할 뿐이라고 지적한 루퍼트 게틴(Gethin 1998: 223)에 많은 부분 동의한다. 부파로서의 정량부에서 수계한 모든 비구들이 실제로 개아론을 주장했다고 생각할 필요는 없다. 그럼에도 개아론 문헌의 부족함에도 불구하고, 그 부파의 특징적인 교설의 옹호는 고대 인도에서 불교도들 사이에서 결코 드문 것이 아니었다.

커신스(Cousins 1994: 22)는 개아론을 둘러싼 논쟁에 대한 최초의 자료

---

136) 현존하는 문헌과 그 교의에 관한 상세한 연구로는 Priestley(1999)와 비구 Thich Tien Chau(1997) 참조. 또한 Cousins(1994)와 그곳의 참고문헌, 특히 각주 6 참조.

는 『논사』(Kathāvatthu, BCE. 3세기)라고 제안했다. 『논사』는 개아론자들이 궁극적인 관점에서 실재하는 것으로서 하나의 개아(pudgala)라고 불리는 어떤 것이 존재한다고 주장하고 있음을 아주 분명히 한다(Kathāvatthu 1). 즉 개아는 환원될 수 없고, 일차적 존재자라는 추가적인 다르마의 위상을 갖고 있다. 이는 어떠한 개아(pudgala)도 단지 개념적 구성물(prajñapti, 假說)이라고 하는 유부와 같은 다른 부파들에 의해 인정될 수 있는 입장과 대비된다. 개념적 구성물이란 그들에게 우리가 오온의 견지에서 설명된 정형화된 다르마의 흐름에 대해 실용적 목적에 따라 부여한 명칭에 불과하다. 개아론자들이 개아를 궁극적인 관점에서 존재하는 것으로 이해하고자 했음은 후대의 『식신족론識身足論』(Vijñānakāya, BCE. 2~1세기; Potter 1996: 367-70)에서도 확인된다. 그러나 이 문제는 『정량부론』(4세기 혹은 5세기 이전)에서 개아는 존재하고 또 고려해야만 하는 자료이지만 실제로는 언어적인 개념적 구성물이라는 진술에 의해 복잡해졌다(Potter 1999: 355-7). 아마 거의 비슷한 시기에 세친은 『구사론』에서 개아론자들이 개아는 일차적 존재자(dravya)의 방식으로나 또는 이차적 존재자(prajñapti, Cousins 1994: 18 참조)의 방식으로도 존재하지 않는다고 주장하는 것으로 묘사한다. 현재의 지식의 상태에 의거하는 한, 이런 차이점들을 어떻게 이해할지 알기 어렵다. 아마도 개아론자들은 비판에 직면하여 점차 그들의 입장을 보완했거나 명료하게 했을 것이다.

개아의 지지자들은 그것이 온蘊과 동일한 것도 아니고 다른 것도 아니라고 주장한다. 만일 그것이 온과 같다면, 개아는 조건지어진 것有爲이 될 것이며, 온이 소멸한다면 개아도 소멸해야 할 것이다. 이것은 단멸론이 될 것이며, 또한 사후에 여래는 당연히 존재한다고 말할 수 없다는 것을 의미할 것이다. 그 경우에 왜 붓다는 여래가 사후에 존재하는지의 여부에 대해 답하기를 거부했겠는가? 반면 만일 개아가 온과 다르다면, 이것은 조건지어지지 않은 것無爲으로서 사실상 아트만과 같은 자아가 될 것이며, 그리고 자아 개념에 대한 모든 불교의 비판에 종속될 것이다. 이는 상주론常住論이라는 커다란 오류에 떨어지는 것이 될 것이다. 따라서 개아는 온과 동일하지도 않고, 다르지도 않으며, 또한 유위도 아니고 무위도 아니다. 사실상 그것은 '규정될 수 없는 것'(avaktavya)이라고 설해진다. 개아는 경험의 주체이며, 선행과 악행의 행위자이며, 업과를 받는 자이며, 또한 윤회하는 것이라고도 설해진다. 열반을 얻는 것도 바로 개아이다. 반론자들이 이를 사실상 위장한 아트만이라고 생각했던 것도 놀라운 일은 아니다. 소위 개아는 반드시 온을 구성하는 다르마로 환원될 수 있어야만 하거나, 또는 그것과 별개의 실재여야만 하는데, 전자의 경우 개아론의 지지자들은 다른 불교도들과 동일한 견해를 주장하는 것이 될 것이고, 후자의 경우 개아론의 지지자들은 바라문 사상의 아트만의 입장을 가져야만 할 것이다.

그렇지만 개아론자들은 여기서 참된 철학적 문제들과 씨름했던 것처럼 보이며, 그들의 입장은 아마도 기술되고 있는 것보다 훨씬 정교했을 것이다. 독자부-정량부 전통은 계율의 문제에 특별한 관심을 가졌을지도 모른다. 그 경우에 그들의 개아에 대한 관심은 도덕적 책임에 대한 관심이라는 점에서 의미가 있었을 것이다. 도덕적 행위에 종사하고 또 깨달음을 얻는 것은 바로 개아이다. 도덕적 책임을 위해서는 원래의 행위를 했던 사람과 동일한 사람이 보상이나 처벌을 받는다는 것에 중요한 의미가 있어야만 했다. 사랑과 증오의 경험을 하는 것은 바로 개아이다. 개아론의 자료가 분명히 하듯이, 이 모든 것은 주어진 것으로서 받아들여야만 한다. 문제는 개아의 상태란 무엇인가이다. (현대 철학자 P.F. Strawson(1959)이 주장했듯이) 개아는 환원될 수 없을 정도로 주어진 것이며, 팔과 다리, 느낌과 의도 등으로부터의 구성물의 견지에서나 또는 항시 변하는 심리적이고 물리적 찰나의 연속의 견지에서는 설명될 수 없다고 주장할 수 있다. 그러한 구성물은 개아의 존재를 전제한다. 그리고 만일 동일한 사람이 재생하고, 또는 동일한 사람이 열반을 얻는다고 말할 수 없다면, 재생이나 정신적인 수행도를 고려하는 것은 아무런 의미도 없을 것이라고 주장될 수도 있다. 만일 이 모든 것이 옳다면, 개아는 온으로 환원될 수 없을 것이다. 그렇지만, 마치 팔과 다리, 느낌 등을 가진 중생 없이도 그것이 부유할 수 있는 것처럼, 개아를 하나의 분리된 실체로서 생각하는 것도 타당하지 않다는 것도 분명하다. 개아는 팔이나 다리와는 다른 논리적 범주이다. 만일 우리가 중생이나 나무를 분해한다고 해도, 우리는 추가적인 구성요소로서 개아성(personhood)이나 나무임(treeness)을 발견하지는 못할 것이다. 따라서 구성요소들과 동일하지도 않고 다르지도 않은 환원될 수 없는 소여에 대해 말하는 것은 이치에 맞는 것처럼 보인다.[137)]

개아를 온蘊에 의존해 있는 개념화된 것이라고 말하기 이전에, 개아론자들이 개아를 궁극적인 (즉, 환원될 수 없는) 관점에서 존재하는, 하나의 실재라고 말하기 시작했을 때, 그들이 생각했던 것은 아마 이와 비슷한 것이었을 것이다. 개아론자들은 불교사상의 언어에 의해서 거의 불합리의 지점까지 강제되었다. 개아는 그 자체로 언명될 수 없다. 비록 개아가 팔과 다리, 느낌 등으로 환원될 수는 없다고 해도, 우리는 팔, 다리, 느낌 등을 가진 중생에 의존해서 개아에 관해 말할 수 있을 뿐이다. 따라서 개아는 그 자체로 규정될 수 없으며, 독특한 것이다. 다른 불교학파들에 의해 이해되듯이 온蘊으로 환원될 수 있는 방식에서

---

137) 나는 Williams(1998a: 특히 3장과 5장)에서 이러한 몇 가지 논점들의 철학에 관해 좀 더 언급했다.

개아를 하나의 개념적 구성물(prajñapti)로 만들지 않고도, 개아는 온에 의존해서 언설되거나 개념화될 수 있다. 그렇지만 개아는 또한 온과 분리되어 만나게 될 수 있는 별도의 실체(dravya)도 아니다. 개아는 자체로 인간의 신체처럼 그렇게 조건지어진 것(유위법)이 아니며, 그리고 개아론자에게 개아는 생에서 생으로 지속하며, 또 깨달음에 들어간다. 그럼에도 개아는 무위법이나 아트만일 수도 없다. 왜냐하면 개아는 아키발드(Archibald)나 프레다(Freda)와 같은 개아이며, 그리고 프레다라는 개아와 결혼한 것은 바로 아키발드라는 개아이지, 별도의 영원한 실재와 결혼한, 어떤 독립된 영원한 실재가 아니다.

개아론자들은 그들의 동료 불교도들이 명확하고 단순하다고 생각했던 곳에서 곤혹함과 문제들을 발견했다. 불명확성과 곤혹함을 가진 문제는 종종 모순된 것으로 보인다. 그러나 약간의 모순이나 곤혹함은 언뜻 보기보다 건전하고 더욱 심오할 수도 있을 것이다.

5. 대중부大衆部(Mahāsaṃghika)[138)]

가장 잘 알려진 대중부의 교설은 '붓다의 출세간적 성격'에 관한 것이며, 또 대중부의 '출세간의 교설'(lokottaravāda)은 그 부파, 또는 아마도 하나의 부파나, 또는 부파들의 그룹으로서 대중부의 특징으로 보인다. 실제로, 대중부는 수많은 하위부파로 분열되었고, 그들 중의 하나가 특히 설출세부說出世部(Lokottaravādin)로 알려져 있다. 산스크리트어로 남아 있는 이 부파의 유일한 문헌인 『대사大事』(Mahāvastu)는 스스로를 대중

138) 최근의 연구는 Dessein(2009) 참조.

부의 하위부파인 설출세부의 율장으로 기술한다. 그렇지만 출세간의 교설 자체는 이 문헌의 극히 일부에서만 발견된다. 간략히 말하면, 이 교설은 보통 사람들이 행하는 것과 동일한 행위로서 세간적인 것(laukika)처럼 보이는 붓다의 모든 행위들이 실제로는 비범한 '출세간적인 것'(lokottara)이라고 설한다.

모든 불교 전통들은 한 사람이 붓다가 될 때, 그는 근본적으로 변화되며, 더 이상 일반인들과 같지 않다는 데 동의한다. 따라서 붓다는 일반인들이 갖지 못한 다양한 경이로운 힘을 가진다. 그는 112개의 대인大人(mahāpuruṣa)의 특징들을 가지며, 그의 피부는 황금색으로 빛날 수 있고, 만일 원한다면 1겁 동안 살 수 있다고 말해진다. 붓다는 그러한 존재로서 인간도 아니고 신도 아닌 바로 붓다라고 설해진다. 팔리어 경전에 보존된 붓다에게 귀속된 다음의 말이 있다: "비록 붓다는 이 세상에 태어났지만, 이 세상에 의해 염오되지 않았다"(Kathāvatthu 18: 1). 비록 붓다가 먹고, 자고, 목욕하고, 업의 과보를 받고, 약을 먹고, 늙어가는 듯이 보이지만, 실제로는 그는 이런 필요성 중의 어느 것에도 종속되지 않는다고 대중부에게 제안된 것은 아마 그러한 말이었을 것이다. 붓다는 사실 이 모든 필요성을 초월했지만, 그럼에도 단지 세상의 방식에 맞추기 위해 이런 행위들을 했을 뿐이다. 그는 우리들처럼 보이지만, 내적으로는 전혀 다르다. 실제로 붓다들은 굶주림과 피곤함, 몸의 더러움과 병, 또는 일상생활의 어떠한 다른 번뇌들도 경험하지 않는다. 비록 붓다들은 잠을 자고, 가르치고, 걷고, 이야기하는 것처럼 보이지만, 실제로 그들은 항시 명상 속에 머물고 있다. 다시 말해, 붓다는 세간적인 존재가 아니라 출세간적인 존재이다. 문자적으로 '세상을 초월한'이란 의미를 가진 출세간(lokottara)은 깨달음에 이르는 수행도의 높은 수준에 이른 깨달음과 붓다의 맥락에서 불교 전체를 통해 사용된 표현이다. 붓다가 출세간적이라고 말하는 것은 그는 세간적인 존재가 아니라는 의미이다. 다시 말해 그는 깨닫지 못한 존재가 아니라 이미 깨달았다. 이는 모든 불교도들에게 인정될 수 있을 것이다. 그리고 깨닫는다는 것은 얼마나 놀랍고, 거의 상상할 수 없는 일인가? 대중부가 행한 것은 이런 출세간적 상태가 함축하는 것이 무엇인가에 대해 특정한 해설을 제공하는 것이다. 그 해설은 언어와 우리의 기대를 찬양과 경이로움 속으로 확장한다.

때로 현대의 저작에서 붓다는 실제로 환영적 존재로서 단순한 현현이거나 또는 아마 다른 영역에 있는 초월적 붓다의 '화신化身'으로서 하나의 환상적 존재라는 교설은 대중부의 것이라고 제시되고 있다. 나는 이것이 여기서의 출세간의 의미를 오독한 것이며, 『대사』에서의 대중부의 교설도 아니라고 생각한다.[139] 『대사』에는 붓다가 될 존재가 실제로 이 세상에 태어나지 않았고, 또한 여기서 실제로 깨달음을 얻은 것도 아니라는 어떠한 암시도 없다. 실로 붓다의 출생은 많은 기적에 의해 수반되지만, 그것은 많은 겁劫 동안 점진적으로 더욱 비범한 정신적 수행을 성취했던 사람의 경우에 기대될 수 있는 것이다. 대중부에 따르면, 붓다에 관하여 환영적이거나 허구적인 것은 그와 같은 그의 신체가 아니라, 그가 음식이나 잠, 목욕 등의 인간들의 일상적인 요구에 종속되었다는 점이다. 다른 말로 하면, 붓다의 환영은 평범한 것처럼 나타나는 비범한 존재의 환영이다. 그리고 결정적으로 『대사』와 같은

---

139) 『논사』(Kathāvatthu, 특히 18장)는 출세간의 교설과 비슷한 것처럼 보이는 많은 이상한 견해들을 비판한다. 그것들은 붓다의 배설물조차 다른 모든 물질보다 향기에 있어 뛰어나며, 붓다는 인간 세상에 실제로 결코 현존하지 않았다고 주장하는 내용을 포함한다. 그 견해들은 Mahāvastu에서는 발견되지 않는다. 어떤 그룹이 실제로 이를 주장했는지는 명확하지 않다. 아마도 그것들은 단지 논쟁점이었을 것이다.

비대승 자료에는 붓다가 죽은 것처럼 보일 때에도 그는 죽지 않았다고 하는 어떤 암시도 없다. 붓다의 생애에 관한 많은 것들은 세간과 상응하기 위한 단순한 나타남이었을 수도 있겠지만, 그러나 그의 열반은 아니다.

몇몇 대중부 중에서 발견되는 하나의 다른 교설에 대해 지나가는 김에 언급하고 싶다. 한역과 티베트역으로 현존하며, 또한 대중부의 출세간의 가르침을 강력하게 피력하고 있는 『내장백보경內藏百寶經』(Lokānuvartana Sūtra)으로 알려진 경전이 있다. 이 경은 『대사』의 원 자료의 하나일 것이라고 주장되었다(Harrison 1982: 224). 『내장백보경』은 후대 인도 문헌에서 대중부의 하위부파의 하나로 알려진 동산주부東山住部(Pūrvaśailas)의 경전으로서 인용되거나 서술되고 있다. 그 경에서 모든 다르마를 포함한 모든 것은 근본적인 일차적 존재성, 즉 자성을 여의고 있다고 서술되고 있다. 다르마를 포함해서 모든 존재의 보편적 공성空性의 교설은 『반야경般若經』 문헌들과 중관론자와 같은 대승의 자료들의 특징이라고 종종 여겨졌다. 그렇지만 그것은 아마도 오류일 것이다.

▌제4장의 핵심 요점

- 자체의 율장에 따른 수계전통을 가진 승원 전통인 부파(nikāya)와 교설학파(vāda) 사이의 구별이 이루어졌다.

- 유부(Sarvāstivāda)는 부파이면서 동시에 교설학파이다. 교설학파로서 유부의 핵심 교설은 (거기서 학파명이 유래했듯이) '일체가 존재한다'는 것이다. 만일 하나의 다르마가 무상하다면, 어떻게 소멸했고, 따라서 비존재하는 어떤 것이 어떤 작용을 행할 수 있는가? 어떻게 그것은 인식의 대상으로서 기능하며, 또 어떻게 그것은 결과를 산출할 수 있는가? 어떻게 미래의 다르마들이 예기와 동기부여된 작용의 대상으로서 기능할 수 있는가? 유부의 반응은 과거와 미래의 다르마들이 찰나적인 현재의 다르마와 동일한 방식으로 존재하지는 않지만 그럼에도 존재한다는 것이다. 경량부와 같은 반대자들은 이는 다르마들이 실제로 영원하다는 것을 함축한다고 비판했다. 유부는 그럴 필요는 없다고 주장했다. 유부는 또한 6종의 원인과 4종의 조건의 정교한 체계를 발전시켰다. 또 다른 유부의 교설은 '득'이다. 업의 결과가 원래의 의도가 일어났었던 동일한 심리-물질적 연속체의 미래 단계에서 일어날 것이라는 사실은 무엇을 의미하는가? 답은 원래의 의도가 의도 자체에 더해서 일어났을 때 그것의 다르마-연속을 건립하는 '득'이라는 다른 다르마가 일어났다는 것이다. 업의 결과는 심리-물리적 연속 속에서 일어나지, 또 다른 연속 속에서 일어나는 것이 아니다.

- 경량부(Sautrāntika)는 부파가 아닌 교설학파이다. 경량부의 추종자들은 삼세에서의 다르마의 존재를 부정했다. 단지 현재의 다르마가 존재한다. 그것의 작용력을 유지하는 것이 다르마의 존재의 표식이다. 존재하는 것은 그것의 작용을 유지하는 것이다. 따라서 다르마는 그것이 작용하는 찰나 속에서만 존재한다. 더욱 다르마가 작용하는 찰나는 자체를 넘어선 시간적 폭을 갖지 않는다. 그것은 절대적으로 순간적인 것이다. 디그나가(Dignāga)는 만일 존재하는 것이 소멸하기 전에 극소의 시간적 길이 동안에 지속한다면 우리는 우리가 보았다고 생각하는 것을 결코 실제로는 보지 못한다고 주장했다. 우리

가 보고 있다고 생각하는 것은 실제로는 허구와 같은 구성된 이미지이다. 또한 경량부의 추종자들은 '득'의 이론을 부정했다. 하나의 의도가 일어날 때 연속하는 심리-물질적 연속은 변화되며, 그 연속의 각각의 찰나는 그 변화를 받는다. 변화된 연속의 마지막 찰나는 결과를 산출할 능력이 있다. 이를 설명하기 위해 사용된 이미지들이 '종자'와 '습기'이다. 몇몇 경량부들은 미세한 단계의 식이 존재하며, 거기서 이런 작용이 일어난다고 제시했다. 마지막으로 경량부에게 일반적으로 열반은 긍정적인 것이 아니라 단지 소멸로서 여겨졌으며, 따라서 단순한 부정이다.

- 상좌부(Theravāda)는 유부처럼 부파이면서 교설학파이다. 상좌부의 교설은 유분有分(bhavaṅga)이다. 유분은 어떤 심적 작용이 일어나지 않을 때에도 여전히 존재하는 비활동적인 심의 차원이다. 예를 들어 안식이 일어날 때, 심은 유분의 상태에서 생겨나서 시각대상으로 향한다. 각각의 식의 과정의 끝에서 심은 유분의 상태로 되돌아간다. 또한 유분은 죽어가는 자와 재생 사이를 연결하는 역할을 한다. 그 연결은 직접적이다. 교설상으로 상좌부는 죽음과 재생 사이의 중간상태(antarābhava)가 존재한다는 것을 부정한다.

- 개아론(Pudgalavāda)은 독자부(Vātsīputrīya)와 정량부(Sāmmatīya)라는 두 개의 부파 및 그 하위부파와 관련된다. 개아론자는 개아(pudgala)라고 불리는 어떤 것이 존재한다고 주장한다. 개아는 경험의 주체이며, 선업과 불선업의 행위자이며, 업의 과보를 받으며, 윤회하는 것이라고 말해진다. 열반을 얻는 것도 바로 개아이다. 개아의 옹호자들은 개아란 온과 같지도 않고 다르지도 않다고 주장한다. 만일 그것이 온과 같다면, 개아는 조건지어지게 될 것이며, 온이 소멸할 때 개아도 소멸하게 될 것이다. 만일 개아가 온과 다르다면, 그것은 조건지어지지 않은 것이 될 것이며, 자아에 대한 비판에 봉착할 것이다. 따라서 개아는 '말해질 수 없는 것'이라고 말해진다. 반대자들은 만일 그것이 사실이라면, 이 개아는 사실상 은닉된 자아에 지나지 않는다고 간주한다.

- 대중부(Mahāsāṃghika)의 가장 잘 알려진 교설은 '붓다의 출세간의 성격'이다. 그것은 (배고픔, 피곤함, 병 등) 세간적인 것처럼 보이는 모든 붓다의 행위는 실제로는 비범한 '출세간적인 것'이다. 붓다는 어떠한 일상생활의 오염을 경

험하지 않는다. 비록 붓다는 자고 가르치고 걷고 말하고 있는 것처럼 보이지만, 실제로는 그는 항시 명상 속에 있다. 적어도 하나의 대중부 자료는 모든 다르마를 포함해 일체는 근본적인 일차적 존재를, 내재적 본성을 여의고 있다고 가르친다. 이것은 일체의 보편적 공성의 교설로서, 일반적으로 (후술할) 대승과 보다 연관된 교설이다.

제5장

♦

대승 철학

제5장

대승 철학

1. 지혜의 완성(Prajñāpāramitā)

현재 단계에서 우리가 말할 수 있는 한에서, 최초의 대승문헌은 반야경 계열의 경전들로 이루어져 있다. 그것들은 대승경이기 때문에 모두 붓다의 말이라고 주장하지만, 이에 대한 논쟁이 있었다. 인도 내에서도 대승경전의 지위는 항상 논란거리였다. 그러한 대승경전의 유통은 대체로 계율전통의 승가僧家의 활동이라기보다는 (예를 들면, 개인 유행자들에 의해 전달된 보물로서) 개인적이고 작은 그룹의 활동이었던 것으로 보인다. 더욱이 인도 여행자들은 중앙아시아로, 그리고 거기에서 다시 중국에 들어왔는데, 그런 여행경로는 내륙 루트 하나만 있었던 것은 아니다. 비구와 비구니들은 중앙아시아와 동남아시아 그리고 중국을 가기 위해 해로와 육로로 인도를 떠났고, 때로 귀중한 경전들을 갖고 떠났을 것이다. 그것들은 관련된 비구와 비구니들의 삶에 중요한 의미를 가졌겠지만 넓은 승가 공동체에 의해서는 인증된 것으로 간주되지는 않았을 것이다. 물론 외국의 비구와 비구니들도 성스러운 땅인 인도로 왔다.

최근 잔 나티에(Jan Nattier)는 모든 경전 중에서 가장 대중적인 대승반야경전인 『반야심경』은 현재의 경의 형태에서 말하면 실은 훨씬 방대한 반야경의 한역본에서 발췌하거나 편집된 중국의 위경이라고 설득력 있게 주장했다. 그것은 아마도 중국의 구법승 현장에 의해 이후에 성공적으로 인도에 소개되고 산스크리트어로 번역되었을지 모른다(Nattier 1992). 약사여래(Bhaiṣajyaguru)의 중심 경전藥師經(Bhaiṣajyaguru)도 인도가 아닌 외국에서 인도로 소개되었다고 주장되었다(Birnbaum 1980: 52 ff.). 8세기 초 인도의 대학자이자 시인인 샨티데바(Śāntideva)에 의해 인용될 정도로 이 경전은 인도에 잘 알려져 있었지만, 그보다 이른 시기에 인도에 소개되었을 것이다.

반야경 문헌은 방대하고 반복적이다. 『반야경』들은 일반적으로 (예를 들면 『팔천송반야경』(Aṣṭasāhasrikā Prajñāpāramitā)처럼) 게송의 숫자에 의해 명명된다. 학자들은 원래의 핵심내용에서 십만송에 이르기까지 반야경이 확대되었고, 그 후에 짧은 '요약경전'으로 축약되었다는 데 어느 정도 동의하고 있다. 최초로 성립된 반야경은 『팔천송반야경』으로 보이지만, 에드워드 콘즈(Edward Conze 1960)는 『팔천송반야경』에 대한 게송 요약이라고 보는 『불모보덕장반야바라밀경』(Ratnaguṇasaṃcayagāthā)이 최초의 형태일 것이라고 보았다. 극히 중요한 『이만오천송반야경』(Pañcaviṃśatisāhasrikā)은 아마 이보다 조금 후대에 성립되었을 것이다. 가장 유명한 반야경의 하나인 『금강반야바라밀경金剛般若波羅密經』(Vajracchedikā Sūtra, 『금강경』 혹은 『삼백송반야경』으로 알려져 있다)의 성립시기에 대해서는 여러 의견이 있다. 콘즈는 이 경전을 후대의 요약경전의 한 예로 간주한다(Williams 2009: 47-9 참조).[140]

반야경전들은 경전 안에 충분한 설명이 들어 있지 않기 때문에 우리는 각 경전들의 핵심적인 의미를 보여줄 때 매우 조심해야만 한다. 반야경들은 체계적인 철학적 또는 교리적 논서들이 아니다. 그것들은 거듭 반복되는 메시지를 담고 있으며, 그 메시지가 비판과 권고라는 점은 매우 명백하다. 그것은 철학자나 교설 이론가들의 메시지라기보다는, 아마도 법사法師(dharmabhāṇaka)의 메시지로서 영감이 담긴 메시지이다. 이 메시지는 '비대승불교'의 세계에 있는 그들의 동료들에 대한 권고의 메시지이다.

그러나 좀 더 완전하고 체계적이며 합리적인 방법으로 반야경을 온전히 설명하려고 한다면, 우리는 거의 불가피하게 중관철학의 언어와 관점을 사용하거나 또는 보살도를 설명하는 데 있어 훨씬 후대의 수행도의 구조를 사용해야 한다. 우리는 곧 체계적인 설명을 하겠지만 지금은 반야경의 가르침 자체에 주목하도록 하자. 반야경은 세 가지 주요한 주제를 가지고 있으며, 이것이 반복되고 예시되어 선한 불교도의 마음의 가장 깊은 곳에 스며드는 것이다. 첫 번째 주제는 바로 반야의 정점인 바라밀(pāramitā)에 대한 것이다. 이것의 내용은 공성空性(śūnyatā)이다. 그리고 그것의 내용은 단지 (아라한에 의해 증득된) 깨달음이 아니라 모든 중생의 이익을 위한 완전한 붓다의 상태를 목표로 하는 보살의 수행도와 실천이다.

1) 지혜의 완성(Prajñāpāramitā)

넓게 말하자면, 지혜(prajñā)는 어떤 것을 적절히 이해함에서 나오는 마음의 상태이다. 불교에서 그것은 하나의 전문술어로서 일차적으로

140) 반야경 문헌은 인도에서 대승불교 시기 동안에 저술되었음에 주의하라. 우리는 대승의 초기 시대를 '반야바라밀'로 보려는 단순한 모델은 피해야 할 것이다.

사물이 나타나는 방식과 대조해서 어떻게 사물이 진실로 존재하는가를 아는 이해를 위해 사용된다. 바로 그 '봄'은 사물이 진실로 이러하다고 하는 것을 이해하는 문제일 뿐 아니라, 직접적이고 즉각적으로 어떻게 그런지를 보는 그런 마음의 상태에 있는 문제이다. 따라서 우리는 이해로부터 무분별의 통찰에 이르기까지 상이한 수준의 반야를 가리킬 수 있다. 우리는 앞서 불교사상이 초기부터 사물이 현현하는 방식과 여실한 방식 사이의 구별에 의해 표시되고 있음을 보았다. 따라서 아비다르마의 구조 내에서 지혜가 궁극적인 일차적 존재자들의 식별을 가리키기 위해 사용되었음을 보는 것은 놀라운 일이 아니다. 앞서 설명했듯이 일차적 존재자들은 개념적 구성물과는 구별되어야만 한다. 따라서 지혜는 다르마들의 식별을 가리킨다.[141] 반야경 문헌은 법들을 식별하지 말라고 빈번히 언급하지만, 그것의 메시지는 특정한 아비다르마의 프로젝트 내에 압축되어 있으며, 바로 아비다르마의 구도 내에서 우리는 지혜의 '완성'이라는 표현을 이해해야만 한다. 지혜의 완성은 이전에 지혜라고 여겼던 것의 오류를 말하는 것이 아니라 오히려 그것의 완성을 의미한다. 이전의 지혜도 물론 지혜이지만, 그것은 불완전한 것이다. 대승 문헌들은 보살에 의해 숙달된 일련의 '완성波羅密'(pāramitā)을 다루고 있다. 일반적으로 바라밀은 보시바라밀, 지계바라밀, 인욕바라밀, 정진바라밀, 선정바라밀과 반야바라밀의 6종이지만, 그중에서 반야바라밀이 가장 중요하며, 눈을 가진 사람이 앞을 보지 못하는 사람을 인도하

141) 『구사론』에서 '다르마의 검토'(dharmapravicaya)로서의 지혜(prajñā)에 대한 정의를 보라. 지혜는 올바른 이해의 결과이기 때문에, '지혜'(wisdom)라는 번역이 얼마나 유용한지에 관해서 논쟁의 소지가 있다. 아마도 '통찰'(insight)이라는 번역이 더 낫다고 보이지만, 그것은 관련된 비파샤나(vipaśyanā)의 번역어로 일반적으로 사용된다.

듯이, 반야바라밀이 다른 바라밀을 인도한다고 설해진다.

지혜의 완성은 사물을 있는 그대로의 방식으로 이해하는, 궁극적이고 올바른 최종적 지혜이다. 그러나 지혜의 완성은, 비록 반야경계 문헌에서 그러한 포교 목표를 갖고 설해지지만, 아주 다양한 방식으로 이전에 사라졌던 것들의 긍정으로 보인다. 앞으로 살펴보겠지만 만일 모든 다르마들이 공空하고 자성을 결여하고 있다면, 그것은 다르마들 자체의 위상이 존재론적으로 탁자나 사람 개아, 숲 이상의 어떤 것이 아님을 긍정하는 것일 따름이다. 이전의 다르마 논사들이 보여주었듯이, 탁자와 개아, 숲은 개념적 존재자이며 공하다. 모두 이에 대해 동의한다.

2) 공성空性(śūnyatā)

반야경 문헌을 한번이라도 본 사람에게 즉시 분명한 것은 마술처럼 '공空'하다고 설해지는 끝없는 사물들의 목록이다. 이것이 실로 반야경의 중요한 철학적 가르침이며, 이는 앞서 검토했던 아비다르마의 구조 때문에 비로소 가능해졌다. 불교에서는 처음부터 '공空'(śūnya)과 '공성空性'(śūnyatā)이란 용어를 붓다의 눈, 지혜의 눈에 의해 발견된 진리에 적용시키기 위해 사용해왔다. 이것은 먼저 오온과 관련하여 자아나 자아에 속한 것我所의 공이다. 다음으로 공은 아공我空이나 아소我所의 공과 같이 여러 아비다르마 학파들에 의해 발견된 75법이나 82법, 또는 근본적인 구성요소들의 여러 부류에 적용되었다. 나아가 공(śūnya) 개념은 아비다르마에서 (아마 거의 감지할 수 없을 정도의 의미상의 변화에 의해) 이차적인 개념적 존재자들의 성질을 가리키는 데에도 사용되었다. 그것은 개념적 존재자, 자신의 자성의 공, 일차적인 환원될 수 없는 존재의 공 이외의 다른 어떤 위상의 공이다. 개아나 탁자, 숲 등은 자아의 공이지만, 동시에 환원될 수 없는 일차적 존재의 공이다. 여기서 그것들은 동일한 것이다. 그러나 자아는 결코 존재하지 않고, 모든 것은 자아의 공이다. 아비다르마에 있어 일차적 존재를 가진 것들은 존재해야만 하며, 이차적 개념적인 존재자들은 자체로 일차적 존재의 공이다. 일차적 존재는 물론 일차적 존재자인 다르마들에 의해 소유되고 있다. 자아의 비존재는 일차적 존재자들이 실제적으로 전혀 존재하지 않음을 의미하지 않는다.

그러나 반야경 문헌에서 동일한 공空의 용어는 절대적으로 일체를 가리키기 위해 사용되며, 그것은 절대적으로 일체가 '마술적인 환영과 같다'는 사실을 수반한다.[142] 우리는 이러한 주장의 범위에 대해 명확히 할 필요가 있다. 왜냐하면 반야바라밀의 부정의 배후에 일차적 존재자, 궁극적인 실재와 같은 어떤 종류의 일원론적인 절대자가 있다고 주장하고, 그럼으로써 공성을 제한하려고 하는 (콘츠와 같은) 학자들이 있기 때문이다. 그러나 『팔천송반야경』은 아주 단호하게 다음과 같이 말한다.

> 나는 열반조차도 마술의 환영 같으며 꿈과 같다고 설한다. 하물며 다른 것은 말해 무엇 하겠는가! … 설사 더욱 수승한 어떤 것이 있다고 하더라도, 그것 또한 환영과 같고 꿈과 같다고 나는 설한다.
>
> (Conze 1973: 99)

환언하면, 모든 사물들은 완전히 개아나 탁자, 숲과 동일한 위상을

142) 후대의 불교학자들은 이 말이 모든 것은 환영과 같다는 말의 급진적인 함축성을 해소하고자 하면서, 이것은 모든 것이 환영이라는 의미는 아니라고 주장한다. 오히려 사물들이 환영과 같다. 이는 왜냐하면 모든 사물은 (일차적 존재성을 가진, 내재적으로 존재하는 것으로서) 하나의 방식으로 나타나며, 또한 (개념적 구성물로서) 다른 방식으로도 존재하기 때문이다. 그러나 여기서 그것을 처음 들었던 사람을 놀라게 하는 것으로 묘사되는, 혼란을 주는 메시지의 성격을 해소시키지는 말자.

가진다.[143] 그것들은 모두 개념적 구성물이며 따라서 자성自性을 가질 수 없다. 결정적으로 그것들은 따라서 파악될 수 없다. 우리는 탁자 등에 대한 파악을 고통과 좌절의 세계에서 고정된 좌표인 귀의처로서 다르마에 대한 파악으로 대체할 수 없다. 따라서 고전적인 초기 반야경 문헌은 X라는 개념에 의해 무엇이 지시되는가, 이것이 어떤 다르마인가를 항시 묻는다. 이에 대한 답변은 어떤 것도 발견되지 않으며, 어떤 것도 파악되지 않지만, 그럼에도 보살은 영웅적으로 모든 두려움에 저항해야 한다는 것이다. 이와 다르게 보는 것은 집착하는 것이며, 집착하는 것은 깨달음을 놓치는 것이다. 따라서 깨달음은 가장 미세한 집착의 근원조차도 파악하기를 그치는 데에서 나오며, 이러한 파악하기를 그치는 것은 집착의 근원이 작용할 수 있는 모든 것을 공하고 단지 개념적 구성물로서 보기를 요구하는 것이다. 어떤 것도 파악되어서는 안 된다. 모든 것은 공하다. 무엇이 궁극적이고 일차적인 존재인가의 차원에서 어떤 것도 존재하지 않는다. 왜냐하면 어떤 궁극적이고 일차적인 존재자들은 없기 때문이다. 그러므로 그러한 차원에서는 끝없는 부재, 끝없는 공성만이 있다. 따라서 다르마들이 일차적 존재성을 가진다고 생각하는 것은 파악하는 것이다. 하나의 권고로서 이것은 완전한 출가에 대한 호소이다. 철학적 이유와 아마도 실존적 이유 양자로 인해 이 공성의 가르침은 어떤 사람들에게는 공포를 주었을 것이다. 그것은 분

143) 반야경 문헌은 모든 사물들은 이차적인 존재자, 개념적 구성물이라고 단언한다. 이는 개념적 구성물의 공일 뿐 아니라 제법(dharma)의 공이다. 이런 법공法空(dharmanairātmya)의 관념은, (자성의 비존재라는 의미에서) 제법에서 자아의 비존재로서, 보통 '비대승'으로 분류되거나, 또는 자체적으로 대승적 경향들을 보여주지 않는 몇몇 학파들의 사상에서도 발견된다. 따라서 제법의 공성의 가르침을 대승의 특성을 규정하는 방식으로 사용하는 것은 잘못일 것이다. Williams(2009: 52-4) 참조.

명히 허무주의처럼 보이지만, 그러나 그것은 승려가 가족과 친구, 마을을 버릴 때 겪었던 출가의 진정한 정신적 등가물일 수 있었던 깊은 출가를 명상 속에서 격려한다. 적어도 그것이 반야경 문헌들로부터 우리가 얻는 인상이다. 그렇지만 공성은 또한 두려움의 치료제이기도 하다. 이런 두려움은, 반야경의 빈번한 언급에서 볼 때, 당시 불교도에게 심각한 문제였음에 틀림없다.[144] 왜냐하면 만일 모든 것이 공하다면, 두려워 할 무엇이 남아 있겠는가? 그리고 고통을 받을 어떤 자가 남아있을 수 있겠는가?

3) 보살(bodhisattva)

반야경 문헌 자체는 모든 사물을 예외 없이 공하다고 보는 것이 대승의 수행자들을 위한 어떤 특별한 가르침이라고 주장하지 않는다. 어떤 다른 관점도 집착을 포함할 것이기 때문에, 집착을 끊고 또 깨달음이라 할 수 있는 어떤 상태를 얻기 위해서는 공성을 볼 필요가 있다는 결론이 나온다. 『팔천송반야경』은 말한다.

> "그가 성문과 연각, 보살의 단계에서 훈련하기를 원한다면, 그는 이 반야바라밀을 듣고 … 바로 이 반야바라밀 속에서 훈련하고 노력해야 한다."[145]
>
> (Conze 1973: 84)

---

144) 또한 예를 들어 불수념佛隨念(buddhānusmṛti) 수행이 두려움의 대치로서 설해짐을 보통 발견한다. 예를 들어 Williams(2009: 52-4) 참조.

145) 성문(śrāvaka)의 단계는 열반을 목적으로 하고, 아라한이 되려는 것이다. 연각(pratyekabuddha)은 아라한과 함께 모두 '소승'(hīnayāna)이라고 대승불교의 저자들에 의해 분류된 또 다른 유형의 깨달음이다.

따라서 『팔천송반야경』에 관한 한, 우리가 다르마들의 존재론적 지위와 탁자와 개아, 숲의 존재론적 지위 사이에서 어떤 종류의 차이를 보는 한, 완전한 집착의 소멸을 얻는 것은 궁극적으로 불가능하다. 즉, 우리가 일차적 존재자와 이차적인 개념적 구성물 사이에서 실제적이고 현실적인 존재론적 차이를 보는 한, 갈애를 소멸시킬 수 없다. 따라서 그런 상황 속에서 어떠한 수준의 깨달음을 얻는 것은 불가능하다. 그렇지만 여기에서 다르마들로 분석하는 것에 자체적으로 어떤 오류가 있다는 결론은 나오지 않음에 주의하라. 다르마들을 분석하려는 사람들에 의해 설해지듯이, 탁자가 개념적 구성물이라고 아는 것은 올바로 아는 것으로, 또 탁자에 대한 집착을 벗어나는 데 기여하는 것으로 간주될 수도 있다. 그러나 문제는 다르마들 자체와 대비되는 근본적인 존재론적인 어떤 것이 있다고 생각하는 데 있다. 이는 다르마들을 적합한 집착의 대상으로 만들 것이다.

어떠한 깨달음을 위해서도 완전한 공성의 통찰이 필요하지만, 반야경은 지속적으로 그들의 영웅인 보살의 서원誓願을 낮은 목표를 지향하는 자, 즉 아라한이 되려는 목표를 가진 자의 서원과 대비시킨다. 보살의 이상은 대승불교에서 새롭게 등장한 것은 아니다. 모든 불교 전통에서 보살은 과거불過去佛 앞에서 진지하게 서원을 세우고 붓다의 길을 가는 자라고 인정된다. 따라서 장차 석가모니 붓다가 될 존재도 수많은 겁 이전에 과거불 앞에서 완전한 붓다가 되고자 하는 서원을 세웠다. 그러나 여기에 하나의 문제가 있다. 아마도 석가모니는 실제로 과거불 앞에서 스스로를 위해 깨달음(아라한의 상태)을 얻을 수도 있었을 것이다. 만일 결과적인 붓다의 상태라는 목적이 아라한의 상태와 질적으로 다르지 않다면, 어떤 중요한 방식에서 훨씬 더 뛰어나지 않다면, 무엇 때문에 그는 붓다의 상태를 이루기 위해 필요한 수많은 재생을 겪었을

까? 붓다는 다른 사람을 좀 더 효과적으로 도울 수 있기 위하여 대비심에서 성불에 이르는 오랜 수행도를 착수했다고 한다. 그렇지만 그 이유는? 그것은 자신에게 이로울 어떤 부가적인 성질을 위해서는 아니었을 것이다. 왜냐하면 자신을 위해서는 고통으로부터 벗어난 열반, 아라한의 상태 이상의 위대한 성취는 없다고 주장되기 때문이다. 따라서 석가모니는 그의 전생에서 오로지 이타주의 때문에 보살의 서원誓願을 세웠음에 틀림없을 것이다. 그러나 만일 보통의 아라한이 되는 것에 비해 질적으로 뛰어난, 실로 정신적으로 뛰어난 붓다가 되는 것이 아무것도 아니라면, 이는 불합리하다. 그러나 만일 질적으로 뛰어난 어떤 것이 존재한다면, 그것은 단지 이타주의의 관점에서만 기술될 수 있다. 왜냐하면 아라한이 되는 것을 넘어서 붓다에게는 스스로를 위해 얻을 것이 아무것도 없기 때문이다. 그리고 만일 이 붓다의 상태가 질적으로 뛰어나다면, 이타적인 완전한 붓다의 상태를 획득하지 못한 사람은 최고의 정신적 목적을 놓칠 것이다.

따라서 석가모니 붓다는 분명히 이타심 때문에 완전한 붓다가 되겠다는 서원을 세웠어야만 했을 것이며, 또한 완전한 붓다의 상태는 아라한의 상태인 열반보다 질적으로 뛰어나야만 한다. 그 우월성은 그의 이타주의 속에 놓여 있다. 그러므로 『팔천송반야경』에서 보살의 서원은 이렇다.

> 나는 나 자신을 [사물의 진정한 방식인] 진여眞如 속에 위치시키고, 그래서 모든 세간이 도움을 받을 수 있도록 나는 모든 중생을 진여 속에 위치시킬 것이며, 또 모든 무량세계無量世界의 중생들을 열반으로 인도할 것이다.
>
> (Conze 1973: 163)

그렇지만 반야경 문헌은 모든 것은 공하기 때문에 보살은 실제로 구제받는 어떠한 중생이 있다고 지각함이 없이 그러한 대서원을 가진다고 반복적으로 서술한다. 이것이 진실로 지혜의 완성이다.

여하튼 대승경전에서 보살이 되기를 열망하는 사람을 위한 최종적인 정신적 경력으로서 보살도를 찬미하는 데로 이끈 것은 아마 이와 비슷한 몇몇 사유였을 것이다. 비대승 문헌에서 등장하는 보살의 경력에 대한 설명들은 (위대한 존재들이 과거에 행한 것으로, 또 미륵보살과 같은 몇몇은 미래에 행할 것으로서) 묘사적인 반면, 대승 문헌에서 이 설명들은 규정적으로 되었다. 모든 사람은 보살의 서원을 세우고 모든 중생들의 이익을 위해 완전한 붓다의 상태를 얻어야 한다. 다른 어떤 목적도 이 위대한 목표 앞에서는 열등하다. 즉, 소승의 목표이다. 실제로 후대의 반야경 문헌과 다른 대승문헌에서 우리는 다른 이들을 돕기 위해 보살도菩薩道를 잘 닦은 사람들의 위대한 능력에 대한 설명들을 발견한다. 이 보살도의 실천자들은 그들에게 간청하는 사람들을 돕기 위해 신통력처럼 보이는 것을 얻도록 격려된다. 거의 깨달음에 근접한, 높은 단계의 보살들은 다른 중생들을 도울 수 있는 커다란 능력을 갖고 있다. 따라서 그들은 특히 연민심과 연관하여 관세음보살이나 또는 지혜의 보살인 문수보살文殊菩薩과 같은 '천상적 보살'(celestial bodhisattva)로 불리는 존재로서, 도와주려는 능력과 서원을 가지고 있으며, 또한 과거에 행했던 무량한 선행 때문에 무한한 공덕을 가지고 있다. 이것이 바로 공덕으로서, 그들은 윤회의 고통을 겪는, 선근이 박약한 다른 중생에게 주면서 행복해한다.[146)]

146) 자신의 공덕을 돌린다는 회향 관념은 그렇지만 흔히 묘사되듯이 대승에 고유한 것은 아니다. Schopen(1985; 1997 reprint: 2장) 참조.

이런 모든 점에 비추어 볼 때, 대승불교의 맥락에서 단지 '열반'에 대해 말하는 것은 지나치게 단순하다는 점을 유념해야 한다. 이는 중요하다. 아라한이 되려는 목적과 관련된 열반이 있다. 연각의 상태가 존재하고, 또 대승에서 완전한 붓다의 상태와 관련된 정각도 존재한다. 대승 경전에서 열반을 윤회와 대비시켜 언급하면서, 또한 보살 내지 붓다는 고통으로부터 해탈했지만 윤회 속에서 그들을 버리지 않는다는 점에서, 열반과 윤회의 이원성을 초월했다고 공통적으로 지적하고 있다. 붓다에 의해 성취된 깨달음의 상태는 따라서 '무주처열반無住處涅槃'(apratiṣṭhitanirvāṇa)이라고 불린다. 그러므로 서구의 많은 책들이 그렇게 하듯이, 보살을 실제로 열반에 들어가기를 연기하는 것으로 묘사하는 것은 매우 문제이다. 그는 어떤 열반을 연기하는 것인가? 분명히 아라한이나 연각의 열반은 아니다. 왜냐하면 그것들은 열등한 열반이라고 설해지기 때문이다. 그리고 모든 중생을 위해 깨달음을 원하는 존재로 묘사되는 보살이 문자 그대로 붓다의 상태를 연기한다는 것은 매우 불합리하다. 보살이 무주처열반을 연기할 이유는 없다. 만일 이를 보살이 행한다면, 말할 나위도 없이 어떠한 붓다라도 그의 서원을 깨뜨렸어야 했을 것이다. 붓다는 어떤 의미에서 대비심이 부족한 존재로 모순되게 취급되어야 했을 것이다. 우리는 앞의 『팔천송반야경』의 인용에서 보살이 정확히 다른 중생을 더욱 잘 도와주기 위해 붓다의 상태를 얻고자 원한다는 것을 보았다. 이것은 이 텍스트가 다른 중생을 돕는 일에 좀 더 완전히 집중하기 위해 하나의 이기적인 개인적 목표로서의 붓다의 상태조차도 포기하라고 보살에게 권하지 않았다고 말하는 것이 아니다. 그러나 이것의 결과는 그가 붓다의 상태를 보다 빨리 얻는다는 것이다. 실로 이것이 깨달음으로 가는 진정한 길이다. 어떤 다른 대안도 역설적일 것이다.[147]

2. 중관사상

여기서 '불교철학'이라는 표현에 의해 나는 가장 넓은 의미에서 '여실지견如實知見'(yathābhūtadarśana)에 관한 논의와 사변, 주장을 의미하고 있다. 전체로서의 대승불교가 자체적으로 비대승인 주류불교 내에서 하나의 전망(vision)이나 영감으로서 가장 잘 이해될 수 있듯이, 나는 대승불교 철학은 전체로서의 불교철학에 대한 반응이며, 그것의 특정한 표현으로 이해되어야 한다고 생각한다. 내가 윤곽을 그렸던 방식대로 이해하자면, 아비다르마가 불교의 철학적 사유를 위한 주제와 전제, 구조를 세우고 있다는 의미에서 전체로서의 불교철학을 나타내는 명칭은 '아비다르마'(Abhidharma)라고 보인다. 철학은 여기서 아마 소수의 엘리트 비구들 사이에서의 아비다르마 논쟁 속에서 발전했었다. 대승 철학은 아비다르마의 접근의 부정을 대변한다기보다는 아비다르마의 시도 내에서의 일련의 전략이라고 가장 잘 이해된다.

'중관'(Mādhyimaka)을 이런 불교 철학의 대승학파를 위한 이름으로 사용하고 또 그것의 특징적인 철학적 입장을 위한 명칭으로 사용하는 것은 최초기의 중관 자료에는 결여되어 있다. 이 명칭은 예를 들어 일반적으로 중관학파의 창시자라고 하는 용수龍樹(Nāgārjuna, CE. 2~3세기)의 철학적 저작에서는 전혀 찾을 수 없다. 그럼에도 용수는 공성의 입장을 취하는 공성론자空性論者(śūnyatāvādin)라는 표현의 사용에 의해 스스로 구별되는 입장을 지니고 있음을 보여준다(廻諍論, Vigrahavyāvartanī V, 69). 물론 불교는 처음부터 그것을 하나의 '중도'라고 말해왔다. 그러나 중관학파에게

147) 인도와 티베트 불교에서의 발전된 대승의 견해는 분명히 보살은 열반을 '연기'하지 않는다는 것이다.

특히 '중도를 따르는 자'라는 주장의 가장 주요한 의미는 공성(śūnyatā)을 상주론常住論과 단멸론斷滅論 사이의 중도로서 이해하는 것이다. 의심의 여지없이 이 이해는 연기緣起(pratītyasamutpāda)의 관념을 하나의 불변하는 자아의 영원한 존재를 주장하는 사람들과, 죽을 때 단멸한다고 주장하는 사람들 사이의 중도로서 보편화시킨 데로 소급될 수 있다. 따라서 중관 자료(『中論頌』, Madhyamakakārikā 24: 18)에서 공성이 연기와 동일시되고 있음을 발견하는 것은 놀라운 일은 아니다. 다르마들조차 원인과 조건因緣에 의해 생겨나기 때문에, 그것들 또한 일차적인 실체적 존재의 공이어야만 한다.

그러므로 용수와 그의 제자들이 모든 사물은 예외 없이 환영과 같다는 반야경의 주장을 이성적으로 실증하려고 했던 방식은 모든 사물이 자신의 자성을 갖고 있지 않음을 보여줌에 의해서이다. (모든 것은 무자성이며, 그것들은 이차적인 존재자, 즉 개념적 구성물이다.) 그것들은 원인과 조건들의 결과이기 때문에 의존적으로 산출된다. 일반적인 용어로 불교철학에서 중관논자(Mādhyamika)는 내재하는 자성의 비존재인 공성(śūnyatā)의 절대적인 보편성을 주장하는 공성론자(śūnyatāvāda)이다. 따라서 그는 절대적으로 모든 것은 개념적 구성물에 지나지 않는다고 주장하고 증명하려고 시도하는 것이다.[148] 비록 용수와 관련된 논변들이 그의 시대

---

148) 분명히 이것은 중관론자는 자신의 입장을 가지고 있지 않다고 종종 언급되는 주장과 모순된다. 이 단계에서조차 문자대로 중관론자가 자신의 입장을 가지고 있지 않다고 주장하는 것은 반야경과 모순될 것이라고 생각될 수 있다. 반야경들은 분명히 보편적인 자성의 비존재를 주장한다. 그것은 또한 용수 자신의 공론空論(śūnyavāda)에 대한 언명과 모순될 것이다. 만일 어떤 사람이 모든 것은 환영幻影과 같다고 생각하고, 그리고 자기 자신의 어떤 입장도 갖고 않고 있다고 한다면, 그 사람은 어떤 점에서 명백히 일관된 입장을 가지고 있다고 할 수 있다. 이는 어떠한 입장 자체는 하나의 환영과 유사해야만 하기 때문이다. 그러나 환영이란 점에서

이전에도 있었을 것이라고 생각할 몇 가지 이유가 있지만, 이러한 접근의 창시자는 항시 용수라고 말해진다.

나는 여기서 용수의 전설적인 생애나 그의 위대한 제자 아리야데바(Āryadeva)의 생애에 대해서는 많이 말하고 싶지는 않다. 현대 학자들은 나가르주나가 600여 년을 살았으며, 위대한 중관철학자였을 뿐 아니라 밀교 요가행자이자 성취자(siddha)였다는 전통적인 티베트 불교의 설명을 인정하지 않는다. 그들은 적어도 두 명의 용수가 존재했었을 것이라고 추정하는 편이다. 어떤 저작이 철학자 용수에게 귀속될 수 있는가에 대해서도 커다란 논쟁이 있다.[149] 그러나 중관철학에 관한 한, 아래 저작들은 응당 나가르주나에 귀속되어야 한다는 데에 어느 정도의 동의가 있다.

(i) 『중론송中論頌』(Madhyamakakārikā, 아마도 처음에는 단지 '지혜'(prajñā)로 불렸을 것이다. 보통 MMK로 약칭) — 용수의 핵심 저작이며, 산스크리트본 현존.

(ii) 『회쟁론廻諍論』(Vigrahavyāvartanī, 게송 및 게송에 대한 자신의 주석이 산스크리트본으로 현존) — 비판자에 대한 용수의 응답.

몇 가지 단편들을 제외한 다음의 저작들은 다만 티베트역이나 한역으로만 현존한다.

자성의 비존재라는 중관론자의 입장은 계속해서 요구될 수 있다. 이것은 중관론자가 (어떤 의미에서) 자기 자신의 어떤 입장도 갖지 않다고 해도 그렇다. 이 모두는 『회쟁론』에서의 용수 자신의 반응과 대응한다.

149) Ruegg(1981)과 Lindtner(1982) 참조. Bodhicittavivaraṇa에 대해서는 Williams(1984) 참조.

(iii) 『육십송여리론六十頌如理論』(Yuktiṣaṣṭikā)

(iv) 『공칠십론空七十論』(Śūnyatāsaptati)

(v) 『광파론廣破論』(Vaidalyaprakaraṇa) – 힌두 정리학파의 인식론자들의 범주에 대한 비판

(vi) 『보행왕정론寶行王政論』(Ratnāvalī, 왕에게 보내는 긴 서한. 또한 용수에게 귀속되는 조금 짧은 서한은 『용수보살권계왕송(龍樹菩薩勸誡王頌)』(Suhṛllekha)이다)

(vii) 『사찬가四讚歌』(Catuḥstava) – 용수에게 신뢰할 만하게 귀속되는 네 개의 찬가.

용수의 제자인 아리야데바의 가장 중요한 저서는 『사백론四百論』(Catuḥśatakakārikā)으로 티베트역과 한역이 있다.

인도에서 중관학파의 하위학파들에 대해 말하는 것이 무엇을 의미하는지는 분명하지 않다. 실제로, 인도에서 중관학파가 얼마나 영향력을 가졌는지, 또는 얼마나 진지하게 수용되었는지 분명하지 않다. 8세기 이후의 소위 유가행 자립파 중관학파(Yogācāra-Svātantrika Mādhyamika)와 11세기의 찬드라키르티(Candrakīrti)의 중관학파의 전통은 예외일 것이다.150) 이는 7세기 찬드라키르티가 죽은 뒤 오래 지나서였다. 모든 중관학자들은 일차적, 실체적 존재의 완전히 부정과 따라서 개념적 구성물의 보편성을 주장한다. 그렇지만 인도에서 중관학자들 사이에 다양한 논

150) 비록 티베트 논사들이 종종 Candrakīrti를 Nāgārjuna(용수) 이후의 가장 위대한 중관논사라고 언급하지만, 만일 다른 문헌이나 현존하는 인도 주석서들에서의 언급에 의거해 본다면, Candrakīrti는 인도에서 거의 영향력을 갖고 있지 않았다는 점에 주의하라. 우리는 후대의 비인도적 문헌을 사용해서 인도에서 일어났던 것에 대한 인상을 재구성할 때 특히 주의해야만 한다.

점에 관한 차이점과 논쟁이 있었음을 인식하고 있는 티베트 불교학자들은 중관학파를 자립행파自立行派(Svātantrika)와 귀류파歸謬派(Prāsaṅgika)로 구분했으며, 자립행파는 다시 경량부 자립행파(Sautrāntika-Svātantrika)와 유가행 자립행파(Yogācāra-Svātantrika)로 구분된다.

그렇다고 해도, 정확히 어떠한 점이 중관학파의 각 하위 분파分派의 사상가들을 구별하는가에 대해서는 논란이 있었다. 하나의 영향력 있는 해석을 보자. 티베트의 쫑까파(Tsong kha pa, 14~15세기)의 견해에 따르면, 이를테면 청변淸辯(Bhāvaviveka, 약 CE. 500~570)과 같은 자립행 중관학자는 궁극적으로 모든 사물은 자성(svabhāva)을 여의고 있다고 주장한다. 쫑까파에 따르면, 그는 실용적인 일상적 관점에서 이것이 관습적인 존재의 경우에는 타당하지 않다고 주장했다. 반면에 귀류파인 찬드리키르티에 있어서 바로 자성이라는 개념은 궁극적이든 언어적 차원에서든 모순적이다. 어떤 때에는 반론자에 의해 주장된 일차적 존재자를 논파하기 위해 인도 논리학 문헌에서 유래된 적절한 논리형식, 즉 '삼단논법'의 추론 구조를 사용하는 것이 필요한지에 관해 자립행파와 귀류파 사이에 커다란 차이가 있었다고 한다. 자립행파는 그러한 논리형식을 사용해야 한다고 주장했다. 경쟁자인 귀류파에게 있어서는 반론자의 일차적 존재자 속의 모순을 지적하고, 또 일종의 귀류법(reductio ad absurdum)인 선호된 귀류 논변(prasaṅga)의 사용처럼 그들이 확신하고 있는 어떠한 추론을 사용하고, 반대자에게 그의 입장이 스스로에게 모순을 포함하고 있음을 보여주는 것으로 충분하다.

더욱 샨타락시타(Śāntarakṣita, 7~8세기)와 같은 유가행 자립행파는 특히 경험대상의 지위라는 논점에 관해 (귀류파인 찬드라키르티는 말할 것도 없이) 경량부 자립행파의 청변과 다른 입장을 갖고 있었다고 보인다. 중관학자로서 그들 모두는 모든 것이 단지 개념적 구성물이라는 점에는 동의했지만, 샨타락시타는 그런 언어적인 개념적 구성물들은 모두 마음의 성질에 관한 것이라고 주장했던 것으로 보인다. 다시 말해, 모든 경험 속에서 주관과 객관은, 어떤 의미에서 심적(mentalistic)인 것이라는 동일한 근본적인 성질을 갖고 있다. 이 점에서 샨타락시타와 그의 제자들은 유가행파 내지 유식(cittamātra)과 비슷하다. 비록 그들이 ('識', '心'이라는) 심적인 질료는 자체로 고유한 자성을 가진 하나의 일차적 존재자임을 부정한다는 점에서 유가행파와 다르지만 말이다. 청변은 주관과 객관이 동일한 질료를 가졌다고 생각하지 않았고, 이 점에서 그는 이 문제에 대한 경량부의 접근과 유사하다고 말해진다.[151]

중관을 이해하는 열쇠는 실체적인 일차적 존재와 이차적인 개념적 구성물 사이의 아비다르마 구별의 맥락에서 공성과 연기의 동일시가 가진 의미를 제대로 이해하는 데 놓여있다고 보인다.[152] 따라서 나는 중관학파가 아비다르마적 논쟁 내에서 하나의 전략을 대변한다고 주장하고 싶다. 그 전략이란 일차적 존재와 이차적 존재 사이의 어떠한 존재론적 구별 속에서－사물이 진실로 존재하는 방식에 관한 어떠한 구별 속에서－하나의 모순을 찾으려는 주장과 연결되어 진행되는 한에서, 아비다르마의 분석을 긍정하는 것이다. 아비다르마의 추종자들은 아비다르마 프로젝트의 완전한 존재론적 함축성을 충분히 상세하게 생각하지 않았다. 우리는 개념적 존재자가 특정한 종류의 비판적 탐구하에서 해체될 수 있음을 보았다. 그런 탐구는 만일 X가 자체적인 존재

---

151) 중관문헌과 논사들에 대한 세부적인 사항은 Williams(2009: 65-8)와 Ruegg(1981) 참조.

152) 나는 Richard Hayes가 비록 충분히 발전되지는 않았지만, 진실로 중관학파의 사유가 단순히 또는 일차적으로 반론자들의 자성을 겨냥하는지에 대해 과거에 의문을 제기했음을 의식하면서 말하는 것이다. Hayes(1994) 참조.

성을 가지는 유형의 것인지를 발견하고자 탐구하는 것이다. 다른 말로 하면, 그것은 특정한 유형의 방식으로 개념화되었을 때 X의 존재를 그것에게 부여하는 구성부분들로 X가 해체될 수 있는지 또는 없는지를 발견하고자 탐구하는 것이다. 후대 티베트의 사상가들은 X가 궁극적인, 즉 일차적인 존재성을 가지는지 아닌지에 대한 탐구로서 이러한 종류의 탐구를 '궁극적인 분석'이라고 부를 것이다. 탁자의 존재는 (실제적인 목적으로) 상판과 발 등을 특정 방식으로 개념화하는 것이다. 따라서 개념적 존재자는 자체 내에 포함된 존재를 갖지 못한다. 그것은 자신의 고유한 자성(svabhāva)을 갖지 않는다. 그러한 것으로서 그것의 존재는 개념적 구성에 의하여 그것에 주어진 것이다. 따라서 그것은 자성을 여읜 것無自性(niḥsvabhāva)이다. 그러므로 중관철학에서 특정한 종류의 분석이 행해지는데, 그 분석은 이런 실체들이 이러한 궁극적인 분석 하에서 해체될 수 있는지를 알기 위하여 자성을 가진 실체들을 포함한다고 반론자들에 의해 주장된 각각의 범주들을 탐구하는 것이다.

이전의 아비다르마 용어에서 자성(svabhāva)을 가진다는 것은 구성부분으로 해체될 수 없는 특정한 형태의 존재자를 가져야만 한다는 점에 주목하라. 그러므로 그것은 관습적인 개념화하는 과정의 결과라고 여겨지지 않는 존재를 가져야만 한다. 자성을 가지지 않은 것이 여전히 존재하지만, 그 존재는 관습적이고 실용적인 개념화하는 활동에 달려 있다. 그럼에도 실제 존재는 일차적 존재자들로 환원될 수 있음에 의해 확보된다. 이 모델 내에서 또 용수가 반야경의 존재론의 진리를 증명한 요점에서 생각된 모순은 연기와 공성 사이의 함축 관계에 있다. 이전의 아비다르마 추종자에게 개념적 존재자라는 것은 명백히 원인과 조건의 결과이며, 특히 개념화 과정의 결과이다. 그러나 일차적 존재자라는 것도 주로 인과적 과정의 결과였다.[153] 일차적 존재자를 정당화시키는 것은 그것이 불가환원적인 것으로서, 그 속에서 이차적 존재자가 분석될 수 있어야 하는 것이다. 그것은 반드시 그래야만 하는 것이다. 따라서 일차적 존재자라는 것은 대부분 원인과 조건과 무관한 것들이 아니다. 그렇지만, 용수는 그것이 모순이라고 말하려 한다. 이차적 존재자는 일차적 존재자로 환원될 수 있기 때문에 그 자체로 존재를 가지는 것으로 발견될 수 없다. 만일 그렇다면, 이차적 개념적 존재자로서의 바로 그것의 존재는 바로 그것의 원인과 조건들에 의해 그것에게 부과된 존재를 통해서 그것에게 허용된 것이다. 그러므로 자성(svabhāva) 개념은 구성된 존재와 대비되었을 때의 고유한 성질이란 내재적 혹은 고유한 존재, 즉 외부로부터 부여되지 않은 자족적(self-contained) 존재라는 개념으로 변화되었다. 그러나 내재적 혹은 고유한 존재는 인과 과정이나 개념화 과정과는 독립해서 그 자체로 존재하는 것에 해당된다. 반면에 원인과 조건의 결과인 것은 어떤 것이든 자체의 고유한 존재를 여윈 것이어야만 한다.

따라서 (탁자는 부분으로 분해될 수 있듯이) '일차적' 존재자와 '이차적' 존재자 사이의 상대적 구별이 여전히 존재할 수도 있지만, 원인과 조건의 결과인 것은 어떤 것이든 자성이 없는 것이며, 그것의 공이어야만 한다. 그것이 무엇이든, 만일 X의 (궁극적) 존재성을 탐구하는 그런 형태의 분석 아래서 추적되었을 때 X가 발견될 수 없다면, X는 공한 것이다. 만일 X가 원인과 조건의 결과라면, 특히 그것이 개념화의 결과임이 제시될 수 있다면, 그러면 X는 공한 것이다. 그래서 용수는 예컨대 인과성 자체, 운동, 시간, 붓다, 열반이나 자아와 같이 불교사상의 주요한

---

153) (예를 들면 아비다르마에서 유위법과 같은) 대부분의 다르마는 빠른 인과성의 흐름 속에서 서로서로 이어지는 원인과 조건의 결과임을 기억하라.

범주들에 대해서뿐 아니라, 비불교적인 범주들에 대해서도 분석적 고찰을 적용시킨다. 그는 어떤 것이 어떠한 종류의 인과과정의 결과로서 발견될 수 있을 때, 이를 공하다고 선언한다. 이러한 방식으로 반야경에서 완전한 공성空性을 '환영幻影과 같다'고 언명하는 것은 분석적 탐구를 통해 증명될 수 있다. 그것은 아비다르마조차도 가장 나무랄 데 없는 불교적 방식으로 연기緣起를 사용함을 통해 제시되고 있다.[154] 용수는 말한다.

> 다른 어떤 것에 의해 조건 지어져 생겨나는 것은 무엇이나 내재적 존재의 견지에서 적정하다. 따라서 생기의 과정과 산출행위 자체가 적정하다. … 생·주·멸은 환영이나 꿈, 간다르바의 성과 같다고 선언된다.
>
> (MMK 7: 16/34)

그러므로 용수의 접근은 이를테면 (유명한 MMK 1장에서) 인과성 자체와 같이 분석을 견뎌낼 수 있다고 타인들에 의해 간주되는 범주를 취해서 그것을 분석하는 것이다. 중관학파의 유일한 관심사는 반대자의 주장을 분석하는 것이지, 분석을 견딜 수 있는, 그들 자신의 입장을 함축할 수도 있는 반대 입장을 제출하는 것이 아니다. 그러므로 『회쟁론』 23에 대한 용수의 유명한 진술은 그가 증명할 어떤 주장명제(pratijñā)도 갖고 있지 않다는 것이다. 만일 인과관계가 동일한 원인과 결과 사이에서 합리적으로 설명될 수 없다면, 어떻게 인과성이 존재할 수 있겠는가? 이는 그러한 인과성이 무의미하며 무한소급으로 이끌기 때문이

---

154) 몇몇 중관학파의 비판에 대한 개요는 Williams(2009: 72 ff.) 참조.

다. 결과가 존재했을 때 원인은 다시 생겨나야 할 것이며, 따라서 결과는 또 다시 일어나야 하기 때문이다. 인과성은 또한 원인과 결과가 본질적으로 다를 때에는 증명될 수 없는데, 왜냐하면 그 경우에 양자 사이에 실질적인 관련성이 없을 것이기 때문이다. 원인과 결과는 동일하면서도 다른 것일 수 없다. 왜냐하면 그런 입장은 이 두 가지 모두에 문제를 야기하기 때문이다. 또한 어떤 원인 없이 생겨나는 결과도 있을 수 없다. 왜냐하면 그 경우에 산출은 임의적이 될 것이며, 또 적절한 인과적 연결 없이 의도적 행위는 무의미해질 것이기 때문이다.[155] 자아는 개별적이든 함께 취하든 오온과 동일할 수도 없고, 또한 오온과 다를 수도 없을 것이다.

아비다르마 용어에서 X가 궁극적 분석에 견디지 못한다고 (즉, 그것이 자성의 공, 무자성이라고) 아는 것은 그것이 결코 존재하지 않음을 함축하는 것으로 간주되어서는 안 된다는 점에 주의하라. 어떤 아비다르마의 추종자도 책상과 의자가 존재하지 않는다고 주장하지 않는다. 그것들은 여전히 일상적 목적을 위해 사용될 수 있으며, 그러한 언어용법은 아주 올바른 것이다. 따라서 용수는 『회쟁론』에서 그 자신의 말이 내재적 존재성을 결하고 있다는 사실은 그것들이 논파적 기능을 수행할 수 없음을 의미하는 것은 아니라고 주장할 수 있었다. 그의 입장은 그런 의미에서 모순되지 않는다. 공성이 연기를 함의하며, 결코 비존재와 동일한 것이 아님이 이해된다면, 공한 어떤 것은 어떤 의미에서 틀림없이 존재해야만 한다는 것을 함축하고 있다고 이해될 수 있다. 왜냐하면 그것은 틀림없이 어떠한 종류의 인과적 의존성을 통해 생겨났어야만

155) 이 논변들은 Buddhapālita(佛護)의 주석에서 뽑은 것이다. Williams(2009: 73-4) 참조.

하기 때문이다.

여기서 공성은 '부정의 방식'(via negativa)을 통해 접근된 어떤 종류의 절대적 실재가 아니다. 그것은 X가 무엇이든, X의 경우에 바로 (순수한 비존재로서) 내재적 존재의 부재이며, 그것은 원인과 조건에 의존해 X가 일어난 결과이다. 만일 책상이 공하다면, 이는 의존적 방식으로 존재했기 때문에 책상이 존재한다는 것이다. 책상은 내재적 존재의 공이며, 책상이 가진 내재적 존재의 전적인 부재라는 그것의 성질이 그것의 공성이다. MMK 24장에서의 유명한 논의에서 어느 반론자는 용수가 공성의 가르침으로 불교 전체를 파괴했다고 비난하고 있다. 이에 대해 용수는 반론자가 공성과 그것의 목적을 잘못 이해했다고 대답하고 있다. 이에 대한 주석에서 찬드라키르티는 공성과 연기의 관계를 강하게 되풀이한다. 붓다에 의해 설해진 이제二諦를 이해할 필요가 있다. 언설(vyavahāra)에 의거함이 없이, 승의勝義는 설해지지 않으며, 승의에 의거함이 없이는 열반은 증득되지 않는다. 여기서 승의제勝義諦는 사물에 관해 궁극적으로 참이라는 점에서 공성이다. 내재적 존재의 공으로서의 사물 자체는 관습적인 것이다. 사물을 가리킴이 없이 공성의 가르침은 있을 수 없다. 나아가 용수에게 있어 공성이 합리적이고 또 인정될 수 있다고 보이는 경우 모든 사물은 합리적이고 또 인정될 수 있다. 이는 왜냐하면 공성이 연기를 함축하기 때문에, 공성의 대안은 내재적 존재일 것이며, 따라서 (혹은 문자 그대로 무로서) 우주를 구성하는 불변하는 단위(block-universe)일 것이다. 만일 X가 존재하지만 공하지 않다면, X는 본질적인 또는 내재적인 존재자이어야 할 것이며, 따라서 결코 소멸하지 않아야 할 것이다. 그리하여 상황은 놀랍게 반전되어 용수는 공성을 부정하는 반론자가 붓다의 가르침을 파괴한다고 비판한다. 만일 그들의 깨닫지 못한 상태가 내재적으로 존재하며, 원인과 조건의 결과가 아니라면, 누가 깨달을 수 있겠는가?[156]

또한 아주 실질적인 의미에서 공성은 사물에 의존한다는 점에 주목하라. X의 경우 공성은 내재적 존재의 부재이다. 만일 X가 존재하지 않는다면, X의 공성도 존재할 수 없을 것이다. 절대적으로 어떤 것도 존재하지 않는 가설적인 경우에, 공성은 존재할 수 없을 것이다. 따라서 어떤 의미에서 공성은 공한 어떤 것에 의존하여 존재한다. 이렇게 의존해서 생겨나는 것으로서 공성은 자체로 공하다. X에 관해 궁극적으로 참이라는 점에서 공성은 궁극적인 진리이지만, 일차적 존재자라는 의미에서 공성은 궁극적인 진리가 아니다. 궁극적 진리란 공성 자체를 포함해서 모든 것이 궁극적인 진리를 여의고 있다는 것이다. 따라서 중관학파는 '승의제勝義諦'를 두 가지 의미로 사용한다.

(i) 첫 번째는 하나의 궁극적 진리로서, 즉, 분석에 견디는 어떤 것, 일차적 존재자로서의 승의제이다. 이 의미에서 중관학파는 하나의 궁극적인 진리로서의 그런 사물은 존재하지 않는다고 말한다.

(ii) 두 번째는 사물의 궁극적인 방식法性(dharmatā), 궁극적인 상태, 일차적 존재자를 탐구하는 궁극적인 분석의 결과로서 타당하다고 발견되는 것이다. 이것은 일차적 존재의 부재, 즉 공성이다.

따라서 (i)의 의미에서 절대적으로 어떤 궁극적인 진리도 없다는 것이 (ii)의 의미에서 궁극적 진리이다.

세속제世俗諦와 승의제勝義諦에 대한 중관학파의 접근을 연구함에 있어

156) 이제二諦에 대한 상세한 분석은 Williams(2009: 76-9) 참조

양자를 분리하지 않고, 중관이 승의제를 세속제를 넘어선 최종적 목표로서, '공성의 상태'로서 옹호한다고 생각하지 않는 것이 중요하다. 불교는 세속적인 것에서 승의적인 것으로 이행하는 것이 아니라 오히려 지혜롭게 보려는 하나의 운동이며, 세속적인 것을 단순히 세속적인 것이라고 이해하는 것이지, 그것에게 내재적이고 본질적인 존재, 따라서 파악될 수 있는 존재라는 잘못된 의미를 부여하려는 것이 아니다. 전체적인 요점은 사물을 있는 그대로 보고, 사물의 여실한 존재방식을 이해하려는 것이다. 그때 대승불교도는 타인의 이익을 위해 세상에 참여한다. 요점은 이 세상으로부터 다른 궁극적인 것으로, 청정한 공성의 영역으로 이행하는 것이 아니다.157) 아마 용수가 열반을 윤회와 구별시키는 어떠한 것도 없다는 그의 유명하고 종종 오해되었던 진술(MMK 25: 19-20)을 했던 것은 아마 부분적으로 현세로부터 하나의 가정된 궁극적인 것으로의 이행을 막기 위해서일 것이다. 이 진술은 이 세상이 자체로 깨달음의 영역을 의미하는 것으로 문맥상 해석될 수 없다. 또한 그 진술은 (공성 자체나) 깨달음이 승원의 출가생활이 여하튼 이런 점을 놓치고 있다거나, 단지 세상을 관찰하는 방식 속에 놓여 있음을 가리키는 것으로 간주될 수도 없다. 공성은 어떤 것을 관찰하는 방식이 아니다. 그것은 바로 그것의 내재적 존재의 부재인 그 사물의 성질이며, 사실상 그것들의 인과적으로 조건지어진 성격에 따라 예외없이 모든 것이 지닌 성질이다. 그리고 용수는 그것들이 공통적으로 가진 공성의 성질에

157) 따라서 어떤 것이 관습적이거나 단지 개념적인 것이라고 주장하는 것은 그것에 대한 집착과 갈애를 제거하려는 것임에 주의하라. 이것이 반드시 중관학파에서 그것을 평가절하하기 위해 생각된 것은 아니다. 모든 사물이 그렇듯이, 붓다의 상태는 내재적 존재를 결하고 있다. 중생의 행복도 마찬가지다. 그러나 그것들은 보살에게 최고의 (어떤 의미에서 절대적인) 중요성을 가진다.

관해서만 단지 또 단순히 윤회輪廻와 열반涅槃을 동일시하고자 한다고 보인다. 더욱이 용수는 (인도에서 가장 위대한 중관학자들처럼) 일반적인 승원 생활방식을 존중했었던 승려였다고 보인다. 그가 그러한 승원생활의 우월성과 우수성에 대해 (현실적인 용어로 말하면 필요성에 대해) 타협했었을 것이라는 어떤 표시도 없다. 윤회는 공하지만 열반은 그렇지 않다는 것은 타당하지 않다고 그는 말하려고 했다. 열반 (또는 실로 공성 자체)와 윤회 양자는 내재적 존재를 여의고 있으며, 열반은 윤회로부터의 궁극적 귀의처로 간주될 수도 없다. 일반적인 불교 전통에 따르면, 용수는 대승의 추종자였고, 그의 공성의 가르침이 공성 속으로의 추락과 중생의 행복으로부터의 도피를 함축하기를 바라지 않았다. 그것은 아라한이 되는 길이겠지만, 대승의 길은 아니다.

인도 외부에서 또 현대 학자들 사이에서의 명성에도 불구하고, 중관체계는 실제 인도사상사에서는 다소 등한시되어 왔던 것으로 보인다. 해이스(Hayes 1994)는 이는 용수의 많은 주장들이 단순한 오류이기 때문에 그럴 것이라고 제안했다. 그러나 나는 설사 사실이라 하더라도, 용수의 논변들 속의 오류들이 중관학자에게 잘못된 것이라고 느꼈던 것의 핵심이라고 믿지 않는다. 우리는 용수가 개념적 구성물의 결과가 아닌 존재의 유형의 의미에서의 내재적 성질 개념을 어떤 방식으로도 조건지어지지 않은 내재적 존재라는 의미로 이동시켰던 것처럼 보인다는 것을 이미 보았다. 다르마들조차 용수에게는 이러저러한 방식으로 원인의 결과이기 때문에,[158] 이는 용수로 하여금 모든 것은 내재적 존재와 따라서 자성을 여의고 있으며, 이는 그것들이 '단지 언설적인 것唯假

158) 소위 '무위'법조차도 용수에게는 어떤 의미에서 의존적으로 일어난다.

說'(prajñaptimātra), 즉 개념적 구성물일 뿐임을 함축한다. 절대적으로 모든 것이 가설이라는 위상은 중관학파의 특유한 입장이다. 그렇지만 중관학파의 추종자에게 그러한 입장은 그를 어떤 것도 결코 존재하지 않는다는 일종의 허무주의로 소급시키지 않는다고 항상 주장되고 있다. 왜냐하면 공성은 연기, 즉 비존재가 아닌 것과 동일한 것이라고 설해지기 때문이다. 그러나 아비다르마에 친숙한 인도 대부분의 불교도들은 모든 것이 단지 개념적 구성물이라고 주장하는 것은 논리적으로 일관되지 않는다는 단순한 이유에서 중관학파의 입장이 여전히 허무주의에 해당된다고 느꼈다고 나는 생각한다. 일차적인 실체적 존재가 있다는 것은 바로 '이차적인 개념적 존재'의 일부이다. 모든 것이 이차적인 존재자라고 말하는 것은 의미가 없다. 만일 모든 것이 이차적 존재라면, 모든 것은 그것으로부터 구성되어지는 어떤 것도 갖지 않은 구성체이어야 하기 때문이다. 이것은 어떤 것도 전혀 존재하지 않음을 의미해야만 한다. 이것이 이제二諦를 부정하는 것이라고 용수와 함께 대답하는 것으로 충분치 않다. 왜냐하면 만일 모든 것이 단지 개념적 구성물이라면, 이제를 위한 근거도 있을 수 없기 때문이다. 일체는 무로 용해되는 거품이다.159)

따라서 중관의 기획에 대한 아비다르마의 배경에 초점을 맞춤을 통해 우리는 중관학파를 허무주의라고 비난한 사람들이 중관학파를 오해하지 않았음을 알 수 있다. 그들은 공성과 연기 사이의 함축성을 이해

---

159) 다른 말로 하면, MMK 24장에서의 용수의 대답은 뛰어나기는 하지만 설득력을 갖지는 않았을 것이다. 반론자들은 아마도 모든 것이 개념적 구성물이라는 논리에는 극복할 수 없는 문제들이 있을 것이라고 느꼈을 것이며, 그래서 우주를 구축하는 기본단위의 문제를 (무자성과 동일한 것으로서) 공성과 연기의 연관성을 단지 부정함에 의해 회피하려고 했을 것이다.

하는 데 실패한 것이 아니다. 오히려 그들은 개념적 구성물에 불과한 일체가 허무주의를 벗어날 수 있는지를 납득하지 못했다.[160] 그러므로 명백히 중관학파의 입장인 허무주의로서의 '오직 가설뿐唯假說'(prajñaptimātra)의 입장에 반대해서, 유가행파 논사들이 다른 아비다르마 접근에서의 일차적 존재자들(dharmas)에 대한 대안으로서 기능할 수 있는 어떤 것, 어떤 것의 일차적인 존재성을 제시해야만 했다는 것은 놀라운 일이 아니다.

3. 유가행파

1) 해심밀경解深密經(Saṃdhinirmocana Sūtra)

반야경 문헌이 그러했던 것처럼, 보편적 공성이 내재하는 자성의 부재로서 해석되었을 때 모든 대승경전이 이를 옹호했던 것은 아니다. 이 맥락에서 특히 흥미로운 것은 『해심밀경』이라는 문헌이다. 공성空性의 가르침을 알고 있던 많은 불교도들 가운데 많은 (또는 대부분의) 사람들은 그것을 아주 모순된 허무주의라고 느꼈다. 대승을 따른다고 주장했던 몇몇 사람들에게 이것은 하나의 딜레마를 야기했다. 왜냐하면 붓다는 반야경 문헌에서 공을 바로 지혜의 완성(반야바라밀)이라고 분명히 가르쳤기 때문이다. 만일 공성이 일차적 존재의 완전한 비존재로서 문

---

160) 이것은 중관학자들이 이와 관련해 그들의 반론자에 답을 할 수 없었다고 말하는 것이 아니다. 중관학자들은 일차적인 존재자 대 이차적인 존재자의 게임을 하지 않는다고 주장할 수 있었다. 그들의 과제는 완전히 다른 것이다. 그것은 반론자가 제시한 일차적 존재자를 취해서 그것을 분석하는 것이다. 그것이 전부이다. 만일 모든 것을 '오직 가설뿐'(prajñaptimātra)이라는 관념 속에 반론자에게 어떤 문제들이 있다면 그것은 중관론자의 잘못은 아니다. 그러나 이 단계에서 양측의 논쟁은 훨씬 더 균형을 이룬 것처럼 보인다.

자 그대로 취해질 수 없다면, 어떻게 그것은 이해될 수 있는가? 『해심밀경』 제7장에서 '모든 다르마(따라서 모든 것들)는 그것들의 자성自性을 결여하고 있다'(Powers: 1994: 96/7)고 붓다께서 설한 배후에 어떤 의도가 있었는지를 직접적으로 질문받고 있다. 다른 말로 하자면 문자대로 모든 것이 그것으로부터 구성될 수 있는 어떤 것도 갖지 않은 하나의 개념적 구성임을 함축함이 없이 그 말이 진지하게 수용될 수 없는 것이라면, 왜 그런 말을 하는가? 경에서 붓다는 공성에 대한 자신의 가르침을 올바르게 이해하는 방식은 제대로 이해될 경우 허무주의를 전혀 포함한다고 볼 수 없는 '삼성三性'(trisvabhāva)의 관점에서라고 대답한다. 말 그대로 모든 사물이 개념적 구성물假有(prajñaptisat)을 의미하는 것으로 공성을 취하는 것은 공성을 오해하는 것이다. 그러므로 앞으로 보겠지만 적어도 한 가지는 개념적 구성물이 아니며, 적어도 한 가지는 일차적 존재實有(dravyasat)를 가지고 있어야만 하며, 자성을 가지고 존재해야만 한다. (즉, 이런 의미에서 구성의 토대로서 하나의 자성을 가진다.) 『해심밀경』에서 붓다는 불교사의 전망을 제시하는데, 여기서 어떻게 그가 오해되어 왔는지 그리고 가르침의 최종적인 설명상의 명료화로서 현재의 가르침의 위치를 적시하고 있다.

『해심밀경』에서 붓다는 불교의 바로 처음에 사르나트의 녹야원에서 '전법륜경轉法輪經'이라 불리는 첫 번째 설법에서 사성제四聖諦 등과 같은 주제를 설했음을 회상한다. 그렇지만 이 가르침은 사물의 궁극적인 방식을 정확히 반영하고 있는 철학적으로 최종적인 가르침了義으로서 의도된 것이 아니다. 그것은 해석될 여지가 있는 미요의未了義(neyārtha)로서, 예를 들어 어떤 개아도 궁극적인 실재로서 실제로 존재하지 않으며, 개념적인 구성물이라는 것이다. 결과적으로 이 첫 번째 가르침은 논란과 논쟁의 주제가 되었다. 마찬가지로 그는 반야경에서 좀 더 발전된 가르침인 두 번째 '전법륜'을 설했다. 이것은 제법 (따라서 모든 것)이 자성을 여의고 있다는 가르침이었다. 그러나 이 가르침도 실천적인 정신적인 목적을 위해 설해졌고 철학적으로 궁극적인 것으로 의도되지 않았으며, 이는 중요하다. 머지않아 이 가르침도 사실상 오해되었고, 논란과 논쟁의 터전이 되었다. 그러므로 중관학파가 이해한 대로의 보편적인 공성의 가르침은 자체로 사물들의 궁극적 존재방식을 정확히 반영하는 철학적으로 확정적인 가르침은 아니라는 점에 주의해야 한다. 따라서 그것은 최종적인 궁극적 진리가 아니다. 또 다시 우리는 모든 사물이 자성을 여의고 있고 공함을 부정하는 논리는 적어도 한 가지는 자성自性을 가지고 있다고 주장하는 것임을 보게 된다. 논란과 논쟁의 근거가 될 수 없는 최종적이고 궁극적인 가르침了義(nītārtha)이 바로 이 『해심밀경』에 담겨 있다. 이것이 세 번째이자 최종적인 '전법륜'이다.[161] 반면에 불행히도 두 번째 전법륜을 최종적인 가르침으로 간주하는 사람들은 그 결과 과도하게 부정하며 모든 것을 완전히 파괴하거나, 또는 그들은 이 허무주의는 실로 붓다의 가르침일 수 없다고 단언했다. 따라서 그들은 불행히도 불법佛法을 부정하는 큰 과오를 저질렀다(Powers 1994: 118/19).[162]

161) Powers(1995: 138-41)의 SaṃdhinirmocanaSūtra 번역 참조. 불교의 텍스트 해석학의 전체 주제에 관해서는 Lopez(1988a) 참조. Williams(2009: 86)에도 간략한 언급이 있다.

162) 공성無自性(niḥsvabhāva)을 문자적으로 취하는 그런 대안들에 주의하라. 양자는 모두 허무주의적인 해석을 포함한다. 우리는 아비다르마 맥락에서 왜 이것이 그 가르침들을 취하는 분명한 방식으로 보였는지를 보았다.

2) 유가행파의 논사와 문헌들

『해심밀경』은 개념적 구성 (즉 공성)의 보편성을 문자대로 이해하는 것은 분명히 틀렸다고 주장한다. 그러므로 적어도 한 가지는 일차적 존재자의 지위를 가지고 있어야만 한다. 그러한 입장을 가진 대승불교 학파는 적어도 이 점에서 중관학파와 명백히 달라야만 한다.[163] 이 학파는 유가행파瑜伽行派(Yogācāra)라고 불리며, 이 표현은 그들이 원래 명상경험(yoga)의 자료에 특히 관심이 있음을 나타낸다. 또는 때로 식론識論(Vijñānavāda), 유식唯識(Vijñaptimātra), 유심唯心(Cittamātra)이라고도 불린다. 식識(vijñāna), 표상表象(vijñapti), 심心(citta)이라는 용어는 모두 인간의 심리적 측면이라고 불리는 것에 대한 이 학파의 관심을 나타낸다. '오직' 혹은 '단지'를 의미하는 mātra唯라는 말을 추가한 것도 이 학파가 적어도 한 가지를 일차적 존재자로 인정하고 있을 뿐만 아니라, 실제로 이 학파는 단지 한 가지만을 인정하고 있음을 시사한다. 그것은 다양하게 지칭되지만, 분명히 어떤 의미에서 심리적인 것이어야만 한다. 따라서 이

---

163) 최종적 분석에서 유가행파는 존재론적으로 중관학파와 다르지 않다고 주장하는 몇몇 현대 학자들이 있다. 그것들은 동일한 사실에 대해 다르지만 아마도 서로 보완적인 접근방식일 뿐이다. 나는 이에 대해 전혀 동의하지 않는다. 먼저 만일 유가행파가 중관학파와 동일한 것을 말하고 있다면, 즉 모든 것은 그것으로부터 구성될 수 있는 어떤 것도 갖지 않은 개념적 구성물이라면, 따라서 이 점에서 유가행파는 실제로 (유가행 자립행 중관파처럼) 중관학파일 것이다. 만일 유가행파가 중관학파와 동일한 것을 말하지 않는다면, 그는 존재론적으로 가장 강력한 방식으로 중관학파와 다르다. 해심밀경의 맥락에서 공성의 '허무주의적' 해석에 대한 대응은 공성이 비존재를 의미하는 것이 아니라, 오히려 연기를 의미한다고 주장하는 것이 아님에 주의하라. 실제적인 대응은 삼성의 사용을 통해 자성自性의 비존재의 범위를 한정하는 것이다. 이러한 대응은 중관학파와 강하게 모순되며, 또 대조를 이룬다. 다양한 방식으로 나와 견해를 달리 하는 학자들의 견해는 Rahula(1978), Willis(1979), Anacker(1984), Nagao(1991), Harris(1991)를 참조. 나 자신의 보다 상세한 의견은 Williams(1994a), (1998a: 243-8), (1998b: 12-15), (2009: 4장) 참조.

것이 '유식唯識'(Mind-only)학파이다.

유가행파는 아마도 고대 인도에서 대승과 관련된 학파 중 가장 유명하고 영향력 있는 철학 학파였다고 생각된다. 유가행파의 전통 내에서 우리는 철학적 존재론과 관련된 논점뿐 아니라, 붓다의 지위나 보살도, 그리고 명상수행과 같은 대승의 종교적 관념들과 이상에 관한 광범위한 논의들을 발견한다. 또한, 놀라운 일은 아니지만, 전체적인 유가행 아비다르마 체계도 존재한다. 그러나 현 단계에서 흥미로운 것은 존재론과 마음의 문제에 대한 유가행파의 접근이다.

'삼계三界에 속하는 모든 것은 마음뿐'이라는 제안은 『해심밀경』뿐 아니라 『반주삼매경般舟三昧經』(Pratyutpanna Sūtra), 『십지경十地經』(Daśabhūmika Sūtra)과 같은 아주 초기의 많은 경전에서도 발견된다. 중요한 유식학파의 자료를 담고 있는 다른 경전으로는 『화엄경華嚴經』(Avataṃsaka Sūtra)과 『입능가경入楞伽經』(Laṅkāvatāra Sūtra)이 있다. 일반적으로 경전에서 이러한 유심에 대한 소개는 명상경험 속에서 보이는 영상들을 논의하는 맥락에서 나타난다는 점에 주목해야 한다. 만일 중관학파에 의해 혼란된 어떤 대승불교 사상가들이 윤회와 열반을 포함해 모든 것의 토대로서 작용하는 일차적 존재자를 발견하고자 했다면, 그들이 심적인 어떤 것을 선택했다는 사실은 명상 수행을 통한 불교의 일반적인 심리적 지향점을 잘 반영했을 것이다. 특히 그것은 대안적이고 외견상 실재하는 명상경험의 세계의 함축성에 대한 관심을 보여준다.

유가행파의 시조는 실존인물인지 여부가 분명치 않은 미륵彌勒(Maitreyanātha)일 수도 있지만, 티베트 전통은 그에게 귀속된 저작은 사실 바로 미래의 붓다인 '천상적' 대보살인 미륵에 의해 무착無著(Asaṅga, 기원후 4세기)에게 전해졌다고 주장한다. 다섯 개의 문헌이 미륵에게 귀속된다.

(1) 『현관장엄론송現觀莊嚴論頌』(Abhisamayālaṃkāra): 반야경의 수행도에 대한 문헌.

(2) 『중변분별론송中邊分別論頌』(Madhyāntavibhāga)

(3) 『법법성분별론法法性分別論』(Dharmadharmatāvibhaṅga)

(4) 『대승장엄경론송大乘莊嚴經論頌)』(Mahāyānasūtrālaṃkāra)

(5) 『보성론송寶性論頌』(Ratnagotravibhāga): Uttaratantra로 알려진 여래장, 불성에 관한 논서.

모든 5종의 문헌이 동일한 인물에 의해 저술된 것 같지는 않다. 사실 고전 유가행파에게 가장 중요한 문헌들은 중간의 세 문헌들과 그 주석서들이다. 무착은 대승 유가행의 중요한 강요서인 『섭대승론攝大乘論』(Mahāyānasaṃgraha)과 특히 유가행 아비다르마를 확립한 『대승아비달마집론大乘阿毗達磨集論』(Abhidharmasamuccaya)뿐 아니라 몇 가지 주석서도 저술했다. 그러나 가장 초기의 유가행파 문헌 중의 하나는 『유가사지론瑜伽師地論』(Yogācārabhūmi)이다. 이 책은 내용상의 방대함 때문에 다수의 저자의 작품이라고 보이지만, 무착에게 귀속되기도 한다. 현대의 몇몇 학자들에 의해 의심시되었지만, 무착은 자신의 동생인 세친(Vasubandhu)을 대승으로 전향시켰다는 이야기도 있다. 두 명 (혹은 그 이상의) 세친이 존재했었을 것이다. 위에서 언급한 '미륵'의 저작들에 대한 주석서를 포함한 다른 문헌들과 『유식삼십송唯識三十頌』(Triṃśikā), 『유식이십론唯識二十論』(Viṃśatikā), 『삼성론三性論』(Trisvabhāvanirdeśa)이 대승논사인 세친에게 귀속되고 있다.[164)]

---

164) 중요한 후대의 주석가이며 라이벌인 Sthiramati(安慧)와 Dharmapāla(護法)에 대해 언급해야 할 것이다. 호법의 저작은 특히 중국에서 잘 알려져 있고 중요하다. 이 주제에 관한 상세한 설

3) 마음과 삼성三性(trisvabhāva)

우리는 유가행파에서 심心이라 불리는 하나의 심적 요소가 깨달음과 미혹이라는 모든 것을 위한 기체로서 작용하는 하나의 일차적 존재자임을 보았다.[165] 『해심밀경』에서 허무주의의 치료제는 '삼성三性'(trisvabhāva)이라고 설해지며, 이 삼성의 가르침은 마음이 무엇이며, 또 마음과 현상적 환영幻影의 관계는 무엇인지를 설명한다. 전통적인 인도 유가행 문헌에서 삼성은 어떻게 설명되고 있는가?

삼성三性 중에서 첫 번째는 '변계소집성遍計所執性'(parikalpitasvabhāva)이다. 이것은 (能取, grāhaka라고 불리는) 주관과 (所取, grāhya라고 불리는) 그에 마주하는 대상으로 양극화된 우리 삶의 양상에 해당된다. 이것은 주객 이원성의 영역이고, 깨닫지 못한 자에 의해 보이는 세계이며, 또한 언어적 영위의 세계이다. 알다시피 유가행파는 깨달음뿐 아니라 미혹의 기체로서 하나의 일차적 존재자의 관점에서 사고하기 때문에, 분명히 이원성은 실제로 올바른 것일 수 없다. 이원성은 실제로 하나의 통일체, 하나

명은 Williams(2009: 86-8) 참조.

165) 내가 그것을 '심'이라고 부르는 것에 반대하는 사람이 있을 것이다. 왜냐하면 이것은 관념론의 형태를 시사하기 때문이다. 또한 식은 그 밖의 다른 것과 마찬가지로 실재가 아니라고 진술하는 유가행파 문헌들도 존재한다. 그러나 여기서 식의 부정은 맥락상 대상에 대립된 주관인 식의 부정이다. 식을 부정하는 것은 이원성을 부정하는 것의 당연한 귀결이다. 유가행파는 언어를 초월한 비이원성無二에 관해 말하려고 한다. 그러나 문헌 자체는 만일 이러한 부정이 하나의 기체로서 작용하는 일차적 존재자로서의 식의 부정을 뜻한다면, 우리는 허무주의에 빠지게 될 것이라고 말한다. 나는 여기서 설명되는 것에 대해 '관념론'이라는 표현을 사용하는 데 반대하지 않는다. 상세한 내용은 Williams(2009: 5장) 참조. 나의 견해는 유가행파를 해석할 때 고전 전통과 현대 전통에서 다수의 견해이지만, 지금 여기서 나의 접근에 동의하지 않는 최근의 견해에 대해서는 Lusthaus(2002) 참조. 나의 코멘트 및 더 읽을거리에 대해서는 Williams(2009: 302-4) 참조.

의 근본적 '실체'(ekadravya)를 분리한 것이다. 이러한 양극화는 오류이다.

두 번째 측면은 '의타기성依他起性'(paratantrasvabhāva)이다. 그것은 잘못된 주체와 대상으로 양극화된 기체인 인지적 경험(vijñapti)의 흐름, 즉 의존적으로 발생된 연속체이다. 만일 우리가 마음을 가라앉히고 주의 깊게 관찰한다면, 모든 대상세계와 그러한 대상에 직면한 우리 자신이란 바로 일련의 경험에 지나지 않음을 알게 될 것이다. 실제로 단지 인식적 경험이나 또는 단지 표상만唯識이 존재하는 것이다. 경험의 흐름으로서 이 흐름은 물론 본성상 심적인 어떤 것이어야만 한다. 이에 주목하라. 그것은 물리적인 것일 수 없으며, 또한 아비다르마 용어에서 실제적으로 심적인 것 외에는 다른 어떤 것도 존재하지 않는다. 그리고 그것은 이 흐름이 전혀 존재하지 않다거나, (즉, 실제로 어떤 기체도 존재하지 않는다거나), 어떤 경험도 전혀 존재하지 않으며, 따라서 어떤 것도 존재하지 않을 것이라는 경우일 수는 없을 것이다. 그래서 중관학파의 용어로 경험들의 흐름은 궁극적인 분석 속에서 발견되어야만 한다.[166] 그러나 변계소집성은 언어의 영역이지만, 실제로 존재하는 경험의 흐름을 포함한 다른 두 자성은 엄격히 언어를 넘어선 것이고, 언어 용법을 통해 간접적으로만 지시될 수 있을 뿐이라는 점에 주의해야 한다.

'원성실성圓成實性'(parinispannasvabhāva)은 명상 속에서 인식되는 사물의

166) 내가 환상을 일으키고 있는지 아닌지를 막론하고 나는 어떤 경험을 하고 있음을 의심할 수 없다는 오랜 논변과 비교하라. 이는 불교의 경우에 경험은 그것이 다른 것에 의존해 있다고 하더라도 일차적 존재자이어야만 한다는 것을 물론 의미한다. 따라서 유가행파에서 의타기성이 하나의 의존적인 흐름이기 때문에 그것이 (자성을 가진 것으로서) 진정한 존재론적 존재를 갖고 있다고 주장되지 않는다고 말하는 것만으로 충분치 않다. 그 함축성은 여기서 유가행파에 의해 부정될 것이다. 만일 우리가 그러한 함축성을 승인한다면, 그러면 우리는 결국 중관학파가 된다.

참된 방식이다. 그것은 공성空性이라고도 말해진다. 그러나 유가행파 문헌에서 공성은 어떤 것이 존재하기 위해서 반드시 존재해야만 하는 기체가 주객 이원성의 공을 의미하는 것으로 재규정되고 있다. 따라서 공성은 실로 해탈을 위해 반드시 인식되어야 하지만, 해탈을 열망하는 사람들에 의해 인식되어야만 하는 최고의 측면인 이 원성실성으로서의 공성은 의타기성 속에 변계소집성이 없는 것으로서 정의된다.

학생들은 종종 이것에 대해 많이 혼란스러워 하지만, 그것은 보기보다 어렵지는 않다. 깨닫지 못한 집착에서 벗어나기 위해 우리가 알아야만 하는 것은 주객의 관점에서 우리가 잘못 이해하는 경험들의 흐름이 실제적으로 또 최종적으로 존재하는 모든 것이라는 사실이다. 따라서 그것은 독립적인 것으로서 양극화된 실체들로서의 주관과 객관의 공이다. 저 공성, 즉 '무엇의 비어있음'의 성질이 원성실성이며, 그것은 깨닫지 못함의 깊은 원인을 근절하기 위해 가장 심오한 방식으로 직접적으로 인식되어야만 하는 것이다. 중관학파에 있어서 공성은 하나의 부재, 하나의 순수한 부정이다. 그러나 여기에서 그것은 자체적이거나 내재적 존재의 부재가 아니라 오히려 주객 이원성의 부재이다. 유가행파에게 보편적인 자성의 비존재는 전혀 타당하지 않다. 주객의 이원성의 부재가 있기 위해서는 주객으로 잘못 구분된 어떤 것이 실제로 존재해야만 한다.

삼성三性을 적절하게 이해하는 것은 유가행파의 철학을 이해하는 데 결정적이다. 원성실성은 그것이 인식되어야 할 최고의 것이라는 의미에서 최고의 자성인 반면에, 인도의 초기 유가행파에서 그것은 자체로 유일 실재라는 의미에서 최고의 자성이 아님에 주의하라. 우리는 고전 인도 유가행파에서 유일 실재를 원성실성과 혼동하지 않도록 주의해야 한다. 존재론적 의미에서 궁극적 실재라는 것과 인식되어야 할 최고의 것, 즉 사물의 궁극적인 방식들은 유가행파에서 구별된다. 만일 유가행파가 유일한 심리적 일차적 존재를 토대라고 가르친다면, 삼성의 관점에서 그것은 의타기성이다. 그러나 해탈을 위해 인식되어야 할 것, 그러한 의미에서 최고의 것은 우리의 삶을 구성하는 경험의 흐름이 양극화된 주체와 객체의 공, 즉 변계소집성의 공이라는 사실이다. 그 공성, 그 비존재 자체가 원성실성이며, 그것이 가장 심원한 차원에서 선정 속에서 직접적으로 인식되어져야만 하는 것이다.

따라서 유가행파에게 삼성의 가르침은 최종적인 가르침이며, 그것은 부정되어야만 하는 것인 변계소집성을 부정하지만, 부정되어서는 안 되는 것인 의타기성을 부정하지 않는 한에서, 중관학파의 '허무주의'의 치료제이다. 따라서 한때 윤회의 토대로서 작용했던 의타기성은 깨달음을 위한 토대로서 여전히 거기서 작용하고 있다. 그러므로 유가행파 문헌들은 염오된 의타기성과 청정한 의타기성에 대하여 언급한다. 이 가르침은 지나친 부정否定과 부족한 부정 사이의 참된 중도中道라고 설해진다.

유가행파의 문헌, 특히 세친의 『유식이십론唯識二十論』(Viṃśatikā)은 모든 것은 단지 경험일 뿐이며, 의식과 독립한 (주관과) 대상은 존재하지 않으며, 모든 것이 하나의 일차적 존재자라는 생각에 대한 반론을 비판하는 주장들을 제공한다. 예를 들어 시간적, 공간적 구별의 존재는 문제가 되지 않는다. 왜냐하면 그것은 공간적, 시간적 차이를 경험하는 꿈의 경험의 모델 위에서 설명될 수 있기 때문이다. 환영의 경우와는 달리 많은 이들이 동일한 것을 경험한다는 사실은 불교의 지옥 모델로 설명될 수 있는데, 거기서 많은 존재들이 공통된 집단적 환영을 겪는다고 인정되고 있다. 또한 반론자들에게 있어 '외적' 대상의 실질적 존재를 설명하는 것도 어렵다. 왜냐하면 사물은 그러한 방식으로 경험되지 않으므로 그 자체로 전체일 수 없기 때문이다. 사물은 부분을 가진 것으로서 경험되며, 부분으로의 분할은 무한소급에 빠질 위험이 있다. 또 대상도 근본적인 미세한 '원자들'로 구성된 것일 수 없다. 왜냐하면 원자는 더 이상 분할될 수 없고, 따라서 공간적 연장이 없는데도 공간적으로 연장된 거친 대상들 속으로 모일 수 있다고 하는 설명은 일관적이지 않기 때문이다. 따라서 물질세계를 설명할 수 없다. 그렇지만 분명히 어떤 것은 존재한다. 물질(rūpa)은 없지만, 그럼에도 어떤 것은 분명히 존재해야 하며, 바로 그 어떤 것이 심적인 것(citta)이어야만 한다.[167]

경험의 흐름으로서 의타기성은 유가행파에서의 '궁극적인 실재'인 토대이다. 그러나 이것이 어떤 불변하는 절대적인 것이 아님에 주의하라. 그리고 유가행파의 논사들도 그것이 그 자체로 염오된 것인가의 여부에 대해 차이가 있었다고 보인다. 그러나 우리가 식(vijñāna)을 일상적인 윤회적 경험의 현상적 환영을 작동시키는 것이라는 관점에서 보는 한에서, 유가행파 전통은 8종의 식에 대해 설한다. 그것들은 5종의 감각적 식과 심적 사건들을 경험하고 또 감각적 식으로부터 자료를 종합하는 의식意識(manovijñāna), 염오의染污意(kliṣṭamanas), 그리고 토대식인 알라야식(ālayavijñāna)이다. 유가행파 문헌이 격류라고 말하는 알라야식은 심층적인 식의 흐름이다. 찰나적으로 변화하면서, 그것은 단지 현생뿐 아

167) Dharmakīrti와 Śāntarakṣita(寂護)와 같은 논사들에게서 발견되는 인식론적 논변도 있다. 만일 식(vijñāna) 자체가 물질과 완전히 다른 질서를 가지고 있다면, 어떻게 식이 '외적인' 물리적 대상을 아는가? 식은 반조적인 앎의 성질自證(svasaṃvedana)을 가지고 있는 반면에, 물질은 그러한 반조성(reflexivity)을 가지고 있지 않다. 분명히 실재와 동일한 기본질서를 가진 것들만이 서로 접촉할 수 있다. 따라서 모든 것은 물질이든지, 아니면 식이어야만 한다. 그러나 만일 모든 것이 물질이라면, 경험은 결코 존재하지 않을 것이다. 명백히 경험이 존재하기 때문에, 모든 것은 식이어야만 한다.

니라 영원한 생명의 흐름 동안 개체의 경험과 개체의 동일성에 필요한 토대를 제공한다.[168] 염오의는 알라야식을 보고, 그것을 자아라고 오인한다. 불교가 자아를 부정한다는 의미에서 그러한 변화하는 흐름은 분명히 실제적인 자아일 수는 없을 것이다. 알라야식의 주요한 기능의 하나는 종자(bīja)를 위한 저장소로서의 작동하는 것이다. 종자는 업의 측면에서 결정적인 행위의 결과로부터 생겨나며, 따라서 특정한 종류의 종자種子로부터 '상호주관적인' 세계 자체의 경험을 포함하는 미래의 경험을 낳는다. 찰나적인 종자들이 그들의 과보가 산출될 때까지 알라야식 내에서 흐름을 형성하며, 알라야식은 그 종자들의 현존에 의해 '훈습熏習'되는 것이다. 유가행파 논사들은 모든 종자들이 업의 측면에서 결정된 행위들의 결과인지 또는 몇몇 종자는 원래부터 알라야식에 잠재되어 있었는지에 관해 차이를 보이며, 또한 알라야식이 깨달음을 얻는 때에도 지속하는지에 대해서도 달리 해석했다. 중국에서 인도의 번역승 진제眞諦(Paramārtha, CE. 499~569)는 알라야식은 소멸하고, 제9식인 무구식無垢識(amalavijñāna)에 의해 대체된다고 생각했던 것으로 보인다. 그러나 이런 해석에도 불구하고, 인도 유가행파에서의 일반적 견해는 깨달음을 얻었을 때, 알라야식이었던 의식은 완전히 빛나고 청정한 형태로 영원히 지속할 것이라고 간주했던 것처럼 보인다.[169]

---

168) 따라서 알라야식은 때로 좀 더 문자적 의미로 '장식藏識'(storehouse consciousness)으로 언급되며, 언어를 초월하고 직접적인 개별적 이해를 벗어나기는 하지만, 여전히 각각의 중생에 대한 개별적이고 개아적인 것이다. 알라야식에 대한 상세한 연구는 Schmithausen(1987) 참조.

169) SukhāvatīvyūhaSūtra(Cowell et al. 번역, 1969: 15. 73) 참조. 유가행파의 알라야식을 불이不二적 의타기성으로, 유일 실재로 오해하기 매우 쉽다. 그러나 그것들은 같은 것이 아니다. 알라야식은 8종 식(진제에 따르면 9종 식)의 하나일 뿐이다. 따라서 그것은 유일 실재로서 의타기성과 동일할 수 없다. 알라야식의 논점은 존재론이 아니라 개별적 심리학과 관련이 있다.

4. 인도에서 불성(tathāgatagarbha)

넓게 말해서 인도 대승에서 여래장의 가르침은 중생들을 깨달은 붓다가 될 수 있도록 하는, 각각의 중생이 가진 요소와 관련된다. 여래장과 관련하여 현대의 가장 지도적인 학자인 데이비드 세이포드 루엑(David Seyfort Ruegg)이 말하듯이, 이것은 '수행도의 실천을 위한 붓다가 될 수 있는 근거나 토대이며, 따라서 붓다라는 결과(phala)를 획득하기 위해 동기 부여하는 "원인"(hetu: dhātu)이다(1989a: 18-19). [모든 중생이] 여래장을 가지고 있다는 사실을 강력히 주창하는 가장 초기의 경전은 짧고 적절하게 명명된 『여래장경如來藏經』(Tathāgatagarbha Sūtra)과 같은 경전들이라고 보인다. 이 경은 아마도 CE. 3세기 중반이나 후반에 편찬되었을 것이다. 이 시기에 여래장 계열의 또 다른 중요한 경전인 『승만사자후경勝鬘師子吼經』(Śrīmālādevīsiṃhanāda Sūtra, Wayman & Wayman 1974, 1-4. 약칭 승만경)이 저술되었을 것이다. 그러나 『승만경』은 여래장이 무엇인지, 그리고 그것이 어떻게 정확히 붓다의 상태와 관련이 있는지에 관해 훨씬 더 정교한 교리적 이해를 보여주고 있다고 보인다. 또한 인도 문화권에서 여래장 교설의 이해를 위해, 그리고 동아시아에서 불교 이해의 불가결한 부분이 되었던 이 관념의 전달에서 실질적으로 중요한 것이 『대승열반경』(Mahāyāna Mahāparinirvāṇa Sūtra)이다. 나아가 『앙굴리말라경』(Aṅgulimālīya Sūtra)과 같은 다른 주요한 여래장계 경이 있을 뿐 아니라, 여래장과 관련하여 흥미롭고 중요한 언급을 하고 있는 『입능가경入楞伽經』(Laṅkavatāra Sūtra)과 『화엄경』(Gomez 참조, 1995) 등의 경전도 있다. 특히 동아시아지역에서 이 가르침의 중요성과 관련하여, 인도에서 그 가르침을 체계적인 철학적 논서(śāstra)의 맥락에서 이해하려는 유일한 시도가 『보성론寶性論』(Ratnagotravibhāga(Uttaratantra))과 그 주석서인 『보성

론석소寶性論釋疏』(Vyākhyā)이지만, 그 저자는 명확하지 않다.170)

지금까지 우리는 불교의 철학적 사유의 발전 과정에서 특히 하나의 핵심적인 경향을 통해 추적해왔다. 그 경향이란 개념적 구성체로서의 가유假有(prajñaptisat)와 그 토대인 실유實有(dravyasat)에 대한 존재론적 논점이다. 그러한 논점은 사실상 구제론적이며, 해탈과 해탈의 범위 그리고 그것이 생겨날 가능성들과 관련되어 있다. 불교사상에서 존재론적 논점들은 무엇보다도 광범위한 아비다르마적인 논쟁의 맥락에서 일어난 것으로 보인다. 그러나 나는 후대에 특히 인도 외의 지역에서 전개된 여래장의 존재론의 논점에도 불구하고, 여래장의 주제가 인도에서 광의적인 아비다르마적 존재론의 맥락 속에서 일어나지 않았다고 강하게 의심하고 있다. 다른 말로 하면, 여래장의 논점이 생겨났던 바로 그 맥락은 개념적으로 여래장을 존재론적 문제와 관련시키는 그런 맥락이 아니었다.

우리는 개념적 구성물과 일차적 존재자 간의 구분에서 시작하여, 어떻게 (중관학파와 같은) 어떤 이들이 완전한 해탈과 철학적 일관성은 문자 그대로 모든 것이 개념적 구성물임을 요구한다고 주장하는가도 기꺼이 이해할 수 있다. 또한 (유가행파와 같은) 다른 이들이 사실 이것은 허무주의에 빠진 것이며, (그것에 관해 어떤 것을 부정하더라도 결코 부정될 수 없는) 비이원론적인 경험의 흐름 자체인 일차적 존재자는 실제로 존재해야만 한다고 생각하는 것도 이해할 수 있다. 전적으로 그렇지는 않겠

---

170) 이런 인도적 맥락에서 소위 말하는『불성론佛性論』을 언급하지 않을 수 없다. 세친에게 귀속된 이 문헌은 다만 한역으로만 남아 있다. 그러나 이 짧은 텍스트는 실제로는 유명한 번역가인 진제(Paramārtha)에 의해 6세기경 중국에서 저술되었을 가능성이 아주 높다(King 1990 및 1991 참조).

지만, 그럼에도 이것은 대단히 존재론적인 논점들이다. 한편으로, 『여래장경』과 같은 초기자료에서 여래장의 주제는 자신의 정신적 잠재력을 실현하고, 이를 충고하고 격려하는 등의 특히 종교적인 문제들과 관련된 것이지, 존재론과 관련된 것은 아니다. 이것은 그러한 아비다르마의 세계에 있지 않다. 우리의 상황, 우리의 즉각적인 개념적 세계는 아주 다르다. 그것은 오히려 대립하는 '저열한' 수행도에 반대하여, 대승의 우월성을 옹호하는 세계이다. 왜냐하면 만일 여래장 또는 불성佛性이 모든 중생 속에 존재한다면, 모든 중생은 최고의 붓다의 상태로 이끄는 길을 따라야 하며, 또 마침내 그 길을 갈 것이기 때문이다. 이 길은 아라한과 연각을 훨씬 능가한다. 여래장의 존재론적 위상에 관한 논점들은 후대에 발전되었다. 7세기 중국에서 법장法藏은 여래장 전통이 네 번째의 전법륜을 나타낸다고 주장했다. 환언하면, 여래장의 전통은 중관과 유식과는 다른 철학적이고 존재론적 입장을 대변한다는 것이다. 그럼에도 나는 여래장의 인도적 기원에서 이것이 여래장의 가르침의 의도였다고 믿지 않는다.

『여래장경』은 중생이 비록 번뇌 속에 있지만 모든 중생들 속에 항상 여래이신 붓다, 또는 (아마도 후대의 설명에서) 여래장이 존재함을 보여주는 일련의 비유들로 이루어져 있다. 이 여래장은 여래의 자궁, 즉 여래의 태아 혹은 여래가 될 토대, 여래의 내적 성소, 여래의 외피, 여래의 종자, 여래의 본심이다(Grosnick 1995: 92-3; cf. Zimmermann 2002). 다른 말로 하면, 아주 귀중한 것이 찌꺼기 속에 들어있다. 이 경은 번뇌 속에 은폐된 붓다의 상태가 '여래의 지혜, 여래의 눈, 여래의 신체를 가졌으며, … 영원히 더럽혀지지 않았고, … 나 자신의 것과 다르지 않은 공덕으로 충만해 있으며, … 모든 중생의 여래장은 영원하고 불변하다'고까지 언급하고 있다(Grosnick 96). 붓다는 중생에게 '자신을 열등하거나 비천하다고 생각하지 말라. 너희들 모두는 개인적으로 불성을 갖고 있다'고 충고한다(Grosnick 1995: 101). 이 짧은 경은 철학적 논서가 아니라 격려의 외침이다. 사용된 몇 가지 비유들은 여래장을 하나의 잠재성이라고 제안하며, 다른 비유는 – 아마도 더 크게 중생을 고무시키고자 – 여래장은 이미 성취된, 하나의 현실적 힘이라고 말한다. 여하튼 간에 (이러한 모호성은 후대에 끝없는 교리적 논쟁들을 야기했지만) 이 경의 메시지는 우리 모두는 매우 중요하고 아직 실현되지 못한 정신적 잠재성을 갖고 있다는 것이다.[171]

그렇지만 몇몇 다른 경전에서, 특히 대담하게 자아自我(ātman)라는 용어를 여래장을 위해 사용하고 있는 『대승열반경』에서 여래장을 언급하기 위해 사용된 술어의 현실적인 선택과 함께 문제들이 생겨났다.[172] 아마도 이는 불교적 맥락에서 문제의 소지가 있는 그러한 용어를 사용함으로써 불가피하게 발생할 어려움을 고려하여, 여래장의 존재론적 지위와 성격을 명확히 하거나 설명하기 위한 시도에서 시작되었을 것이다. 『대승열반경』은 복잡한 문헌사를 가진 긴 경전이며, 항시 일관되

---

171) 모든 중생이 그들 안에 불성을 가지고 있다는 사고로부터 윤리적 함의가 도출될 수 있을 것이다. 여래장계 경전들에서 이것은 채식주의에 대한 요구와 관련되어 있다. Ruegg(1980) 참조.

172) 최근 일본에서 '비판불교' 운동은 불성 개념을 진실로 불교적인 아닌 것이며 실제로는 위장된 자아설이라고 공격했다. 반면에 흥미롭게도 현대 태국의 상좌부에서 승가 내의 극히 영향력 있는 사람들이 불교가 모든 의미에서 자아(ātman)를 부정한다는 것은 사실이 아니라고 주장했다. 오히려 부정은 자아가 아닌 것에 대한 것이다. 실제 열반은 진정한 자아이다. 분명히 무아설이 불교의 자기동일성을 위한 입법이라는 것은 역사적으로 문제가 있으며, 이와 함께 불교는 자아를 인정하지 않기 때문에 여래장이 진정한 자아일 수 없다는 제안도 마찬가지이다. 아마도 불교 역사를 통해 붓다의 의도로서 어떤 유형의 자아를 주장했던 좋은 믿음을 가진 불교도들이 비록 소수이긴 하지만 있었을 것이다. 이런 흥미로운 두 가지 현대의 논의는 Williams(2009: 122-8) 참조.

었다고 보이지는 않는다. 그러나 『대승열반경』은 아트만(Ātman, 我) 개념이 무엇인지가 분명하다면, 불교도가 이를 긍정하는 것도 불가능하다고 간주하지는 않은 것은 분명하며, 그리고 사실 그렇게 함에 있어 분명한 이점이 있다고 본다. 불교 교리와 타협하지 않는다면, 또 그러한 타협을 해야 할 필요도 없지만, 예를 들어 비불교도들은 무아설 때문에 붓다를 허무론자로 생각한다고 묘사되고 있기 때문에, 여래장을 아트만으로 묘사하는 것은 비불교도를 불교도로 개종시키는 데 도움이 될 수도 있을 것이다. 따라서 그것은 불교가 정신적 허무주의의 한 형태가 아님을 깨닫게 하는 데 그들에게 도움이 될 것이다. 결국, 만일 붓다의 상태를 획득하기 위한 토대가 되는 여래장이 존재한다면, 불교는 허무주의일 수가 없다. 여래장이란 술어에 실제로 무엇이 대응하는가에 관한 어떤 질문도 요청되어서는 안 된다. 게다가 여래장의 옹호자들은 불교가 말하듯 윤회가 무상無常, 무아無我, 고苦, 부정不淨이라면, 구조적인 대립에 의해 윤회의 부정으로서의 불성(즉 여래장)은 더 이상의 함축성 없이 영원하고, 자아이며, 고통이 없고, 청정하다고 서술될 수 있다고 주장했다. 나아가 여래장은 정의상 중생으로 하여금 붓다가 될 수 있도록 하는 바로 그것이며, 또한 이는 정신적인 수행도가 불가능하지 않고, 또한 불성 속에서 빛나고 있는 것이다. 따라서 그것은 실제로 자아와 관련된 몇몇 특징들에 적합하다. 그럼에도 경은 이러한 이유들 때문에 우리는 그것을 자아라고 부를 수 있지만, 실제로 그것은 결코 자아가 아니라는 점을 분명히 한다. 그런 자아개념을 가진 사람들은 여래장을 인식할 수 없고, 따라서 깨달을 수 없다(Ruegg 1989a: 21-6).

그러므로 여래장설에서의 문제점들은 무엇보다도 불교의 진리에 두려움을 느낄 수도 있는 사람들에게 불교를 전파하는 효과적인 전략이었다고 주장함에 의해 중립화될 수 있다. 이런 접근과 별도로 만일 여래장이 무엇인지가 분명하다면, 그것을 자아라고 부르는 것은 어떤 방식이든 불교를 절충하려는 것이라고 볼 필요는 없다. 그러면 여래장이란 무엇인가? 이 경전에는 여래장이 실제로 자아의 비존재로서 간주될 수 있다는 제안이 있다. 결국, 모든 불교 전통은 이것이 깨닫기 위해 직접적으로 알아야만 하는 것이라는 점에 일치한다. '여래는 무아(bdag med pa)를 자아라고 설하셨지만, 실로 자아는 존재하지 않는다'(Ruegg 1989a: 23). 또는 『입능가경』(Suzuki 68 ff., 190 ff.)이 제시하듯이, 여래장은 알라야식의 다른 별칭일 수 있다. 그것은 중생으로서의 그들을 붓다로 만드는 것이 무엇인가 하는 질문에 대한 답이다. 그러므로 그것은 중생 속에 있는 어떤 영원한 것이어야만 한다. 따라서 여래장을 오래된 '자성청정심自性淸淨心'(prakṛtiprabhāsvaracitta) 개념, 즉 마음은 본성적으로 결코 염오되지 않았다는 불교적 관념과 연결시키는 것도 가능할 것이다. 번뇌는 단지 그 마음에 우연적인 것이다. 그러므로 붓다의 상태를 일으킬 수 있는 것은 바로 근원적으로 내재하는 마음의 청정성이다. 여기서 번뇌는 본질적인 것이 아니다. 이에 상응하게 『화엄경』은 비록 각각의 중생 속에 비록 실현되지는 않았다고 해도, 현존하는 붓다의 지智와 마음, 지혜를 가리키고 있음을 보게 된다(Gomez 1995: 109-11). 또는 여래장은 『대승장엄경론』(Mahāyānasūtralaṃkāra)이 제안하고 있듯이, 유식학의 용어로 청정한 의타기성일 수 있다(Griffiths 1990: 62-3). 또는 중관학파라면, 중생을 붓다가 되게 하는 것은 중생의 마음을 붓다의 마음으로 변하게 할 수 있는 바로 그 요소이어야만 한다. 사물들이 변화할 수 있는 것은 단순히 그것들의 내재적 존재의 부재, 그것들의 공성이다. 그러므로 여래장은 공성 자체가 되며, 특히 심적 연속체에 적용되었을 때의 공성이다. 이것들 중의 어떤 것도, 심지어 여래장이 상주한다는 사실조차도, 불교의 무아설과의 타협을 함축할 필요는 없다. 왜냐하면 아트만에 대해 말할 때에 그러한 것들 중의 어떤 것도 불변하고 내재적으로 존재하며, 존재론적으로 실재하고, 독립적인 것이며, 영원히 해탈된 참된 자아라고 생각할 필요가 없기 때문이다.

아마 처음으로 여래장을 붓다의 최고의 신체인 법신法身(dharmakāya)과 명확히 연관시켜 소개한 것은 『승만경』이다. 여래장이라는 용어는 깨닫지 못한 존재의 경우에 우리가 부여하는 이름이며, 붓다의 경우에는 법신이라고 불린다. 법신은 "시작도 없고, 만들어지지도 않고, 생멸하지도 않으며, 죽음으로부터 벗어나 있고, 상주하고. 견고하며. 적정하고. 영원하며, 내재적으로 청정하다 … 이러한 여래의 법신이 번뇌의 껍질로부터 벗어나지 못했을 때, 여래장이라고 불린다"(Wayman & Wayman 1974: 98, 또한 Williams 1989: 101). 여래장/법신도 명시적으로 공하다고 설해진다. 그러나 유가행파에서 보았듯이, 불교에서 단지 공空이나 공성空性을 어떤 것에 귀속시키는 것의 나타남은 그 자체로 이들 표현이 '내재적인 존재의 비존재' 혹은 '단지 개념적 존재성을 가진 것'이라는 중관학파의 의미에서 사용되고 있음을 함축하지 않는다. 만일 여래장의 현실적인 존재론적 위상에 대한 질문이 일어난다면, 그것은 단순히 공/공성의 사용에 의해 확정되지는 않는다. 『승만경』과 같이 여래장 문헌들에서 여래장은 내재적으로 번뇌를 여의고 있는 한에서 공하지만, 또한 그것이 진실로 또 내재적으로 붓다의 모든 속성들을 갖고 있는 한에서 공한 것은 아니라고 설해진다(Williams 2009: 99). 더욱, 비록 법신이 그 자체로 '자아의 완성'(Williams 1989: 102)을 가지고 있다고 말해지지만, 여래장은 명시적으로 자아가 아니라고 설해진다(Williams 2009: 106).

『보성론』(Uttaratantra)은 인도에서 찬술된 여래장 전통에 관한 유일한 체계적인 논서로 보인다. 비록 『보성론』의 영향력이 상대적으로 미미하다고 여겨지지만, 얼마나 그 저작이 영향력을 가지고 있었는지는 분명치 않다.173) 여하튼 이 논서에서 여래장은 '때를 수반한 진여有垢眞如' 라고 불린다. 반면 때를 여읜 진여無垢眞如는 법신이다(Takasaki 1966: 186-7). 진여는 그 자체로 '본성상 변할 수 없으며, 수승殊勝하고 완전히 청정하다'고 설해진다(Takasaki 1966: 287). 『보성론』의 이해에서 중요한 것은 의식의 내재적 청정성의 관념이다. 불성佛性은 엄밀히 상주하며 무위적인 것이다. 왜냐하면 그것은 어떤 것을 산출하는 것, 즉 어떤 것을 더하거나 제거하는 것이 아니라, 오히려 항시 존재하고 있었던 것을 증득하는 것을 의미한다.174) 마음을 오염시키고 깨닫지 못한 상태를 나타내는 번뇌들은 완전히 우연적인 것이다. 마음 자체의 관점에서, 마음의 본질적 성격의 견지에서 번뇌들은 단순히 존재하지 않는다. 그것이 어떻게 번뇌들이 '제거될' 수 있고, 결코 되돌아오지 않는가 하는 것이다. 반면에, 마음의 청정하고 본성적으로 밝게 빛나는 상태라는 관점에서 그것은 붓다의 마음의 모든 속성들을 갖고 있다. 그것들은 실제로 산출되어야 할 필요가 없고, 단지 밝게 빛나고 있음을 받아들일 필요가 있을 뿐이다. 그 붓다의 속성들은 바로 의식 자체의 성질에 내재하기 때문에, 바로 불성의 상태는 결코 소멸하지 않는다. 의식이 내재적으로 청정하지만, 그럼에도 염오되었다는 것이 어떻게 가능한가 하는 것은 『보성론』

173) 비록 『보성론』은 한역되었지만, 동아시아에서의 영향력은 아마도 마명에게 잘못 귀속된 『대승기신론』의 광범위한 영향 때문에 아주 미미했었던 것 같다. 『대승기신론』은 중국에서 만들어졌을 것이다. 반면에, 티베트에서 『보성론』은 극히 중요하다.

174) 일반적으로 (티베트 불교의 mahāmudrā와 선불교같이) 불성의 관념이 극히 중요한 수행 체계에서 이것은 비청정성과 연관된 소멸하는 분별적 마음과 밝고 청정한 이미 깨달은 빛나는 비분별적 마음을 허용하는 것과 관계가 있을 것이다. 이것은 그것이 항상 작용하고 있었던 것이며, 또한 그것이 아주 자연스럽게 저절로 행하는 것이다. 실제로 행해져야 할 어떤 것도 존재하지 않으며, 어떤 것을 하려는 것으로부터의 해탈이 있다. 따라서 우리는 무위적인 비개념성의 상태를 산출하려고 노력하는 명백한 역설을 해결하고자 시도할 수 있다.

에서 설해진 많은 경이로운 일 중의 하나로서 오직 붓다만이 이해할 수 있는 것이다(Takasaki 1966: 188 ff.). 왜냐하면 여래장과 관계된 논점들은 정확히 말해 단지 여래들에게만 이해 가능한 심오한 논점이기 때문이다. 우리들에게는 당분간은 다만 [여래에 대한] 믿음을 통해서만 [이해 가능할] 것이다(Takasaki 1966: 296).

▌제5장의 핵심 요점

- 반야경(지혜의 완성) 문헌은 보통 게송의 숫자에 따라 명명된 경전들로 이루어져 있다. 이 문헌에는 세 개의 주요 교설이 있다. (i) 반야(prajñā). 이것은 사물들이 현현하는 방식과 대조하여 어떻게 사물들이 진실로 존재하는가에 대한 이해로부터 나오는 마음의 상태이다. 반야경은 이전에 지혜로서 간주된 것의 오류에 대해 말하는 것이 아니라 그것의 완성, 사물들이 진실로 존재하는 방식에 대한 최종적인 이해에 대해 말하고 있다. (ii) 공성(śūnyatā). 이것은 절대적으로 모든 것이 '마술적 환상과 같다'는 것을 가리킨다. 어떤 것도 발견될 수 없고, 어떤 것도 포착될 수 없다. 해탈은 가장 미세한 집착의 토대조차 포착하기를 그치는 데에서 나오며, 이러한 포착의 중지는 집착의 근거로 기여할 수 있는 사물들을 공하며 단지 개념적 구성물이라고 보기를 요구한다. 어떤 것도 포착되어서는 안 되며, 모든 것은 공하다. (iii) 보살(bodhisattva). 능력이 있는 모든 사람은 모든 중생의 이익을 위해 완전한 붓다의 상태를 획득하려는 보살의 서원을 가져야 한다. 다른 어떤 목표도 열등하다. 다시 말해 소승(Hīnayāna)이다. 정신적으로 발전한 보살들은 도울 수 있는 능력을 갖고 있다. 따라서 그들은 연민심의 상징인 관세음보살이나 지혜의 보살인 문수보살과 같은 '천상적 보살'(celestial bodhisattvas)이 된다. 그가 붓다일 때 획득된 해탈의 상태는 '무주처열반'이라 불린다. 그러므로 보살을 단순히 열반을 연기한 것으로 기술하는 것은 문제이다.
- 중관학파(Mādhyamika): 대승의 철학은 아비다르마 접근의 부정을 나타낸다기보다는 아비다르마 시도 내에서 일련의 전략으로서 가장 잘 이해된다. 중관학파에서 공성은 연기에서 파생되었다. 모든 사물은 내재적 본질이 없기 때문에 예외없이 환상과 같다. 모든 사물은 단지 이차적 존재자들이며 개념적 구성물들이다. 그것들은 원인과 조건의 결과이기 때문에 그러하며, 의존해서 생겨난 것이다. 원인과 조건의 결과인 것은 모두 자체의 고유한 내재적 존재, 따라서 자체의 고유한 내재적 본성을 여의고 있다. 다르마들조차 원인과 조건 때문에 일어나기 때문에 그것들도 일차적, 실체적 존재의 공이다. 용수는 분석적 탐구를 자아와 같은 비불교도들의 근본 범주들에 적용했을 뿐 아

니라 인과성 자체와 운동, 시간, 붓다, 열반과 같은 불교사상의 범주들에 대해서도 적용했다. 그는 어떤 것이 어떤 유형의 인과적 과정의 결과로 발견될 때 공성이라고 선언했다. 따라서 반야경에서 '환상과 같다'는 완전한 공성의 주장은 사유를 통해 입증될 수 있다. 그렇지만 이는 모든 것이 단순히 존재하지 않는다고 말하는 것과 같은 것은 아니다. 왜냐하면 어떤 것이 공하기 위해서는 그런 사물이 존재해야만 한다는 것을 내포한다는 점에서 공성은 연기를 함축하기 때문이다.

- 유가행파(Yogācāra): 유가행파는 대승과 연관된 고대 인도에서 가장 잘 알려져 있고 영향력 있는 철학 학파였을 것이다. 공성의 가르침을 알고 있던 불교도들 중에서 많은 이들은 중관의 해석에 의거할 때 공성은 필히 허무주의를 함축해야만 한다고 생각했다. 왜냐하면 문자적으로 일체가 개념적 구성물일 수는 없기 때문이다. 그럴 경우 그것으로부터 구성될 수 있는 어떤 것도 남겨져 있지 않기 때문이다. 유가행파에 따르면 공성을 문자적으로 일체가 개념적 구성물을 의미하는 것으로 이해하는 것은 공성을 오해하는 것이다. 유가행파에서 심은 다른 모든 것의 토대가 되는 일차적 존재자이다. 허무주의의 치료제는 '삼성'이라고 설해진다. 첫 번째는 '변계소집성'이다. 그것은 주관과 객관을 각기 독립된 것으로 분리시키는 양극화이며, 주-객 이원성의 영역이다. 이것은 실제로 정확하지 않다. 이원성은 실제로 단일한 하나의 근본실재를 쪼개는 것이다. 두 번째 자성은 '의타기성'이다. 그것은 주관과 객관으로 잘못 분리된 하나의 인지적 경험의 흐름이며 토대이다. 이 흐름이 전혀 존재하지 않는다는 것은 그 경우 어떤 토대도 없기 때문에 타당하지 않거나, 또는 어떤 경험도 없을 것이며, 따라서 어떤 것도 없게 될 것이다. '원성실성'은 명상 속에서 보이는 사물의 진실한 존재방식이다. 그것은 공성이라고도 불린다. 그러나 유가행파에서 공성은 어떤 것이 존재하기 위해서 존재해야만 하는 토대는 주-객 이원성의 공이라고 재정의된다. 그러므로 원성실성은 의타기성 속에 변계소집성의 부재이다.
- 불성(tathāgatagarbha): 인도 대승에서 이 가르침은 각각의 중생이 가진 요소(즉, 여래장)에 관심이 있다. 이 요소가 중생을 깨달은 붓다로 만들어주는 것

이다. 이 주제는 자신의 정신적 잠재력을 실현하는 종교적 논점과 호소, 격려와 관련되어 있을 뿐 존재론이 아니다. 『여래장경』에서 붓다는 '여래의 지혜와 여래의 앎이 각각의 중생의 번뇌 속에 숨겨져 있으며, 그리고 여래의 신체는 … 영원히 오염되지 않은 채 … 나 자신의 공덕과 어떤 차이도 없는 공덕들로 가득 차 있다'고 가르친다. 몇몇 다른 자료들은 이를 위해 '자아'(ātman)라는 용어를 사용하려고 한다. 이 요소가 무엇인지를 어떻게 해석해야 하며, 또 자아라는 표현이 어떤 방식으로 불교도들에게 인정될 수 있을지의 문제들은 오늘날까지 남아있다.

제6장

대승불교의 붓다

제6장

대승불교의 붓다

1. 화엄경과 법화경 그리고 방편선교경

동아시아 불교에서 특히 중요하게 여겨진 두 개의 중요한 인도 대승불교 경전의 중심사상에 대하여 간략하게 소개하고자 한다. 이들 두 경전은 방대하고 이질적인 『화엄경華嚴經』(Avataṃsaka Sūtra)과 유명한 『법화경法華經』(Saddharmapuṇḍarīka Sūtra)이다. 『방편선교경方便善巧經』(Upāyakauśalya Sūtra)은 『법화경』의 주요한 교리 중 하나인 방편(upāya/upāyakauśalya)에 관한 가르침을 위해 저술된 추가적인 경전이라 할 수 있다.

『화엄경』은 몇 부분들이 중앙아시아에서 편찬되고 아마 그곳에서 하나로 집대성되었을 것으로 추정되는 여러 층위를 지닌 경이다. 여러 층위를 지닌 『화엄경』의 부분들은 분명 자체의 경명을 가지고 독립경전으로 인도에서 유통되었다. 이들 중 가장 중요한 경전은 성불에 이르는 보살도菩薩道의 10가지 단계에 관한 『십지경十地經』(Daśabhūmika Sūtra)과 『화엄경』의 정점인 『입법계품入法界品』(Gaṇḍavyūha Sūtra)이다. 이는 붓다가 보는 것처럼 세계를 보는 것이 어떠해야 하는가를 언어로 묘사하고 확장하려는 『화엄경』의 주제를 취하고 있는 아주 중요한 경전이다. 그러한 관점(vision)은 "불가사의하며, 어떤 중생도 그것을 측량할 수 없다. …"고 설해진다"(Avataṃsaka Sūtra, 번역: Cleary; Williams 2009: 136에서 인용). 그것에 대해 말해질 수 있는 한, 그것은 우주 각각의 영역 속에서, 또 존재의 각각의 원자 속에서의 붓다의 현존과 붓다의 영역이다. 그것은 또한 무한한 상입相入의 하나이다: "그들은 … 먼지 입자만큼 많은 존재와 겁劫 그리고 집회로 가득 찬 국토들이 모든 먼지 입자에 존재하고 있음을 안다"(번역: Gomez, Williams 1989: 124에서 인용). 그렇지만 무한한 상입相入에도 불구하고 사물들은 혼란되어 있지 않으며, 각각의 미세한 사물들도 그 자신의 위치를 지키고 있다. 붓다들과 대보살들은 다른 이들을 도우려는 무수한 행위들에 영원히 종사하고 있으며, 다른 이들을 돕기 위해 수많은 붓다들과 보살들을 계속 방출시키는 것이다. 하나의 멋진 이미지를 사용하자면, 붓다가 설한 말은 원음圓音이며 어떠한 그늘도 없는 광명의 세계이다. 다른 단계에서 우주 그 자체가 바로 붓다의 신체이거나, 또는 붓다 자체가 궁극적인 진리, 즉 경우에 따라 공성 또는 밝게 빛나는 비이원적 의식이라고 설해진다. 『화엄경』은 개별적인 철학체계의 엄격한 구분에 관심이 특별히 없다. 여기서 붓다는 더 이상 석가모니가 아니라, 대광명의 붓다, 태양의 대광명인 대비로자나大毘盧遮那(Mahāvairocana)라고 설해진다. 태양의 대광명으로 보이는 세계에서 어떻게 그림자들이 있을 수 있겠는가? 보이지 않는 것은 아무것도 없으며 숨겨지는 것도 없다. 사물은 본질적인 존재를 결여하고 있거나 혹은 모두 순수하고 빛나는 의식의 작용이다. 스테판 바이어(Stephan Beyer)가 반야바라밀般若波羅蜜에 썼던 표현을 사용하면, 이러한 세계는 마치 '통찰과 꿈의 세계: 반짝이며 유동적으로 변하는 우주'(Beyer 1977: 340)와 같다. 그것은 우리에게는 기적과 같은 세계인데, 왜냐하면 우리는 현상의 진실한 존재방식 위에 경직되고 배타적인 고정성을 가탁하기 때문이다. 『화엄경』, 특히 『입법계품』 부분은 높은 심적 변화의－심지어 환상과 같은 －초자연적 경험의 묘사를 즐긴다. 그런 경험에서 '몸과 마음은 완전히 융합되었고', '모든 사고가 식에서 분리되었으며', 그리고 '장애는 존재하지 않으며, 모든 흥분은 사라진다.' 또한 『입법계품』은 선재善財(Sudhana)의 구도 이야기와 놀라운 성불의 길을 포함한다. 선재는 구도 순례에서 신들과 여신들, 그리고 포옹과 입맞춤을 통해 붓다의 가르침을 설했다고 하는 창녀인 세우世友(Vasumitrā)와 같은 재가자들을 비롯해 수많은 대보살들을 만난다.

한편 『법화경』은 동아시아 불교에서 (일본에서 많은 사람들이 『법화경』이 붓다의 최종적이고 가장 원만한 가르침이라고 생각하듯이) 아주 중요한 위치를 차지하지만, 인도 대승불교에서 이 경이 얼마나 중요성을 가지고 있었는지는 전혀 분명하지 않다. 인도기원 저작물에서 『법화경』에 대한 주석서들이나 이에 대한 언급이 흔하지 않다. 다른 경전들처럼 『법화경』은 오랜 세기를 거쳐 발전되어 왔다고 보이며, 3세기 후반에 한역되었기 때문에 그 최초의 형태는 아마도 기원전 1세기에서 기원후 1세기 사이에 성립되었을 것으로 보인다. 『법화경』은 주로 붓다와 성불과 관련된 문제에 관심을 갖고 있다. 여기서 붓다는 (유용한 전략을 적용하기 위한 솜씨인) 방편(upāya) 혹은 방편선교(upāyakauśalya)로 알려진 수단을 사용한다고 묘사된다. 이 관점에 따르면, 적어도 『법화경』에서 제시되듯이, 붓다는 그의 가르침을 듣는 사람들의 수준에 맞추었다. 대비심에서 붓다는 그들의 필요에 적합한 가르침을 베풀었다. 따라서 그는 어떤 때에는 이러한 가르침을, 다른 때에는 앞의 것과 완전히 반대되는 가르침을 설했다.[175] 이것이 바로 불설이라고 주장되는 문헌군의 방대하고 여러 다른 요소를 포함한 특징을 고려할 때, 그 안에 그렇게 많은 다양성이 존재하는 이유이다. 붓다는 아라한阿羅漢과 연각緣覺이 적합한 사람들에게 그런 비대승의 목표를 가르쳤다. 이어서 그는 완전한 깨달음으로 이끄는 보살도를 가르쳤는데, 이는 『법화경』 자체가 드러내보이듯이 아라한이나 연각이라는 목표를 훨씬 능가하는 것이다. 실로 『법화경』에서는 이러한 열등한 성취들은 결코 진정한 목적이 아니라고 설해지며, 단지 완전한 깨달음에 이를 때까지의 아주 기나긴 수행에 대해 들었을 때 낙담할지도 모를 사람들을 위한 방편方便에서 붓다에 의해 만들어진 잠정적인 것일 뿐이다. 그러므로 실제 성불을 위해 성문승聲聞乘(본서는 '아라한승'으로 표기), 연각승緣覺乘, 보살승菩薩乘의 삼승三乘은 존재하지 않는다. 실제로 단지 일승一乘(ekayāna), 즉 최상승인 일불승一佛乘만이 존재한다. 아라한이라고 불리는 목표를 얻었다고 생각하는 사람들은 그들의 정신적 경력을 실제로 완성시켰다고 말할 수 없다. 사리불과 같은 대아라한을 포함한 모든 (혹은 대부분) 존재는 결국에는 정등각자가 될 것이다. 『법화경』의 가장 매력적인 특색은 붓다의 선교방편善巧方便을 제시하기 위해 몇 가지 인상적이고 유명한 비유를 사용한다는 점이다. 예를 들면 윤회(saṃsāra)의 은유로 화택火宅의 비유가 있다. 자애로운 아버지로서 붓다는 성불이라는 참된 보물을 아이들에게 주기 전에, 성문과 연각이라는 장난감을 갖고 화택으로부터 아이들을 유인한다. 이 경은 자신의 옷 속에 보석(미래의 성불)을 꿰매 놓은 것을 잊어버린 가난한 사람의 비유를 통해 모든 존재가 일불승으로 여행하고 있음을 예시하고 있다.[176]

---

175) 따라서 나가르주나는 『중론』 18장에서 붓다는 도움이 된다면 심지어 자아에 대해서도 가르칠 것이라고 지적한다. 물론 이것이 자아의 가르침을 참으로 만드는 것은 아니다.

176) 이러한 비유들 중에서 장자궁자長子窮子의 비유가 눈에 띈다.

방편과 공성이 모두 사물은 상대적이라는 사고에 기반을 두고 있다는 점에서, 방편方便은 공성의 교육적, 윤리적 등가물이다. 여기에서 가르침은 실제로 상황과 연관되어 주어진다. 시간이 지나면서 이것은 깨달은 존재들의 행위도 또한 상황과 관련이 있다는 의미로 이해되었다. 그것은 분명히 붓다와 보살들의 대비에 의해 입증되는 것이지만, 깨달음에 대한 통찰을 얻지 못한 이들은 미리 필연적으로 예측할 수 있거나 진실로 이해할 수 있는 것이 아니다.[177] 그러한 정신적으로 발전된 존재들의 행위는 모두 오로지 그들의 가르침을 듣는 사람들의 이익을 위한 상황에 적합하다. 상황들이 다르고 또 그것들이 어떤 의미에서 결코 완전히 동일하지 않은 것처럼, 그러한 행위들은 아주 예상하기 어렵거나 단지 그들의 진심 어린 대비적인 동기와 그것들을 적용하는 지혜 속에서만 예측될 수 있는 것이다.

『법화경』 자체에서가 아니라 『대보적경大寶積經』에서 우리는 다른 이들을 돕고 가르치려는 대비적인 목적과 관련하여 설명된 석가모니의 전통적 생애의 아주 중요한 행위들을 보게 된다. 정신적으로 진보된 수행자는 일반적으로 적절한 방식으로 간주되어지는 것을 행하지 않을 수도 있다. 이것은 한 이야기 속에서 예증되고 있다. 여기서 (붓다가 되

177) 가르침은 단지 상대적인 타당성을 지닌다고 하는, 종종 마주하게 되는 이러한 해석 방식은 모호하며, 내가 보기에는, 방편의 개념에 대해 많은 오해를 일으켰다고 생각된다. 가르침은 맥락과 관계되어 있거나 혹은 가르침 속에서 설해진 것은 그 자체로 오직 맥락과 관계되어 있음을 의미할 수 있다. 그러나 중관의 맥락에서 '제법은 공하다'를 살펴보자. 여기서 설해진 바에는 그 진리는 단지 맥락과 연관될 뿐이며 실제로 진리는 아니라는 의미에서 선교방편이 없다. 중관학파에서 공성空性은 사실 절대적으로 항상 진리이다. 그럼에도 어쨌든 간에 그것이 맥락에, 가장 도움이 되는 것에 의존하고 있다. 따라서 이 가르침은 선교방편善巧方便일 수도 있을 것이다. 붓다들의 모든 말이 가르침인 한, 따라서 그러한 모든 말은 그들이 말하는 것이 절대적으로 참인 경우조차 선교방편이다.

기 이전의 전생에서 보살로서) 붓다는 5백 명의 보살들의 생명을 구하는 유일한 방법은 그들을 죽이려고 음모를 꾸미는 한 사람을 죽여야 하는 상황에 부딪친다. 그는 살생이 지옥으로의 재생으로 이끄는 것임을 인식하면서도 그렇게 했다. 그는 5백 명뿐 아니라 그 잠재적 살인자를 그의 나쁜 의도를 실행한 결과로부터 구하기 위해 그러한 재생을 기꺼이 감수했다(번역: Chang 1983: 456-7). 또 다른 이야기에서 우리는 전생에 보살이었던 붓다가 청정한 범행을 하는 학생이었는데, 그에 대한 사랑 때문에 죽겠다고 위협하는 가여운 처녀의 목숨을 성적 관계를 통해 구했다는 이야기를 듣는다(Chang 1983: 433).[178)]

『법화경』의 또 다른 위대한 가르침은 붓다의 수명에 대한 계시와 관련된다. 붓다는 실제로는 수많은 겁劫 이전에 깨달았고, 더욱 비록 지금 죽은 것처럼 보이지만 그는 죽지 않았다. 그는 실제로 수많은 자비로운 방식으로 도와주면서 여전히 우리 주위에 계신다. 붓다가 그의 생애 동안 깨달음을 구하고, 깨달음을 얻고, 그리고 죽는 것을 보여주신 것은 다만 타인에게 도움이 될 수 있는 다양한 교훈을 주기 위한 선교방편의 하나의 예시였다(『법화경』, 번역: Hurvitz: 239). 붓다가 여전히 우리 주위에 계시다는 확신은 물론 종교적으로 사람을 변화시킬 수 있다. 그것은 전 우주를 통해 모든 무수한 이전의 붓다들이 중생을 돕기 위해 여전히 주위에 계신다는 가능성뿐 아니라, 붓다와의 상호관계의－예를 들어, 청원 기도, 통찰, 헌신과 지속적인 현시의－가능성을 열어두는 것

178) 선교방편善巧方便의 가르침이란, 만일 우리가 행위만을 본다면 대보살이 일반적인 윤리적 규범으로 간주되는 것을 위반하지 않을 것이라고 우리가 확신할 수 없음을 의미한다. 그러나 여기에 일반적인 윤리적 규범이 어떤 식으로든 적용되지 않는다는 시사는 한 마디도 없다. 보살윤리에 대한 자세한 사항은 Tatz(1986) 참조.

이다. (중국의 지의智顗(538~597)의 저작에 의해 영향 받은) 동아시아 불교에서 『법화경』의 붓다가 실제로 영원하다고 일반적으로 여겨지지만, 나는 경전 자체에서 이에 대한 명확한 언급을 발견할 수 없다. 만일 붓다가 영원하다면, 『법화경』의 교설을 여래장의 가르침과 결합시키지 않고 우리가 알아차리기만 한다면 실제로 우리는 이미 완전히 깨달은 붓다라고 주장하지 않고는, 누군가가 어떻게 붓다가 될 수 있는지를 알기란 어려울 것이다. 이것은 바로 지의智顗가 했던 바이다. 그러나 『법화경』 자체가 여래장의 가르침을 수용하고 있다는 증거는 없다고 보이며, 그런 증거 없이 붓다를 영원하다고 문자적으로 받아들이는 것은 깨달음을 얻을 가능성과 또 그것과 함께 대승불교의 수행도를 파괴하게 될 것이다.[179)]

대승불교의 발전에 있어 여하튼 어떤 식으로든 매우 중요하게 된 『법화경』에서 발견되는 다른 주제들 가운데 아직 보잘것없는 행위라 하더라도 붓다를 예경하고 경전 자체를 신앙하는 것이 엄청나게 중요하다는 주제도 있다. 이 경에 대한 믿음과 그것을 실천하는 효과는 지옥불에 떨어진 대악인조차 구제할 수 있는 가능성이 있다. 경전은 또한 관세음보살과 같이 보살들의 엄청난 구원 능력에 대해서 말한다. 그 보살들은 대비심에 가득 차서 도움을 청하는 사람들을 구제하기 위해 기적적인 힘을 기꺼이 사용하고 사용할 수 있는 붓다로 향하는 수행도에서 높은 단계를 이룬 이들이다. 『법화경』은 심지어 8세인 용녀龍女가 대보살이 될 수 있고 (아마 성性을 전환함에 의해) 깨달음을 얻을 수 있었는지를

179) 지의智顗는 『법화경』과 『대반열반경』을 연결시킴으로써 그렇게 했다. 앞서 설명했듯이, 『대반열반경』은 여래장 사상을 설하고 있다. 지의는 이 두 경전이 붓다가 가장 마지막으로 설한 경전임을 강조했다.

설명하고 있다. 마지막으로, 이상한 것이 낯설지 않은 이 경전에서 아마도 가장 낯설게 보이는 것으로, 『법화경』은 붓다에 경의를 표하며 소신공양燒身供養하는 커다란 공덕을 상세히 설명한다.[180]

2. 붓다의 다양한 '신체'(kāya)

영어로 'body'란 말은 산스크리트어 'kāya'(신체)가 지닌 많은 모호성을 갖고 있다. 이 표현은 중생이 가진 실제적인 물질적 신체를 말하거나, 혹은 이와 유사하지만 (아마도 'astral body'(靈體)와 같이) 명확히 덜 '물리적'인 것을 가리킬 수도 있다. 그것은 또한 일군의 문헌(a body of texts)이나 일군의 사람(a body of person)과 같이, 어떤 분류기준에 의해 함께 분류된 사물의 집합을 가리킬 수도 있다. 만일 이러한 '신체'(body/kāya)의 모호성을 고려한다면, 붓다의 다양한 신체들의 경우를 보았을 때 초기의 신비화는 사라질 것이다.

폴 그리피스(Paul Griffiths 1994)가 대승의 '전형적 교리'라고 부른 것에 따르면, 붓다는 삼신三身을 가졌다고 한다.[181] 이들 불신佛身은 법신法身(dharmakāya 또는 自性身, svabhāvakāya), 보신報身(saṃbhogakāya) 그리고 화신化身(nirmāṇakāya)으로 구성되어 있다.[182] 비록 후기 인도불교와 인도 이외

---

180) 『법화경』의 추가적 논의와 더불어 특히 동아시아에서 법화경의 광범위한 영향력에 관해서는 Williams(2009: 7장) 참조.

181) 그러한 것으로서의 삼신三身이 아니다. 붓다는 중생을 이롭게 하기 위하여 (Griffiths: '신비적 변신'의) 수많은 몸으로 나타날 수 있다. 그리피스의 '전형적 교리'는 사실 『대승장엄경론大乘莊嚴經論』과 『섭대승론攝大乘論』과 같은 인도 유가행파 논서들의 입장이다. 또한 Eckel (1992) 참조.

182) 그리피스는 법신은 'the final real body', 보신은 'the body of communal enjoyment', 화신은

지역의 불교에서 삼신의 변형이 일반화되었지만, 이 고전적인 교리가 발전하기 위해서는 시간이 필요했다. 폴 해리슨의 중요한 논문(Paul Harrison 1992)에서는 인도의 초기 대승문헌은 물론 『반야경般若經』과 『입능가경入楞伽經』과 같은 상대적으로 후대의 대승 경전에서조차도 법신(dharmakāya)의 관념은 어떤 종류의 형이상학적이거나 우주적인 궁극의 것이 아니었다고 주장했다. '유일한 우주적 원리'가 아니라, 법신은－문헌에 따르면, 최상의 가장 중요한 붓다의 신체인－'가르침(Dharma)의 신체' 혹은 '현상적 구성요소(dharma)의 신체'로서 비대승 문헌에서 잘 알려진 하나의 관념을 오히려 보존하고 있다는 것이다. 유부에서도 발견되는, 후자(즉, 현상적 요소들의 신체)의 의미에서의 법신은 붓다를 붓다가 아닌 존재와 구별하는 데 기여하는 그런 요소들法(dharma)을 가리킨다.[183] 해리슨은 공통적으로 이들 자료에서 진실로, 실제로 붓다는 법의 신체, 즉 그의 가르침이나 또는 요소들의 신체, 즉 붓다의 속성을 가지고 있다고 강조한다. 따라서 붓다의 실제적인 물질적인 붓다의 신체色身, 즉 이제는 열반에 들었고, 아무튼 항상 모든 신체적 취약함을 가진 물질적인 신체와 붓다의 진정한 신체를 대비시킬 수 있다. 이 진

'the body of magical transformation'이라고 영역한다. 자성신(svabhāvakāya, 문자적 의미는 '본질적 신체')은 때로 svābhāvikakāya(실체적인 신체), 보신(saṃbhogakāya)은 sāṃbhogikakāya(受用身), 화신(nirmāṇakāya)은 nairmāṇikakāya(변화신)라고도 불린다.

183) 비바사사毘婆沙師의 아비다르마에서의 이러한 요소들에 관해 일반적으로 붓다의 다양한 지식과 성취 그리고 5종의 청정한 온蘊들에 대해서 Williams(2009: 175)를 참조. 후대의 논사들은 붓다의 진정한 불신佛身을 그의 가르침으로 해석하는 것은 문제가 있다고 간주했음에 주목할 필요가 있다. 우리가 붓다에게 귀의할 때, 우리가 귀의하는 것은 그의 육체적 신체가 될 수 없다. 따라서 그것은 그의 법신法身(dharmakāya)이어야만 한다. 그러나 만일 여기서 말하는 다르마가 가르침의 의미에서의 다르마라면, 삼귀의三歸依 중 첫 번째 붓다에의 귀의는 두 번째 귀의인 법에 대한 귀의와 혼동될 수 있을 것이다.

정한 신체는 여전히 남아서 깨달음으로 인도하는 그의 가르침(법, 그의 교설)이거나 혹은 그것을 완전히 얻음에 의해 그를 붓다로 만드는 성질이며 여전히 그의 제자들에 의해 획득될 수 있는 것이다. 이런 것들이 붓다의 진정한 신체이다. 붓다의 진정한 신체는 소멸한 것이 아니라 여전히 남아있다.[184)]

용수(Nāgārjuna)의 저술로 알려진 저작에서 법신法身에 관한 언급은 드물다.[185)] 그러나 나가르주나에게 귀속된 『사찬가四讚歌』에 흥미로운 자료가 있다(Tola & Dragonnetti 1995; 4장; Lindtner 1982). 이 맥락에서 특히 중요한 것은 '비할 데 없는 분에 대한 찬가'(Niraupamyastava)이다. 여기서(제16송) 나가르주나는 붓다의 빛나는 색신色身에 대해 그 색신은 타인의 이익을 위해 많은 기적적인 방식으로 현현하며, 또 비록 그렇게 할 필요가 없다고 해도 세상의 행위에 부합한다고 말한다(대중부(大衆部)의 출세간설(出世間說)과 비교). 그러나 또한 그는 사실 (눈으로) 볼 수 있는 육체적 형태를 통해 붓다가 보이는 것은 아니라고 점을 지적한다. 붓다가 적절하게 이해되는 것은 바로 다르마가 인식될 때이다. 그러나 사물 그 자체의 참된 법성(dharmatā)은 결코 보이지 않는다. 따라서 그의 가르침을 이해

184) 그러므로 붓다의 하위의 (잔존하는) 색신色身(rūpakāya)에 관한 것으로 그려질 수 있는 불탑숭배와의 대비를 주목하라. 예를 들어 『반야경』과 같은 대승경전들은 붓다의 가르침으로서의 신체라는 의미에서 법신(Teaching-body)이라고 주장할 수 있었다. 모든 사람이 법신이 색신보다 뛰어나다고 인정한다. 따라서 이들 경전을 따르고, 또 심지어 경전을 모신 전각을 세우고 그곳에 전통적으로 불탑에 행해지는 향과 꽃, 음악 등을 바치는 것은 (대승불교경전 자체가 옹호하듯이) 의미가 통한다. 이러한 내용에 관해서는 Kajiyama(1985) 참조.

185) 중요한 것은 『보행왕정론』 3: 10에서 나가르주나가 붓다의 색신은 그의 복덕의 자량 때문에 생기고, 그의 법신은 그의 지혜의 자량 때문에 생긴다고 말하였다는 점이다. 우리 모두가 그렇듯이, 붓다는 그의 전생의 행위를 통해 색신을 얻는다. 그는 통찰을 통해—그를 붓다로 만드는 것인—붓다로서의 덕성을 얻거나 또는 그를 진정으로 해탈로 인도하는 가르침을 얻는다.

함으로써 우리는 붓다의 진정한 신체를 보는 것이다. 그렇지만 그러한 가르침의 요체는 공성空性이 일반적인 방식의 '봄'에서 결코 보일 수 없다는 사실이다. 나가르주나는 계속해서 (제22송) 불신佛身은 영원하고, 불변이며, 길상吉祥하며, 다르마로 이루어져 있다고 노래하고 있다. 따라서 비록 붓다는 다른 이들을 도우려는 그의 선교방편善巧方便을 통해 죽음을 보여주었지만, 그는 열반(nirvṛti) 이후에도 여전히 남아있는 것이다. 붓다의 진정한 신체는 그의 가르침이며, 그렇지만 우리는 여기서 공성 그 자체인 가르침에 의해 제시된 것과 같은 붓다의 최종적인 참된 신체를 향한－아마도 여전히 부분적으로는 무의식적인－하나의 움직임을 발견한다. 왜냐하면 나가르주나가 그의 '승의勝義 찬가'(Paramārthastava)에서 말하듯이, 붓다는 태어나지도 않았고, 어디에도 주하지 않으며, 존재하는 것도 아니고, 존재하지 않는 것도 아니기 때문이다. 이것이 실제로 사물의 존재방식으로서의 법성法性(dharmatā), 즉 공성 자체이다.[186] 다른 후대의 중관학파 문헌은 또한 법신을－(예를 들면, 아비다르마에서 법과 같은) 궁극적인 것들의 모임인 신체－공성이라고 말한다. 그러나 물론 공성이 모든 것에 적용되지만, 특히 불신론佛身論의 관점에서 법신을 가리키고 있다. 즉, 붓다의 참된 본성을 밝히는 맥락에서, 또는 무엇이

---

186) 붓다의 참된 신체는 실제로 궁극적인 것, 즉 공성空性과 동일하다는 결론은 이 게송에서는 명시적이라기보다는 함축적이다. 그럼에도 후대의 법신에 대한 '우주적' 해석이 전개된 것은 바로 이런 문헌에서부터라고 보인다. 만일 붓다의 참된 신체가 공성이라면, 공성은 모든 것의 참된 본성이기 때문에, 또한 공성의 단계에서 상이한 공성들을 식별하는 것은 불가능하기 때문에, 붓다의 참된 신체는 사물의 참된 본성이라는 점에 유의하라. 공성을 '불신'으로서 언급하는 관념은 아마도 붓다를 고유하게 특징짓는 궁극적인 것의 집합체인 붓다의 속성佛法이란 관념에 영향을 받았을 것이다. 이런 붓다의 속성 중에서 몇 가지는 인식적인 것이기 때문에, 법신으로서 표현된, 붓다의 공성의 인식 (즉 반야), 붓다의 마음을 발견하는 것도 가능할 것이다.

진실로 붓다인지의 맥락에서 법신이 설해졌다.

이제 유가행파와 관련된 '고전적 교리'의 기본적 구조로 돌아가 보자. 법신은 『섭대승론』(Mahāyānasaṃgraha 10장)에서 청정한 의타기성인 진여眞如(tathatā)와 동일한 것으로 설해진다.187) 다른 말로 하면, 법신은 내재적으로 밝게 빛나는 붓다의 의식이다. 그것은 완전히 주객 이원성의 공空이고, 모든 개념성과 사변을 초월한, 모든 번뇌장과 소지장을 여읜 지혜이다. 그것은 붓다의 본성에 내재적인 모든 수승한 속성들을 수반한 붓다의 지신智身(jñānakāya)이며, 영원하고 자체적으로 불변하는 것이다. 그것은 다른 이들을 돕기에 적합한 형태로 무한한 자비심에서 나타나는 붓다의 다른 불신佛身들에게 의지처로서 작용한다고 설해진다. 이 법신은 사실상 그 자신 속에서 붓다인 것이다.188) 그리피스(Griffiths 1994)의 표현을 빌리면, 그것은 '영원성 속에서의 붓다'이다. 붓다의 법신法身들은 많은 점에서 (예를 들어, 그들의 서원이나 그들의 행위유형들에서) 동일하며, 그리고 자체적으로 그들을 차별시킬 수 있는 속성들을 가지고 있지 않다. 그럼에도 그들은 문자적 의미에서 동일하지 않다. 왜냐하면 많은 다른 존재들이 붓다가 되며, 한 존재만 붓다가 되는 것은 아니기 때문이다. 아직 깨닫지 못한 이기심에서 깨달은 이타성으로의 '존재기반의 변화轉依'는 역사 속에서 오직 한 사람에게 한 번만 일어나는 것이 아니다.

보신報身(saṃbhogakāya)과 화신化身(nirmāṇakāya)은 모두 뛰어난 색신色身(rūpakāya)이다. 즉, 그들은 마치 타인의 이익을 위해 자발적으로 붓다에

---

187) 염오染汚의 의타기성依他起性을 소멸시킨 '전의轉依'를 통해 현시된다. 5장의 유가행파에 관한 논의 참조

188) 비록 유식에 기초하여 (고전적인 자료에서 암시되듯이) 법신을 보는 하나의 방식이 존재한다고 할 수 있지만, 그것은 전 우주(dharmadhātu, 法界)가 실제로 법신이라고 주장할 수 있게 할 것이다. 다만 청정한 불이의 지혜만이 존재한다. 그러므로 오직 법신만이 있다.

의해 현현되고, 법신에 근거한 실질적 신체들처럼 나타난다. 그들은 보살로서 그들의 오랜 이력을 통해 만들어진, 타인을 도우려는 붓다의 대서원大誓願을 충족시키는 자동적인 방식으로 나타난다. 보신은 그리피스의 표현으로 '천상의 붓다'이다. 그러나 엄격히 말해, 보신은 전형적으로 (흔히 불상에서 긴 귀나 육계(肉髻) 등과 같은) 112가지 상호로 장엄된 찬란한 신체 속에서 중생의 요청에 따라 붓다로서 현현한 것이다. 그는 천상天上(svarga)이 아니라, 정토淨土의 연화좌에 앉아 있는 모습으로 나타난다. 붓다의 보신이 나타나는 정토는 다른 면에서 '감로의 샘, 소원을 들어주는 나무 등'을 포함하고 있다고 하는 '불국토佛國土'이다(번역: Griffiths 1994: 145). 그곳에서 그는 주로 높은 수준의 보살들로 이루어진 회중會衆에게 가르침을 설한다. 물론 무한한 수의 보신報身들이 존재한다. 왜냐하면 무량한 시간 동안 무량한 중생이 붓다가 되었기 때문이다. 보신報身은 오직 대승만을 가르치기에, 대승의 가르침은 진실로 뛰어난 보신의 형태로 현현한 붓다의 가르침이라고 주장하는 것이 대승에게는 가능하다. 이것은 인도 역사에 나타나, 뛰어난 대승 교리의 예비적인 단계로서 비대승의 가르침을 설한 석가모니 붓다를 포함한 하위인 화신化身의 현현과는 대비된다. 보신에 직접 접근하기 위해서는 현생이나 내생에서 정토에 도달할 수 있게 해주는 정신적 성취를 얻는 것이 필요하다.

그러나 붓다는 모든 중생들을 돕기를 원한다. 낮은 단계의 성취를 얻은 자들이나 혹은 악한 사람조차 이롭게 하기 위해, 붓다들은 화신을 발산發散한다. -(그리피스의 표현으로) '세간의 붓다'인-화신은 흔히 석가모니 붓다와 그의 생애의 위대한 행위들의 모델에 입각하여 서술되었다. 그러나 후대의 문헌들은 화신은 타인을 도울 수 있는 어떠한 형태로도 나타날 수 있으며, 붓다의 생애의 고전적인 모델과 일치하게 나타나는 것에 한정되지 않음을 분명히 한다. 따라서 화신으로서 역사적 인물인 석가모니 붓다와 그의 삶의 사건들은 단지 [법신으로부터의] 발산이다. 결과적으로 그것들은 보신에 의해 현현된, 대비심에서 가르치는 하나의 마술적 쇼이지만, 궁극적으로는 말하자면 법신의 자발적인 자비로움의 '유출'인 것이다.189)

3. 붓다가 되는 방법

대승불교 문헌은 완전한 깨달음에 이르는 길은 오랜 시간이 걸린다는 것을 분명히 한다. 그것은 3무량겁無量劫이 걸린다고 말해진다. 그것을 따르는 이유는 대비심이다. 앞에서 보았듯이, 아티샤에 의해 요약적으로 제시된 종교적 수행을 위한 세 가지 동기를 고려할 때, 모든 중생을 위해 고통으로부터 벗어나고자 하는 동기를 갖고, 그 동기로부터 성불에 이르는 긴 해탈도를 수용하는 것이 대승불교의 수행자에게는 결정적이다. 그것을 가능케 하는 '乘'(탈것)이 확정적으로 대승인 것이다.

깨달음에 이르는 보살의 수행도의 세목들은 인도 이외 지역의 문헌에서는 말할 것도 없이, 인도불교 문헌들 내에서도 차이가 있다. 실로 대승불교 안에서 합의된 단일한 구조는 존재하지 않는다. 나는 이 수행도의 개요를 주로 8세기의 저작인 샨티데바寂天(Śāntideva)의 『입보리행론入菩提行論』(Bodhicaryāvatāra = BCA)과 카말라쉴라蓮華戒(Kamalaśīla)의 『수습차제修習次第』(Bhā-

189) 법신은 어떤 것도 행하지 않는다는 것이 대승에서 일반적으로 말해지기 때문에, 이렇게 말하는 것이 교리적으로 정확한 것은 아닐 것이다. 그러나 나는 이러한 이미지를 좋아한다. 보신은 여전히 석가모니라고 불릴 수도 있을 것이다. 여기서 『법화경』과 붓다의 수명을 비교하라.

vanākrama), 그리고 아티샤의 『보리도등론菩提道燈論』(Bodhipathapradīpa)에 의거하여 설명할 것이다. 『보리도등론』에 대한 아티샤 자신에게 귀속되는 주석이 있다.[190]

보살도菩薩道를 제대로 시작하는 것은 단지 막연한 관심이 아니라 수행자의 보살심菩薩心에서 생겨나는, 하나의 실제적인 혁명적 사건이다. 이 사건은 자기관심으로부터 타인에 대한 관심인 대비로의 근본적인 방향 전환을 의미한다. 이 사건은 '발보리심發菩提心'(bodhicitta)이라 불린다. 일어나는 그런 사건의–차별 없이 모든 방식으로 모두에게 친절하려는 진실하고도 깊은 서원과 의향의–놀라울 정도의 함축성과 또 그것을 보존하는 중요성을 샨티데바는 그의 시의 첫 번째 장에서 다음과 같이 노래하고 있다.

> 행복에 굶주린 사람을 모든 행복으로 만족시키며, 많은 방식에서 억눌린 사람으로부터 억압을 제거한다. 미혹 또한 쫓아버린다. 어찌 그와 같은 성자가 있을 것이며, 어찌 그러한 친구가, 어찌 그러한 공덕이 존재할 수 있겠는가?
>
> (1: 29-30, 영역: Crosby & Skilton 1995)

그러나 진정으로 어딘가를 여행하고자 바라는 마음과 실제로 여행을 하는 것 사이에 차이가 있는 것처럼, 우리는 두 가지 유형의 보리심菩提心(bodhicitta), 즉 '깨닫고자 결심한 마음'과 '깨달음을 향해 나아가는 마음'으로 구별할 수 있다고 샨티데바는 말한다(1: 15-16).

---

190) 이 부분은 특히 Lopez(1988b)에 의지했다. 이 저술은 『십지경』과 월칭月稱(Candrakīrti)의 『입중론入中論』(Madhyamakāvatāra)과 같은 인도문헌에 주로 근거해서 보살도에 관해 아주 편의하고 잘 알려진 설명을 제공하고 있다. 또한 Williams(2009: 9장) 참조.

후기 티베트 전통은 인도 문헌으로부터 이러한 혁명적 마음의 발생을 촉진시킬, 즉 그것의 발생을 위해 강제하는 이유를 제공하는 두 가지 분석적 명상수행패턴을 분리시켰다. '자신과 남을 동등하게 생각하고 자신과 남을 교환함'이라고 불리는 첫 번째 수행패턴은 샨티데바의 『입보리행론』 8장에서 연원을 찾을 수 있다. 샨티데바는 만일 우리가 계에 관해 이야기한다면, 어떤 특별한 변명도 요청되지 않는다는 것을 당연시했다. 우리는 완전히 객관적이어야만 한다. 이제, 우리 모두는 행복을 원하고 고통을 피하고자 하는 점에서 평등하다(8: 95-6). 따라서 모든 사람을 평등하게 대할 필요가 있다는 점이 거기에 있는 모든 것이다. 객관적으로 보았을 때, 내가 나 자신만의 행복을 추구하고 나 자신의 고통을 피하고자 하는 것은 특별한 일은 아니다.

> 나는 남의 고통을 없애야 하리니, 왜냐하면 그것이 나 자신의 고통과 같은 고통이기 때문이다. 나는 또한 남을 도와야 하리니, 왜냐하면 존재로서 그들의 본성도 마치 내 존재와 같기 때문이다.
>
> (입보리행론 8: 94).

먼저 모든 존재를 평등한 가치를 지니고 있다고 본다. 그런 후에 자신을 소중히 여기는 데에서 일어나는 모든 문제점과 남을 소중히 여기는 데에서 생기는 모든 이로움을 관찰함으로써 실제로 '자신과 남을 교환한다.' 그는 다음과 같이 명상한다:

> 세상에서 고통을 받는 모든 사람들은 그들 자신만의 행복을 원하기 때문에 그렇게 된다. 세상에서 행복한 사람은 남의 행복을 원하기 때문에 그러하다.

더 말할 게 뭐가 있겠는가? 그 자신만의 이익을 갈망하는 어리석은 자와 남의 이익을 위해 행동하는 현자의 차이를 관찰하라.

(전게서 8: 129-30)

그 결과는 항상 다른 사람을 우선시하는 것이 필수적이다.[191)]

다른 수행패턴은 카말라쉴라의 『수습차제』 중편과 아티샤의 『보리도등론』에 대한 주석에서 찾아볼 수 있다. 위에서의 샨티데바의 추론과 더불어 그것은 평등감에 근거하고 있다. 왜냐하면 모든 존재는 행복을 원하고 고통을 피하고자 한다는 점에서 평등하기 때문이다. 만일 우리가 전생을 인식한다면, 무한한 전생의 연쇄를 통해 모든 중생은 여러 번 자신의 친구였을 것이다. 아티샤가 말하듯이, 사실 모든 중생은 전생에서 자신의 어머니였고, 이러한 숙고로부터 그들의 보살핌에 보답하는 원願이 일어난다. 이는 '자애'(maitrī)라고 불리며, 그것으로부터 차례로 큰 고통을 당하고 있는 '자신의 어머니인 중생들'을 위하는 비심(karuṇā)이 일어난다. 카말라쉴라는 이들 고통에 대하여 체계적으로 명상한다. 모든 이런 것으로부터 모든 가능한 방식으로, 그러나 궁극적으로는 그들의 행복을 위하여 완전한 깨달음을 획득함을 통해 그들을 돕고자 하는 서원과 길인 보리심이 일어나게 되기를 아티샤는 바란다(Sherburne 1983: 42-3 참조).

---

191) 물론 그럼에도 불구하고 그들 중 하나가 실제로 자신이기 때문에, 자신과 다른 사람 사이에 차이가 있다고 주장할 수도 있다. 하지만 왜 그렇게 말하는가? 티베트 자료들은 총체적으로 다른 이들이 항상 자신보다 더 많다는 점을 지적한다. 따라서 만약 특별한 간청이 자제되어야 한다면, 순수하게 사심이 없는 객관성을 요구하는 도덕성이 항상 다수인 다른 사람들의 이익이 자기 자신인 한 사람의 이익보다 우선되어야 한다고 볼 것이다.

실제로 차별 없이 모든 중생의 이익을 위해 불성을 이루기로 이미 맹세했던 여행을 떠남에 있어 보살은 특히 육바라밀(또는 10바라밀)을 실천하고 5위五位와 십지十地를 통과한다. 이 모델에서 개발된 버전에 따르면 보리심이 일어났었을 때, 그럼에도 그는 기술적인 의미에서 아직 보살지菩薩地(bodhisattvabhūmi)의 첫 번째 단계에 들어가지는 않았다. 여섯 번째인 반야바라밀般若波羅蜜뿐 아니라, 보시布施, 지계持戒, 인욕忍辱, 정진精進 그리고 선정禪定의 다섯 바라밀이라는 방편을, 어느 것도 소홀히 함이 없이 수습하는 것이 필요하다.192) 참된 보리심을 일으켰을 때, 초보 보살은 ('방편'을 통해) 복덕과 지혜의 2종 자량을 축적하는 5위의 첫 번째 자량위資糧位(sambharamārga)에 들어간다. 다음으로 보살은 네 단계에서 공성空性에 대한 심원한 직접적인 인식을 발전시키는 가행위加行位(prayogamārga)를 얻는다.193) 명상 속에서 공성에 대한 직접적, 비개념적인 인식이 처음으로 일어날 때, 보살은 견도見道(darśanamārga)에 들어간다. 그는 더 이상 범부凡夫가 아니며, 완전한 성자로서의 보살이 된다. 이와 더불어 보살은 보살 십지十地 중의 첫 번째 단계인 '환희지歡喜地'를 획득한다고 카말라쉴라는 말한다. 이 단계는 특히 (비록 결코 배타적인 것은 아니지만) 보시바라밀의 수행과 연관되어 있다. 실제로 보시바라밀 등을 완전한 정도까지 획득하기 위해서 공성에 대한 직접적, 비개념적인 인식을 가지는 것이 필요하다. 예를 들어, 보시자와 보시를 받는 자 그리고 보시물 모두가 본질적 존재를 여의고 있다는 하나의 직접적 증득으로 바라밀

---

192) Beyer(1974: 103)에서 카말라쉴라의 『수습차제』 전편 참조. 지혜와 방편을 통합해야 하는 절대적 필요성과 관련해 이 점은 『수습차제』를 저술했던 (실제적인 티베트의) 상황에 극히 중요했다. 상세한 사항은 Williams(2009: 191-4) 참조.

193) Beyer(1974: 111 ff.)에 나오는 카말라쉴라 참조. 카말라쉴라의 저작은 중관학파로 분류된다.

이 뒷받침되지 않는 한, 그것들은 참된 바라밀이 아니다. 보시布施는 (1) 물질적 재화, (2) 무외, (3) 가르침(Dharma)의 3종으로 설명된다.194)

나머지 아홉 보살지 모두는 5위位 중의 네 번째인 수도위修道位(bhāvanāmārga)에서 일어난다. 덧붙여서 이들 각각의 보살지에서 보살은 예를 들면 붓다를 보고, 정토에 왕생하고, 수많은 겁 동안 살고, 세상을 흔들고 비추며, 자신의 몸을 여러 가지로 나누는 능력과 같은 12가지 특별한 능력을 사용한다고 설해지고 있다는 데 주목할 필요가 있다. 초지에서 이것은 (한 찰나에 백 명의 붓다들을 보거나, 백 개의 정토에 왕생하는 등) 일련의 100이라는 숫자에 적용되며, 한 찰나에 획득될 수 있다. 이 숫자는 다음 단계의 보살지에서 10배로 (즉, 한 찰나에 1000개 등을 본다) 증가되며, 그다음 단계에서는 100배로 (즉, 한 찰나에 만 개 등을 본다) 증가한다. 보살이 십지에 도달할 때에, 그 숫자는 거의 표현할 수 없다고 한다(Madhya- makāvatāra 11장, Lopez 1988b: 203 참조).

두 번째 보살지는 '이구지離垢地'(vimalā bhūmi)라고 불린다. 이 단계에서 보살은 계바라밀戒波羅蜜을 성취한다. 계는 꿈에서조차 완전히 청정하게 남아있다. 세 번째 보살지, 즉 '발광지發光地'에서는 인욕忍辱의 공덕을 완전히 성취한다. 인욕은 남과 다투지 않고 또한 어떠한 괴로움도 참는

194) 따라서 보살이 불공정한 사회구조와 이데올로기뿐 아니라 빈곤퇴치에 참여하는 것은 물론 적절한 것으로 보일 것이다. 보살지에 관해서는 특히 『십지경』과 월칭의 『입중론』 참조. 바라밀에 관해서는 특히 『입보리행론』 참조. 또한 '공덕의 회향' 현상에 대해 주목하라. 모든 불교 전통은 특정한 덕행으로부터 생기는 공덕이 다른 사람들에게 전해지도록 기원하는 것이 합당한 종교적 행위라고 생각한다. 대승불교에서 공덕이 모든 중생의 (즉 식을 가진 모든 존재, 살아 있고 따라서 기쁨과 괴로움을 느낄 수 있는 모든 존재의) 이익을 위해 회향되어야 하는 것은 공덕을 얻는 보살의 합당한 반응이라고 주장된다. 나는 불교에서 업설이 그렇게 (즉 법칙과 같이) 엄격하게 유지되어, 공덕의 전환(=회향)은 불가능하다고 고대에서나 또는 실천적으로 (또는 이론상으로도) 여겨졌는지 의심스럽다. Williams(2009: 203)와 Schopen(1985) 참조.

것이다. 다음으로 '염혜지焰慧地'라고 불리는 네 번째 보살지에 도달하는데, 여기서 보살은 웅대한 규모로 모든 게으름과 소심함에 반하는 정진바라밀精進波羅蜜을 얻는다. 다섯 번째 보살지는 '난승지難勝地'이며, 보살은 선정바라밀禪定波羅蜜을 얻는다. 다음으로 매우 중요한 여섯 번째 보살지인 '현전지現前地'가 오는데, 여기서 보살은 모든 측면에서 연기(pratītya-samutpāda)를 이해하는 반야바라밀般若波羅蜜을 최종적으로 달성한다.[195] 우리는 이제 육바라밀 끝에 도달했다. 그러나 보살은 아직도 아주 오랫동안 지속하면서, 일곱 번째에서 열 번째 보살지를 획득하는데, 『십지경』 같은 경전에 따르면 4종의 추가적 바라밀을 얻는다. 따라서 일곱 번째 보살지인 '원행지遠行地'에서 보살은 방편바라밀方便波羅蜜을 성취하며, 번뇌장煩惱障(kleśāvaraṇa)을 영원히 제거한다. 그래서 그는 재생에서 벗어난다(Madhyamakāvatāra). 만일 그가 타인을 위해 완전한 깨달음을 얻으려는 보살의 서원誓願을 가진 보살이 아니라면, 아라한의 최종적 적정을 얻을 수 있었을 것이다. 그러므로 나머지 세 보살지는 청정한 단계라고 불리며, 불교 문헌에서 흔히 소지장所知障(jñeyāvaraṇa)이라고 불리는 다른 근본적인 번뇌를 최종적으로 소멸시킨다. 소지장을 제거하는 과정은 붓다에게 고유한 지혜를 얻는 과정이다. 여덟 번째 보살지인 '부동지不動地'에서 보살은 세상을 완전히 다른 방식으로 보기 시작하며, 명상을 하고 있지 않을 때조차 '꿈에서 깨어난 사람과 같다.'[196] 이 단계

---

195) 이는 다소 이상한 점이 있다. 왜냐하면 첫 번째 보살지를 얻기 위해서 공성에 대한 직접적 비개념적 통찰을 가지는 것이 필요하기 때문이다. 초지를 가지는 5위五位의 도식에서 세 번째 단계인 견도見道는 원래 십지의 수행도와는 구별되는, 불성에 대한 수행도의 다른 구조였을 것이다.

196) 그때에 비록 보살은 명상 속에서 사물을 여실하게 보지만, 명상에서 깨어나면 깨닫지 못한 중생의 방식으로 여전히 사물을 본다. 그렇지만 그는 그것이 여실한 인식이 아님을 안다. 바

에서부터 보살의 모든 행위는 본능적으로 (자발적으로) 그의 대비의 대서원의 자연적인 흐름을 따른다. 더 이상의 노력이 필요하지 않다. 이 바라밀은 원바라밀願波羅蜜이라고 불린다. 아홉 번째 보살지는 '선혜지善慧地'로 '역바라밀力波羅蜜'을 성취한다. 열 번째이자 마지막 보살지는 '법운지法雲地'로 지바라밀智波羅蜜을 성취한다. 보살은 다른 보살들에게 둘러싸여 특별한 보석으로 장식된 연화좌蓮華座에 나타난다. 광명이 우주에 충만하고, 많은 고통들이 소멸되며, 또 모든 붓다가 나타나 이 영웅을 완전한 깨달음으로 봉헌한다. 『십지경』이 분명히 밝히듯이, 이 보살의 능력은 이미 모든 세계를 하나의 먼지 속에 넣을 수도 있으며, 혹은 어떠한 해를 입히지 않고 무한한 중생을 자신의 모공 속에 넣을 수도 있다. 10지 보살은 중생을 돕기 위해 수많은 모습을 취할 수 있으며, 심지어 힌두교 신인 쉬바의 형태를 취할 수도 있다. 그렇지만 이것은 완전히 깨달은 붓다의 능력과 비교하면 작은 물방울 같은 하찮은 것이다. 불성은 소지장所知障의 최종적인 완전한 제거, 즉 일체지一切智와 함께 획득된다. 이로써 보살은 10단계의 보살지를 초월하며, 물론 더 이상 보살이 아니게 된다. 불성을 얻음으로써 그는 5위 중의 마지막 '구경위究竟位', 즉 무학도無學道(aśaikṣamārga)를 얻는다. 그것은 어딘가에 이르는 수행도가 아니다. 왜냐하면 이제 보살은 붓다가 되었으며, 붓다는 모든 곳에 존재하기 때문이다.

로 이것이 변화의 시작이다.

4. 인도 대승불교의 불·보살 숭배

우리는 폴 해리슨(Paul Harrison 1987)의 저술을 통해 최초기 대승불교는 보살을 ('천상적' 보살에게) 절하고 기원하는 사람으로 생각한 것이 아니라 그 천상적 보살에 참여하는 집단으로서 생각해 왔던 것처럼 보인다는 사실을 알게 된다. 보살은 그들 자신의 정신적 삶을 위한 모델이다. 대비심에서 보살이 되거나 또는 보살이 되기를 열망해야 하며, 종국에는 붓다가 되어야 한다. 그러나 앞에서 보았듯이, 초기 대승불교는 특정 경전과 그 가르침에 중심을 둔, 수많은 분리된 숭배들을 포괄했을 것이다. 상대적으로 초기의 몇몇 경전들은 거의 전적으로 특별히 선호된 붓다의 정토淨土(혹은 불국토佛國土(buddhakṣetra))의 성격과 즐거움 그리고 그 정토에 어떻게 태어나는지를 묘사하는 데 관심을 가졌다. 『아촉불국경阿閦佛國經』(Akṣobhyavyūha Sūtra) 혹은 『무량수경無量壽經』(Sukhāvatīvyūha Sūtra)이 그 예일 것이다. 시간이 흐르면서 특정한 대보살들이 정토淨土와 관련되게 되었고, 그들의 이타적 행위를 포함하고자 하는 숭배에 초점이 맞추어졌다.

인도 대승불교의 붓다와 보살 숭배는 무엇보다 접근의 기법과 관련된 것처럼 보인다. 즉, 그들은 명상과 재생을 통해 정토와 그곳에 속한 붓다와 보살에게 도달하기 위한, 그래서 바로 현생에서 그들 붓다와 보살들의 이타적 재능들을 이용하기 위한 기법에 관심을 가진다. 불국토 관념은 아마도 석가모니 붓다의 영향력과 권위의 범위, 그의 인식의 범위 및 그의 활동의 실제 지리적 맥락과 원래는 관련되어 있을 것이다(Rowell 1935). 이것은 공간의 무한성을 통해-비대승 문헌에서도 발견되는-다수우주의 관념의 발전과 연결되었다. 무한한 공간의 어딘가에 적어도 다른 붓다들은 분명 존재한다. 따라서 붓다의 앎의 영역(그리고 자비의 영역)은 무한하다. 그러나 그의 직접적인 정신적 영향의 실제 범위는 비록 방대해도 유한하다. 또한 석가모니의 경우 그는 실제로 태어났고, 아주 제한된 역사적, 지리적인 상황에서 즉각적인 영향력을 미쳤다. 그러나 무한한 공간을 통해 무수한 붓다들이 존재한다. 그들 각각의 붓다는 무한한 인식과 자비심을 갖고, 특정한 장소에 머물며, 방대하지만 제한된 직접적인 정신적 영향력을 갖고 있다. 그들의 위치와 그들의 직접적인 영향력의 범위가 그들의 불국토이다. 불국토는 그 불국토에 의해 도움 받을 수 있는 중생을 돕기 위해 존재한다.

불성을 향해 나아가는 보살은 그들의 대비행大悲行의 결과인 그의 불국토를 청정케 한다고 설해진다. 따라서 한 붓다의 불국토는 어떤 의미에서 보살행 위에서의 그의 위대한 행위들에 의해 존재하게 된 것으로 생각된다. 그러나 모든 불국토가 충분히 발전된 정토는 아니다. 석가모니 붓다는 고대 인도에서 태어났기 때문에, 그의 불국토는 극히 청정하지 않았을 것이다. 몇몇 대승불교 경전은 청정한 불국토와 청정하지 않은 불국토 및 섞여 있는 불국토의 3종을 언급하고 있다. 석가모니 붓다의 불국토의 명백한 불청정성에 대한 하나의 대답은 『비화경悲華經』(Karuṇāpuṇḍarīka Sūtra)의 것인데, 여기서 석가모니 붓다는 뛰어난 유형의 붓다라고 주장되고 있다. 왜냐하면 그는 대비가 너무 커서 그러한 불청정한 장소에 태어났기 때문이다. 또 다른 대답이 『유마경維摩詰所說經』(Vimalakīrtinirdeśa Sūtra)에서 제안되는데, 여기서는 청정淸淨과 불청정不淸淨은 마음의 문제라고 본다. 올바르게 보는 사람에게 석가모니 붓다의 '불청정'한 영역은 실로 그 자체로 완전한 정토인 것이다.

보살은 어떤 붓다의 불국토에서 태어날 수도 있고 혹은 명상수행으로 불국토를 방문하는 것이 가능할 수도 있다. 바로 정토라는 관념이 ―그리고 실제로 대승경전으로 대변되는 '지속적인 계시'가― 명상에서 경험되는 영상影像의 경험과 어느 정도 연관되어 있을 가능성이 크다. 여기서 핵심적인 것은 '불수념佛隨念'(buddhānusmṛti) 수행이다. 실로 정토 숭배의 흥기에 기여한 불수념 수행에서의 일부 발전을 지리학적으로 기원후 첫 몇 세기 동안 카슈미르 및 그와 연결된 중앙아시아 지역과 연관시키는 것이 가능할 것이다(Demiéville 1954).[197] 이 시기의 카슈미르는 수행승과 명상수행으로 유명했는데, 이런 수행 속에 대승과 비대승으로 분리되어 생각된 요소들이 혼재되어 있었다. 그것은 특히 불수념 수행으로 매우 유명했다. 이 시기의 카슈미르의 수행자들에게 특히 중요했던 것은 미륵보살彌勒菩薩이었는데, 미륵보살은 현재 대승불교와 비대승불교의 맥락 모두에서 완전히 받아들여진 유일한 보살이다.

광의적으로 말하면, 불수념은 체계적이고 집중된 마음을 가지고 붓다의 위대한 덕성을 기억하는 것을 포함한다. 우리는 매우 이른 초기의 팔리 문헌에서 그러한 수행의 결과들 중 '낮뿐 아니라 밤에도 눈으로 보는 것과 같이 명확하게 마음으로 그를 보는 것이 … 가능하다'(Suttanipāta, 번역 Saddhatissa 1986: 제1142송)는 것을 알고 있다. 상좌부 논사 붓다고사(Buddhaghosa)는 불수념을 통해 수행자는 공포를 극복하고 마치 자신이 살아계신 붓다의 면전에 있으며, '자신의 마음이 붓다의 영역으로 향하는 것'(Visuddhimagga, 번역 Bhikkhu 1975: 230)을 느낀다고 말하고 있다. 그러한 명상 수습에 대한 하나의 동기는 붓다의 생애가 지나간 시대에 살고 있다는 것에 대한 낙담인 듯하다.[198] 그러나 붓다께서 열반했고,

---

197) 이 맥락에서 비문 증거는 '천상적' 보살에 대한 믿음이 북인도에서 기원했음을 보여주고 있다고 주석하는 역사가 A. L. Basham(1981: 37)의 해석에 주목하라.

198) 이러한 낙담이 때로는 격렬하게 느껴졌다는 몇몇 증거가 여타 자료에 남아있다(Williams 2009: 210 참조). 두려움을 넘어선다는 일반적인 언급은 아마도 대승이 최초로 대두되기 시작한 시기인 마우리야 제국(기원전 3세기 후반 이후)이 붕괴하기 시작한 후의 몇 세기 동안의

사라지셨으며, 전혀 접근할 수 없게 되었을 때, 마치 그가 붓다의 면전에 있는 것과 같은 느낌으로 이끄는 수행의 유행 속에는 명백히 하나의 역설이 있다. 이것은 특히 대승이 아닌 문헌이 불수념을 통해 열반의 가능성을 언급할 때 해당된다(Harrison 1978: 38). 『반주삼매경般舟三昧經』(Pratyutpanna Sūtra)[199]과 같은 상대적으로 초기의 대승불교 경전들은－이 경우 서방의 극락정토에 계신 아미타불(Amitāyus)－붓다의 비전으로 이끄는 아주 엄격한 관상觀像(visualization) 수행을 묘사하고 있다. 아미타불은 (영적인) '천안天眼'이 아닌, 현재의 육안으로 볼 수 있다. 명상자는 직접 아미타불로부터 가르침을 받고, 그런 가르침을 인간들에게 전한다. 따라서 이 대승적 맥락에서 불수념 수행을 통해 비록 다른 곳에 있기는 하나 여전히 현존하고 계신 붓다에게 도달하고, 그로부터－새로

격변기를 반영하고 있는 듯하다. 정토 신앙은 이 시기까지 소급될 수 있다. 종교 변화와 광범위한 사회적 변화 사이의 사회학적 관련성의 견지에서, 우리는 붓다의 위상 변화와 점차적인 불교 승가의 사회화 간의 관련성도 제안할 수 있을 것이다. 이러한 사회화는 그 지역의 재가 공동체와 밀접한 형식적 관계를 가진 넓은 안정된 승단 조직의 발전을 반영한다. 이것은 재가와 승가의 두 대안적 생활을 포괄하는 하나의 넓은 공동체를 형성했다. 이것은 사회의 원래의 모델과 그것의 부정으로서 완전한 출가를 대비시키고 있다. 이미 열반했고, 따라서 더 이상 만날 수 없는 어떤 존재로서의 붓다 대신에, 사회와 관련하여 사문의 지위에 대응하는 존재로서 붓다는 이제 대안적인 사회의 리더로서 간주되게 되었다. 따라서 그는 정신적 공동체 속에서 세속사회에서의 왕과 대등하다. 따라서 붓다는 심지어 세속사회의 왕이 할 수 없는 것을 할 수 있는 왕이 되었다. 그럼으로써 이제 그는 제왕의 모델에 의거하여 현존하는 것으로 간주된다. 그리고 격변기에 세속의 왕이 수행할 수 없는 것은 바라문적 사회관에 따라 왕들의 적절한 의무, 즉 보호의 의무, 공포로부터 벗어나게 하는 것을 행하는 것이다. 따라서 (만일 이것이 수많은 왕처럼 이해되지 않는다면) 무수히 현존하는 정신적인 왕으로서의 붓다와 더불어 우리는 기법의 출현을 보게 된다. 정확히 보호해 주고, 두려움에서 벗어나게 해준다고 설해지는 이런 기법에 의해 항시 현존하는 붓다와 친견할 수 있는 것이다.

199) 이 경의 제명은 Pratyutpannabuddhasaṃmukhāvasthitasamādhi Sūtra 『現在佛前住三昧經』이다. 그 의미는 "현재의 붓다를 직접 친견하는 삼매라는 경"이다.

운 가르침을 포함하여–가르침을 받는 것이 가능하다고 주장된다. 만일 대비에 넘친 붓다들이 시방(상, 하, 사방과 4개의 간방)에 허공에 현존하고 있다면, 그들을 만나고, 그리고 그들의 대비에 의지하는 것이 가능해야만 한다. 따라서 덧붙일 필요가 있는 것은 올바른 기법의 사용을 통해 그들이 계신 곳에–어떤 이기적인 이유에서가 아니라 가능한 최선의 상황 하에서 더 나은 정신적 수행도를 진전시키기 위해서–재생하는 것이 가능해야 한다는 점이다. 석가모니 붓다 시기에 수많은 사람들이 깨달음을 얻었던 것을 우리가 알고 있듯이, 붓다가 직접 가르친다면 깨달음을 얻을 수 있어야 할 것이다. 따라서 현재의 상황에서 깨닫게 되기에 아주 오랜 시간이 걸릴지도 모르지만, 만일 우리가 어떤 붓다의 정토에서 재생할 수 있다면, 그 길은 아주 단축될 것이다.

1) 붓다

앞서 보았듯이, 그레고리 쇼펜(Schopen 1975)은 초기 대승불교가 특정한 경이나 그 가르침에 중점을 둔 일련의 대체로 독립적인 (비록 추정컨대 불명확한 어떤 의미에서 관련이 있을) '경전신앙'(book cults)과 관련되어 있을 가능성을 시사하고 있다. 일반적으로 요지는 꽤 그럴 듯하다. 만일 그게 사실이라면, 이들 경전 신앙의 일부는 명상과 재생을 통해서 어떻게 하여 선택한 붓다의 정토에 이를 수 있는지를 교설하기 시작한 경전들과 관련되어 있었을 것으로 보인다.[200] 최초기의 정토의 붓다신앙

200) 목표는 바로 청정한 불국토임을 주의하라. 이것은 천상계보다 뛰어난 곳이며, 부언하자면 따라서 비대승불교도와 대승불교도 모두가 미래불未來佛인 미륵불彌勒佛이 머물고 계시다고 생각하는 재생의 목표로서의 특정한 천상계(도솔천, 兜率天)보다 뛰어난 곳이다. 게다가 정토가 획득 가능하다면, 청정하지 못한 불국토에 태어나기 위해 노력할 필요가 없다.

은 아촉불阿閦佛(Akṣobhya)과 동방에 위치한 그의 불국토를 중심으로 이루어졌을 가능성이 있다. 이 신앙은 이르면 기원후 2세기에 한역되었고 아마도 당시 (카슈미르를 포함하여) 북인도의 언어인 간다리(Gāndhārī)로 원래 작성되었다고 생각되는 『아촉불국경』(Akṣobhyavyūha Sūtra)에 반영되어 있다. 아촉불의 정토는 천상계를 본뜬 것이다. 그곳은 의당 그래야만 하는 세계로서의 이상적인 영역이며, 마라(Māra, 악마)가 방해하지 못하는 세계이며, 산이 없는 세계이며, 꽃과 부드러운 바람, 음악의 세계이다. 그곳에는 추함과 월경, 거친 신체적 성별이 없으며, 임신과 출생이 부드럽고 유쾌하다. 모든 것이 깨끗하고, 모든 사람이 가르침의 실천에 관심을 갖고 있다. 이 정토는 또한 아촉불이 보살도를 실천할 때 그에 의해 이루어진 계율의 위대한 서원으로부터 파생된 공덕의 직접적 결과로서, 매우 아름답다. 이 아름다운 정토에서의 재생은 스스로 보살도를 따르고 아촉불의 정토세계妙喜世界(Abhirati)에 태어나기를 서원함으로써 가능하다. 또한 아촉불 앞에서 완전히 깨닫기 위해 그곳에서 태어나는 데에 모든 공덕을 바쳐야 하며, 아촉불과 같이 되기를 기원하면서 가르침을 설하고 있는 그가 있는 정토를 관상해야만 한다(Chang 1983: 315 ff.).[201)]

또 다른 불국토 신앙은 약사불藥師佛(Bhaiṣajyaguru)과 연관되어 있다고 보이며, 사실 이 신앙이 인도 이외의 지역에서 기원하여, 그 이후에 인도로 소개되었을 가능성이 있다(Birnbaum 1980). 그러나 단연 가장 잘 알려진 정토신앙은－때로는 무량수불無量壽佛(Amitāyus), 때로는 무량불無量佛(Amita)로 알려진－아미타불阿彌陀佛(Amitābha)과 그의 서방 극락정토이

---

201) 극락極樂(Sukhāvatī) 신앙과 비교했을 때, 이 경전은 아촉불이 언젠가는 열반에 들며, 묘희국妙喜國에서 그의 가르침의 현존도 언젠가는 끝날 것이라고 설한다.

다.[202] 아미타불의 정토신앙의 의의는 중국과 특히 일본에서 그것의 중요성에 주로 기인한다. 인도불교에서 이 사상이 광범위하게 중요했었다는 증거는 놀랍게도 거의 없다.[203] 인도에서 특정한 아미타불 신앙과 동일시될 수 있는 신앙이 있었다고 가정하고, 또 동아시아의 아미타불 신앙 전통에서의 핵심적인 경전들이 담고 있는 자료를 추출하면, 둘 또는 아마도 세 개의 경전이 중심이 된다. 그 가운데 주요한 것은 기원후 2세기에 처음으로 한역된 『무량수경無量壽經』으로서, 『아촉불국경』과 마찬가지로 원래는 간다리어(Gāndhārī)로 쓰였을 것이다. 『아촉불국경』에서처럼, 『무량수경』은 법장보살法藏菩薩(Dharmākara)이 아주 오래전 가장 완전한 불국토를 관상한 후에, (산스크리트 본에서) 46서원을 세웠던, 그의 전생에 대해 말하고 있다. 이들 서원들은 '만일 이 서원이 성취되지 않는다면, 나는 성불하지 않을 것이다'라는 정형구를 통해 일련의 조건문으로 표현되어 있다.

이 법장보살이 현재의 아미타불阿彌陀佛이다. 그러므로 모든 것은 그가 서원했던 대로이다. 따라서 서원들에 따라 그의 정토에 태어난 사람들

202) 인도와 동아시아 문헌에 따르면, '무량광無量光'(Amitābha)과 '무량수無量壽'(Amitāyus) 모두 동일한 붓다를 지칭한다. 반면에 티베트 문헌은 습관적으로 양자를 구별한다.

203) 1977년에 발견된 기원후 2세기 초 쿠샤나(Kuṣāṇa) 왕조 시대의 비문에서 아미타불을 언급한 예가 있다. Schopen(1987b)이 지적하고 있듯이, 진짜 중요한 것은 이것이 그와 같은 초기에 인도에서 발견된 유일한 비문이라는 사실이다. 그 다음으로 아미타불은 7세기의 비문에 나타나는데, 그것은 독립적인 신앙의 모습으로서가 아니라 관세음보살을 찬탄하는 긴 게송의 일부로서이다. 그 시기 이후, 아미타불은 비문 자료에서 나타나지 않는다. 쇼펜은 다른 연구(1977)에서, 극락에서의 재생이라는 목적이 어떻게 인도 대승불교에서 아미타불 신앙과 관련된 구체적인 연관성과는 완전히 분리되어, 대승불교 교단 전체에 열려 있는 '일반화된 종교적 목적'의 역할을 하는지 보여주었다.

은 다시는 낮은 단계의 세계로 되돌아가지 않을 것이며, 또 그들은 깨달음을 향한 상태가 굳게 확립될 것이다. 그의 이름을 듣고 아미타불을 명상하는 사람들은 죽을 때, 그에 의해 극락으로 인도될 것이다. 그들의 '공덕의 뿌리'를 극락에서의 재생으로 향하게 했던 사람들은 그렇게 될 것이다. 그들이 아버지나 어머니 혹은 아라한을 살해하거나 붓다에게 상처를 입히거나 혹은 승가의 분열을 야기하는 5종의 무간업無間業 중에서 한 가지도 저지르지 않았다면, 비록 그들이 아미타불의 수념을 단지 10번했다고 해도, 극락에 갈 것이다.[204] 따라서 아미타불의 정토에 태어나기를 원하는 모든 사람은 보리심을 일으켜야 하며, 아미타불의 명호名號를 듣고, 그를 생각하며, 그를 명상해야 한다. 그들은 극락에 태어나기를 서원해야 하며, 그것이 일어나도록 자신들의 공덕의 줄기를 돌려야 한다.

좀 더 발전된 극락세계의 묘사는 약본 『무량수경』(『아미타경阿彌陀經』)에서 찾을 수 있다. 두 경전의 연대기적 선후문제에 관해서 학자들 사이에 논란이 있다. 약본 『무량수경』은 특히 극락은 정토이지, 천상계나 감각적 낙원이 아님을 강조한다. 극락에서는 새조차도 가르침을 노래한다. 극락에 태어나는 적절한 방법은 아미타불의 명호를 7일에 이르기까지 산란됨이 없이 지니는 것이다. 『반주삼매경』도 또 다른 중요한 아미타불 신앙과 관계된 경전으로, 바로 현생에서 아미타불을 현시하는 것이 어떻게 가능한지를 대비하는 방식으로 묘사하고 있다. 그러나 동

---

204) 이 중요한 서원이 강승개康僧鎧(Saṅghavarman)의 한역에서 해석되고, 또 동아시아 정토 전통에서 이해되는 방식과 이것이 다르다는 사실에 주의하라. 『무량수경』(번역: Cowell 15, 73)과 Williams(2009: 240-1과 참고문헌) 참조.

아시아 전통은 항상 두 가지 『무량수경』에 더하여, 『반주삼매경』이 아닌, 한문으로만 남아있는 『관무량수불경觀無量壽佛經』이라는 한역 경전을 함께 묶어 분류한다. 이 경명을 산스크리트어로 일반적으로 '*Amitāyurdhyāna Sūtra'(아미타삼매경)라고 번역하지만, 만일 좀 더 적절하게 산스크리트어로 번역하자면, 'Amitāyurbuddhānusmṛti Sūtra'(아미타불수념경)가 더 맞을 것이다. 그러나 이 경전이 사실상 원래 인도에서 쓰여진 경전이었는지에 대해서는 몇 가지 의문이 있다. 인도문화의 영향을 받고 있었던 중앙아시아 지역에서 이 경이 성립되었을 수도 있지만, 몇몇 학자들은 중국의 '위경僞經'이라고도 생각한다. 줄리앙 파스(Julian Pas 1977)는 이 경을 카슈미르 주변 지역이나 그 지역과 연결된 중앙아시아 지역에서 작성된 수많은 관경觀經(visualization sūtra)의 하나로서, 일련의 주요한 중국적 요소가 삽입되어 있다고 본다. 또한 이들 『관경』 중에는 만일 우리가 도솔천兜率天의 가장 유명한 거주자인 미륵보살의 명호를 부르고 불수념佛隨念을 수행한다면 그곳에 태어난다고 설하는 경도 있다(전게서: 201). 미륵불彌勒佛 앞에서 도솔천에서의 재생을 구하는 것은 비대승 전통 내에서도 전적으로 수용될 수 있었고 또 수용되고 있는 수행이다. 그러므로 아미타불과 다른 중요한 요소는 오직 아미타불이 현재 정토에 존재하는 붓다라는 점이다. 여기서 우리는 아마 붓다의 영상을 현시하는 결과에 더하여 만일 과거불과 미래불이 존재한다면, 우주 어딘가에 다른 현재불도 분명히 존재할 것이라는 가능성을 보게 된다.

비록 동질적이지는 않지만, 『아미타불수념경觀無量壽佛經』을 하나의 인도 경전으로 간주해보자. 이 경은 일련의 13가지 관상을 설하는데, 그 중 이 삼매에서는 협시보살挾侍菩薩로 관세음보살觀世音菩薩(Avalokiteśvara)과 대세지보살大勢至菩薩(Mahāsthāmaprāpta)을 거느리고 연화좌에 앉아 있는 아미타불과 극락의 자세한 모습을 볼 수 있다.[205] 명상자는 극락에서 재생을 위해 기원하며, 실로 연화 속에서 재생하는 자신의 모습을 관상한다. (아마도 중국의 사회적 범주를 반영하듯) 정토에서의 재생의 다양한 단계가 존재한다. 그럼에도, 이 경은 심지어 오무간업을 저지른 사람조차 죽기 전에 열 번만 아미타불의 이름을 염송念誦하면 그 과보果報로 극락에 태어날 수 있다고 제안하고 있다. 그들은 극락에서 꽃봉오리가 닫힌 연화 속에 태어날 것이다. 12겁 후에, 이 연꽃의 잎이 열리고, 그들은 두 보살이 법을 설하는 모습을 보게 된다. 따라서 그들은 보리심을 발하고, 종국에는 그들도 또한 깨닫게 된다.[206)]

2) 보살

대승불교의 보살신앙은 아마도 붓다에 대한 신앙과 대비될 수 있을 것이다. 붓다 신앙은 (아마도 약사불은 예외일 것이지만) 먼저 관상, 가르침, 재생과 관련하여 주요하게 나타나는 반면, 보살신앙은 직접적이고 확실한 '현세의' 이익을 위한 보살의 대비와 힘을 이용하고자 하는 경향을 가지고 있다.[207)] 우리는 이미 앞에서 석가모니불의 계승자이며 대승

---

205) 약사여래(Bhaiṣajyaguru)에게도 두 분의 협시불挾侍佛이 있다.

206) 인도의 무량광불/무량수불에 관한 신앙에 대해서는 나가르주나에게 귀속된 『십주비바사론十住毘婆沙論』(Daśabhūmikavibhāṣā Śāstra)과 세친에게 귀속되는 『무량수경우파데시無量壽經優波堤舍』(Sukhāvatīvyūhopadeśa)를 참조하라. 이들 문헌들이 귀속된 저자들의 것인지에 관해서는 상당한 논란이 있다. 『십주비바사론』에서는 아미타불의 명호名號를 염송念誦하는 것이 전통적인 수행을 하는 것보다 훨씬 수월함을 지적하고 있다. Williams(2009: 244) 참조. 나가르주나가 저자였을 가능성이 (비록 완전히 확정적이지는 않지만) 보다 높은 『권계왕송勸誡王頌』(Suhṛllekha)에는 나가르주나가 아미타불에 친숙했다는 몇 가지 근거가 있다.

207) 그러므로, 대승의 '천상적' 보살은 한낱 인간과 전지전능한 붓다 사이의 커다란 간극을 연결하므로, 붓다보다 일상적인 인간의 걱정과 염려에 더 밀접하게 관련되어 있다고 생각하는 것은 어느 정도 일리가 있다. 이러한 구분이 어느 정도 타당하기는 하지만, 이를 과도하게 강조

불교와 비대승불교 전통 모두에서 미래불로 간주되는 미륵불의 중요성에 주목했었다. 석가모니 붓다만이 유일한 붓다가 아니며, 수많은 붓다들 중 최근에 나타난 붓다라는-따라서 미래에도 붓다들이 존재할 것이라는-관념은 불교사에서 상당히 일찍부터 발전했었다. 따라서 다음 세상에 출현할 붓다가 명명될 수 있으며, 그가 이미 보살도의 최종적 단계에 있다고 추정하는 것이 합리적이라고 생각되었다. 『미륵보살소문경彌勒菩薩所問經』(Maitreyavyākaraṇa)은 많은 시간이 지난 후 미륵불이 마침내 세상에 내려와 붓다가 되어 그의 보살도를 완성할 때의 세계, '천년왕국'의 매력적인 경이를 묘사하고 있는 경전이다. 미륵보살은 거의 카슈미르 명상 학파의 '보호성자'였으며, 그에 대한 신앙은 중앙아시아로 전파되어 그곳에서 (또한 수많은 조상(彫像)의 주체로서) 극히 중요한 역할을 했으며, 그리고 거기서 다시 중국으로 전해졌다.[208]

관세음보살 신앙의 가장 초기의 문헌 중의 하나는 『법화경』이다. 이 경은 때로는 각 장들이 별개의 문헌으로 유통되었던 듯하다. (산스크리트본에 따른) 이 경의 제24장에서는 관세음보살의 구제력과 은혜가 흥미롭고 자세하게 묘사되어 있다. 그는 진실로 이로움을 주는 보살로서, 불과 강, 바다와 살인자, 처형과 악귀, 유령과 감옥, 도적, 탐貪, 진瞋, 치痴와 같은 도덕적으로 부정적인 것으로부터 구해준다. 또한 자식을 원하는 사람에게는 뛰어난 자식을 얻게 해준다.[209] 관세음보살은 중생을 돕

해서는 안 된다. 인간의 관심사에 대한 부처의 친밀감을 명확히 보여주는 여러 대승불교 자료들이 있지만, 한편으로 보살이 보통의 인간의 인내를 초월한다는 데에서 매우 놀랍다는 점도 우리는 살펴보았다.

208) 미륵에 관해서는 Sponberg & Hardacre(1988) 참조.

209) 나는 독자들이 충분히 지적이어서 그것이 어떤 의미이든, 이 모든 것이 '대중 불교'와 관련되어 있다고 억단하지 않기를 바란다. 대승의 관점에서 보살은 어떤 방식으로든 타인의 이익을

기 위해 대승불교도나 비대승불교도로서, 또 재가자나 승려로서, 동물이나 신 등 어떠한 형태로도 나타날 수 있는 보살이다. 또한 관세음보살은 아미타불의 협시보살로서 행동하며, 따라서 아미타불과 연관되고 때로 불교미술에서 아미타불의 터번이나 머리에 작은 형상으로 그려진다.[210] 특히 관세음보살 신앙의 측면에서 『대승장엄보왕경大乘莊嚴寶王經』(Kāraṇḍavyūha Sūtra)이 특히 중요하다. 이 경은 타인을 위한 관세음보살의 활동을 묘사하고 있다. 지옥중생을 구제하기 위하여 지옥에 내려가고, 수천의 벌레들을 구하려고 벌의 모습으로 가르침을 전하기 위해 나타나는 내용이 포함된다. 관세음보살은 심지어 쉬바와 같은 힌두교의 신들을 적절한 서열로 배치하고 그의 허락 하에 지배하게 한다. 『대승장엄보왕경』은 관세음보살과 관련된 대진언大眞言인 '옴 마니 반메 훔'(Oṃ maṇipadme hūṃ)의 출처로 보이는데, 이 진언은 아마도 쉬바교를 따르는 이들의 진언인 '옴 나마하 쉬바야'(Oṃ namaḥ śivāya)를 모델로 사용한 것으로 보인다(Studholme 2002). 인도 미술에서도 관세음보살을 쉬바와 도상학적으로 연결시킨 뚜렷한 도상학적 연관성이 존재한다.[211]

관세음보살과 빈번하게 연결되며, 그로부터 일부 구제적인 기능을 넘겨받은, 티베트 불교에서 중요하게 여겨지는 여성 보살은 타라(Tārā)

위해 그들의 무한한 자비심에서 행동한다.

210) 스리랑카에서 발견된 관세음보살상에서도 꽤 흥미로운 사례를 볼 수 있다. Mori (1997) 참조.

211) 흔히 이야기되었음에도 불구하고, 만일 이 진언眞言이 정확한 산스크리트어로 쓰여졌다면, 그것은 문법적으로 '오, 연꽃 속의 보석이여, hūṃ'이나 그와 비슷한 어떤 것을 의미할 수 없다(Thomas 1951: 187-8). 스터드홈(Studholme 2002)은 『대승장엄보왕경』의 이 진언은 아마 원래 '보석-연꽃에서'를 의미했을 것이라고 주장하고 있다. 이것은 아미타불의 극락정토에서의 일반적인 형태의 재생을 말하는 것이다. 이러한 재생은 실로 초기부터 관세음보살과 연관되어 있었다. 관세음보살에 관한 좀 더 자세한 내용과 특히 스리랑카의 관세음보살 신앙에 대해서는 Holt(1991) 참조.

이다. '타라'에 대한 찬탄이 기원후 3세기 초까지 거슬러 올라가고, 적어도 티베트 문헌에 따르면, 티베트에 불교를 전한 아티샤는 특히 타라의 신봉자였다고 전해지지만, '타라'가 인도불교에서 얼마나 중요한 위치를 차지했는지는 확실하지 않다(Wilson 1986). '타라'는 영원히 16살이라고 설해지지만, 그럼에도 '모든 붓다의 어머니'라는 사실은-의례적 목적과 명상적 목적을 위한 지혜(반야)의 여성적 의인화인-이러한 방식으로 묘사되는 반야바라밀과 그녀 사이에 어떤 연관성이 있음을 암시한다.

보통 16살로 묘사되며, 종종 지혜의 화현化現으로 불리는 또 다른 보살은 '모든 붓다의 탄생처'인 문수보살文殊菩薩(Mañjuśrī)이다. 그는-지혜가 그래야 하듯이-모든 붓다를 낳은 어버이이자 또한 그들의 가장 뛰어난 아들로 묘사된다(Williams 2009: 228). 실로, 티베트 불교미술에서 문수보살은 보통 무명無明의 결박을 잘라내는 지혜의 칼을 높이 쳐든 모습으로 그려진다.[212]

인도불교에서 문수보살은 『유마경』과 같은 수많은 대승경전에서 주로 가장 지혜로운 대화자로서 중요한 위치를 차지하고 있다. 중국불교에서 이 경전의 중요성은 문수보살에 대한 특별한 관심이 중국이나 혹은 아마 중앙아시아 불교에서 비롯되었을 것이라는 가능성을 설명하는 방향으로 나아갈 수 있다. 어쨌든, 인도의 문수보살은 인도미술에서 꽤

---

212) 아마 이것은 『Susthitamatiparipṛcchā Sūtra(善住意天子會)』에 대한 언급일 것이다. 이 경전에서는 문수보살이 전생의 악행으로 인한 죄책감 때문에 정신적 수행의 발전이 지연된 보살들을 도와주고자 하는 전략에서 최악의 악행인 살생을 목적으로 붓다를 찌르기 위해 칼을 들고 돌진했다고 말한다. 악행은 물론 잘못된 것이지만 본질적 존재를 여읜 것이고, 악행은 사람을 본질적으로 악인으로 정죄하지 않는다. 악행과 그 업보는 본질적인 존재를 여의었기 때문에, 모든 존재는 발전을 이루어 깨달을 수 있는 것이다.

늦은 시기에 등장하며, 그와 중국의 성스러운 산인 오대산과의 관련성은 고대 인도 자체에서도 알려졌다고 보인다. 때로 문수보살은 경전에서 실제로 이미 정각을 이룬 붓다로서 설해진다. 그리고 『문수사리장엄불찰공덕경文殊舍利莊嚴佛刹功德經』(Mañjuśrībuddhakṣetraguṇavyūha)과 『문수사리열반경文殊舍利涅槃經』(Mañjuśrīparinirvāṇa, Lamotte 1960)과 같은 경전에서 십지보살十地菩薩과 붓다의 범주들은 분해되거나 병합되기 시작한다. 비록 문수보살은 중생의 이로움을 위하여 지칠 줄 모르고 보살행을 실천하면서 우리 주위에 현존해 계시지만, 그는 과거에 붓다로 출현했었고, 붓다의 모든 행위들을 보여주셨으며, 또한 외양상으로 최종적인 열반에 들었다. 사실상, 문수보살은 성스러운 유골을 남긴 후에도 이러한 보살행을 수없이 행했다. 『아사세왕경阿闍世王經』(Ajātaśatrukaukṛtyavinodana Sūtra)에서 석가모니 붓다는 어떻게 자신이 과거에 문수보살의 제자였으며 문수보살을 통해 붓다가 되었는가를 이야기하고 있다(Lamotte 1960: 93-4에서 인용). 믿는 사람에게 진실이든 아니든, 이러한 관찰들은 경전이 다른 붓다들과 보살들 그리고 아마도 관련 신앙과 연결된 전통들과 경쟁하는 속에서 그들 가르침의 정체성과 우월성을 확립하는 방식을 잘 보여줄 수 있다.

최종적인 분석에서, 모든 이러한 붓다와 보살들은 대승불교도들에 의해 실재적인 존재로 간주되고 있는가, 또는 그렇지 않은가? 이 질문은 종종 '지적이고', '교육받고', '똑똑한' 대승불교도들이 실제로 그러한 존재들이 있다고 믿는가, 혹은 이러한 것들은 단지 대중, 즉 '대중불교'에 대한 양보인가, 혹은 대비와 지혜와 같은 긍정적 덕성을 상징적으로 말하는 방식인가에 대한 의문이 된다. 적어도 여러 세기 동안 전승되어 왔던 전통적인 대승의 관점에서 보면 이에 대한 대답은 붓다와 보살들은 팔과 다리를 가진 현실적 존재로서는 실제로 존재하지 않는다는 것이다. 이것은 왜냐하면 궁극적인 관점에서 모든 것은 본질적 존재의 공이거나, 또는 단지 불이不二의 지혜거나, 또는 불성이거나, 또는 어떤 다른 궁극적 진리이기 때문이다. 그러나 이것이 그들이 존재하지 않으며, 즉 우리가 행하는 그런 비본질적인 방식으로 존재한다는 것을 – 따라서 실제로는 긍정적인 성질들에 대한 상징들을 – 의미한다고 생각하는 것은 엄밀히 말하면 궁극적 부정과 관습적 부정을 혼동하는 것이 될 것이다. 예를 들어, 중관학파의 관점에서 문수보살은 우리만큼 실재성을 가지고 있으며, 그리고 진실하게 타인의 이익을 위해 행동하고 있다. 우리는 실로 문수보살을 볼 수 있으며, 그와 상호적 관계로 들어갈 수 있다. 그리고 우리 스스로도 실제로 문수보살과 동일한 성취로 보살이 될 수 있다. 그가 다른 맥락에서 실제 또한 인격화된 지혜 자체라고 설해진다는 사실은 중요하지 않다. 문수보살이나 아미타불이 단지 상징적인 존재이며 ('실제로'의 일상적 의미에서) 실제로 존재하지 않는다고 말하는 것은 경전에서 설해진 성질을 가진 대보살들이나 또는 대승불교에 의해 이해되는 바의 붓다들이 존재하지 않는다고 말하는 것이 될 것이다. 그들은 모든 사물들이 존재하지 않는다는 궁극적인 의미에서 (즉, 중관사상에서 고유한 존재를 가진다는 의미에서)가 아니라, 그들이 전혀 존재하지 않는다는 의미에서 존재하지 않는다. 이것은 확실히 공성空性 등의 가르침에 수반되지 않는다. 그리고 그것은 아마도 대승불교를 허물어트리고, 모든 중생을 위해 완전한 깨달음을 얻기 위해 무량한 재생을 통해 보살로서 청정한 이타심을 갖고 보살행을 행하고자 노력하는 위대한 대승의 목표를 파괴하게 될 것이다.

모든 유위법은 무상하고, 대승불교도 마찬가지이다. 그러나 그것의 마무리를 서두르는 것은 우리에게 유감스럽게 보일 것이다.

▌제6장의 핵심 요점

- 『화엄경』은 붓다가 보는 것처럼 세상을 보는 것이 어떠해야 하는지를 묘사하기 시작한다. 그 광경은 우주 각각의 영역 속에서, 또 존재의 각각의 원자 속에서의 붓다의 현존과 붓다의 영역이다. 또한 무한한 상입相入의 하나이다. 그렇지만 무한한 상입에도 불구하고, 각각의 미세한 사물들도 그 자신의 위치를 지키고 있다. 어떠한 그늘도 없는 광명의 세계이다. 또한 우주 그 자체도 바로 붓다의 신체이다. 여기서 붓다는 대광명의 붓다, 태양의 대광명인 대비로자나大毘盧遮那(Mahāvairocana)이다.

- 『법화경』에서 붓다는 (유용한 전략을 적용하기 위한 솜씨인) 방편(upāya) 혹은 방편선교(upāyakauśalya)로 알려진 수단을 사용한다고 묘사된다. 붓다는 그의 가르침을 듣는 사람들의 수준에 맞추었다. 대비심에서 붓다는 그들의 필요에 적합한 가르침을 베풀었다. 실제 성불을 위해 성문승聲聞乘(본서는 '아라한승'으로 표기), 연각승緣覺乘, 보살승菩薩乘의 삼승三乘은 존재하지 않는다. 실제로 단지 일승一乘(ekayāna), 즉 최상승인 일불승一佛乘만이 존재한다. 이러한 접근은 깨달은 존재들의 행위도 또한 상황과 관련이 있다는 의미로 이해되었다. 상황들이 다른 것처럼, 그러한 행위들은 단지 그들의 진심 어린 대비적인 동기에서만 예측될 수 있는 것이다. 『법화경』의 붓다의 선교방편善巧方便을 제시하기 위해 화택火宅의 비유나 옷 속에 보석을 꿰매 놓은 것을 잊어버린 가난한 사람의 비유처럼 우화를 사용한다. 붓다는 실제로는 수많은 겁劫 이전에 깨달았고, 더욱 비록 지금 죽은 것처럼 보이지만 그는 죽지 않았다. 실제로 수많은 자비로운 방식으로 도와주면서 여전히 우리 주위에 계신다.

- 붓다는 법신法身(dharmakāya), 보신報身(saṃbhogakāya) 및 화신化身(nirmāṇakāya)의 세가지 불신佛身을 지닌다고 말해진다. 유가행파와 관련된 고전적 교리에서 법신은 내재적으로 밝게 빛나는 붓다의 의식이다. 보신報身(saṃbhogakāya)과 화신化身(nirmāṇakāya)은 색신色身(rūpakāya)이다. 그들은 마치 타인의 이익을 위해 자발적으로 붓다에 의해 현현되고, 법신에 근거한 실질적 신체들처

럼 나타난다. 보신은 또 다른 면인 정토淨土의 연화좌에 앉아 있는 모습으로 (흔히 불상에서 긴 귀나 육계(肉髻) 등과 같은) 112가지 상호로 장엄된 찬란한 신체 속에서 중생의 요청에 따라 붓다로서 현현한 것이다. 그곳에서 그는 주로 높은 수준의 보살들로 이루어진 회중會衆에게 가르침을 설한다. 보신에 직접 접근하기 위해서는 현생이나 내생에서 정토에 도달할 수 있게 해주는 정신적 성취를 얻는 것이 필요하다. 낮은 단계의 성취를 얻은 자들이나 혹은 악한 사람조차 이롭게 하기 위해, 붓다들은 화신을 발산發散한다.

- 완전한 깨달음에 이르는 길은 오랜 시간이 걸린다. 그것을 따르는 이유는 대비심이다. 보살도菩薩道를 제대로 시작하는 것은 자기관심으로부터 타인에 대한 관심인 대비로의 근본적인 방향 전환을 의미한다. 이는 '발보리심發菩提心'(bodhicitta)이라 불린다. 두 가지 분석적 명상수행 패턴인 '자신과 남을 동등하게 생각하고 자신과 남을 교환함'과 '모든 중생은 전생에서 자신의 어머니로 보며, 그들의 보살핌에 보답하고자 함'은 보리심을 일으키는 것을 촉진한다고 말해진다. 다음으로, 모든 중생의 이익을 위해 불성을 이루기 위한 여행에서 보살은 육바라밀(또는 10바라밀)을 실천하고 5위五位와 십지十地를 통과한다.

- 초기의 몇몇 경전들은 거의 전적으로 특별히 선호된 붓다의 정토(淨土 혹은 불국토佛國土(buddhakṣetra))의 성격과 즐거움 그리고 그 정토에 어떻게 태어날 것인가를 묘사하는 데 관심을 가졌다. 아주 오랜 시간이 걸릴지도 모르지만, 만일 어떤 이가 붓다의 직접적인 지도 아래서 수행할 수 있는 붓다의 정토에서 재생할 수 있다면, 그 길은 아주 단축될 것이다. 정토에 대한 개념은 명상에서 본 영상에서 비롯되었을 가능성이 있다. 여기서 핵심적인 것은 체계적이고 집중된 마음을 가지고 붓다의 위대한 덕성을 기억하는 '불수념佛隨念'(buddhānusmṛti) 수행이다.

- 최초기의 정토의 붓다신앙은 아촉불阿閦佛(Akṣobhya)과 동방에 위치한 그의 불국토를 중심으로 이루어졌을 것이다. 또 다른 불국토 신앙은 약사불藥師佛(Bhaiṣajyaguru)과 연관되어 있다. 단연 가장 잘 알려진 정토신앙은 아미타불阿

彌陀佛(Amitābha, 때로는 무량수불無量壽佛(Amitāyus)로 알려진다)과 그의 서방 극락정토이다.

- 대승불교의 보살신앙은 먼저 관상, 가르침, 재생과 관련하여 주요하게 나타나는 붓다신앙과 대비될 수 있다. 보살신앙은 직접적이고 확실한 '현세의' 이익을 위한 보살의 대비와 힘을 이용하고자 하는 경향을 가지고 있다. 미륵불은 석가모니불의 계승자이며 대승불교와 비대승불교 전통 모두에서 미래불로 간주된다. 관세음보살은 진정한 자비의 보살로, 중생을 돕기 위해서 어떠한 형태로도 나타날 수 있으며, 불과 강, 바다와 살인자, 처형과 악귀, 유령과 감옥, 도적, 탐貪, 진瞋, 치痴로부터 중생을 구한다. 또한 자식을 원하는 사람에게는 뛰어난 자식을 얻게 해준다. 관세음보살은 아미타불의 협시보살로서 행동한다. 관세음보살과 빈번하게 연결되며, 티베트 불교에서 중요하게 여겨지는 여성 보살은 타라(Tārā)이다. 문수보살文殊菩薩(Mañjuśrī)은 반야바라밀의 화현이라고 종종 간주된다.
- 전통적인 대승의 관점에서 보면 붓다와 보살들은 실제로 진짜 존재하지 않는다. 그러나 이것이 그러므로 그들이 전혀 존재하지 않는다는 것을 수반한다고 여기는 것은 오해의 소지가 있다. 사실상, 예를 들어 문수보살은 우리만큼 실재성을 가지고 있으며, 그리고 진실하게 타인의 이익을 위해 행동하고 있다. 우리는 실로 문수보살을 볼 수 있으며, 그와 상호적 관계로 들어갈 수 있다. 그리고 우리 스스로도 실제로 문수보살과 동일한 성취로 보살이 될 수 있다.

제7장

진언이취/금강승 – 인도의 탄트릭 불교

제7장

진언이취/금강승–인도의 탄트릭 불교* [213]

1. 서론

본서가 보여주고 있듯이, 인도불교 교단사와 사상사에 대한 학문적 이해와 태도는 최근 상당히 변화되었다. 특정한 종류의 수행과 의례에 초점을 두는 밀교도 예외는 아니다. 본 장은 탄트릭 불교가 '일종의 동물'이라는 점을 묘사해야 하는 과제, 여러 측면에서 배운 이를 단념시켜야 하는 과제를 맡고 있다. 한 가지 문제는 지난 십 년 동안 많이 나아지기는 했지만, 여전히 이용 가능한 자료가 부족하다는 점이다. 밀교 경전, 주석서, 관련된 문헌 등 수많은 일차자료들이 범어, 한역, 티베트역으로 남아 있지만, (현존하는 사본 자료에서 신뢰할 만한 텍스트를 제공할 수 있게) 편집되거나, 유럽의 언어나 다른 현대어로 번역된 것은 오직 소수에 불과하다.[213] 이러한 점은 인도 밀교의 본질과 발전을 이해하고자

---

* 이 장을 기고한 저자 Anthony Tribe는 Paul Williams이 보여준 지난 수년 동안의 격려, 영감, 우정에 감사를 표하고자 합니다.

하는 시도를 불가피하게 제한해왔다. 또한 밀교 전통은 입문자들이 불교에 대해 갖고 있던 기존의 인식에 이의를 제기하는, 괴이하며 현기증을 일으킬 정도의 신격과 수행방식, 상징을 포함하는, 복잡하고 다양한 형태를 지니고 있다. 그 결과 대부분의 입문서들은 밀교에 대해 스쳐가는 식의 언급만을 하고 있을 뿐이다.[214]

이 이상의 문제들은 학술적이며 대중적인 태도 모두와 관련이 있다. 비교적 최근에 이르기까지도 밀교에 대한 학술적인 고찰은 그다지 활발하지 않았다. 이에 관한 한 가지 이유는 특히, 도날드 로페즈(Donald Lopez 1996:99)가 '근본 불교의 유럽적 건설'이라고 명명했던 서구의 초기 시대의 불교를 연구했던 일부 학자들이 갖고 있던 일련의 전제들과 관련된다.[215] 이러한 점에서 밀교는 역겨운 수행과 엄청난 수의 신들로 유형화되어 있는 타락된 것으로서, (초기의'참된') 불교의 이념과는 거리가 먼 것으로 여겨졌다. 불교란 분명 밀교적인 '일종의 동물'은 아니었다. 이러한 사고방식의 한 예를 들자면, 밀교 자료의 초기 편집자였던 세실 벤달(Cecil Bendall)은 1903년에, '[불교] 탄트라 문헌들에서 나오는' 내용이 불쾌하며 때로는 혐오스러울 수도 있다는 점을 독자들에게 경고하면서 '쇠퇴이며, 노망, 망령'이라고 논평했다.[216] 이와 같은 평가는

---

213) 현존하는 산스크리트어 사본에 관한 상세한 사항은 Tsukamoto et al.(1989) 참조.

214) 그럼에도, 인도 밀교의 다양한 측면에 대한 유용하며 (그리고 일반적인) 개론적 논의들은 Jones(ed.) (2005) *Encyclopedia of Religion*에서 찾아진다. Gomez(2005), Jackson(2005), Kapstein (2005), Orzech(2005a), Ray(2005), Snellgrove(2005)의 참고문헌을 참조하라. 보다 상세한 논의에 관한 중요한 자료로는 Davidson(2002a), Samuel(1993), Snellgrove(1987)이 있다. 더하여, Davidson(2002a)에서 다룬 몇 가지 주제에 대한 간략한 개요는 Davidson(2005:22-60)를 참조하라.

215) 밀교에 대한 초기 학문적 입장의 변화상에 대한 논의는 Wedemeyer(2001)을 참조.

216) Bendall(1903:376)

당연히 이 분야에 대한 경시와 이용 가능한 자료가 부족했다는 점에 기인했다.

오늘날, 밀교에 대한 학문적 연구는 어느 정도 만족스럽다고 할 수 있다. '근본 불교'를 재건하려는 계획은 좁은 의미에서 종교를 구원론과 동일시하려는 시도였기에 오도된 것이다. 종교적 전통을 이해하기 위해서는 문헌적이며, 인류학적이고, 고고학적인 관점의 균형이 요구된다는 인식과 더불어, 밀교의 지배적인 측면인 종교의 의례적 측면에 대한 관심이 점차 커지고 있다. 그 결과 불교와 인도 종교를 다루는 최근의 (대개 비입문서인) 많은 출판물들은 전반적으로 밀교와 탄트라 전통의 역사적이며 종교적인 중요성에 좀 더 비중을 두고 있다.[217]

특히, 현대 서구에서는 학문적이지 않은 태도가 종종 문제가 된다. '탄트라', '탄트릭', '탄트리즘'과 같은 단어들은 대중적이지만, 대부분 인도 탄트라 전통을 표현하는 범위에서 파생된 의미를 오도한다. 과거에 학자들에게 부정적인 연상을 일으킨 단어들이 현재는 별로 쓰이지 않는다. 그와 반대로 매혹적이나 자극적인 의미의 단어들이 사용된다. 현대에서는 대부분 성적인 것, 즉 '탄트라'는 (특히 자극적이거나 독특한) 성교나 성적인 의례에 관한 것을 내포한다고 여겨진다. 이는 아마도 학계와 대중적인 상상력을 사로잡으면서도 상반된 평가를 받았던 인도의 (불교 및 기타) 탄트라 종교의 도덕률초월적이며 성적인 요소에 기인할 것이다. 이러한 대중적인 이미지와 다르게 인도 탄트라 전통에서 성교나 성적인 의례가 존재하지 않았던 것은 아니다. (이유가 다르긴 하나) 과

217) 예를 들면, Lopez(1995a와 b), White(2000), Samuel(2008)를 참조. 지난 20년간의 밀교에 대한 관심의 지속적인 증가에 관해 Kapstein(2005:1221)은 [밀교연구가] '불교학에서 가장 특별한 영역의 중심 무대를 차지(혹은 최소한 공유)하게 되었다'고 평가한다.

거 학자들이나 현재의 대중적인 이미지가 만들어낸 종류와는 다르다 할지라도, 분명 그러한 요소가 존재한다. 문제는 탄트라를 성적인 형태와 동일시하려는 시도가 탄트라 종교를 매우 협의에서 이해하려고 하는 데에 있다. 전체로서 인도 종교 내의 문제가 아닌, 밀교라는 분야에 국한하자면, 성적 요소들은 이 전통의 발전 과정에서 비교적 늦게 등장한다.

그렇다면, 밀교가 인도의 불교를 이해하는 데 있어 얼마나 중요한 것인가? 불교 전통 자체에서 '탄트라'라고 분류되는 문헌에서 전파되거나 그와 관련된 일종의 종교적 사상과 수행으로 밀교를 정의한다면, 밀교 문헌들은 기원후 3세기 무렵부터 시작해, 인도에서 불교가 쇠퇴하는 12세기 말까지 계속 나타난다. 그러나 밀교의 출발점을 3세기로 생각하는 것은 다소 오해의 소지가 있다. 대승의 밀교 내에서 밀교에 대한 인식은 아마도 7세기 중후반까지도 등장하지 않는다. 이전 세기에는 시간이 지남에 따라서 밀교 의례를 기술하고 밀교적 요소를 포함하면서 밀교를 규정화하게 되는 텍스트들이 나타났다. 그러나 그 문헌들과 수행은 명확하고 구분되는 정체성을 지닌 전통에 속한 것이 아니었다(Gray 2009b:2-3 참조). 그럼에도 불구하고, 이런 특징의 존재를 고려한다면, 이후 전통이 (7세기 이전의) 이러한 양상을 '탄트라'라고 분류하는 게 놀라운 일은 아니다.[218]

8세기 초 무렵부터 밀교적 기법과 접근은 한층 더 인도의 불교 수행

218) 초기 대승불교의 경우처럼, 밀교의 초기 문헌사에 대한 가장 확실한 근거를 제공해주는 것은 연대가 기록된 한역 자료들이다. 후기 전통에 의해서 크리야(Kriyā, 所作) 탄트라로서 분류되는 3세기 무렵 문헌들은 3세기에 지겸支謙이 번역한 *Anantamukhasādhakadhāraṇī*(佛說無量門微密持經)에 근거한다.

에서 우위를 차지하게 되었다. 그 한 가지 이유는 밀교 수행과 의례가 세속적 능력과 목적을 얻는 수단이었을 뿐만 아니라 불성을 추구하는 데에도 강력하고 효과적인 수단으로 여겨졌기 때문이다. 달리 말하자면, 밀교는 그것이 지닌 구제론적 기능을 강조한다. 중세기 초 인도에서 밀교가 명성을 떨치게 된 또 다른 이유는 상당한 수준의 왕실 후원을 이끌어낼 능력이 있었다는 점이다.[219)]

인도에서 밀교의 중요성에 관한 몇몇 개념은 산스크리트 같은 원래 언어 혹은 티베트역으로 전해지는 수많은 인도 밀교 문헌에서 찾아볼 수 있다. 1,500권 이상의 산스크리트 문헌이 전해진다고 알려지며, 현존 사본들의 확인과 목록화 작업이 계속되고 있으므로 실제 숫자는 확인이 더 필요하다. 아이작슨(Isaccson 1998:26)은 아마도 2,000권이 넘을 것으로 추정한다. 불설로 간주되는 티베트 불교의 칸규르(Kanjur, bKa'gyur 불설부)에서 탄트라로 분류된 문헌은 450권 이상에 달하며, 더하여 주로 산스크리트에서 번역된 주석들과 저자가 특정된 작품들을 포함한 텐규르(Tenjur, bsTan 'gyur 논소부)의 탄트라부에는 2,400권 이상 포함되어 있다.[220)]

인도 밀교(탄트릭 불교)는 인도의 다른 종교문화와 분리된 채 전개되

---

219) 의례 행사에 대한 황실의 특별한 후원이라는 변화는 밀교를 동시대의 사회-정치적 영역으로 이끌어냈다. 밀교와 왕조 사이의 관계에 대한 자세한 기술은 Davidson(2002a)과 Sanderson (2009)를 참조.

220) 정확한 문헌의 수는 참고하는 칸규르와 텐규르에 따라 달라진다. 문헌적 기록을 보완할 수 있는 현존 고고학적, 금석학적, 도상학적 전거는 방대한 밀교 문헌의 수에 관해, 예를 들면, 카슈미르와 벵갈, 오릿사 지역에서 밀교가 특히 성황을 이루었다는 지리적 특수성을 제시한다. 왕실의 밀교 지원에 대한 금석학 기록에 대해서는 Sanderson (2009:70-117)을, 오릿사 지역의 조각 작품 전거에 대해서는 Donaldson(2001)을 참조.

지 않았다. 범인도적인 현상이었던 탄트라라는 종교 형태의 발전은 '힌두교'(Hinduism)로 알려진 일군의 전통에 깊고 다양한 영향을 끼쳤다. 현대 힌두교의 많은 부분은 탄트라적 개념과 수행의 영향을 보여준다. 자이나 또한 서인도에서 탄트라 전통을 발전시켰지만, 이에 관해서도 아직 일부분만 연구되었다. 광의에서 인도 탄트라 전통은 밀교에 대한 보다 깊은 이해를 가능하게 한다. 고무적인 것은 근래의 학문연구가 이처럼 넓은 인도적 맥락에서 밀교의 관계에 대한 인식과 한층 미묘한 논의가 진행되고 있다는 점이다. (예를 들면, Sanderson 1994, 2009; White 2005; Samuel 2009를 참조.)

비록 본서는 인도불교를 다루고 있지만, 밀교가 인도라는 범위를 넘어 널리 퍼져나갔다는 점에 주목할 필요가 있다. 이는 그러한 탄트라 전통들이 어느 정도 위세를 떨쳤음을 보여준다. 중앙아시아 무역로인 비단길과 동남아시아를 경유하는 바다를 통해 밀교는 중국에 뿌리를 내렸고, 젠얀(Zhenyan, 真言) 학파로 알려지게 되었다. 밀교는 8세기 중반까지 당나라 황제들의 후원을 받으면서 중국 상류사회에서 중요한 역할을 했다. 8세기 밀교는 중국에서 한국으로, 그리고 다시 일본으로 전해졌고 일본에서 신곤(Shingon, 真言) 학파로 현재까지도 번성하고 있다. 티베트에서는 8세기에서 12세기까지 두 차례에 걸쳐 인도 불교가 계승되었는데, 철저하게 탄트라 전통을 전면으로 받아들였고, 그 결과 티베트 불교의 모든 학파는 밀교를 가장 수승하며 효과적인 것으로 간주한다. 또한 밀교는 네팔 카트만두 계곡 등지에도 뿌리를 내렸는데, 현재도 밀교는 힌두교의 탄트라 형식과 함께 네와르(Newar) 공동체들에 의해서 행해지고 있다. 동남아시아에서도 또한 중세 초기의 자바와 후기의 캄보디아의 크메르 문화가 밀교의 영향을 받았다.[221]

우리가 '어떤 종류의 동물'을 이야기하고 있는지에 대한 질문으로 되돌아가서, 일반적으로 밀교는 특히 강력하고 효과적이라고 하는 특정한 수행과 의례와 관련된다 할 수 있다. 이러한 수행의 목적은 병의 완화나 위험으로부터 보호, 날씨 제어와 같은 세속적인 것이기도 하고, (후기로 갈수록) 구제론적인 것이기도 하다. 밀교적 기법들은 보통 의례를 통해 삼매三昧, 즉 깨달은 것으로 간주되는 신격을 불러내어 예배하는 것에 중점을 둔다. 이 과정에서 특별한 힘을 지니고 있다고 간주되는 다양한 암송, 즉 진언의 사용과 관상觀像 기법이 핵심이다. 성공적으로 신격을 불러내는 것은 수행자에게 (여성보다는 남성 수행자에게, 이에 관해서는 '탄트라 수행자들: 밀교에서 여성' 부분을 참조) 바라는 목적을 성취할 힘을 부여하게 된다. 밀교 수행은 모든 이에게 허락되지 않고, 특정한 신격을 불러내어 관련 의례를 행하는 권능을 부여받는 입문식을 거친 수행자에게만 제한된다. 승가에 관한 계는 필수적인 것이거나 탄트릭 수행을 위한 충분한 자격조건이 되지 않는다. 밀교의 기원 문제를 잠시 제쳐두면, 이러한 수행법들이 일반적으로 대승불교의 구제론적이며 존재론적인 사고의 맥락에 위치해 있었음이 명백하다.[222] 시간이 지나면서

---

221) 동아시아의 밀교에 관한 유용한 논문들에 대해서는 Payne(2006)를, 그리고 개괄과 참고문헌에 대해서는 Davidson & Orzech(2003)를 참조. 또한 중국의 밀교에 대해서는 Orzech(2005b), 일본의 경우는 Abé(1999)를 참조. 네팔 카트만두 계곡의 네와르 불교에 관한 중요한 연구로는 Gellner(1992)를 참조. 캄보디아의 크메르 왕국들, 베트남의 참족(Chams), 인도네시아의 자바와 같은 동남아시아 밀교의 후원(patronage)에 관해서는 Sanderson(2009: 117-224); 또한 인도네시아의 밀교에 대해서는 Nihom(1994)를 참조. 현재 서구에 끼친 영향으로 인해 많은 이들에게 밀교의 얼굴은 티베트이다. 티베트 밀교의 중요한 자료를 포함한 자료로는 Snellgrove(1987), Samuel(1993), Davidson(2005)이 있다. White(2000)는 티베트 밀교 자료의 소개와 함께 번역을 포함한다.

222) 동남아시아에서 대승이 아닌 테라바다(Theravāda) 형태의 밀교의 존재에 대해서도 주목할 필

밀교의 의례와 대승불교의 교리적 범주들이 서로의 이론을 수정했다고 볼 수 있다. 그렇다 할지라도 밀교가 주로 작법들과 관련이 있는 만큼, 대승의 관점에서 보자면, 지혜(prajñā)의 영역보다는 대비적인 방법이나 방편方便(upāya)의 영역 안에 있는 것으로 볼 수 있다.

밀교사의 중요한 지점은 7세기 후반 '바즈라야나'(Vajrayāna, 金剛乘)라는 명칭과 함께 나타난다. 가장 일반으로 밀교를 지칭하는 용어가 되는 이 명칭은 '금강'과 '번개'를 동시에 의미하는 '바즈라'(vajra)라는 단어가 경전에서 파괴 불가능성, 삼매와 깨달음, 자각의 힘을 나타내는 주요한 상징적인 역할을 하게 되는 것으로 보이는 시기에 등장했다. 이 시기 이전에 바즈라야나(금강승)라는 용어는 사용되지 않았으며, 그러므로 '금강승 불교'와 '밀교'가 동의어가 아니라는 점을 강조할 필요가 있다. 금강승 불교에서 진리인 것이 반드시 밀교 전체에서 진리인 것은 아니다. 즉, 금강승 불교는 빠른 성불을 목표로 하는데, 이것이 초기 200년 이상 동안의 밀교 전체에 해당되지는 않는다.

이보다 이른 시기에 탄트릭 수행과 다른 수행을 구별하기 위해 사용된 명칭은 '만트라나야'(mantranaya, 眞言理趣)이다. 이 표현은 '파라미타나야'(pāramitānaya, 波羅蜜理趣, 대승 반야경에서 상술되는 길)와 짝을 이루었다.[223] 양자는 대승불교를 구성하는 것으로 간주되었다. 괴로움에 빠진 세간의 중생의 이익을 위한 보살의 자비로운 활동을 돕는 데 특히 효

요가 있다(Cousins 1997).

223) 비록 '만트라야나'(mantrayāna, 眞言乘)라는 명칭이 탄트릭 불교에 관한 학술적 논의에서 '만트라나야'(mantranaya, 眞言理趣)보다 자주 사용되지만, 아마도 그 모델이 되었을 '바즈라야나'(vajrayāna, 金剛乘)라는 명칭이 문헌에서 등장하기까지는 나타나지 않는다(Jong 1984:93). 따라서 바즈라야나 이전의 밀교에서 그 스스로를 묘사하는 보다 적절한 명칭은 '만트라나야'(mantranaya, 眞言理趣)이다.

과가 있는 것이 만트라나야의 가치로 여겨졌다. 여기서 두 가지에 유의할 필요가 있다. 첫째는 '만트라나야'라는 명칭은 만트라를 사용하는 것이 탄트라 수행의 독특하며 차별적인 특징으로 간주되었다는 점을 보여준다. 둘째로, 인도 밀교는 적어도 바즈라야나 이전 단계에서 자신을 대승불교의 일부로 보았는데, 불교가 대승, 소승, 금강승의 세 가지 길로 구성된다는 제시는 다소 모호해질 수 있는 여지가 있다.

1) 탄트릭 불교의 중요한 특징

상세하게 탄트릭 불교의 성격을 명확히 하려는 시도는 곧장 곤란함에 빠지게 되는데, 왜냐하면, 이를 너무 많이 포함하거나 배제하지 않고 하나로 정의하는 것이 어렵기 때문이다. 로페즈(1996:83ff)는 탄트릭 불교를 정의하는 문제를 상세히 다루면서, 하나의 공통적이고 규정적인 특징을 찾으려는 조사가 잘못되었을 가능성을 제시한다. 만약 그렇다고 한다면, 어떤 것을 탄트릭 불교의 한 예로 만들려고 하는 것은 어떤 단일한 양상에 사로잡힌 것이 아니라, 그의 논의에 따르자면, 일련의 특징들 중 중요한 부분을 얻는 것이 된다. 비트겐슈타인의 '가족유사성'(family resemblences) 개념에 근거한 이러한 규정 방식은 '단일적'(monothetic)에 반하는 '다중적'(polythetic)이라고 명명할 수 있는 것으로, 이는 '탄트릭 불교'의 개별 예들에서 도출되는 기본적인 특징들을 어떻게 결정할 수 있는가의 문제를 남긴다.

이러한 접근방식이 지닌 한계에도 불구하고, 특정한 역사적 양상과 관점의 특징을 고찰하기 전, 탄트릭 불교에 관한 보다 나은 개괄을 얻기 위한 목적이라면, 탄트릭 불교의 보다 중요한 특징들을 열거할 필요가 있을 것이다.224) 그럼에도 불구하고 염두해야만 할 중요한 사실은, 다중적 정의의 개념에 따르자면 개별적 특징들이 각기 주어진 전통의 역사적 혹은 기능적 단계에서 현재까지 남아 있을 수도, 혹은 없을 수도 있다는 점이다. 탄트릭 불교의 주된 관심사가 존격을 불러내어 숭배하며, 진언과 관상觀像을 사용하고, 밀교 수행에 앞서 입문식을 거쳐야 하는 등과 같은 기술적 방식에 있다는 점은 잘 알려져 있다. 이후에 자세하게 다루게 될 주제들 중 몇몇은 다음의 것을 포함한다.

비의秘義

탄트릭 불교는 흔히 밀교密敎라 불리는데, 이 개념은 입문식이 요구된다는 점과 연결되어 있다. 많은 대승 경전들에서 권청勸請이 대중 앞에서 공표되고 암송되어야만 하는 것과는 대조적으로 탄트라는 드러나서는 안 된다. 몇몇 탄트라는 입문식을 치르지 않은 사람들에게 그 내용을 누설할 때 따르는 끔찍한 결과를 경고한다. 예를 들면, 『바즈라바이라바 탄트라』(Vajrabhairava Tantra)는 다양한 의례를 설명한 후에, "이러한 의례행위를 다른 이에게 절대 설해서는 안 된다. 이러한 일을 저지른 어리석은 이는 반드시 지옥에 떨어지게 된다"고 경고한다(Vajrabhairava Tantra, 번역 Siklós:35). 이 탄트라(전게서: 43)는 또한 본존인 바즈라바이라바(Vajrabhairava, 金剛怖畏)를 그린 그림을 공개적으로 전시해서는 안 된다고 말한다. 비밀을 유지하는 또 다른 방식은 암시적이며 간접적이고, 상징적이며 은유적인 형태의 다양한 언어(saṃdhyābhāṣā)를 사용하는 것이었다.225) 이 전통은 해석에 있어서 심각한 문제를 불러일으

224) 중요 특징에 대한 여타 연구와 논의는 Hodge(1994:59), Payne(2006:9-14), Snellgrove (1988:1359) 참조.

킬 수 있다. 표현된 것을 문자 그대로 이해할 것인가라는 문제뿐만이 아니라 은유적으로 의도되었다는 점에 동의하더라도 그것을 어떻게 이해할 것인가의 문제 또한 생긴다. 이러한 문제들을 인식하고 있던 인도의 탄트라 주석가들 스스로도 하나의 문장이 다양한 의미를 지닌다는 점을 인정하기도 했고, 종종 해석을 동일하게 일치시키지 못하기도 했다.226)

스승(guru)의 중요성

탄트릭 불교에서 스승(guru) 혹은 바즈라차리야(vajrācārya 금강스승)의 역할은 특히 중요하다. 스승은 탄트라 수행의 접근을 가능하게 하고 다양한 탄트라 경전의 가르침을 전수하는 존재이다. 『비밀집회秘密集會 탄트라』(Guhyasamāja Tantra, Snellgrove 1987:177-8)는 밀교의 스승을 보리심은 물론, (붓다의 현시는 스승들을 모시는 것에 달려 있다는 점에서) 붓다들의 부모와 동일시한다. 이 경전은 이러한 가르침을 듣고 미륵(Maitreya) 보살이 매우 놀라는 대목을 묘사하는데, 이는 금강스승에게 그러한 높은 지위를 부여하는 것이 새로운 발전이었다는 점을 보여준다.

자신의 스승의 나쁜 점을 결코 이야기해서는 안 된다는 견해는 이처럼 밀교에서의 높은 스승의 지위에서 나온 것이다. 『비밀집회 탄트라』

---

225) 탄트릭 불교에서 사용하는 암시적 언어와 관련된 문제에 대한 논의는 Elder(1979), Newman(1988), Samuel(1993:414-19), Wayman(1973:128-35) 참조.

226) Gray(2005b)는 탄트릭 불교에서 '비의'의 개념에 대해 논의한다. 예를 들어 『차크라삼바라 탄트라』(Cakrasaṃvara Tantra)의 시작에서 "그리고 이제 내가 비밀을 설할 것이다(Gray 2007a: 155)"라는 전언에도 불구하고, 비밀은 실제로 발설되지 않는다고 말한다. 탄트라에서 표현된 비밀이란 알맹이가 없는 기호로, 이는 그 비밀을 이 전통에서 전개되고 있는 실질적 이해로 짜 맞출 수 있는 다른 주석가들에 의해서 채워질 수 있는 것이다.

는 명백하게 모든 윤리적 주요 계율들의 위반을 권고하고 있지만, '자신의 스승을 비방하는 자들은 아무리 열심히 수행했다고 할지라도 결코 깨달음을 성취할 수 없다'는 조건을 추가한다(Snellgrove 1987a: 170). 후기 탄트릭 불교에서 스승의 지시는 매우 복잡한 심물리학적 명상 기술의 성공적인 수행에 핵심적인 것이다. 또한 스승은 명상에서 만다라의 본존本尊과 동일시된다.

만다라의 의례적 사용

성스러운 공간이나 장소에서 2차원적 또는 3차원적 표현(혹은 창조물)으로 흔히 신격神格이 머무는 특정한 영역으로 이해되는 만다라(maṇḍala)를 사용하는 것은 탄트릭 불교의 일반적인 특징으로, 입문의례와 입문 후 수행에서 모두 사용된다. (전체 논의는 아래 '수행의 요소'(elements of practice) 부분을 참조)

관습을 거스르고 논쟁을 일으킨 수행들

후기로 들어서면서 모든 이들이 탄트릭 불교를 순수하게 불교적인 것이라고 받아들이지 않았다는 점은 명백하다. 보드가야의 수많은 비구들이 탄트릭 경전과 조상의 파괴를 정당화할 만큼 참을 수 없는 것으로 여겼다는 증거들이 존재한다(Sanderson 1994:97). 논란이 된 특징들에는 부정하고 금지된 물질의 사용, 비윤리적 행위에 대한 (표면상의) 옹호, 성적인 의례의 도입, 위협적이고 분노한 상태로 피를 마시는 신격들의 숭배 등이 포함된다. (전체 논의는 아래 '부정한 물질과 도덕률초월적 행위' 부분을 참조)

신체에 대한 재평가

수행자의 몸에 대한 집착과 갈애渴愛를 줄이기 위해 신체의 불청정성不淸淨性과 역겨움을 자주 강조하는 주류불교와 대승불교 모두에서 신체에 대한 부정적인 평가는 어렵지 않게 찾아볼 수 있다(예를 들면, 샨티데바(Śāntideva, 寂天)의 『입보리행론』(Bodhicaryāvatāra) 8장). 반면에, 신체에 대한 탄트라 불교의 평가는 대개의 경우 매우 긍정적이다.

> 신체적 형태가 없다면 어떻게 지복至福이 있겠는가? 누구도 지복에 대해 말할 수 없다. 세상은 충만하며 그 자체로도 가득한 지복으로 가득 차 있다. 마치 꽃향기가 꽃에 의존하고 꽃 없이는 불가능한 것처럼, 마찬가지로 신체적 형태 등이 없다면 지복 또한 지각될 수 없을 것이다.
>
> (Hevajra Tantra II: ii, 36-7, Snellgrove 번역)

이러한 재평가가 생긴 데에는 두 가지 요인이 있다. 첫째는 목적을 기술하기 위한 '대락大樂'(mahāsukha)이라는 표현의 사용이며, 둘째는 깨달음의 대락에 이르는 디딤돌로서 기능하는 대락의 경험을 일으키기 위한 기초로서 신체를 수행의 모범으로 삼는 것이다. 신체를 모델로 삼는 것은 모든 인도 탄트릭 전통에서 핵심적으로 공유되는 것이며, 신체는 에너지의 맥관脈管(nāḍi)과 중심인 차크라(cakra, 문자적 의미로 '바퀴')로 구성된 미세신微細神을 지닌 것으로 여겨진다. 이러한 체계를 통해서 신체의 생명적 에너지(prāṇa)가 흐르며, 특정한 상태에서 수행자의 인식변화를 일으키기 위해 요가 수행적으로 조정할 수 있게 된다.[227] 이러한 모델을 사용하는

---

227) 탄트릭 불교(그리고 힌두교)에서의 신체에 관해서는 Samuel(1989) 참조

명상 방식이 발전되었고, 탄트릭 불교에서 '구경차제究竟次第'(niṣpannakrama)로 알려진 수행의 일부를 형성하게 되었다. 후대의 전통에서 이러한 유형의 수행은 몇몇 이들에 의해서 성불도에 있어 필수적인 것으로 간주되었다.

여성의 지위와 역할에 대한 재평가

후기 탄트릭 불교에서 여성 존격女尊은 만다라의 중심에서 유익한 본존으로서, 혹은 중앙의 신이나 신들을 모시는 (사나우며 춤을 추는) 시자侍者로서 더욱더 두드러지게 된다. 경전에서 여성은 높은 지위를 차지하게 되며, 지혜의 구현이자 원천으로서 간주되었다. 탄트라 수행의 차원에서 여성은 수행자는 물론 스승으로서 기능을 했다는 증거도 있다. (전체 논의는 '밀교 수행자' 부분 참조)

유비적 사고

일련의 상응 및 상관관계를 사용하는 것은 탄트릭 불교의 특징 중 많은 부분을 차지한다. 이 접근법은 신격, 만다라, 만트라, 수행자의 신체 등과 같은 탄트라 수행의 핵심 특징들 간에 관계를 체계적으로 정교화하는 것을 포함한다. 웨이먼(Wayman 1973:30)이 주장하듯, 인도에서 (불교 이전의) 아주 이른 시기인 리그베다(Ṛg Veda) 시대부터 이런 종류의 사고를 관찰할 수 있다.[228)]

좀 더 발전된 상응관계 중 하나로 『금강정경金剛頂經』(Tattvasaṃgraha)의 금강계 만다라(Vajradhātu maṇḍala)에서 나온 광대무변의 (방위적) 오불五佛

---

228) 예를 들면, 푸루샤숙타(Puruṣasūkta, Ṛg Veda x:90)에서 희생 제물이 되는 근원적 인간原人(puruṣa)의 몸은 일련의 범주와 서로 관련되어 있다.

을 들 수 있다. 이는 '다섯'으로 구성된 모든 영역과 연관된다: 몇몇을 꼽아보자면, 방위, 색깔, 수인手印, 계界, 각성상태 혹은 지(jñāna), 온蘊(skandha), 번뇌煩惱(kleśa) 등이 있다(〈표 1〉 참조). 중요한 것은 이러한 몇몇 상호관계는 윤회 또는 예를 들면 온과 번뇌와 같은 깨닫지 못한 상태를 오불과 같이 깨달은 상태와 연결시킨다는 점이다. 이러한 종류의 상관관계는 부정적인 심적 상태가 수행도의 일부로서 채택될 수 있다는 견해를 반영하고 있는 것으로 볼 수 있다(다음 특징 참조).

보다 일반적으로, 신격들의 도상학적 특징들은 교리적 범주에서 암호화/상징화된다. 예를 들면, 삼바라(Saṃvara) 신격은 힌두교 신들을 밟아 뭉개는 존재로 묘사되는데, 이는 갈애渴愛와 무명無明의 파괴 혹은 윤회와 열반에 대한 집착의 회피를 상징하는 것으로 설명될 수 있다. 상응관계는 소우주와 대우주의 관계로 확립될 수 있다. 따라서 만달라와 그 신격들은 수행자의 신체, 그리고 전체로서의 우주와 동일시되게 된다. 그 동일화는 또한 다층적일 수도 있다. 요가수행자의 지팡이는 차제次第에 따라 깨달은 지혜(prajñā)를 상징하는 그의 여성 파트너를 뜻할 수 있다. 구성요소로 분석하면, 그 지팡이는 더 나아가 추가적인 동일화의 주체가 될 수도 있다.

번뇌에 대한 재평가

보통 부정적으로 간주되는 마음의 상태들이 깨달음으로 이끄는 효과적인 방편으로 사용될 수 있다고 하는 관념은 탄트릭 불교의 금강승金剛乘(Vajrayāna) 시기에 중요한 특징이 된다. 『헤바즈라 탄트라』(II: ii, 51)는 '세간世間은 애욕에 의해 속박되지만, 또한 그 애욕에 의해 해탈된다'고 선언한다.: '독의 특성을 아는 사람은 조금의 양으로도 다른 사람을 죽일 수 있는 독을 써서 바로 그 독을 제거한다'(전게서: III: ii, 46).[229]

애욕 가운데에서도 가장 두드러진 위치를 차지하는 것이 성적 갈애渴愛와 쾌락인데, 이들은 깨달음의 대락大樂에 상응한다. 프랑스의 인도학자 마들렌 비아듀(Madeleine Biardeau)는 탄트라의 교의를 '성적 탐욕(kāma)을, 이 단어의 모든 의미에서 해탈을 구하기 위한 수단으로 위치시키려는 시도'라고 요약한다(Padoux 1987: 273 재인용). 비록 탄트라 불교 전체에 적용되지는 않는다고 해도, 이는 후기 금강승의 관념의 대부분을 훌륭히 집약적으로 나타낸다.

2. 탄트릭 불교 문헌: 진화하는 전통들

이 섹션은 탄트릭 불교 문헌의 내용과 관심사가 어떻게 발전해왔는지를 살펴봄으로써 탄트라 불교의 견해들의 발전 양상을 개괄하는 하는 것을 목적으로 한다. 우리는 한문, 티베트어, 몽골어 등의 번역본뿐만이 아니라 원래의 언어로도 현존하는 상당한 양의 인도 탄트릭 불교 문헌들이 남아 있다는 점을 살펴봤다. 이 문헌들의 종류는 매우 다양하다. 이 문헌들은 많은 경우, 하나 또는 그 이상의 주석서를 갖고 있으며, 상당한 분량에 달하는 것들도 있다. 의궤나 궤범서들도 있는데, 예를 들면, 세간적 목적에 초점을 맞춘 의례(이에 대한 추가 논의는 아래의 '크리야 탄트라'(Kriyātantra) 부분을 참조)는 물론이고, 승원, 사원, 불상의 정화, 만다라의 준비와 건립, 입문과 가지加持의 관정灌頂(abhiṣeka), 밀교 신격을 불러내는 등의 많은 의례 영역과 관련된 상세한 규정을 포함한다. 사다

---

229) Wedemeyer(2002:183)는 이러한 종류의 선언이 수행의 실질적인 면에 대해서는 아무런 설명도 하고 있지 않는다고 정확히 논평한다. 그럼에도 불구하고, 이들은 애욕, 특히 성적인 방식의 급진적인 재평가가 어떻게 정당화되었는지를 보여준다.

나(sādhana)라고 불리는 신을 불러내는 성취법成就法을 기술하는 문헌들도 이러한 문헌 장르를 형성하게 된다. 또한 개별적인 주석들뿐만이 아니라 탄트라 노래나 찬가의 모음집들도 전해진다.

인도 탄트라 저자들은 밀교 경전, 즉 탄트라라는 근본적인 문헌을 분류하는 일에 노력을 해왔다. 시간에 지남에 따라 진화한 분류 방식은 대체로 자연스럽게 연대순에 따른다. 이는 탄트릭 불교의 발전에 관한 논의를 체계화하기 위한 체계로 활용될 수 있다. 이러한 순서는 인도 탄트라 전통 자체에 의해서 개발된 중요한 자기표현을 사용한다는 장점을 지닌다. 하지만, 그러한 분류 계획이 당연히 본래 학문적이었다는 점과 저자들이 직면하게 되었던 광범위하며 증가하고 있던 탄트라 문헌의 질서를 정렬하고자 하는 그들의 의도가 반영되어 있었다는 점을 염두에 두어야 할 필요가 있다. 그들의 관심은 연대적이거나 역사적인 부분에 있지 않았다. 이와 동시에, 탄트라 유형을 나누는 용어는 현대의 학술 문헌에서 널리 쓰이고 있으며 이에 대한 친숙도는 매우 중요하다. 그러므로 이 시점에서 인도 탄트라 유형에 대해 설명하는 것이 적절할 것이다.[230)]

탄트라 경전의 분류

경전을 분류하는 데에 인도의 주석서 전통에 따른 방법만 있는 것은 아니다. 수많은 분류방법들이 있지만, 전적으로 일관된 용어가 있는 것도 아니다. 관련 문제를 복잡하게 하는 것은 여러 이차문헌(특히, 불교개론에 관한 자료)에서 사용하는 분류방식이 인도적 맥락에서 사용된 것이

230) 인도 탄트라 유형 분류(과 이러한 분류법이 티베트에서 어떻게 정교화되는지)에 대한 보다 상세한 논의는 Dalton(2005)을 참조.

아니라는 사실이다. 탄트라 경전을 분류하는 몇 가지 방법은 적어도 8세기 중반에서 후반 사이에 생겨났는데, 이때에는 탄트라 문헌을 크리야(Kriyā, 所作) 탄트라, 차리야(Caryā, 行) 탄트라, 혹은 요가(Yoga, 瑜伽) 탄트라의 세 종류로 구분했던 것으로 보인다.[231] 전체적으로 이 세 가지 구분은 연대기적이다. 크리야 탄트라(소작 탄트라)는 일반적으로 차리야 탄트라보다 연대가 앞서며, 차리야 탄트라는 요가 탄트라보다 앞선다. 요가 탄트라들이 생겨난 후에, 경전들은 종종 이러한 분류 체계의 전통을 인식하고 있었음이 나타난다. 특히, 요가 탄트라 계열에 관한 주해 분류의 발전과 확장을 볼 수 있으며, 경전들 자체도 스스로를 이러한 분류체계 중 하나에 속하는 것으로서 기술하기 시작한다.

인도의 탄트릭 불교 발전의 최후 단계까지 꽤 광범위하게 채택되었으며, 적어도 주석서에서 언급되는 탄트라 경전의 분류 방식은 소작所作(Kriyā), 행行(Caryā), 유가瑜伽(Yoga), 무상유가無上瑜伽(Yogottara), 최상승유가最上乘瑜伽(Yoganiruttara)로의 5종으로 구분하는 것이다. 이 분류는 초기의 세 가지 분류방식이 확장된 것으로 볼 수 있는데, 여기에 마지막 유가 탄트라에 무상유가(Yogottara)와 최상승유가(Yoganiruttara)라는 두 가지 상급 분류를 추가함으로써 성립되었다. 이 두 가지 분류에 대한 또 다른 용어도 발견되는데, 무상유가 탄트라는 마하요가(Mahāyoga, 大瑜伽) 탄트라로, 최상승유가 탄트라는 요기니(Yoginī) 탄트라로도 알려진다. 여기서 요기니라는 용어는 이 분류의 문헌들에서 핵심적인 역할을 하는 여성형 신격을 지칭한다.[232]

---

231) 예를 들면, 빌라사바즈라(Vilāsavajra)가 지은 Nāmasaṃgīti의 주석서 Nāmamantrārthāvalokinī. 8세기 붓다구히야(Buddhaguhya)는 Kriyā(所作), Ubhaya(兩), Yoga(瑜伽)의 세 종류로 분류했다 (Hodge 1994:58).

이러한 5종의 분류방식은 인도 탄트릭 불교의 역사적 발전을 광범위하게 반영하게 된다. 따라서, 무상유가 혹은 마하요가라고 불리는 경전들은 일반적으로 최상승유가 혹은 요기니 탄트라 이전에 나타나고, 이 두 가지 종류는 모두 요가 탄트라 이후에 나타난다. 여기서는 무상유가와 최상승유가를 대신하여 마하요가나 요기니 탄트라라는 용어를 네 번째와 다섯 번째 분류 명칭을 사용할 것이다. 그렇게 하는 이유 중 하나는 이 용어들이 산스크리트어를 읽지 못하는 사람들이 구별하기에 더 용이하기 때문이다. 더하여 이 용어들이 인도 탄트릭 불교와 관련한 학문적 저술에서 더욱 더 일반적으로 사용되고 있고 때문이기도 하다(예를 들면, Davidson 2002a; Dalton 2004; Jackson 2005; Gray 2007a; Wedemeyer 2007b 참조).

그러나 5종의 분류법과 일반적으로 연관되어 있는 하지만, 몇몇 주석가들은 탄트라 경전을 분류하는 데 또 다른 범주를 사용하기도 했다는 점을 기억할 필요가 있다. 예를 들면, 11세기 중엽의 대논사인 아티샤(Atiśa)는 5종 분류법 중 요가 탄트라와 마하요가 탄트라 사이에 '방편方便'(Upāya)과 '양兩'(Ubhaya)의 두 가지를 덧붙여 7가지 범주로 구분한다. 하지만, 이 다른 종류들도 별개의 것은 아니다. 수많은 경전들은 분명히 과도기적이며, 각각의 경우들을 어떻게 정할지, 혹은 서로 다른 여러 범주들을 규정하는 특징이 무엇인지에 대해 언제나 의견이 합치하지는 않았다.

불교 개론서에서는 크리야所作, 차리야行, 요가瑜伽, 마하요가, 요기니

---

232) 문법적으로 yoginī는 요가수행자를 뜻하는 yogin의 여성형이지만, 이 문맥에서는 탄트릭 여성 수행자를 지칭하는 것이 아니라, 요기니 탄트라 경전에서 완전하게 깨달은 존재로서, 태생적으로 난폭하며 피를 마시는 여성형 신격 종류를 지칭한다. 각주 [249]를 참조.

탄트라의 5종으로 분류하는 방식을 일반적으로 사용하지 않는 점을 유의해야 한다. 가장 일반적인 분류는 크리야, 차리야, 요가, 아눗타라요가(Anuttarayoga, 無上瑜伽) 탄트라의 4종으로 분류하는 것이다. 이 체계에서 아눗타라요가는 다시 부父 탄트라와 모母 탄트라로 구분되는데, 이는 넓게 보면 5종 분류에서 마하요가와 요기니 탄트라에 상응한다. 널리 사용되어 왔음에도 불구하고, 인도의 탄트릭 불교의 성격과 발전 과정을 이해하는 데에 이러한 4종 분류는 취약한 점이 있다. 첫째로, 부 탄트라와 모 탄트라에 상응하는 것으로 인식되는 마하요가와 요기니 탄트라를 하나의 아눗타라요가(Anuttarayoga, 無上瑜伽) 분류로 통합하는 것은 마하요가와 요기니 탄트라 문헌들 사이에 차이점과 마찬가지로 요가 탄트라와 마하요가 탄트라 문헌들 사이에 유사성을 불분명하게 만든다. 두 번째로, 이 4종의 분류법은 그 기원에 있어 인도적이기보다는 티베트 전통에 기인한 것으로 나타나며, 인도 전통의 티베트적 개념화를 보여주는 것이다. 게다가 아눗타라요가(Anuttarayoga)라는 명칭은 현존하는 산스크리트 사본 어디에서도 발견되지 않는다(Isaacson 1998:28).[233]

1) 크리야 탄트라(Kriyātantra, 所作 탄트라)

크리야 탄트라 분류는 가장 방대한 분량을 차지한다. 450개 이상의 경전들이 티베트 불교 경장인 칸규르(Kanjur)의 탄트라 섹션을 형성하고 있다.[234] 크리야 탄트라로 분류되는 가장 이른 문헌은 기원후 2세

233) 크리야(Kriyā), 차리야(Caryā), 요가(Yoga), 요곳타라(Yogottara) 탄트라의 4종으로 분류하는 방식(나가르주나의 『판차크라마』(*Pañcakrama*, 五次第)에 대한 Parahitarakṣita의 주석서를 참조할 것, ed. Poussin: 39)은 확실히 인도 문헌에서 찾을 수 있는 최승유가(Yoganiruttara)를 마지막으로 하는 5종 분류에 선행하는 것이다.

기경으로 거슬러 올라간다.235) 크리야 탄트라 문헌은 탄트릭 불교가 스스로의 전통을 인식하게 되는 8세기경까지 나타나는데, 그중 몇몇 문헌은 아마도 계속해서 확장되는 것으로 보인다. 크리야(kriyā)라는 용어는 '행위'를 의미하며 이 문맥에서는 의례 행위를 의미한다. 그리고, 크리야 탄트라는 실제로 다양한 세간적世間的(laukika) 목표를 일반적으로 성취하고자 하는 데 초점을 맞춘 다수의 온갖 의례 문헌들의 집합으로 형성되어 있다. 여기서 말하는 실용적인 목적의 범위는 불행과 위험으로부터의 보호, 질병의 경감, 날씨의 통제, 건강과 부의 창출, 장애와 적에 대한 저항과 박멸, 분노한 신들을 달래기와 같이 광범위하다. 크리야 탄트라의 의례는 만트라(진언)와 무드라(의례적인 손동작), 초기 형태의 만다라, 신격의 관상 등을 사용하게 된다. 또한 이러한 의례행위의 실행은 또한 입문식(abhiṣeka)을 필요로 한다. 하지만 후대의 탄트라 경전에 대한 일반적 명칭이며 문자적으로는 '경전' 이상의 의미를 지니고 있는 '탄트라'라는 단어는 크리야 탄트라 경전에서 드물게 등장한다. 좀 더 일반적으로 사용되는 다양한 다른 명칭으로 다라니陀羅尼(dhāraṇī), 칼파(kalpa, 儀軌), 라즈니(rājñī, 王妃), 경經(sūtra) 등이 있다. 따라서 날씨의 제어와 관련된 경전인 『대운경大雲經』(Mahāmegha-sūtra)은 경이라

234) 여기에 속하는 경전들의 수와 다양한 칸주르 탄트라 범주에 속하는 경전의 숫자는 데르게판(sDe dge)의 토호쿠 목록에서 뽑은 것이다. Ui(1934) 참조. 이 숫자를 사용하는 데에는 어느 정도 인위적인 부분이 있다는 점에 유의할 필요가 있다. 인도 불교의 학자들은 탄트라 문헌들의 광범위한 목록이나 컬렉션을 생산했던 적이 없다. 그럼에도 불구하고, 이러한 수치는 관련 전통의 서로 다른 양상이나 이해와 관련된 많은 문헌들에 대한 광범위한 지표를 제공해 줄 수 있다.

235) 이러한 (소급한) 연대 측정은 탄트라로 분류된 문헌에 관한 것이다. 그 성립 시점에 그 문헌이 '탄트릭 불교'의 독특한 전통을 나타냈던 것으로 받아들여서는 안 된다.

는 명칭이 붙어 있기는 하지만, 크리야 탄트라로 분류된다. 그러한 이유에는 이들 문헌이 '탄트라'라고 교의적으로 분류되는 데에는 상당한 시간이 소급되기 때문이다. 어떤 문헌을 탄트라로서 명명하는 근본적인 이유는 상당부분 그것의 특정한 제목보다는 만트라 등을 사용하는 의례의 중요성과 관련이 있다. 실제로, 요가와 마하요가 탄트라의 시기가 되어서야 '탄트라'라는 용어가 보편적으로 사용되게 된다.

주목할 가치가 있는 두 개의 개별적 문헌은『대방광보살장문수사리근본의궤경大方廣菩薩藏文殊師利根本儀軌經』(Mañjuśrīmūlakalpa)과『소실지갈라경蘇悉地羯羅經』(Susiddhikara)이다.『문수사리근본의궤경』(Mañjuśrīmūlakalpa) (만쥬수리의 근본의례지침)은 아마도 8세기경에 편찬된 방대한 양의 다소 이질적인 문헌이다(Wallis 2002:9-11). 이 문헌과 관련 만다라에서는 문수보살과 관세음보살이 중요한 역할을 하는데, 여기에는 비록 두드러지지는 않지만, 여성격인 타라(Tārā) 보살 또한 언급된다. 더하여 이 문헌은 신격을 '가문家/部'으로서 분류하게 되는 관념이 발전하게 되는 초기 단계를 예증한다. 뻗어나가며, 비대칭적인 만달라에서 서술되는 세 가문은 불佛부, 연화蓮花부, 금강金剛부인데, 연화부는 온화한 신격으로, 금강부는 분노존으로 구성된다(관련된 구분의 번역에 관해서는 Snellgrove 1987:192-4 참조).『소실지갈라경蘇悉地羯羅經』(Susiddhikara)은 저자가 아는 한에서는 광본 크리야 탄트라 중 완전히 영어로 번역(Giebel 2001)된 유일한 문헌으로, 세간적 목적에 초점이 맞춰져 있다. 이 문헌 또한 다른 3종의 문헌 분류의 숫자와 동일하게 불부, 연화부, 금강부를 이루는 신격의 분류를 사용한다. 예를 들면, 의례는 식재息災(śāntika), 증익增益(pauṣṭika), 조복調伏(abhicāra)으로 구분된다.

크리야 탄트라 문헌의 중요한 유형 중 하나는 다라니(dhāraṇī)이다. 다수의 크리야 탄트라는 다라니이거나 넓은 의례적 문맥에서 다라니라고 위치시킬 수 있는 문헌들이다. 다라니는 약본이거나 광본의 형태일 수 있으며, 일련의 단어들로 구성되어 있고, 대략적으로 이해하기 쉬우며, 압축된 형태로 의미나 의도를 지니는 것으로 이해해야 하며, 붓다의 가르침에 관한 것이다. 이들은 읽거나 암송하면 현생에 또는 암송자의 마음에 특별한 권능을 부여하는 것으로 간주되었다. 다라니가 현생에 영향을 줄 수 있다고 하는 개념은 암기한 다라니에는 붓다의 말의 힘이 담겨져 있다고 하는 생각에 뿌리를 두고 있다(Matsunaga 1977:170-71). 다라니(dhāraṇī)라는 말은 오직 불교적 문맥에서만 찾을 수 있는 것으로, '지탱하다, 지니다'는 의미를 지닌 동사어근 √dhṛ에서 나왔다(다르마 dharma 또한 동일한 어근에서 파생된다). 그러므로 붓다의 가르침을 요약한 것 혹은 '지니는 것'으로서 일련의 단어들은 초기 불교나 현재 테라바다(Theravāda) 불교의 호주護呪(paritta/pirit)와 아주 동일한 방식으로 쓰인다. 『법화경』과 『반야경』과 같은 수많은 비탄트릭 대승경전도 많은 다라니를 포함한다. 그러므로 문헌이 다라니라고 해서 그것이 탄트라라고 주장할 수 있는 근거가 되는 것은 아니다.236) 그러나 다른 탄트라적 요소들을 포함한 의례의 일부로서, 다라니는 탄트라적 의례 기능을 하는 것으로 간주할 수 있다. 또한 권능을 지닌 말로서 다라니는 만트라와 유사하며, 실제로 이 용어들은 때때로 동의어처럼 사용되기도 한다.

크리야/소작 탄트라 문헌들의 목적이 일반적으로는 세간적이긴 하지만, 궁극적 혹은 구제론적인 목적도 어느 정도 담겨 있다. 예를 들면,

---

236) 인도 주석가들이 자주 대승불교의 수행도로서 간주하는 『반야심경般若心經』 말미의 다라니(gate gate pāragate pārasaṃgate bodhi svāhā)에 관한 논의는 로페즈(1996: 165 ff.) 참조. 더하여, 경전 서적을 성스런 힘의 원천으로 여기는 (비탄트라적) 대승의 개념과 다라니 사이의 관계에 대한 논의는 Schopen(1982;2005, 재판:310) 참조.

『문수사리근본의궤경』(Mañjuśrīmūlakalpa)에서 석가모니 붓다는 특정한 의례를 수행하는 사람에 대해 '그러한 사람의 성취는 결코 헛되지 않을 것이며, 결실을 얻을 것이고, 행복이 일어나고, 행복이 무르익게 될 것이다. 불행한 재생을 막으며, 깨달음의 성취로 항상 이끄는 세간적 지식에 관한 성공이 일어날 것이다'라고 말한다(번역. Wallis 2009:170). Wallis는 (궁극적인 목적을 포함한) 다중적인 목적의 조정은 『문수사리근본의궤경』(Mañjuśrīmūlakalpa)의 명시적인 특징이라고 논평한다.[237]

크리야 탄트라 문헌과 의례들은 차리야 탄트라와 요가 탄트라들이 보다 진보된 형태의 마하요가와 요기니 탄트라에 의해 대체되었던 것과 같은 방식과는 다르게, 후기 탄트라 발전들에 의해서 대체되지 않았다. 그러한 관점이 지속된 것은 확실히 이러한 문헌들이 중요한 세간적인 면에 초점이 맞춰져 있던 결과였으며, 서구 학자들에게 덜 주목받는 이유이기도 할 것이다. 크리야 탄트라 의례를 행할 수 있었던 승원의 전문가들은 특히 승원 기관을 지원했던 왕족 후원자들에게 중요하며 매력적인 것이었을 요구 사항에 부합하고 그 의례 서비스를 제공했다. 물론 그것은 보다 강력하고 효율적이었던 의례들로 인식될수록 후원을 끌어내는 데 더 효과적이었을 것이다.

요약하자면, 크리야 탄트라라고 명명된 문헌의 연대는 탄트릭 불교가 점진적으로 대승의 독특한 전통으로서 진화하게 되는 8세기 무렵까지 걸쳐 있다. 이 문헌군의 초점은 본질적으로 (항상은아니지만) 세간적 목적을 지닌 의례이다. 또한, 크리야 텍스트는 획일적인 것과는 거리가 멀다.

---

237) 『문수사리근본의궤경』(Mañjuśrīmūlakalpa)의 의례목적에 대한 추가 논의는 Wallis(2002:14-22) 참조. 또한, 궁극적 목적 달성을 위한 다라니의 능력에 대한 5~6세기경의 답변들에 관한 논의는 Kapstein(2001:234-49) 참조.

이 문헌들의 한역을 살펴보면, 어떻게 많은 탄트라적 특징들이 점진적으로 시간을 거쳐 늘어나게 되는지를 살펴볼 수 있다. 결과적으로, 불교의 탄트라적 형태와 비탄트라적 형태 사이를 (개념적인 것은 제외하고) 연대순으로 확연하게 구분하기는 어렵다.238)

2) 차리야 탄트라(Caryātantra, 行 탄트라)

크리야 탄트라와 대조하여, 아주 적은 수의 문헌만이 대개 차리야 탄트라로 분류된다. 티베트 경장 칸주르의 분류방식에서 5개 범주 중 가장 적은 분량인 8개의 문헌으로 구성되어 있다. caryā라는 말은 '수행'을 의미하는데, 이 문맥에서 그 의미가 완전하게 명확하지 않다. 그러나 일반적으로 차리야 탄트라에서 대개 명상적인 관상이 포함된 '내적 수행'의 통합이 증가했음을 살필 수 있다. 가장 중요한 차리야 탄트라 문헌은 『대일경大日經』(Mahāvairocana Sūtra)이며, 상세한 명칭은 『대비로자나성불경大毘盧遮那成佛經』(Mahāvairocanābhisaṃbodhi Tantra)으로 아마도 7세기 초에서 중엽 사이에 성립했을 것으로 생각된다.239) 더하여 이 그룹

---

238) 인도 탄트라 문헌의 한역에 대해서는 Matsunaga(1977) 참조. 크리야 탄트라에 대한 비교 연구의 부족은 탄트릭 불교의 개념과 수행의 초기 발전이 대략적으로 이해된다는 것을 의미한다. 가장 주목을 받은 크리야 탄트라는 *Mañjuśrīmūlakalpa*이다. Lalou(1930), Macdonald(1962), Matsunaga(1985), Willson(1986: 39-43, *Mañjuśrīmūlakalpa*에서 Tārā에 관해), Kapstein(2001: 257-280), Wallis(2002, 2009) 참조. 탄트릭 불교의 초기 역사에 관해서는 Matsunaga(1977, 1985)와 Jong(1984)를 참조.

239) 크리야 탄트라들처럼, Mahāvairocana도 스스로를 탄트라로 칭하지 않는다. 실제로 티베트역과 한역도 '경sūtra'으로 번역되었다. '탄트라'라는 용어가 인도에서 성립된 것은 8세기에 이르러서기 때문에 (Vilāsavajra의 Nāmasaṃgīti에 대한 주석, Nāmamantrārthāvalokinī에서), 여기서는 그렇게 부르는 근거가 있었다. (Hodge 또한 2003년 대일경 번역에서는 tantra로 명칭한다.) Mahāvairocana의 연대에 대해서는 Hodge(1994:65, 2003:14-17) 참조.

에 속하는 것 중에, 아마도 『대일경』보다 이른 시기의 문헌으로는 『금강수관정金剛手灌頂 탄트라』(Vajrapāṇyabhiṣeka Tantra)가 있다(Yoritomi 1990:700). 주석서에 가끔 인용된 경우는 있지만 이 문헌들은 범어 원어로 전해지지 않는다. 8세기 중엽의 인물인 붓다구히야(Buddhaguhya)는 『대일경』의 중요한 주석서를 저작했는데, 그는 크리야 탄트라에 관한 주석서들도 저술했다.

차리야 탄트라의 중요한 특징은 대일여래大日如來에 의해 행해지는 역할이다. 『대일경』에서 대일여래는 네 정방향에 위치한 다른 붓다들과 함께 대칭적 만다라의 중앙에 묘사되어 있다. 이러한 대일여래의 중심적 위치는 비탄트릭 대승경전인 『입법계품入法界品』(Gaṇḍavyūha)과 『십지경十地經』(Daśabhūmika Sūtra)에서 발전된 궁극적 실재의 상징으로서 그의 역할에 기반하고 있다는 점이 논의되었다(Orzech 1987). 이 두 경전은 다양한 경전들이 결합되어 만들어진 『화엄경』의 두 품을 구성한다. 『입법계품』의 대일여래는 광명, 변화, 신변神變의 초월적 세계에 주하는 붓다이며, 동시에 모든 단계와 모든 것에 편재하는 존재이다. 이러한 견지에서 역사적 붓다인 석가모니(Śākyamuni)는 고통 받고 있는 중생의 이익을 위해 출현한 신변이다. 『대일경』에서 대일여래는 우주적 붓다로 표현된다. 나아가, 그는 모든 신격과 모든 종교를 현시하는 존재로 나타나며, 불설의 편재성을 암시한다.

『입법계품』의 세계는 붓다와 대보살의 마음의 작용에 의해 자유자재로 변화한다. 이는 관상수행觀像修行의 과정 내에서 자신과 외적 세계의 현현(그리고 따라서 실재)을 점점 변환시키려고 하는 탄트릭 수행자에게 가장 적합한 관점을 제공한다. 탄트라 수행자는 불러 낸 신격과 자신을 동일화시키는 강렬한 명상법을 개발한다고 하는 생각은 차리야 탄트라 문헌이 성립된 시기에 확립된다. 광명변조光明遍照의 우주를 차지하고 있는 깨달은 신격은 정확히 말하자면 『입법계품』에서 변화하는 방식으로, 불가사의하게 변신할 수 있는데, 수행자들은 이러한 신격을 관상을 통해 자신들과 동일화시킨다.

『대일경』에서 목표는 (부분적으로) 신격과 자신을 동일화하는 관상의 기술을 사용하여 대일여래가 되는 것이다. 여기에 구제론과의 관련이 중요하다. 이제 탄트라 수행의 목표로서 깨달음이 점점 핵심이 된다. 이 기간부터 탄트릭 불교는 세속적인 목적과 힘을 얻기 위한 효과적인 방법으로서만이 아니라 불성을 얻는 데 특히나 강력한 방법으로서 스스로를 승격하기 시작했다. 『대일경』은 틀림없이 온전하게 자립적인 첫 번째 탄트라로 볼 수 있다. Hodge(2003:29-30)가 논의하듯이, 『대일경』은 『화엄경』과 『대승장엄경론』과 같은 유가행 문헌은 물론 여래장 문헌까지도 아우르는 광범위한 출처로부터 영향을 받았음을 보여주는 교리적으로 정교한 문헌이다. 만트라, 만달라, 관상과 같은 탄트릭 수행방식을 가장 효과적인 것으로 장려하는데, 이와 동시에, 효과적인 모든 방식이 대일여래의 자비의 현현이라는 것을 토대로 여타의 접근방식은 받아들이지 않는다.

3) 요가 탄트라(Yogatantra, 瑜伽 탄트라)

보통 요가 탄트라로 명명되는 문헌의 숫자는 차리야 탄트라보다는 약간 많다(티베트의 칸주르 경전에서는 약 15가지 문헌). 요가 탄트라에서 핵심 경전은 『일체여래진실섭경一切如來眞實攝經』(Sarvatathāgata tattvasaṃgraha Sūtra)으로도 알려져 있는 『금강정경』(Tattvasaṃgraha)이다. 이 계열에 속하는 다른 경전으로는 『*일체악취청정의궤一切惡趣淸淨儀軌』(Sarvadurgatipariśodhana), 『일체비밀최상명의대교왕의궤一切祕密最上名義大教王儀軌』(Sarvarahasya), 『금강정경金剛頂經』(Vajraśekhara) 등이 있으며, 짧지만 영향력 있는 『나마상기티最勝妙吉祥根本智最上祕密一切名義三摩地分』(Nāmasaṃgīti)가 있다. 이 마지막 경전에서는 모든 현상의 근원에 놓인 불이의 지혜를 나타내는 문수보살의 모습으로 화현한 지혜의 '이름들' 혹은 특징들을 열거하고 있다. 8세기의 요가 탄트라 논사로는 붓다구히야(Buddhaguhya), 만주슈리미트라(Mañjuśrīmitra), 빌라사바즈라(Vilāsavajra)가 있다. 붓다구히야는 『금강정경』에 대한 논서인 『*탄트라의입義入』(Tantrārthāvatāra)을 저술하였으며, 파드마바즈라(Padmavajra)와 만주슈리미트라(Mañjuśrīmitra)는 이 주석에 대한 주석서를, 빌라사바즈라는 『나마상기티』(Nāmasaṃgīti)에 초점을 맞춘 다른 저서들을 각각 저술했다.240)

역사적으로 요가 탄트라는 차리야 탄트라에 바로 뒤이어 나타난 듯하다. 마츠나가(Matsunaga 1977: 177-8)는 가장 초기 형태의 『금강정경』의 성립시기를 8세기 초로 추정하고 있다. 최근에 요리토미(1990)는 『금강정경』이 사실상 7세기 후반에 완성되었으며, 그 최초의 문헌은 『대일경』보다 더 오래되었다고 주장한다. 대일여래의 구심성은 요가 탄트라에서도 지속되며 주요한 5 붓다들을 대칭적으로 배치한 만다라를 사용한다. 각 붓다에게 정해진 이름과 방향은 요가 탄트라의 문헌에 따라 다소 차이가 있다. 시간이 지나면서 『금강정경』에 담긴 금강계 만다라의 배치는 동쪽 약사여래藥師如來(Akṣobhya), 남쪽의 보생여래寶生如來(Ratnasambhava), 서쪽의 아미타여래阿彌陀如來(Amitābha), 북쪽의 불공성취여래不空成就如來(Amoghasiddhi)에 의해 둘러싸인 중심에 대일여래를 가진

---

240) 여타 대부분의 요가 탄트라와 다르게, *Nāmasaṃgīti*는 인도에서 이후의 발전에 의해 대체되지 않았기에, 일면 중요성을 지닌다. 이 문헌은 요가 탄트라뿐만이 아니라 요기니 탄트라군의 일종으로도 해석되었다(Tribe 1997).

형태로 표준화되었다.241)

『대일경』에서 보이는 구원론에 대한 관심은 요가 탄트라에서도 이어진다. 요가 탄트라에서도 그룹을 이루는 신격의 부족部 수 증가가 관찰된다. 몇몇 크리야 탄트라의 경우, 불, 연화, 금강의 세 부족이었던 것이 『진실섭경』(Tattvasaṃgraha)에서는 불佛부, 연화부, 금강부에 보부寶部(ratna)를 추가하여 네 부족으로 확장했다. 『금강정경』(Vajraśekhara)에서는 다섯 번째 부족인 갈마羯磨(karman)부가 나온다. 만달라의 주요 (우주적) 다섯 붓다 각각은 보살과 공양을 올리는 여신들 등으로 이뤄진 그의 권속 혹은 '부족'을 거느리는 것으로 간주된다. 역사적으로, 오부五部 체계는 오불五佛 체계 이후에 발전했으며, 차후에 오불에 배치되었다. 『금강정경』은 또한 어떤 의미에서 오불의 근원으로 여겨지는 본초불 혹은 원리인 바즈라다라(Vajradhara, 持金剛)의 여섯 번째 부족에 대한 언급을 포함한다. 이러한 점에서 바즈라다라는 대일여래가 맡았던 근본적인 역할을 맡고 있다. 이것은 또한 몇몇 문맥에서는 금강보살金剛菩薩(Vajrasattva)의 모습으로도 그려진다. 총 5부 혹은 6부의 수가 확대되면서 나타난 변화는 이들이 깨달음을 얻었거나 거의 얻은 존재들에 둘러싸인 붓다를 지닌다는 점에서, 모두 '불부佛部'로서 간주될 수 있다는 점이다. 이는 예를 들면, 오직 중앙의 붓다만이 깨달은 존재로서 인식되는 『문수사리근본의궤경』의 3부 체계와 대조적이다. 연화부蓮花部와 금강부金剛部의 존재들은 자신들을 불교적 전통과 결속하였지만, 아직 깨닫지 못한 온화하거나 분노한 신격들이었다.

---

241) 5불五佛, 여래의 가문, 대응물과 연관성의 전개에 관한 상세한 연구는 Yoritomi(1990) 참조. 금강계 만달라(Vajradhātu maṇḍala)에 대해서는 Snellgrove(1987: 209-213) 참조. 『대일경』과 『금강정경』의 다른 관점에 대한 상세한 논의는 Tsuda(1978) 참조.

오불五佛과 오부五部 체계의 결합은 붓다와 그 가계 그리고 다섯으로 이루어진 다른 것들 사이의 일체성을 확립하는 것을 촉진시켰다. 비록 전부는 아니지만, 〈표 1〉은 요가 탄트라에 의해 확립된 내용을 보여준다. 온蘊(skandha)과 번뇌(kleśa)의 상관관계는 각각 마하요가 탄트라인 『비밀집회 탄트라』와 요기니 탄트라인 『헤바즈라 탄트라』에 의해 이루어졌다.

〈표 1〉 요가 탄트라의 오불(五佛)과 다른 5가지 개념 사이에 확립된 상응관계

	비로자나불 (Vairocana)	아촉불 (Akṣobhya)	보생불 (Ratnasambhava)	아미타불 (Amitābha)	불공성취불 (Amoghasiddhi)
가문/部 (kula)	여래부	금강부	보寶부	연화부	갈마부
방위	중앙	동	남	서	북
색	백	청	황	적	녹
수인 手印	설법인 說法印	촉지인 觸地印	여원인 與願印	선정인 禪定印	무외인 無畏印
좌座	사자	코끼리	말	공작	가루다
종자진언	옴(oṃ)	훔(hūṃ)	트람(traṃ)	흐리히(hrīḥ)	아하(āḥ)
배우자	금강계자재모 (Vajradhātvīśvarī)	로사나 (Locanā)	마마키 (Māmakī)	백의白衣 (Pāṇḍaravāsinī)	타라 (Tārā)
요소/대	공空	수水	지地	화火	풍風
식 (vijñāna)		장식藏識	염오식	의식	전오식
지혜 (jñāna)	법계체성지 法界體性智	대원경지 大圓鏡智	평등성지 平等性智	묘관찰지 妙觀察智	성소작지 成所作智
온蘊	식	색	수	상	행
번뇌	무명	진에	시기	탐욕	자만

4) 마하요가 탄트라(Mahāyogatantra, 大瑜伽 탄트라)

역사적으로, 8세기 말에 나타난 마하요가(Mahāyoga) 탄트라는 명백히 요가 탄트라와 관련된다. 실제로, 여기에 속한 텍스트들이 처음에는 요

가 탄트라와 구별되는 것으로 여겨지지 않았다는 증거가 있다.[242] 이미 언급했고, 또 그 이름들이 시사하듯이, 마하요가 탄트라는 요가 탄트라의 추가적 구분으로 간주될 수 있다. 마하요가로 분류되는 가장 영향력 있는 문헌은 『비밀집회 탄트라』(Guhyasamājatantra)이다.[243] 이 분류에 속하는 문헌으로는 『바즈라바이라바 탄트라』(Vajrabhairava)[244]와 『마야잘라 탄트라』(Māyājāla)가 있으며, 요리토미(Yoritomi 1990:708-9)는 후자를 『비밀집회 탄트라』의 전형으로 간주한다. 마하요가 탄트라에 상응하는 분류인 티베트 칸주르(Kanjur) 경전의 부계父系 탄트라부에는 37가지 문헌이 포함되어 있다.

마하요가 탄트라는 요가 탄트라의 오불五佛과 오부五部의 체계를 유지하고 있다. 그러나 『비밀집회 탄트라』의 주존主尊은 아촉여래阿閦如來(Akṣobhya)이다. 이것은 대일여래를 강조하는 차리야와 요가 탄트라로부터 마하요가 탄트라로의 일반적인 변화를 반영하고 있다. 아촉여래와 그의 금강부金剛部가 전면에 등장하였으며, 이것은 요기니 탄트라로 대표되는 인도 탄트릭 불교의 마지막 발전시기를 주도한, 반쯤 격렬한 성

---

242) Vilāsavajra는 8세기 말에 쓴 자신의 논서 『나마상기티』에서 탄트라의 범주들을 크리야, 차리야, 요가 탄트라의 세 가지만을 열거하고 있지만, 이들 탄트라 이후 마하요가 탄트라로 분류되는 『비밀집회 탄트라』와 『바즈라바이라바 탄트라』와 같은 수많은 문헌들도 인용한다. 라닥(Ladakh)의 알치(Alchi)에 있는 11~12세기의 벽화들은 요가와 마하요가 만다라를 나란히 묘사하고 있어, 두 부류의 문헌들이 아마도 탄트릭 불교의 발전에서 하나의 국면으로서 공존했었을 것이라는 점을 시사한다(Pal & Fournier 1988; Goepper&Poncar 1996 참조).

243) 비밀집회 탄트라의 성립연대는 일반적으로 8세기 중후반으로 거슬러 올라간다(Matsunaga 1978: xxvii 참조). 예외적으로, Wayman(1973: 12-23, 1995: 141)은 4세기초에 기원하는 것으로 주장한다.

244) 황소의 얼굴을 하고 있는 분노존 바즈라바이라바(Vajrabhairava)는 야마(죽음)와 관련된, 야마의 파괴자인, 황소머리를 한 죽음의 신, 야만타카(Yamāntaka, 大威德明王)의 형태 중 하나이다(Siklós 1996 참조).

품을 갖고 있거나 아주 격렬한 성품을 가지고 있는 존체尊体들의 지위 상승을 가능하게 했다. 더하여 마하요가 탄트라에서 언급되어야 할 특징으로는 성적인 것과 금지되거나 부정한 물질의 의례적 사용이 있다. (평화로우며 많은 팔을 지닌 채) 여성 파트너와 성적 결합을 한 모습으로 묘사되고 있는 오불五佛의 조상彫像을 통해 성적 요소는 직접적이고 명확하게 확인할 수 있다. 또한 의례방식에 따르면, 입문자는 이 범주 탄트라의 준수와 수행에 입문하는 것으로서 의례화된 성적 행위에 참여하도록 요구되었다. 비록 의례화된 성적 행위가 완전히 새로운 것은 아니지만, 요가 탄트라에서는 주변적인 위치에 머물렀던 것이 마하요가 탄트라에서부터 두드러진 모습으로 나타난다. 도상적이든 의례적인 문맥에서든, 성적으로 결합한 남성과 여성의 모습은 만달라의 모든 요소와 마찬가지로, '정화淨化'의 과정으로서 상징적인 가치가 부여된다. 여성은 지혜(prajñā), 남성은 대비大悲의 방편(upāya)과 동일시된다. 그들의 결합은 깨달은 인식의 두 측면인 지혜와 방편의 결합을 나타낸다.

부정不淨하거나 혹은 금지된 물질의 사용은 입문식 이후의 수행에 관한 서술에서 등장하는데, 거기에는 알코올, 고기, 소변이나 대변과 같은 인간의 배출물이 권장된다. 이러한 범계犯戒적 행위의 문제는 차후 논의할 것이다. 현재로서는 그러한 행위의 한 이유로서 불이不二(advaya) 수행, 즉 허용과 금지, 청정과 부정과 같은 이원적 범주들을 초월한 실천적 사고에 기인한다는 점을 언급할 수 있을 것이다. 이러한 사고는 인식의 본질은 어떤 의미에서 비이원론적이라는 점과 이러한 비이원적인 깨달음의 상태는 불이적 수행을 통해서 적절히 도달될 수 있다는 관점에 차례로 뿌리를 두고 있다. 더 나아가, 만약 실재가 궁극적으로 이원적이라면, 모든 것도 궁극적으로는 청정하다고 주장될 수 있다. 다시 말하자면, 청정과 부정도 제한적인 개념적 구상이 된다.245)

마하요가 탄트라의 주석 문헌들 가운데에서 비밀집회 탄트라의 두 주석전통이 포함되는데, 소급적으로 즈냐나파다(Jñānapāda) 학파와 아리야(Ārya) 학파가 발전했다. 이 두 학파의 이름은 창시자의 이름을 딴 것이다. 거의 확실하게 두 전통 중 연대가 이른 즈냐나파다 학파는 대승불교의 교설적인 문맥에서 비밀집회 탄트라를 해설해야 하는 중요성을 강조했다. 전통에 따르자면, 반야경의 유명한 주해자인 하리바드라(Haribhadra, 8세기 후반)에게 수학했던 붓다즈냐나파다(Buddhajñānapāda)의 이름을 딴 즈냐나파다 학파는 약 삼백년 동안 인도에서 추종자를 지니고 있었다. 예를 들면, 유명한 밀교학자인 아바야카라굽타(Abhayākaragupta, 11세기 후반~12세기 초반)도 이 학파에 속한 것으로 전해진다.

아리야 학파는 밀교 명상의 단계에 대해 영향력을 떨친 문헌인, 『오차제』(*Pañcakrama*)를 지은 아리야(Ārya) 나가르주나(Nāgārjuna)의 이름을 땄다. 학자들은 일반적으로 이 나가르주나는 『중론송』을 지은 철학자 나가르주나와 동일인이 아니라는 점에 동의한다. 다른 아리야 학파의 주석자들 또한 중관학파의 유명한 사상가의 이름을 지니고 있었다. 따라서, 비밀집회 탄트라의 주석인 『프라디폿드요타나』(*Pradīpoddyotana*)는 찬드라키르티(Candrakīrti, 月稱)에게, 주요한 독립문헌인 『차리야멜라파카프라디파』(*Caryāmelāpakapradīpa*)는 아리야데바(Āryadeva, 提婆)에게 귀속된다. 웨드마이어(Wedemeyer 2007a)는 중요 중관의 논자의 이름을 이러한 문헌들과 연결하는 것은 문헌에 전통적 권위를 부여하기 위한 의도적인 전략이었다고 주장했다. 그러나 일반적으로, 유가행(Yogācāra) 전통이 심心의

245) 물론 이러한 진술은 탄트라 주석가들이 점점 더 신경을 쓰는 다소 복잡한 철학적인 영역을 포괄한다. 청정과 정화에 대한 이러한 이슈를 어떻게 다루는가에 대한 대략적인 개요에 관해서는 Sferra(1999)를 참조.

분석, 불신佛身 이론, 지혜(jñāna)의 종류에 따른 목록 등의 예와 같이, 탄트라 불교에 수많은 교설적 틀을 제공했다. 그럼에도 불구하고, 아리야 학파는 탄트라 수행의 단계에 대한 설명에서 속제와 진제라는 중관의 이제설二諦說에 중요한 역할을 부여했다.246)

5) 요기니 탄트라

요기니 탄트라로 명명된 문헌들은 일반적으로 9~10세기에 등장했다고 보이며, 인도 탄트릭 불교의 최종적 단계를 나타낸다고 여겨진다. 요기니 탄트라에 상응하는 티베트 칸주르의 모계 탄트라부는 82종의 문헌으로 이뤄지는데, 이는 탄트릭 문헌 중 두 번째로 많은 분량이다. 요기니 탄트라에는 만다라의 주존主尊으로서 다양한 모습을 한 존격들이 등장하는데 그들 중 몇몇은 자신과 연관된 하나 이상의 탄트라를 갖고 있다. 따라서 요기니 탄트라는 수많은 다른 탄트릭 '군群'(cycle, 즉 특정 존격들을 중심으로 한 수많은 탄트라를 포괄하는 군)으로 구성된다고 말할 수 있다. 주요 요기니 군으로는 헤바즈라(오! 바즈라)를 존격으로 하는 그룹이 있는데, 이 전통의 본경인 『헤바즈라 탄트라』(Hevajratantra)는 영어로 최초 번역된 주요 탄트라였다. 또 다른 요기니 탄트라인 『찬다마하로샤나 탄트라』(Caṇḍamahāroṣaṇa Tantra) 또한 본존의 이름을 따른 것으로 만달라에 중앙에 찬다마하로샤나(Caṇḍamahāroṣaṇa)가 배대된다. 찬

---

246) Caryāmelāpakapradīa의 영역에 대해서는 Wedemeyer(2007a)를 참조. 아리야 학파 또한 밀교적 수행도를 점진적인 것으로, 다시 말해 수행자가 최종 목표에 이르기 위해 일련의 수행과 성취를 따라야 한다고 주장했다. 이러한 입장을 옹호하는 강도는 아마도 불성을 성취하는 데에 '돈오'라는 관점에 반대하는 견해가 여전히 9세기와 10세기의 인도 불교에서 핵심적인 지지를 받고 있었다는 점을 보여주는 것이라 할 수 있다. 아리야 학파의 주석 전통의 문헌에 대한 소개는 Wedemeyer(2007a)를 참조. 또한 Guhyasamājatantra에 대해서는 Waymann(1977) 참조.

다마하로샤나의 관련 전통은 현재도 그에게 바쳐진 사당이 네팔에서 남아있다(Gellner 1992: 256 참조). 틀림없이 이러한 요기니군의 가장 초기는 헤바즈라(Hevajra)라는 핵심적 존격을 중심으로 한다. 그 주요한 근본 탄트라가 『차크라삼바라』(Cakrasaṃvara)인데, 이는 『헤루카비다나』(Herukābhidhāna)라고도 알려진다. 시간이 지나면서 『아비다놋타라』(Abhidhānottara), 『삼바로다야』(Saṃvarodaya), 『요기니삼차라』(Yoginīsamcāra), 『바즈라다카』(Vajraḍāka), 『다카르나바』(Ḍākārṇava) 등과 같은 많은 문헌들이 해설적 탄트라로서 『차크라삼바라』와 연관되게 되었다. 『차크라삼바라 탄트라』 자체는 약 700송으로 이뤄진 비교적 짧은 생략적 문헌이며, 불교 용어나 주제에 대한 직접적인 언급보다는 강한 샤이바(Śaiva)의 영향을 보여준다. 그럼에도 불구하고, 이 탄트라는 주요 탄트릭 불교 전통 중 하나로 자리매김했으며, 방대한 양의 주석과 수행 관련 문헌을 생산했다.[247]

요기니 탄트라도 계속해서 아촉여래阿閦如來의 금강부金剛部를 가장 중요하게 강조하며, 위에서 언급한 모든 존체尊体들은 외관상 아주 흉포한 모습이거나 다소 그러한 모습을 하고 있다. 성적이고 범계적 요소의 사용도 계속 이어진다. 요기니 탄트라에 특징적인 것은 상징, 존체尊體, 화

---

247) Cakrasaṃvara는 Laghusaṃvara(약본 Saṃvara)라고도 알려지는데, 이는 이 문헌의 기원인 광본이 축약된 것으로 보기 때문이다(영역 'Saṃvara Light'(=약본 Saṃvara)이라는 정확하며 독창적인 번역은 David Gray 2007a에 기인한다.). 이러한 명칭과 헤루카의 기원 신화에 대한 논의는 Gray(op.cit.: 35-54)를 참조. Cakrasaṃvara 문헌과 전통에 대한 좋은 개요로는 Gray(2007c)를 참조. Cakrasaṃvara 자료를 출발점으로 하여 Gray는 더 광범위한 중요 주제와 이슈를 탐구하는 중요 연구결과들을 발표했다. 여기에는 비불교적 자료를 자신의 것으로 만든 탄트릭 불교의 전략 관련(2005a), 텍스트성과 경전적 권위에 대한 관점의 변화(2005b), 동일성에 대한 개념과 구성(2006), 밀교에서 특히 요기니와 다키니와 같은 여성 신격의 역할(2007b), 도덕률 초월적 소재들을 승원 문맥에서 동화시키기 위한 주석의 사용(2009a)이 포함된다.

장터와 관련된 수행을 통합한 것이다. 이들은 비록 지배적인 것은 아니라 할지라도, 탄트릭 샤이바(절대적 신격으로서의 힌두신 쉬바에 초점을 맞춘 전통들)의 영향을 강하게 받은 전통이다. 이러한 상황이 요기니 탄트라의 주존主尊들의 외관을 결정한다. 『비밀집회 탄트라』와 같은 마하요가의 주존들은, 비록 많은 머리와 많은 손을 지니고는 있지만, 비非탄트라적 대승불교의 붓다와 보살들의 전형적인 모습인 귀족적 장신구와 옷차림을 하고 있으며, 일반적으로 온화한 외형을 하고 있다. 다른 한편으로, 많은 사지를 가진 요기니 탄트라의 주존들은 인간의 뼈로 만든 장신구를 하고, 인간과 짐승의 가죽을 벗겨 옷으로 삼으며, 해골이나 잘려진 (새로 자른 혹은 오래된) 머리로 화환을 만들어 걸고, 인간의 해골로 만든 잔으로 피를 마신다. 그들은 일반적으로 흔히 춤추는 자세로 서서 유사한 외관을 가진 여성 파트너와 성적인 결합을 한 상태로서 묘사된다. 일그러진 표정, 툭 튀어나온 채 피를 뚝뚝 떨어뜨리는 송곳니, 불타는 듯한 머리칼과 눈썹, 그리고 이마 중앙의 제3의 눈은 그들의 흉포하고 분노한 성격을 나타내고 있다.

비록 흉포하고 분노에 찬 신격의 모습은 크리야 탄트라와 차리야, 요가, 그리고 마하요가 탄트라와 관련 수행에서 나타나지만, 그들은 일반적으로 보호와 조복과 같은 부차적인 기능을 담당했다. 예를 들면, 『금강정경』(Tattvasaṃgra)에서 쉬바신을 조복하는 바즈라파니(Vajrapāṇi) 보살을 들 수 있다. 요가와 마하요가 탄트라의 분노존들은 완전히 깨달은 존재, 즉 붓다와 붓다의 화현일수도 있지만, 그들의 만다라는 도상학적으로 평화로운 모습의 주요 만달라에 부수적인 것이다. 하지만, 요기니 탄트라에서는 가장 중심에 위치한 완전히 깨달은 존격은 태도와 행실이 사나운 모습을 하고 있다. 이러한 흉포한 모습은 어떻게 이해되었는가? 무엇보다도 붓다의 자비심의 현현으로서, 그러므로 핵심적으로 분노의 단순한 현현으로서 받아들여졌다. 이러한 종류의 분노는 외적은 물론 내적으로 (길을 닦는 과정에서 방해를 일으키는) 장애를 제거하는 데에 특히 효과적인 것으로서 간주되었다. 이러한 관점에서 『나마상기티』(Nāmasaṃgīti) 제30송은 '큰 미움이라는 큰 축제는 모든 번뇌의 큰 적이다'라고 말한다.[248)]

요기니 탄트라라고 이름 붙여진 것은 경전에서 여존女尊에게 부여된 중요성과 특유한 역할로부터 파생한다. 홀로 있든 혹은 성적 결합의 상태에 있든 만다라의 중심에 위치한 주존들은 일반적으로 주존의 외형을 그대로 반영한 모습을 하고 있는 요기니(yoginī) 혹은 다키니(ḍākinī)라 불리는 춤을 추는 형태의 여존女尊들에 의해 둘러싸여 있다. 따라서 헤바즈라와 그 배우자인 나이라트미야(Nairātmyā, 非我)는 일반적으로 8명의 요기니에 의해 둘러싸여 있다.[249)] 또한 요기니 탄트라의 만다라는 주존으로 여존을 모실 수 있다. 예를 들면, 차크라삼바라의 배우자인 바즈라바라히(Vajravārāhī)는 그 자체로 만다라의 중앙에 남성 배우자 없이 등장하는 존격 그 자체로 중요하다.[250)] 흔히 타라(Tārā)의 한 형태로

---

248) 내적인 번뇌(kleśa)의 '맹렬한' 혹은 '난폭한' 제거는 또한 정화의 측면에서 간주되게 되었다. 정화에 대한 탄트라적 아이디어에 관해서는 Sferra(1999)를 참조. 더하여 문헌적이고 도상적 데이터를 통한 분노존의 모습에 대한 중요 연구로는 Linrothe(1999)를 참조.

249) 요기니와 다키니는 육식을 하는 사악한 존재(예를 들면, 『능가경』(Laṅkāvatāra sūtra))로 시작해서, 요기니 탄트라에서 깨달은 여성 존격으로 변화한다. 이러한 변화에 대해서는 Gray (2007b) 참조. 남아시아, 특히 힌두 탄트릭 전통에서 요기니에 관한 장대한 연구로는 White (2003)을, 중기 인도의 요기니 사원에 대한 귀중한 사료에 관해서는 Dehejia(1986)을 참조.

250) 바즈라바라히의 중요성은 『바즈라바라히 사다나상그라하』(Vajravārāhī sādhanasaṃgraha)라는 제목의 문헌에서 이 여존에게 바쳐진 46가지 사다나(sādhana)에 대한 언급에서도 예증된다. 바즈라바라히(Vajravārāhī)의 연구과 이 사다나 컬렉션에 대한 개요, 그리고 그중 몇 가지 사다나에 대한 편집과 영역에 관해서는 English(2002)를 참조.

간주되는 바즈라요기니(Vajrayoginī), 바즈라다키니(Vajraḍākinī), 쿠루쿨라(Kurukullā)도 이와 같은 역할을 하는 많은 기타 여존에 속한다.

나아가 언급할 필요가 있는 두 개의 요기니 탄트라가 있다. 하나는 『칼라차크라 탄트라』(Kālacakra Tantra)이고, 다른 하나는 종종 혼동되게 축약해서 『삼바라 탄트라』(Samvara Tantra)[251]라고도 불리는 『사르바붓다사마요가다키니잘라삼바라 탄트라』(Sarvabuddhasamāyogaḍākinījālasaṃvara Tantra)이다. 무슬림의 침입에 대한 내용이 나오는 것으로 미뤄보아 『칼라차크라 탄트라』는 일반적으로 11세기 초에 성립된 것으로 보이는 인도 탄트릭 불교 마지막 시기의 주요 경전이다. 이 탄트라는 오늘날 달라이 라마의 수행 덕분에 서양인에게도 어느 정도 알려져 있다.

여기에는 샴발라(Shambhala) 국토(James Hilton의 1936년 소설 『잃어버린 지평』(Lost Horizon)의 샹그릴라의 원형)에 숨겨진 불교의 세계 구원 신화와 내세의 세계 평화와 조화에 대한 예언이 포함되어 있다. 『칼라차크라 탄트라』는 아주 정교한 만다라를 갖추고 있을 뿐만 아니라 꽤 정교한 고전 산스크리트 게송偈頌 형태로 지어졌다는 점에서 다른 요기니 문헌과 다르다. 비불교 전통의 사상과 용어를 차용한다는 점에서 종교적으로 혼성된 텍스트이다. 월리스(Wallace 2001:31-42)는 이것이 사실상 비불교도의 개종을 위한 전략이라고 말한다.[252]

251) 예를 들면, 『삼바라』(Saṃvara)는 후기의 『차크라삼바라』(Cakrasaṃvara)와 혼동되었다.

252) 1990년대에 칼라차크라 탄트라에 관한 연구가 많이 생겨났는데, 그와 관련된 참조문헌으로는 Bahulkar(1985), Brauen(1998), Cicuzza & Sferra(1997), Newman(1995), Simon(1985), Wallace(1995)가 있다. Wallace(2001)는 지난 십 년간 계속해온 칼라차크라 교설에 대한 주요 연구를 담고 있고, 이 탄트라의 주석인 『비말라프라바』(Vimalaprabhā)의 두 개 장의 번역(2004)과 함께 다른 장의 번역 또한 출판예정이다. 이 주석은 『파라마디』(Paramādi)라고 알려진 칼라차크라의 광본인 본래 버전에서 한 장을 취해 주석된 것이라고 전통적으로 알려지는데, 이 주석

이와 대조적으로 『삼바라 탄트라』는 가장 초기 요기니 문헌 중 하나라고 볼 수 있으며, 『헤바즈라 탄트라』의 전형적인 문헌이기도 하다(Yoritomi 1990: 710). 그 제목의 뒷부분인 '다키니잘라삼바라'(ḍākinījālasaṃvara, 일단의 다키니의 모임)는 요기니 탄트라를 나타내는 중요한 표현이다. 그것은 가나차크라(gaṇacakra)라 불리는 축제의례를 위해 온 수행자들의 모임을 의미하며, 또한 만다라 또는 수행자들의 모임이 반영하고 재창조하는 붓다들과 그 화현의 모임을 의미한다.253) 이 『삼바라 탄트라』의 완전한 제목인 '모든 붓다들과 하나가 된 일군의 다키니들의 모임'은 이들 두 그룹의 모임의 (의례적) 동일성을 지시한다. 다키니의 모임과 동일시되는, 모든 붓다들과의 결합된 모임은 하나의 붓다와 동일하거나 하나의 붓다로부터 나온 것으로 간주될 수 있다. 이것이 『헤바즈라』의 완전한 제목인 『슈리헤바즈라다키니잘라삼바라』(Śrihevajraḍākinījālasaṃvara)에 표현된 사고이다. 또한 이 제목들을 이해하는 데 있어 함축적인 것은 삼바라(saṃvara, 모임)와 샴바라(śaṃvara, 勝樂)의 의미상의 역할이다. 인도의 서체에서 이 둘의 단어가 항상 구별되어 쓰이지는 않았다. 다키니 혹은 수행자의 모임은 또한 승낙勝樂을 일으키는 것이기도 했으며, 이는 궁극적인 목적인 깨달은 인식, 지혜의 경험을 특징짓는 것으로서 대락大樂(mahāsukha)과 동질화될 수 있다.

이들 경전에서 발견되는 이러한 불이적이며 깨달음의 승낙적 지혜를

에 대한 근래 저작인 『세콧데샤티카』(Sekoddeśaṭīkā)도 참고 가능. 또한 Newman(2000), Gray(2009a), Arnold(2009)도 참조하라.

253) 모임은 남녀 수행자들을 수용하기 때문에, 다키니(ḍākinī)라는 술어는 다키니와 그들의 남성 파트너 다카(ḍāka)를 포함하는 것으로 이해되어야만 한다. 또 다른 단계에서 '모임'은 수행자의 몸 안에서 생기는 것으로 취급되는데, 이 경우에 다키니는 미묘한 신체에너지의 흐름(nāḍī)과 동일시된다.

묘사하는 또 다른 용어는 다소 불명확하긴 하지만, 마하무드라(mahāmudrā)라는 술어이다. 이 용어는 복잡한 역사를 지니며, 그 의미와 용어 사용의 범위가 넓다. (그렇기 때문에 혼동의 가능성이 있다.) 그러나 이 용어의 모든 용례는 궁극적으로 인印 혹은 봉인을 의미하는 단어 '무드라'(mudrā)의 기본적 의미에서 파생된다. 그러므로 예를 들면 빌라사바즈라(Vilāsavajra)의 『나마상기티』(Nāmasaṃgīti)에 대한 주석에서 보리심(bodhicitta)이 지혜의 모든 형태를 표시하기 때문에(혹은 지혜의 위대한 표시이기 때문에), 마하무드라를 보리심(깨달은 마음)과 동일시한다(Tribe 1994: 97). 마하무드라는 핵심적 증표, 혹은 마음의 특성, 혹은 실재로 간주되는 것을 상징한다. 따라서 요기니 탄트라 문헌에서 이것은 현상의 궁극적인 증표로서 공성(śūnyatā)은 물론 그러한 공성을 깨달은 마음을 나타내는 대략을 가리킨다. 마하무드라의 다른 두 가지 의미에도 주목할 필요가 있다. 더 나아가 관상과 성적인 요가를 통합하는 것을 포함해 공성의 (승낙적) 깨달음으로 이끄는 수행을 말한다. 동시에 다른 문맥에서 이 용어는 마음이 자연스럽게 스스로 빛나며, 지복으로 가득하고, 공하며 불이적인 것으로서 현현하게 되는, 관상과 성적 요가를 초월한 개념화를 떠난 수습의 형태를 의미하게 된다.254)

아마도 10세기 말에 등장했을 것으로 보이는 용어인 성취자成就者

---

254) 마하무드라에 대한 탁월한 개요는 Jackson(2005)을 참조. 요가 탄트라에서 마하무드라는 요가 수행의 특정한 단계의 '인장'인 네 가지 무드라 중 하나이다. 도장을 찍는다는 무드라의 의미는 또한 봉인으로 간주되는 의례적인 손동작을 지칭하거나 또는 의례의 결과를 확증하는 것을 표시하게 된다. 더하여, 이 용어는 반야(prajñā)라고도 하는 지혜의 상징인 수행자의 여성 파트너를 의미하기도 한다. 그러므로 마하무드라의 경험은 반야와 (궁극적으로) 동일시되는 경험, 수행자의 파트너인 무드라(mudrā)에 의해서 야기되는 각성된 지복의 경험으로서 이해될 수 있다.

(Siddha) 혹은 대성취자(Mahāsiddha)는 요기니 탄트라 전통의 수행자를 지칭하는 데 사용되게 되었다. 전설적이면서 많은 경우 관습에 얽매이지 않은 그들의 삶에 대한 기록은 아바야닷타(Abhayadatta)의 『차투라쉬티싯다프라브릿티』(Caturaśītisiddhapravṛtti)에서 발견된다. 성취자들은 종종 불교도이든 아니든 그들 주변의 세계에 대해 비판적이었다. 재치있으면서도 냉소적인 그들의 비판은 (그들의 저작이 요기니 탄트라의 언어와 이상으로 가득함에도 불구하고) 승원의 생활과 제도를 포함해, 의례에 대한 지나친 집착, 심지어 요가 수행 자체에 맞춰져 있다. 성취자가 사용하는 중요한 용어이자, 원리는 문자적으로 '함께/동시에(saha-) 태어난(-ja)', '선천적', '내재적', '자연적인'을 의미하는 사하자(sahaja, 俱生)이다. 이 표현은 탄트릭 불교 안에서 복잡한 발전사를 지니는데, 성취자들은 이를 내재적이며 자연적인, 그러므로 깨달은 상태의 자연스러운 마음의 상태를 지시하는 데 사용하였다. 관습적 사회의 입장에서 보면, 그들은 마치 미치광이처럼 보인다. 하지만 그들의 입장에서 보자면, 그들은 지복의 불이원적 인식의 본연성을 만끽하는 것이다.255)

---

255) 인도-티베트 전통에서 성취자와 그들의 도상에 대한 연구는 Linrothe(2006)를 참조. 인도에서 사하자(구생) 개념에 대한 연구는 Kvaerne(1975)와 Davidson(2002b)를 참조. Davidson은 탄트릭 불교에서 구생의 개념이 어떻게 변화하고 진화했는지를 검토한다. 이 용어는 헤바즈라 탄트라와 관련 주석서에서 통용되는데, 이때는 특히 요기니 탄트라 수행 과정에서 생기는 성적인 지복, 그 기쁨과 연관된다. 사하자난다(sahajānanda, 俱生歡喜)는 그러한 지복의 (종종 가장 최상의 지복) 단계를 지시하는 데 사용된다. 다른 문맥에서 사하자는 궁극적 실재를 지시하는 데, 다시 말하자면, 모든 단계를 초월해 있는 것이다. 여기서, 이는 불성의 정서적이며 인지적인 차원인 환희와 반야가 동시적으로 발생하는, 그 합일을 지시하는 것으로 간주될 수 있다. (비밀집회와 차크라삼바라에서 사하자가 중요하게 취급되지는 않는다는 점에서) 비교적 뒤늦게 사용된 것에도 불구하고, 이 용어는 매우 넓은 범위에서 다양하게, 때에 따라서는 매우 혼용되어 사용되게 되었다.

성취자(siddha)가 저술한 수많은 문헌들이 현재까지 전해진다. 예를 들면, 캉하(Kāṅha)의 (『헤바즈라 탄트라』의 주석인) 『요가라트나말라』(Yoga-ratnamālā)와 (칼라차크라 탄트라 계열 문헌의 주석인) 나로파(Nāropa)의 『세쿳데샤티카』(Sekoddeśaṭīkā)와 같이 탄트라의 주석들이 여기에 포함된다. 그리고 여기에는 종종 도하(dohā)라고 불리는, 짧지만 위트가 넘치는 의미상 복잡한 게송들도 포함된다. 이것들은 사라하(Saraha), 캉하, 틸로파(Tilopa)에 의해서 도하코샤(Dohākoṣa)라는 문집으로 엮여졌다. 또한 여기에는 다양한 이에 귀속되는 『차리야기티』(Caryāgīti, 행적의 노래)와 의례의 문맥에서 사용된 『바즈라기티』(Vajragīti)가 들어간다.[256] 이 게송들 중 많은 노래들은 즉각적이며 특히 마음을 끄는 개인적 특성을 지니고 있다.

> 만트라는 아무것도 하지 않으며, 탄트라도 그러하다네.
> 당신의 심연의 애인을 껴안고, 놀이에 빠져보시지요.
> 그 애인이 그녀의 집 깊숙이 내려갈 때까지.
> 어찌 오감을 즐겁게 해보지 않을 수 있겠소?
>
> (Kāṅha, 번역 Jackson 2004: 12)

전체적으로 요기니 탄트라를 주석한 문헌이나 기타 이차 저작물이 여기에 많이 포함되는데, 이들 중 상당수는 티베트역만으로 전해진다.

---

256) 사라하, 캉하, 틸로파의 도하코샤의 번역에 관하여, 이 게송들과 저자를 둘러싼 문제와 주제를 뛰어나게 문맥적으로 소개하는 연구로는 Jackson(2004)을 참조. 도하와 차리야기티, 바즈라기티를 예증적으로 비교하는 번역은 Templeman(1994)을 참조. 티베트역 된 싯다 문헌에 대해서는 Kapstein(2006)을 참조.

주요 저자들로는 비범한 능력으로 다작을 남겼으며, 만달라(maṇḍala)와 만달라 의례에 대한 매우 귀중한 내용을 요약을 포함하고 있는 『니슈판나요가발리』(Niṣpannayogāvalī)와 『바즈라발리』(Vajrāvalī)를 저술한 아바야카라굽타(Abhayākaragupta)[257], 『아드바야바즈라상그라하』(Advayavajrasaṃgraha)를 지은 아드바야바즈라(Advayavajra), 그리고 샨티파(Śāntipa)라고도 알려진 유가행 논사인 라트라카라샨티(Ratnākaraśānti)가 있다. 광본 칼라차크라에 대한 주석인 『비말라프라바』(Vimalaprabhā)는 빠르게 영향력을 발휘하였고, 티베트에서는 정적전 지위를 얻게 되었다.

3. 바즈라야나(Vajrayāna) – 얼마나 독특한 방식인가?

요가 탄트라 시대부터 탄트릭 불교는 스스로를 바즈라야나(Vajrayāna), 즉 금강승金剛乘으로 생각하였음을 살펴봤다. 산스크리트어 '바즈라'(vajra)는 베다의 신 인드라의 무기인 '번개'와 '다이아몬드'라는 두 가지 의미를 지닌다. 이 두 의미는 모두 탄트릭 불교 내에서 중요성이 부각된다는 맥락에서 중요하다. 번개의 힘은 세간적이며 초세간적인 목적 모두의 성취를 위한 탄트라적 방식의 힘을 상징하는 것으로 간주된다. 팔리어 경전에서 바즈라는 석가모니를 보호하는 야차인 바즈라파니(Vajrapāṇi, '번개를 손에 든 자'를 의미)의 무기로 등장한다. 대보살로의 지위변화를 겪은 후 바즈라파니는 붓다와의 주요 대화자로서 바즈라야나 문헌에서 중요한 존재가 되었다. 바즈라의 '금강金剛'이라는 의미도 또한 중요한 내용을 담고 있다. 다이아몬드(금강)는 보석 가운데 가장 단단하고, 귀

---

257) Abhayākaragupta에 관한 내용은 Gudrun Bühnemann의 *Niṣpannayogāvalī*의 모사본에 대한 서문 참조

중하고, 아름다우며, 투명한 것이다. 요가 탄트라의 상징적 언어에서 볼 때 사물의 궁극적 본질은 다이아몬드같이 청정하고 광휘를 발하지만 또한 강하고 분할할 수 없는 것이다. 석가모니의 깨달음에 관한 이야기를 재해석한 『금강정경』은 붓다의 마음(심장)에 똑바로 서 있는 금강을 관상하게 한다. 관상하게 되는 금강은 석가모니의 마음속에 있는 보리심에 불멸의 힘을 부여하여 확고하게 하는 것으로서 묘사되며, 또한 내면의 본성을 상징한다. 그 결과로서 불성을 획득했을 때, 석가모니는 금강계金剛界(Vajradhātu)라는 명칭을 얻게 된다.

크리야 탄트라에서 '바즈라'라는 말이 붙은 신격은 분노존을 지칭한다. 더하여, 그러한 신격들은 깨달은 존재로 간주되지 않는다. 요가 탄트라의 시대에 이르러서야, 바즈라라는 말은 그 신격의 깨달음이나 혹은 금강과 같은 성격을 지시하게 되는 경향이 생겼다. 그들의 외형은 분노존의 모습일 수도 아닐 수도 있다. 이러한 면에서 금강이라는 명칭이 다양한 의미로 확산되었음을 확인할 수 있다. 예를 들면, 『금강정경』의 만다라들에서 금강화金剛花(Vajrapuṣpā)와 금강무金剛舞(Vajranṛtyā)는 공물을 바치는 여존女尊과, 바즈라라트나(Vajraratna), 바즈라라자(Vajrarāja), 바즈라라가(Vajrarāga)와 같은 보살들, 그리고 바즈라파샤(Vajrapāśa), 바즈랑꾸샤(Vajrāṅkuśa)라 불리는 문지기가 등장한다. 언급해야 할 다른 두 가지 이름은 바즈라다라(Vajradhara, 바즈라를 지닌 자)와 바즈라삿트바(Vajrasattva, 바즈라와 같은 존재)이다. 이 둘은 모두 바즈라야나 문헌의 범주에서 여래로서 중심적이고 복합적인 역할을 담당한다. 약사였던 바즈라파니의 지위가 격상된 궤적을 추적한 스넬그로브(Snellgrove 1987:134ff)는 바즈라다라와 바즈라파니가 본질적으로는 동일한 존재라고 제안한다.

실재의 본질을 상징하는 것으로 바즈라, 금강金剛을 채택하면서 금강승金剛乘은 불교의 금강승화라고 부를 만한 작업에 착수했다. 따라서 『금강정경』에서 석가모니에게 부여된 금강계(Vajradhatu)라는 이름은, 깨닫고 각성된 마음에 의해 여실지견如實知見되는 총체성, 즉 법계法界(Dharma-dhātu)라는 대승불교의 개념을 금강승화한 것이다. 금강승화된 『금강정경』의 보리심은 (비록 과도기적이기는 하지만) 요가와 마하요가 탄트라의 주존인 금강보리심 여래(Tathāgata bodhicittavajra)로서 구체화된다. 탄트릭 불교의 핵심적 상징으로서 금강의 역할은 인도 탄트릭 불교사에 지속적인 흔적을 남겼으며, 금강이라는 명칭들은 마하요가와 요기니 탄트라 존격 모두의 특징이 되었다. 예를 들면, 마하요가인 『비밀집회 탄트라』계의 주존主尊인, 아촉불과 문수사리를 각각의 기반으로 한 아촉금강阿閦金剛(Akṣobhyavajra)과 문수금강文殊金剛(Mañjuvajra)이고, 『헤바즈라 탄트라』의 헤바즈라와 바즈라요기니(Vajrayoginī), 바즈라바라히(Vajravā-rāhī)는 모두 요기니 탄트라의 주존主尊들이다.

금강은 또한 금강승에게 주요한 의례적 대상이 되었다. 일반적으로, 금속으로 만들어지는 금강은 두 뾰족한 끝은 서로 180도로 뻗어있는 중심부로 구성되어 있다. 이 끝은 경우에 따라 두 개 또는 여덟 개인 경우도 있지만 보통 네 개의 갈래에 둘러싸여 있는데, 갈래들은 중심부에서 나와서 둥글게 휘어져 다시 중심 끝을 향해 모인다. 보통 오른손에 쥐어져 있는 금강은 일반적으로 불이적이고 파괴할 수 없는 깨달은 인식의 특성을 나타낸다. 특히 갈래의 양 끝이 중심부에서 만나는 것은 지혜般若(prajñā)와 대비大悲(karuṇā)의 합일을 나타내는 것으로 간주된다. 보통 왼손에 종鐘과 함께 쥐어져 있는 후자의 경우, 금강은 대비를 상징하고 종은 지혜를 상징한다. 이들은 모두 깨달은 마음의 불이적 합일을 나타낸다. 앞에서 언급하였듯이, 이러한 합일은 또한 여성과 남성 주존主尊들의 성적 결합에 의해 상징될 수 있다. 이러한 성적 결합은 특정한 방식에서 포옹하는 수인(mudrā)으로 알려져 있는, 금강과 종을 손에 쥐고 있는 것으로써 상징화될 수 있다. 이처럼 금강은 성적 결합에서의 남성의 모습과 연관된다. 어떤 맥락에서 좀 더 특정하여 말하자면 바즈라는 남성의 성기를 나타내는데, 이는 아마도 의례의 대상인 남근의 형태에 의해서 도움을 받는 결합의 과정이다. 반면에 종은 여성의 성기를 나타내지 않는다. 종종 연꽃이 이러한 역할을 맡게 되는데, 아마도 해부학적으로 비교가 이러한 선택에 영향을 미쳤을 것이다.

바즈라가 불교에서 상징적 지위와 일치되어 나타난 것은 이 시기부터일 것이다. 탄트릭 불교에서 바즈라가 널리 알려지게 되었고, 지지자들에 의해서 바즈라야나(Vajrayāna, 금강승)라는 용어가 이러한 길을 지칭하는 데 사용되었을 것이다. 이 새로운 명칭은 금강승과 대승 간의 관계가 무엇이었는지에 관한 의문을 갖게 한다. 바즈라야나(Vajrayāna, 금강의 길)는 어떻게 다른 길(-yāna)인 것인가? 이는 대승(Mahāyāna)의 일부로서 특별한 길인가 아니면 대승과는 다른, 대승을 대치하는 길인가?–(물론 '소승'이란 표현은 주류인 인도의 비대승불교에 대한 대승교도들의 폄칭이지만) 소승(Hīnayāna), 대승(Mahāyāna), 금강승(Vajrayāna)이라는 세 가지 승乘에 대한 전통적인 서열은 금강승을 따르는 자들이 스스로 자신들은 대승불교와 구별된다고 생각했음을 나타낸다. 그러나 우리가 앞서 보았듯이, 금강승 이전의 탄트릭 불교인 진언이취眞言理趣(Mantranaya)는 대승불교의 한 부분으로 간주되었다. 대체로 금강승의 주석가들은 이러한 입장을 견지하여 금강승을 대승불교 내의 특별한 길로 분류했다. 그럼에도 적법한 탄트릭 불교의 목표로서 성불을 포함한 것은 금강승을 심지어 일부 필요한 대승불교의 중요한 측면으로 만들어주었다.

진언이취(Mantranaya)가 세간적 목적들을 성취하는 데 있어 특히 효과적인 길이었던 것과 마찬가지로, 금강승은 자신을 깨달음의 목적을 성취하는 데 있어 특히 효과적이라고 생각했다. 특히나 이전보다 훨씬 빠르게 수행자를 깨달음에 이르게 한다고 여겨졌다. 『나마상기티』는 스스로를 '진언으로 보살들이 수행을 빠르게 성취하고, 지혜의 완성을 바라는 이들에게 명상을 통해 깨닫게 한다'고 서술한다(번역 Davidson 1995c: 120). 비탄트릭 대승불교 경전에서 일반적으로 요구되는 시간인 삼아승지겁 대신 금강승을 따름으로써 한 생으로 이 과정을 줄일 수 있는 것이다.

그렇다면 무엇이 금강승을 그렇게 효과적인 것으로 만들었는가? 후대 금강승에서 발전된 한 가지 해답은 그것이 '결과의 길'이기 때문이었다. 이와 대비하여 비금강승은 '원인의 길'로 상징된다. 이러한 견지에서 비금강승은 육바라밀 혹은 십바라밀과 같은 성불로 인도하는 원인들(hetu)의 세심한 성숙을 통해 성불이라는 목적을 추구한다. 즉, 전통적인 보살도를 따름으로써 성불을 실현한다. 반면에, 금강승은 '결과의 길'을 따름으로써 성불이라는 과果(phala)를 이미 성취했다고 가정한다. 그들은 관상수행과 여타의 기법들을 통해 자신들을 완전히 깨달은 상태로서 인식하고, 깨달은 인식의 외적 반영인 청정하고 광휘에 가득 찬 세계(즉 여실한 세계)에 머문다고 인식한다. 즉 금강승을 따르는 자들은 탄트릭 의례와 명상의 과정을 통해 (성불이라는) 이 길의 과보(즉 성불)를 만든다고 말해진다. 이러한 관점에 따르면, 이것이 금강승의 독특한 점이며 금강승을 특히 효과적인 길로 만드는 것이다. 이러한 금강승의 개념은 여전히 대승불교의 일부로 여겨지고 있다는 점을 다시금 강조할 필요가 있다.

그럼에도 불구하고, 금강승의 목적(과 따라서 실천도들)이 대승불교의 그것과 다르다고 말할 수 있는 경우가 있는가? 종교적 목적에 대한 새로운 개념이 금강승에서 발견된다고는 하지만, 종교적 목적이 바뀐 것인지에 대해서 말하기는 어렵다. 낙의 중요성에 대한 금강승의 재평가를 표시한다는 사실과 마찬가지로 종교적 목적을 묘사하는 것으로서 '대락大樂'(mahāsukha)이라는 표현을 사용했음을 지적했다. 또한 비록 지금강持金剛(Vajradhara)이 되는 것이 본질적으로 붓다가 되는 것과 다른 것인지 명확하지 않지만, 지금강성의 획득은 때때로 성불의 획득 대신에 사용된다. 대·소승이 구별될 수 있는 것처럼 대승과 금강승도 구별될 수 있다고 주장하는 스넬그로브(Snellgrove 1987a: 129)는 '금강살타金剛薩埵'(Vajrasattva)를 최고의 상태에 있는 금강승의 개념이라고 본다. 이는 대승불교에서 보살(bodhisattva, 깨달은 존재)과 유사하게 형성된다(*op.cit.*: 131). 그러나 실질적으로 보살이라는 용어가 목적 자체가 아니라, 그 목적을 지향하는 사람을 나타낸다는 점에서 이러한 등식은 문제가 있어 보인다. 엄밀히 말하자면, 정확히는 보살은 아직 목적을 성취하지 못한 상태이다.

다른 각도에서 승乘(yāna)의 문제에 접근한 겔너(Gellner 1992: 261)는－아라한, 보살, 성취자라는－구제론적 이상들이 각각 성문승聲聞乘, 대승불교, 금강승에 각각 대입될 수 있다고 말한다. 성취자(siddha)가 아마도 보살에 상응하는 금강승의 존재일 것이며, (비록 금강승의 초기 동안 하나의 형태로 존재하지 않았지만) 싯다라는 용어는 이 전통들에서 부여하는 또 다른 강조점을 알게 해준다. 그러나 엄격히 말해 이 세 종류의 이상적 존재들이 서로 일치한다고는 볼 수 없다. 성취자와 아라한은 각각의 승(yāna)에서 최고의 목적을 성취하지만, 이에 반해 (몇몇 대승불교 경전에서 십지보살과 붓다를 구별하는 것이 무용한 것이라는 점을 지적하고 있기는 하지만) 대부분의 보살들은 그렇지 못하기 때문이다.[258]

---

258) 탄트릭 불교 관련 논의 속에서 때때로 발견되는 구생승(Sahajayāna)과 시륜승(Kalacakrayāna)이라는 술어들(예: Gomez 1987: 376)은 오해의 소지가 있을 수 있다. 이들 표현은 금강승보다 훨

비록 금강승이 종종 대승불교의 일부로 여겨지지만, 그럼에도 불구하고 금강승은 필요한 부분으로 볼 수 있는데, 이 경우 탄트릭 입문식과 입문식 이후의 수행은 필수적이다. 만일 이러한 견해가 일관되게 유지되려면, 역사적 붓다 또한 예외가 될 수 없다. 붓다 또한 탄트릭 수행에 입문해야만 했을 것이다. 그러나 전통적인 대승불교나 주류 불교에서 설명하는 석가모니의 삶에 대한 기록 중의 어떤 것도 그러한 사건을 언급하지 않았다. 이러한 점이 붓다 전기의 개정을 통해 교정된다. 붓다의 정각에 관한 최초이자 전형적인 탄트라적 기술은 『금강정경』에서 찾아볼 수 있다.259) 여기서, 싯다르타 대신 '일체의성취一切義成就'(Sarvārthasiddhi)라는 다른 명칭으로 알려진, 보리수 아래 보리좌에 앉은 미래불은 그런 방법으로는 깨달음을 얻을 수 없다고 말하는 여래들의 방문을 받는다. 일체의성취불一切義成就佛은 그들에게 가르침을 구하고 그들은 그에게 암송해야 할 수많은 진언眞言을 전한다. 이 진언들이 그의 마음에 일련의 영상을 만드는데, 이는 보리심을 일으켜 확고하게 한다. 이어서, 모든 여래들이 일체의성취불의 마음 속으로 들어가고, 그는 그 여래들이 지닌 지혜를 부여받는다. 이때 그 또한 여래가 되며, 금강계(Vajradhātu)라는 명칭을 얻게 된다. 모든 여래들과 더불어 새롭게 깨달음을 얻은 붓다는 그 다음에 수메루산 정상에 위치한 궁전으로 모셔져 사자좌에 앉는다. 그를 둘러싼 4명의 다른 여래들은 5명의 구원불의 만다라를 형성하기 위해 사정방에 각각 위치한다. 이 경전의 후반에 이

씬 하위의 별도의 승(yāna)을 의미한다. 오히려 이들 표현은 요기니 탄트라로 대표되는 금강승 불교의 단계 내에서 경쟁적 강조(혹은 나아가 경쟁적 구제론)를 나타내는 것으로 간주될 수 있다.

259) 이 중요한 단락의 번역은 Snellgrove(1987a: 240-2) 참조.

르러 붓다는 다시 나이란자나(Nairañjanā, 尼連禪河) 강변의 보리수로 돌아오고 나서, 깨달음에 관한 전통적 이야기가 다시 시작된다.

붓다의 깨달음을 개정한 이러한 이야기는 여러 가지 면에서 주목할 만하다. 탄트릭 수행을 불교 수행도의 중요한 부분으로 정당화할 뿐만 아니라, 탄트릭 입문식과 그 수행의 본보기를 제시한다. 탄트릭 수행자는 이와 같이 붓다의 행위와 경험을 재연하고 있다고 볼 수 있다. 금강이라는 상징의 중심성은 반복적으로 강조된다. 즉, 일체의성취불은 그의 마음에서 금강을 보고, 금강과 같은 자신의 본성을 이해하며, 자신의 마음속에 금강을 불어넣은 모든 여래들에 의해 여래로서 관정을 받고, 금강이라는 명칭을 부여받게 된다.

4. 수행적 요소들

1) 진언

금강金剛(vajra)이 상징적 중심성을 갖는다 해도 실제 금강승 수행의 핵심은 진언眞言(mantra)의 사용에 있다. 이것은 금강승 탄트릭 불교 이전과 비교해도 변함이 없으며, 앞서 보았듯이, 금강승은 스스로를 진언이취眞言理趣(Mantranaya)와 동일시한다. 그렇다면 진언이란 정확히 무엇인가? 앞서 서론에서 그것들은 임시적으로 특별한 힘을 가진 말의 발화로서 묘사되었다. 음절이나 단어로 구성될 수도, 혹은 일련의 음절들이나 일련의 단어들로 구성될 수 있으며, 의미가 통할 수도 있고, 그렇지 않을 수도 있다. 진언에서 중요한 것은 그것을 이루는 것을 소리로 낸다고 하는 것 이상의 어떤 효과(혹은 힘)를 가지고 있다는 점이다. 철학자 오스틴(J. L. Austin)이 '수행적 발화'(performative utterance)라고 부른 것의 한 형태로서 만트라를 이해해 볼 수도 있을 것이다. 이것은 말뿐만이 아니라 행위로도 기능하는, 어떤 작용을 하는 발화이다.[260] 딱 맞는 상황에서 진언의 행위는 보장된다. 『금강정경』에서 정각과 관련하여 일체의성취一切義成就에게 부여된 진언은 '본래 주효한 것'으로서 묘사된다. 따라서 단지 '옴 보디칫탐 웃트파다야미'(Oṃ bodhicittam utpādayāmi, 옴 나는 보리심을 일으킵니다)라는 진언을 읊기만 하면, 그의 마음속에 보리심이 일어나게 된다.

진언을 사용하기 위한 '딱 맞는 상황'－경전 속 이야기의 맥락 밖의－은 의례가 행해지는 상황이며, 진언은 탄트릭 불교 내에서 다양한 의례적 목적에 효력이 미치는 광범위한 기능을 가지고 있다. (세간적) 의례의 종류는 『소실지갈라경蘇悉地羯羅經』(Susiddhikara)에서 언급되는 세 가지 종류에서 식재息災, 증익增益, 조복調伏, 섬멸의 네 종류로 확장된다. 『금강정경』의 이야기는 진언을 사용해 힌두 신들을 조복하는 예를 보여준다.

> 그때 바즈라파니(Vajrapāṇi)는 자신의 금강-종자진언을 외웠다. 훔(HŪṂ)! 이를 말하자마자 곧바로, 삼계에 속한 모든 위대한 신들이 고개를 떨구었고, 비통한 울음소리를 내며 보호를 요청하러 바즈라파니에게로 왔다. (Snellgrove 1987a: 137)

탄트릭 불교에서 진언을 사용하는 가장 중요한 경우는 의례에서 주존主尊을 불러내어 주존과 그들이 머무는 우주를 관상觀想하는 데에 있

260) 불교에서 말은 항상 일종의 행위이다. 따라서 진언은 구업의 특정한 형태로서 이해되어야만 한다.

다. 적절하게는 '종자진언種子眞言'이라 불리는 진언은 만다라와 그 주존들을 만들어낸다. 인도 종교에서는 이미지相보다는 소리가 우선시됨에 따라서 진언을 읊는 것은 거의 예외 없이 시각적인 형태에 선행한다. 따라서 진언 브룸(bhrūṃ)은 만다라를 위한 금강으로 만들어진 단을 창조하며, 따라(Tārā)와 문수文殊는 그 각각의 종자음인 땀(tāṃ)과 디히(dhīḥ)로부터 변화하여 나타난다.

일단 한 주존主尊이 완전히 관상되면, 흔히 '심주心呪'(heart-mantra)라고 불리는 다양한 진언이 선정禪定을 위해 혹은 주존으로서의 기능을 수행하기 위해 사용된다.

이들 진언들은 일반적으로, 다른 상황에서는 독립적으로 기능할 수 있는 진언 불변화사들과 결합한다. 이를테면, 심주心呪는 흔히 옴(Oṃ)으로 시작하며, 스바하(svāhā), 훔(hūṃ), 팟(phaṭ)으로 끝난다. 타라(Tārā)와 문수의 심주는 각각 "옴 타레 툿타레 투레 스바하"(Oṃ tāre tuttāre ture svāhā)와 "옴 아 라 파 차 나 디히"(Oṃ a ra pa ca na dhīḥ)이다. 전자는 일반적으로 타라의 이름의 이명으로서 이해되며, 후자는 문수의 핵심 다섯 음절로 심원한 음절의 개시로 간주된다.[261] 진언 불변화사는 대상과 신

261) 아마도 많은 사람들에게 (티베트 불교에 대한 서구의 관심과 더불어 티베트에서의 광범위한 인기로 인해) 가장 친숙한 진언은 관세음보살의 육자진언인 '옴 마니 반메 훔'(oṃ maṇipadme hūṃ)일 것이다. 이 진언의 공덕은 제일 먼저(4세기후~5세기 초) 『대승장엄보왕경大乘莊嚴寶王經』(Kāraṇḍavyūha Sūtra)에서 칭송되었다. 이 문헌과 관세음보살진언에 대한 연구로는 Studholme(2002)를 참조. Studholme은 6장에서 (적어도 서구에서 일반적으로 생각하는 것처럼) 이 진언의 원래 의미가 '연꽃 속 보석에 귀의합니다'가 아닐 것이라는 점을 논한다. 관세음보살과 관련한 세계들 가운데 하나인 보석으로 만들어진 연꽃에서 태어나게 되기를 바란다는 의미로, 즉, '보석-연꽃에서 [태어나기를 기원합니다]'라는 염원의 형태를 지닌 것이라고 제안한다. 이 논의는 여기서 쉽게 요약하기에는 더 복잡하지만, 이러한 이해는 maṇipadme의 문법적 이해 측면에서도 장점이 있다. (문법적으로 단수 처격으로서, 적어도 '연

격에 권능을 부여(예를 들면, 신, 구, 의에는 각각 옴(Oṃ), 아하(āḥ), 훔(hūṃ)을 사용)하고, 만달라로 신격들을 불러오는 데 쓰인다. 이와 같은 방식으로, 음절 '자하'(jaḥ)는 신격을 소집하고, '훔'(hūṃ)은 그들을 불러들이며, 밤(vaṃ)은 그들을 움직이지 않게 하며, 호흐(hoḥ)는 신격이 만다라를 채우도록 한다. 팟(phaṭ)은 장애나 적을 대할 때 무기-진언으로 사용하기 위해 첨가될 수 있다. 더하여, 예를 들어 신격에 바치기 위해 보헌물을 관상하는 경우와 같이, 진언들은 많은 경우 의례화된 특정 손동작인 수인手印(mudrā)을 동반한다. (몇몇 이러한 인계에 대한 도표에 관해서는 바이어(Beyer 1973: 147 ff.) 참조.)

역사적으로 진언의 사용은 탄트릭 형태의 종교에만 국한되지 않으며 탄트릭 진언 발전보다 선행한다. 진언의 기원은 적어도 베다시대까지 소급될 수 있으며, 이것은 베다의 바라문 의례 내에서 다양한 신들을 제사에 불러내기 위해 사용되었다. 그러나 탄트릭 불교에서 진언의 존재가 단지 힌두교로부터의 차용을 의미한다고 생각한다면 그것은 오류이다. 비탄트릭과 탄트릭 불교 전통 사이에는 중요한 연속성이 존재한다. 팔리와 테라바다 불교에서 파릿타(paritta) 게송들은 만트라와 유사한 기능을 가지며, 호주護呪와 신주神呪 혹은 길상어로서 사용되었다.[262] 비탄트라

꽃 속의 보석'은 지지되지 않는다.)

262) 광범위한 인도의 역사적 배경에서의 진언에 관한 논의에 대해서는 Wayman(1975)과 Alper(1989) 참조. '탄트릭' 불교의 초기 특징과 테라바다 불교에 대해서는 Skilling(1992)과 Jackson(1994) 참조. Mañjuśrīmūlakalpa에서 만트라에 대한 논의는 Wallis(2002)를 참조. Wallis는 '진언이란 붓다나 보살과 같은 깨달은 존재의 힘에 의해서 점유된 언어적 공간을 나타낸다'고 논의한다(op.cit.: 30). 다시 말해, 진언은 깨달은 존재의 화현 혹은 현현이라는 것이다. 불교에서 진언의 사용과 관련해서 몇몇 철학적 쟁점들이 존재한다. 특히 효과를 보장한다는 의미에서 어떻게 작용하는지를 알기란 어렵다. 대승불교는 일반적으로 언어를 현상(세계)과 우연적 관계를 가진 것으로 보지만, 이에 반해 진언의 사용은 (인도의 비불교도들에게 일반적

적 대승불교적 맥락에서는, 경전에서의 다라니 사용이 특별히 언급되고 있다. 또한 『반주삼매경般舟三昧經』(Pratyutpanna)과 『반야칠백송般若七百頌』(Saptaśatikā Prajñāpāramitā)과 같은 경전의 '불수념佛隨念'(buddhānusmṛti) 수행은 붓다의 관상을 위해서 붓다의 명호를 한결같은 마음으로 진언처럼 염송하는 것을 권장한다.

2) 관상과 주존과의 일체화

관상觀想은 탄트릭 수행에서 중심적 역할을 한다. 그 목적이 깨달음이든 농작물의 보호이든 간에, 관련된 의례는 보통 만다라의 신성한 공간 내에 위치한 하나 혹은 일군의 존체尊体들에 대한 관상을 필요로 한다. 이러한 과정의 근저가 되는 개념은 관상은 외형의 세계를 그 실제 본성에 더 가깝게 변형시키고, 그렇게 함으로써 수행자는 변화를 세우는데 더 큰 기회를 얻게 된다는 것이다. 이러한 사고는 어떻게 깨달은 마음이 세계를 인식하는지에 대한 수단으로서 광휘로 가득 찬 투명하고 신비로운 화엄경의 세계를 취한 소작 탄트라 시대부터 현저하게 나타났다.

탄트라가 실질적으로 관상을 사용하는 게 새로운 것은 아니다. 관상은 주류불교와 대승불교의 '불수념佛隨念' 수행에서 중요한 역할을 해 왔다(좀 더 광의적 의미의 맥락에 관해서는 바이어 Beyer 1977 참조). 단연코 새로운 것은 수행자가 자신을 존체尊体로 관상하는 것이다. 교리적으로 이러한 변형은 대승불교 교리인 공성에 의해 뒷받침된다. 이것은 개인이 불변

으로 수용되고 있는 견해처럼) 필요한 연관들의 존재를 단언하는 듯하다. 진언의 본질에 관한 논의는 철학적으로 빠르게 복잡해 질 수 있다. 반야심경의 진언에 대한 연구 관점에서의 몇몇 문제에 대해서는 Lopez(1996:165 ff.) 참조.

의 실체가 아니라, 각 입장의 신념에 따라, (중관中觀의) 자성이든 (유가행瑜伽行의) 주-객의 이원성이든, (여래장如來藏의) 부정不淨한 것이든 그것의 공空한 변화 과정이라는 것이다. 이러한 입장에서, 수행자는 자신을 존체로서 관상할 때, 존체의 외적인 동일성이나 권능을 취하지 않는다. 반대로 깨달은 인식의 눈으로 볼 때 수행자가 존체인 것이다. 더 나아가 만일 만유의 특성이 공성이라면, 탄트라적 관상에 의해 만들어지는 외관상의 유동적인 세계는 일반적인 인식의 선명한 세계보다 더 실재적이다. 바이어(Beyer 1973: 69)는 "우주에서는 모든 사상事象이 존재론적으로 해체되어 공空이 되므로, 의례를 통해 공성空性을 각성한다는 것은 실제로는 세계를 재창조하는 것이다"라고 해설한다. 그러나 형이상학적 맥락이 없다면 그러한 자기인식들과 그것들이 성취되는 의례적 과정들은 남아시아와 남동아시아 전역에서 발견되는 지역적 전통인 빙의와 매우 유사해 보인다(Gombrich 1996: 155). 또한 공사상空思想은 양쪽을 가로지를 수 있다. 주존이 수행자보다 더 실재적이지는 않지만, 또한 덜 실재적인 것도 아니다. 따라서 탄트릭 주존들을 외부적인 실체로서 간주하는 것이 대승적 견해에 모순되지 않는다.

탄트릭 관상觀想의 과정은 눈에 띄게 역동적일 수 있다. 관상적 요소들은 서로서로 변화하거나 진언에서 변화되어 관상된다. 빛은 세계를 이롭게 하고 변화시키기 위해 활동하는 주존主尊으로부터 나와 다시 주존들에게로 되돌아간다. 일반적으로 주존 혹은 주존들의 탄트라적 관상이 지배적인데, 그들의 모습은 아주 자세하게 묘사된다. 『삼바로다야 탄트라』(Samvarodaya Tantra)는 수행자에게 주존 헤루카(Heruka), 즉 삼바라(Samvara)를 다음과 같이 관상하라고 말한다(Tārā에 관한 묘사는 Gomez 1995: 320 참조).

> [수행자]는 태양의 한가운데 위치한 상서로운 헤루카(Heruka)를 관상해야 한다. [헤루카는] 3개의 얼굴과 6개의 팔을 지니며, 활을 당기는 자세(āliḍha)로 서 있는 영웅이다. 그의 가운데 얼굴은 짙은 검은색이고 그의 오른쪽 얼굴은 꾼다꽃(kunda) 같고, 그의 왼쪽 얼굴은 붉고 매우 무서우며, 볏처럼 꼰 머리를 하고 있다. 바이라바(Bhairava) 신과 칼라라트리(Kālarātrī) 여신을 밟고선, 자비의 열망에 크게 기뻐하면서 바즈라바이로차니(Vajravairocanī) 여신을 안은 채 대락大樂(mahāsukha) 속에 머문다.
>
> (『삼바로다야 탄트라』, 번역: Tsuda 1974: 283)

3) 만다라

진언의 사용이 만다라의 관상에 있다는 점은 이미 살펴보았다. 입문 의례의 맥락이든 입문 후 의례 수행의 맥락이든 만다라는 탄트릭 불교에서 매우 중요한 역할을 한다. 만다라(maṇḍala)는 일반적으로 원圓, 원반圓盤, 후륜後輪 등을 뜻하는 산스크리트 단어이다. 초기 인도의 정치이론은 왕이 발취하는 힘과 영향력의 범위(circle)를 지칭할 때 이 용어를 사용했다. 탄트릭 불교를 따르는 이들은 이러한 용례로부터 채택, 변용하여, 이 단어를 (일반적으로 원형인) 상서로운 신성한 장소 혹은 구역을 지칭하는 용어로 사용했다.[263] 왕의 자리인, 불교 만달라의 정중앙에는 존격이 있다. 만다라는 존격의 영역을 나타내는데, 그곳은 종속하는 신격들과 인물들에 의해서 점유되기도 한다. 원圓의 주인(cakreśa)인 중심에 있는 존재는 완전히 깨달았기 때문에, 만다라도 또한 깨달은 인식에

---

263) 탄트릭 불교에서 만다라의 활용에 대한 정치이론의 영향에 대한 보다 확장된 논의에 대해서는 Davidson(2002a: 131-144)를 참조.

의해서 감지되는 세계를 나타낸다. 나아가 이 용어의 또 다른 두 가지 특징에 주목할 필요가 있다. 만다라는 존격들이 머무는 곳인 거주처를 의미할 수도 있고, 그 곳을 점유하고 있는 존격들, 즉 머무는 존재들을 지칭할 수도 있다. 따라서 보다 일반적으로 이 용어는 대체로 '머무는 곳'과 '머무는 자' 두 가지를 모두 포함한다.

만다라에 대해 논서論書들은 신성한 공간으로서 만다라의 개념을 보강하고 정교화한다. 어원에 대한 해석적 전통(nirukti)을 적용한 설명에 따르자면, 만다라라는 산스크리트 어근 'maṇḍ'(장식하다)에서 파생한 단어인 '장식'(maṇḍa)을 '받아'(-la)라는 의미라고 말해진다. 이러한 설명을 이해하기 위해서는 인도의 산스크리트어 (특히 시적) 전통에서는 장식을 임의적인 것으로 보지 않았다는 사실을 이해할 필요가 있다. 그와 반대로 장식은 장식되고 있는 것의 정교화거나 유기적 표현으로 간주된다. 그러므로 이러한 해석에 입각하자면, 만다라는 주존의 본질에 대한 표현이다. 비록 양립할 수 없는 것은 아니지만, 또 다른 설명에 의하면 만다라는 '정수(maṇḍa)를 담고 있는(la-) 것'을 의미하며, maṇḍa는 '본질' 혹은 '가장 뛰어난 부분'을 뜻한다.264) 이렇게 볼 때 만다라는 그것의 본질인 주존을 둘러싼 것을 의미한다고 해석할 수 있다.

어떤 만다라이든 그 특징들은 그 만다라의 주존의 성격에 따라 달라진다. 그 외의 다른 것들은 대부분 불교 만다라에서 공통적이며, 이는

---

264) 이 두 설명에 관해서는 『Nāmamantrārthāvalokinī』(번역: Tribe: 127), Lessing & Wayman (1968: 270) 참조. 사실, '장식'과 '정수'라는 두 가지 의미는 서로 관련 없는 것이 아니라, 아마도 쌀죽의 걸쭉한 부분을 의미하는 maṇḍa의 기본적 의미에서 파생하였을 것이다. 걸쭉한 부분은 그것을 장식하고(그러므로 '장식') 있을 뿐만 아니라 죽, 크림(그러므로 '정수')의 가장 좋은 부분으로 간주된다. 논서들은 흔히 '장엄'(alaṃkāra), 즉 그 근본이 되는 문헌의 의미를 상세히 부연하거나 표현하는 저작들이다.

특히 유가 탄트라 이후 시기의 것들이 그렇다. 이와 같이 거주처로서의 만다라는 각각의 측면의 중앙에 문이 달린 사각형의 마당으로 구성된 궁전사원으로 여겨진다. 중앙의 마당은 때로 그것을 동심원적으로 둘러싸고 있는 하나 혹은 그 이상의 다른 마당들을 가지게 되며, 각각 4개의 문을 갖는다. 예를 들어 『칼라차크라 탄트라』의 만다라는 3개의 주요한 마당(Brauen 1998 참조)을 가지고 있다. 문들은 다소 정교한 아치형 통로를 통과하며 들어가는데, 안마당과 같이 벽들도 아름답게 장식되어 있다. 더하여 주 마당 내에는 둥근 기둥이 받쳐진 공간이 있다. 전체 사원단지는 서로 연결된 금강으로 구성된 바닥 위에 놓여 있으며, 이는 보호원으로 둘러싸여 있다. 그 보호원은 대개 연꽃잎과 금강, 그리고 가장 바깥이 불꽃으로 구성된 세 개의 원형으로 둘러싸여 있다. 일단 그러한 거처가 지어지면, 만다라의 신격들은 주존 혹은 신격과 배우자와 더불어 자리를 차지하며 요기니(yoginīs), 붓다, 보살, 공양하는 여존, 수문장들과 같은 나머지 '권속眷屬'들에 둘러싸여 중앙의 자리에 위치한다.

살펴봤듯이, 만다라는 존체들을 불러내는 의례적 상황에 사용하기 위해 만들어졌다(그리고 여전히 티베트 불교에서 만들어지고 있다). 만다라는 실질적으로 혹은 관상觀想을 통해 정신적으로 만들어질 수 있다. 만다라의 도안은 장식이 없이 간결할 수도 있고, 혹은 수백의 만다라 존체들을 수반한 정교한 형식일 수도 있다. 3차원 만다라가 만들어지기도 했지만 2차원적 표현들이 좀 더 일반적인 형태였다. 좀 더 영구적인 만다라는 천에 그려지거나 혹은 벽화처럼 사원의 벽에 그려지곤 했다. 덜 영구적인 만다라는 물감가루나 모래로 만들어졌으며 특별한 의례를 행하는 기간 동안만 사용되었다. 2차원적 만다라를 해석하기 위해서는 약간의 훈련이 필요한데 평면도나 부분적인 개관에서 동시적으로 보이는 3

차원적 궁전사원(지붕은 빠져 있지만 아치 통로가 있는 문을 가진)을 나타내야 하기 때문이다. 만다라에 대한 묘사는 탄트릭 경전과 논서 자료 모두에서 찾아볼 수 있다. 만다라와 그와 연관된 의례를 연구하기 위한 중요한 자료로는 11세기 말과 12세기 초 사이에 저술된 아바야카라굽타(Abhayākaragupta)의 『니슈판나요가발리』(Niṣpannayogāvalī)와 『바즈라발리』(Vajrāvalī)가 있다. 전자는 모든 영역의 탄트릭 문헌에 의거하여 스물일곱 개의 만다라를 상세하게 설명하고 있다. 후자는 어떤 존체尊体의 만다라로 들어가는 입문식 이전의 의례를 다루고 있다.

아바야카라굽타가 설명한 표준화되고 양식화된 대칭적인 만다라의 진화에는 많은 요소들이 기여한 것으로 보인다. 이러한 발전과정 중 일부는 대승불교에서의 정토 및 우주적 붓다의 개념과 결합된 상징 및 스투파라는 원형의 건축형태－중요한 불교건축물의 형태로 기원은 분묘－와 연관되었을지 모른다(라이디 Leidy 1997: 17 ff.). 현존하는 가장 오래된 불교 만다라는 분명 인도네시아 자바에 있는 경이로운 건축물인 보로부드르(Borobudur)일 것이다. 이 유적은 대략 8세기 후반에서 9세기 초에 건립된 것으로 추정된다. 비록 보로부드르 유적은 명백히 요가 탄트라의 영향을 받은 것으로 보이지만(Wayman 1981), 그럼에도 그것은 복합적인 형태의 스투파와 동등하게 간주될 수 있는 혼합양식이다. 11세기 후반에서 12세기 초에 만들어진 요가 및 마하요가 양식의 사원 벽화에 그려진 만다라는 인도 라닥(Ladakh)의 알치(Alchi)와 히마찰 프라데쉬주(Himachal Pradesh)의 타보(Tabo)에 현존하고 있다.[265)]

---

265) 양호한 상태의 재생산품을 포함해 만다라의 유용한 자료는 Leidy & Thurman(1997), Rhie & Thurman(1991)의 전시 카탈로그에서 찾아볼 수 있다. 또한 Brauen(1998), Cozort(1995), Lalou(1930), Macdonal(1962), Vira & Chandra(1995)를 참조. 알치(Alchi) 사원 벽화에 관해서는 Pal &

인도 탄트릭 불교의 사상과 수행에 있어 만다라는 주요한 역할을 수행하였다. 이러한 한 가지 이유는 다양한 단계에 활용 가능했기 때문이다. 만다라는 전체 우주를 나타낼 수 있지만, 또한 – 대개 동시적으로 – 수행자 개인의 신체 또한 상징한다. 이는 또한 분리된 지리적 영역 혹은 사회 집단을 지칭할 수도 있다. 다시 말하자면, 만다라는 필요에 따라서 서로를 동일화할 수 있는 대우주적, 소우주적, 중간우주적 단계를 지니고 있다. 이 개념은 예를 들어, 깨달은 존격이 헤루카인 만다라의 경우, 그 중앙의 신격과 만다라가 동일시된다는 점에서 수행자의 신체 또한 그 만다라와 동일한 것으로 여겨진다. 만약 대비로자나와 같이 헤루카가 궁극적으로 우주와 동일하다면, 만달라의 '거주자들' 또한 헤루카의 양상 혹은 화현이다. 더 나아가 만약 수행자가 궁극적으로 헤바즈라(수행의 궁극적인 목적의 실현)와 동일하다면, 수행자는 헤바즈라뿐만이 아니라, 헤바즈라의 전체 만다라는 물론 전체 우주와 동일하게 된다. 신체에 (혹은 신체로서) 만다라를 관상하는 수행은 정화하는 과정으로 여겨졌다. 여기서 정화는 분리되고 독립적이며 고립된 배우처럼 현존하는 모든 이의 (미혹되며 제한적인) 자아라는 관념을 약화시키거나 해체하는 일종의 방식이다. 그레이(Gray 2006: 294)가 평가하는 것처럼, 이러한 '수행 전통은 서구에서 흔히 볼 수 있는 것과는 다소 다른 일련의 가정에 근거한 자기정체성의 구성을 촉진한다. … [그것들은] 훨씬 광범위하고 유동적이다'.

Fournier(1988)를 참조. 출판된 화집 가운데 아마도 숨첵(Gsum brtsegs)의 도상의 가장 양질의 사진을 포함한 Goepper & Poncar(1996)도 참조 가능. 11세기에 만들어진 3차원 금강정경의 금강계 만다라가 타보(Tabo) 남아 있는데, 이에 대해서는 Klimburg-Salter(1997)를 참조.

4) 사다나 – 수행의 구조

진언, 관상, 만다라는 특정 존체에 초점을 맞춘 일련의 수행을 통해 탄트라 수행자를 인도하기 위한 특별한 목적으로 고안된 사다나(Sādhana, 문자적 의미는 '성취의 수단', 성취법)라 불리는 문헌들에서 소개된다. 사다나는 기본적으로 유사한 구조를 갖고 있다. 사다나의 구성요소는 다소 정교하게 만들어지며, 주존에 따른 탄트라 종류, 사다나의 목적, 그리고 저자의 해석적 견해(그리고 열정) 등에 근거한다. 주요 단계는 (1) 예비적 단계, (2) 주요한 관상의 단계, (3) 최종적 단계의 3가지로 구별될 수 있다.[266] 예비적 단계는 흔히 대승불교의 윤리적, 교리적인 배경 내에서 주요한 의례의 입지를 주요 기능으로 한다. 이것은 바이어(Beyer 1973: 29, 33)가 '윤리적 태도의 의례화' 그리고 '형이상학의 의례화'라고 부른 것과 관계가 있다. 윤리적 틀은 '범주梵住'(brahmavihāra)에 의해 구체화되고, '보리심'을 낳게 하는 긍정적 감정과 이타적인 태도를 발전시키는 의식을 통해 확립된다. 또한 붓다와 보살의 집회를 관상觀想하기 위해 진언과 수인手印(mudrā)을 사용하는 다소 정교한 의식(pūjā)이 행해지기도 한다.[267] 교리적 맥락을 구성하기 위해 사물의 궁극적인 본

---

266) 이러한 간단한 세 단계 분류법이 특히 마하요가 탄트라 주해 문헌 이후의 사다나에서 찾아지는 대개의 복잡한 구조들을 일괄해서는 안 된다. 탄트릭 사다나에 대한 심도 깊은 논의는 English(2002: 24-33)을 참조. English는 차크라삼바라 전통에 뿌리는 둔 우마파티데바(Umāpatideva)의 바즈라바라히 사다나(Vajravārāhī sādhana)도 분석하고 번역했다. (『차크라삼바라 탄트라』의 만달라에서, 바즈라바라히는 차크라삼바라의 배우자이다. 우마파티데바의 사다나에서는 바즈라바라히가 단독으로 만달라의 주존이다.) 전형적인 마하요가 사다나의 양상에 대한 개괄에 관해서는 Wedemeyer(2007b: 397-9)를 참조. 사다나 모음집으로는 『Sādhanamālā』와 『Sādhanaśataka/Sādhanaśatapañcāśikā』를 참조.

267) 진언, 수인, 관상은 각각 수행자의 신구의身口意(개인에 대한 일반적인 세 가지 분석)를 차지하기에, 탄트라 의례는 수행자의 모든 측면에 관여한다고 여겨진다.

질－그것의 공성空性 혹은 자연적 청정성－에 대한 경험은 의례적으로 환기된다. 이는 하나 혹은 그 이상의 진언을 염송함으로써 성취될 수 있다. 예를 들면, 실체의 궁극적인 청정성은 '옴 스바브하바숫다하 사르바다르마하 스바브하바숫도 함'(Oṃ svabhāvaśuddhāḥ sarvadharmāḥ svabhāva-śuddho'haṃ, 옴 일체의 것은 본질적으로 청정하고, 나도 본질적으로 청정하다)라는 만트라를 통해서 환기된다.

수행자 혹은 사다카(sādhaka, 사다나를 행하는 자)와 동일시되거나 구별되는 주존의 시각적 환기觀想는 이러한 예비적인 단계를 거쳐야 한다. 이는 다소 복잡할 수 있는데, 주존이 완벽하게 관상되었을 때, 세속적이거나 혹은 그 밖의 사다나의 의례적 목적이 성취될 수 있다. 바이어가 세련되게 해석하듯이(전게서: 130), 최종적인 단계는 사다카를 의례공간에서 '공공적 비실재'의 일반적 세상으로 되돌려 놓는다. 사다나의 주요한 관상 단계를 구성하는 한 방식을 언급할 필요가 있다. 이는 '규약적인 존재'(samayasattva)와 '지적知的 존재'(jñānasattva)라고 불리는 것의 구별에 쓰인다. 전자의 표현은 처음에 관상되는 주존을 언급할 때 사용된다. 이 주존은 단지 외면적 주존, 즉 '규약적' 주존이다. 이 '규약적 존재'는 활동적 주존(혹은 주존의 활동성, jñāna)에 대한 길을 준비하는 것으로 간주된다. 흔히 사다나는 '지적 존재'가 의례적으로 '규약적 존재'로 내려와 그것과 합쳐지는 단계를 가진다. 바로 그때, 사다카는 그 존체尊体가 되거나 그 존체는 실제로 현현한다.

대략적으로 『비밀집회 탄트라』의 시기부터 위에 언급한 모든 것이 그 자체로 수행의 예비적인 단계로 여겨진다. '생기차제生起次第'(utpatti-krama)라 명해지는 것은 '구경차제究竟次第'(niṣpannakrama)와 대조를 이룬다. 이러한 관점에서는 심지어 '규약적 존재'(samayasattva)와 '지적 존재'(jñānasattva)의 결합조차도 예비단계이고, 생기차제의 부분으로 간주된다. 진정으로 존체가 되는 일은 구경차제의 단계에서 이루어진다. 구경차제의 수행(혹은 일반적으로는 '요가'라고 불리는)은 만다라 관상보다 수행자 개인의 신체에 초점을 맞춘다. 보다 상세하게 말하자면, 이 단계의 수행은 대개 광휘와 환희, 불이원으로 특징지어지는 미묘한 인식을 일으킨다는 관점에서 거친 육체의 근저를 이루는 미세신의 에너지(혹은 風prāṇa)를 다루는 요가 수행의 전 영역을 차지한다. 또한 이 단계의 요가 수행에서 성적이며 성애적 요소들이 전면에 오게 된다.268) 구경차제의 요가에서 가장 잘 알려진 것 중 하나가 '나로파(Nāropa)의 육법六法'인데, 이는 전통적으로 스승 틸로파(Tilopa)로부터 제자 나로파에게 구전

268) 탄트릭 불교에서 성적 요소에 관한 논의는 두 종류의 수행으로 구별될 수 있다: 하나는 성적 분비물을 성찬으로서 취하는 것이고, 다른 하나는 상대방과 행하는 성적 요가이다. 전자에서 성적 파트너 모두의 성적 분비물을 혼합한 것은 여성의 성기에서 채집해 의례적으로 섭취된다. 몇몇 문헌들은 정액과 자궁혈을 혼합한 것을 언급한다. 반대로 성적 요가는 성적 행위를 포함한 다양한 요가 수행을 뜻한다. 성찬식의 수행이 일반적으로 성적 요가의 정교화보다 이른 것으로 여겨진다. 성적 분비물의 의례적 섭취는 아마도 초기에는 신비적 힘(siddhi)을 얻기 위한 것과 연관되었을 것이다. 그러한 분비물을 (일반적으로 위험한) 여성 신격에게 바치는 것을 통해서 그러한 힘이 얻어질 수 있었다. 이러한 성적 분비물의 의례적 섭취는 (비록 재이해되기는 하지만) 마하요가와 요기니 탄트라 입문의례(이에 대해서는 아래의 '5 탄트릭 수행으로의 통로'를 참조)와 더불어 탄트릭 축제인 가나차크라(gaṇacakra)와 같은 입문식 이후 수행의 형태의 핵심적인 측면이 되었다. 성적 요가는 그 신체적인 산출물보다는 성적 행위의 경험으로 그 촛점이 변한다. Dalton(2004: 9-11)은 성적 요가의 초기 형태는 미세신의 모델을 적용하지 않으며, 단순하게 깨달은 존격들의 만달라를 예배하기 위해서 성적 결합 동안에 신체를 통해 환희의 에너지에 대한 감각을 깨우는 데 사용되었다고 말한다. 미세신 모델의 발전과 더불어, 성적 요가와 에너지에 대한 수행 기술을 정교화하는 토대가 마련되었다. 이러한 미세신 요가 수행을 통해서 강조점은 사정보다는 그것을 억제하는 쪽으로 바뀌고, 성적 요가가 실제 신체를 지닌 대상보다는 관상된 파트너와 함께, (그 이상은 아니라고 할지라도, 효과적으로) 수행되어야 하는지 아닌지에 대한 논의를 발전시켰다. 탄트릭 불교의 성적 차원에 관한 더 심도 깊은 논의에 대해서는 Gray(2007a: 103-131), Wedemeyer(2002, 2007a, 74-6, 112-120), Samuel(2008, 271-90)을 참조.

전승되었다고 알려진다.[269] 이 요가 수행 가운데 사다카는 일반적으로 그 자신을 존격으로서 관상하는 것을 지속한다. 최종단계에서 존격의 관상은 대개 해체되며, 사다카는 계속해서 환희가 가득한 빛나며 각성된 상태에 있지만, 무색계無色界에 머문다. 그러나 이것은 끝이 아니다. 왜냐하면 사다카는 유정의 고통을 제거하기 위하여 무색계의 상태로부터 나와서도 동시에 '물에서 뛰어오르는 물고기처럼' 존체로서 생하기 때문이다. 이제 사다카는 진짜 존체가 된다.[270]

마하요가와 요기니 탄트라의 개별 전통은 구경차제와 관련된 수행들에 대해 서로 다른 용어, 구조, 개념적 틀을 발전시켰다. 따라서 비밀집회의 즈냐나파다(Jñānapāda) 학파는 『비밀집회 탄트라』에서 언급되는 네 가지 종류의 사다나와 여섯 종류의 요가를 갈고 다듬었다. 그와 반대로 비밀집회의 아리야 학파의 저작들은 (나가르주나(Nāgārjuna)의 토대 문헌인 『오차제』(*Pañcakrama*)와 아리야데바(Āryadeva)의 『차리야멜라파카프라디파』(*Caryāmelāpakapradīpa*)에서 각각) 다섯 혹은 여섯 단계의 모

269) 나로파의 육법(내적인 열, 환영의 몸, 꿈, 광명, 중음, 의식전이)은 서구에서는 '나로파의 육요가'로 더 알려져 있다(Guenther 1963 참조).

270) 비밀집회의 구경차제에 대한 성자류의 해석에 대한 관범위한 논의와 아리야데바(Āryadeva)의 『차리야멜라파카프라디파』(*Caryāmelāpakapradīpa*)의 번역은 Wedemeyer(2007a) 참조. 헤바즈라 탄트라 계열의 전통은 사다카가 수행의 과정 중에 경험하게 되는 네 가지의 환희歡喜(ānanda) 체계에 기반한 구경차제의 해석모델을 발전시켰다. 고전적으로 환희歡喜(ānanda)와 최상환희最上歡喜와 휴지의 환희, 그리고 구생환희俱生歡喜(sahajānanda)라는 이 네 가지 목록(『헤바즈라 탄트라』 I.4.32 참조)은 다른 네 가지 종류의 목록들(예를 들면, 붓다의 4신체, 구경차제의 4찰나)과 연관되는 해석적인 틀로서 매우 생산적인 것으로 증명되었다. 『차크라삼바라 탄트라』가 고유한 구경차제를 가지지 않았던 반면에, 칼라차크라 전통은 비록 다른 방식이기는 해도 비밀집회의 여섯 요가를 채택했다. 불교의 여타 여섯 종류의 요가는 물론 힌두교와의 관계에서 칼라차크라의 여섯 요가에 대한 논의는 Wallace(2001: 25-42)를 참조. 생기차제와 구경차제에 대한 논의는 Beyer(1973: 108ff) 참조.

델을 전개하였다. 이들 체계의 세부적인 내용은 복잡하고, 본서의 영역을 넘어서는 것이지만, 비밀집회의 아리야 학파는 탄트라 수행의 과제(와 특별한 능력)가 사다카에게 있어서는 깨달음 이후 세상에서 이타적인 행위에 쓰기 위해서 붓다의 모습을 일으킨다는 관점을 취했다. 그들은 이것이 비효율적인 방식을 지닌 결과로서 비탄트라적 대승이 결핍한 영역이라고 여겼다. 깨달은 형상의 신체를 만드는 것이 본질적으로 원래의 태어남과 다르지 않다는 것을 근거로 하여, 아리야 학파는 일반적인 죽음과 재생 동안에 미세신(과 미세심)에서 일어나는 역학적 과정에 초점을 맞췄다. 만약 이러한 것들이 구경차제의 요가를 통해서 수행되고 숙달될 수 있다면, 의식은 실제 죽음과 재생의－미세신을 지난다고 간주할 때, 그 둘 사이 중유의 단계－사건들과 목표 달성 과정에서 유지될 수 있을 것이다.

5. 탄트릭 수행으로의 통로－입문식과 관정

앞서 강조하였듯이 재가 혹은 출가의 서원誓願을 세운 불교신자가 되는 것만으로는 탄트릭 수행을 할 수 없다. 그러한 서원 이외에 입문의례를 통해 관정灌頂(abhiṣeka)[271]을 받는 것이 필요하다. 어떤 입문의례가

271) 문자적으로 '물뿌리기灌頂'를 의미하고, 왕의 봉헌식(royal consecration)과 관련이 있는 'abhiṣeka'라는 용어를 어떻게 가장 알맞게 번역할 것인가에 대해 학자들마다 다른 견해를 보인다. 예를 들면, 스넬그로브가 번역어로 '봉헌'(consecration)이라는 표현을 선호하는 것도 이 때문이다. 나는 탄트릭 abhiṣeka가 의도하는 권능화라는 기능이라는 의미를 부여하는 '권능부여'(empowerment)라는 의미를 채택하는 다른 학자들(예를 들면, Sanderson 1994)의 견해를 따른다. 탄트릭 불교에서 왕권과 관련된 개념들의 역할에 관한 논의는 Snellgrove(1959)와 Davidson(2002a: 4장, 특히 118-113)을 참조 (*본 번역에서 empowerment는 관정으로 번역)

되었든, 금강승의 맥락에서, 탄트릭 스승 혹은 금강상사金剛上師에게 입문식을 이미 요청한 제자는 수많은 관정을 받게 된다. 이는 제자를 주존主尊에게 소개하고, 입문식 이후의 수행을 정당화하고 요청하는 기능을 지닌다. 관정은 적절한 존체들이 모셔진 만다라가 있는 의례 공간 내에서 거행된다. 관정의 정확한 횟수는 관련된 탄트라군의 성격에 달려 있는데, 일반적으로 마하요가와 요기니 탄트라의 입문식은 요가, 차리야, 크리야 탄트라보다 좀 더 많은 관정을 요구한다.

관정의례는 세부적으로 대개 복잡한 절차를 갖는다. 관정의 발전 역사는 아직까지 부분적으로만 알려져 있다. 관정의 해석뿐만 아니라 관정의 숫자는 중복되는 부분이 상당히 많지만 각각의 전통단계에 따라 문헌마다 어느 정도 차이를 보인다. 그럼에도 불구하고, 아바야카라굽타와 같은 논사의 시대까지는 일정한 정형을 이루었음이 명백하다. 그의 『바즈라발리』(Vajrāvalī)는 마하요가와 요기니 탄트라 입문식의 예비적인 관정으로 간주되는 일군의 6가지 혹은 7가지 관정을 묘사한다. 이것은 요가 탄트라 입문식을 위해 요구되는 관정을 정형화시킨 것으로 생각된다.272) 7가지로 된 관정은 화환, 물, 왕관, 금강, 종, 금강명, 금강스승의 관정으로 구성되어 있다. 탄트릭 의례 자체를 행하고자 하는 이들에게만 필요한 금강스승의 관정을 제외하면, 6가지가 행해진다.

첫 번째 화환의 관정은 입문자의 불계佛界를 결정하고 수많은 예비적 의례들을 수반한다. 대개 다음과 같은 과정을 밟는다. 제자는 눈을 가린 채로 만다라 앞으로 인도되어 꽃을 받는다. 그는 (때때로 그녀는) 자신을 꽃이라고 상상하며, 앞에 있는 주존主尊을 관상하고 주존에게 꽃을

---

272) 요가 탄트라 입문식의 두 가지 예에 대해서는 『*일체악취청정의궤』(Sarvadurgatipariśodhana Tantra, Skorupski 역: 100-7)과 『금강정경』을 다룬 Snellgrove(1987a: 217-20)를 참조.

던진다. 꽃이 떨어지는 만다라 위의 지점-동, 남, 서, 북 혹은 중앙-은 그의 불계를 나타낸다. 그 꽃은 화환의 일부로서 입문자의 머리칼에 묶여지기 때문에. 이 관정은 이처럼 이름한다. 다음으로 눈가리개가 벗겨지고, 나머지 관정들이 계속된다. 이러한 의례를 하면서 스승은 외적 의례적인 행위들을 동반하는 꽤 복잡한 관상에 몰두한다. 헤바즈라 만다라의 관정의례는 수관정水灌頂을 위해 금강스승에게 다름과 같은 권고를 포함한다.

> 이어, 그 [금강스승]은 헤바즈라의 세 곳(이마, 목, 심장)으로부터 빛이 나와 하늘을 채우는 현시를 관상한다. 그러면 보석으로 장식된 물단지를 든 [여덟] 여신이 나타나고, 그들은 제자의 머리 위를 보리심의 물줄기로 관정한다. 이와 같이 관상하면서, 그는 국자로 물을 뜬 후, '옴 바즈라 물단지여, 관정하라, 훔'이라는 진언을 암송하면서 수관정水灌頂을 행한다.
>
> (Prajñāśrī, 『Abhiṣekavidhi』, Snellgrove 1987a: 254)

수관정은 명백히 정화 의식과 관련이 있고, 프라즈냐슈리(Prajñāśrī)의 저서에서 물은 진정으로 정화하는 것인 보리심(bodhicitta)과 동일시된다. 프라즈냐슈리 또한 의례에 특별한 상징을 부여하면서 수관정 더불어 사관정四灌頂을 (아촉불 등의) 오불五佛에 따르는 것으로 연결시킨다. 이렇게 네 번째와 다섯 번째 관정에서 입문식을 치르는 사람은 금강과 종을 받는다. 이 두 가지는 금강승의 의례 용구로서 중요한 상징적 의미를 갖고 있다. 프라즈냐슈리의 저서에서는 아미타여래阿彌陀如來와 불공성취여래不空成就如來가 상징하는 모든 것이 여기에 첨가된다. 의례의 필수적 부분은 금강명金剛名의 관정단계로 절정에 다다른다. 이 단계에서 제자는 새로운 이름을 부여받는데, 그것은 부분적으로는 첫 번째 관정에서 확인된 그의 불계佛界에 의해서 결정된다.

예를 들어, 구히야사마자(Guhyasamāja)나 삼바라(Samvara)와 같은 마하 요가나 요기니 탄트라의 주존을 모신 만다라에서 입문하길 원하는 경우라면, 더 많은 관정들이 요구된다. 좀 더 초기의 6가지 혹은 7가지 종류의 관장은 이제 함께 묶여 행해지고, 때때로 병관정瓶灌頂이라고 불리는 단일한 관정으로 간주되었다. 여기에 두세 가지의 관정이 더 요구되거나 혹은 '상위'의 관정이 추가된다. 이들 추가적인 관정들은 일반적으로 '비밀祕密 관정'과 '반야지般若智 관정' 혹은 단순히 '지혜(prajñā, 智) 관정', 그리고 그것이 일어날 때인 '네 번째(caturtha) 관정第四灌頂'으로 불린다. 이 마지막 관정의 명칭은 이 단계가 단지 다중의 병관정으로 시작되는 새로운 4종 관정의 연속적 과정에서 이 관정의 순서를 서술하는 것에 지나지 않는다.

비밀과 지혜관정은 거기에 포함된 성적 요소 때문에 인도에서 논란을 일으켰고 오늘날에도 여전히 충격적으로 여겨지는 듯하다. 문헌에서는 일반적으로 남성으로 가정되는 입문식을 치른 제자가 그의 탄트릭 파트너를 금강스승에게 데려오는 것이 병관정이 끝나고 이어지는 비밀관정에서 요구된다. 스승은 성적으로 그녀와 결합한다. 사정 후, 스승은 여성의 질로부터 나온 혼합된 성적 분비물을 모으는데, 이는 상징적으로 보리심과 동일시된다. 스승이 이것을 제자의 혀에 올려주면, 제자는 주저 없이 이를 삼키면서, (『Caṇḍamahāroṣana Tantra』 3.61에 따르자면) '오 환희로다'라고 외쳐야만 한다. 지혜관정을 위해 스승은 그 여인을 제자에게 돌려보내고 이번에는 그 제자가 그녀와 성적으로 결합한다. 그렇게 함으로써 그는 (이론상) 네 가지 환희의 상태를 경험해야만 한다. 이들은 자비 방편(즉, 남성 파트너)과 이러한 지혜(즉, 여성 파트너)가 합일된 결과로서 점차적으로 발생한다고 이해된다. 네 번째 관정은 그것이 일어날 때

입문식을 치르는 과정에서 막 경험한 네 가지 환희의 본질에 대한 금강스승의 설명으로 이루어진다. 이때 스승은 성취자들(siddhas)에 의해 저술된 탄트라와 노래들을 인용할 수도 있다.273)

이와 같은 마하요가와 요기니 탄트라의 관정에 대해 매우 압축적인 요약 서술은 대략적으로 샌더슨(Sanderson 1994: 90)이 정리한 아바야카라굽타의 『바즈라발리』(Vajrāvalī)의 확장 요약본을 따른 것이다. 이는 관정의 논쟁적인 소지에 대한 이유를 보여주기에 충분할 것이다. 이러한 수행과 그것을 정당화하는 문헌들에 대한 한 가지 반응은 그것들이 불교도의 것이 아닐 수 있다고 주장하는 것이었다. 이는 적어도 일부 인도의 불교도들의 반응이었으며, (다소 수정 삭제된) 요가 탄트라(Sanderson 1994: 97)의 금강승을 따르는 이들을 포함한 중국의 불교도들도 그렇게 생각하였다. 그러나 만일 그것이 불교 수행으로서 받아들여진다면, 묘사된 비밀과 지혜관정知慧灌頂을 받은 비구는 독신의 규율(monastic vows)을 어기는 것이 될 것이다. 게다가 최고의 목적을 성취하기 위하여 이러한 형태의 탄트릭 불교가 필요하다면 특히 곤란한 결과가 따르게 된다. 최종 목적을 승려가 아닌 오직 재가자만이 성취할 수 있게 되어 버린다. 비록 이러한 수행들이 깨달음의 목적을 성취하기 위한 아주 효과적인 수단으로 간주된다 할지라도, 여전히 승원의 불교 승가에 대해서는 제한된 것인 듯하다.

---

273) 네 번째 관정은 마하요가와 요기니 탄트라 입문식의 불변적 특징이라고 흔히 받아들여졌다. 그러나 Isaacson(1998)은 광범위한 문헌들의 고찰을 통해 좀 더 복잡한 구도가 드러날 수 있음을 지적했다. 『비밀집회 탄트라』는 4번째 관정에 대한 언급을 하지 않는다. 한편 『헤바즈라』와 『차크라삼바라』 원과 같은 '주류' 요기니 탄트라는 그것을 언급하는데, 예를 들면 『찬다마하로샤나』(Caṇḍamahāroṣana)과 같은 여타 문헌은 이를 언급하고 있지 않다. 더 나아가, Isaacson은 4번째 관정의 본질 혹은 지위에 대해 논서에서 일관된 합의가 없다는 점을 논의한다.

논란이 되는 관정들과 연관된 수행들을 비불교적인 것으로 간주해 거부하는 것 이외에도, 이러한 쟁점에 대응하여 인도에서 발전한 세 가지 유형의 전략을 구분하는 것이 가능하다. 첫 번째는 성적 요소들이 비밀과 지혜관정의 의무적 부분이라는 입장을 취하는 것이다. 따라서 비구들은 그것들을 받아서는 안 된다. 아티샤(Atiśa)는 그의 『보리등론』(Bodhipathapradīpa)에서 이러한 입장을 취하지만, 금강스승의 관정을 받은 자에 한해서는 비구도 모든 탄트라들을 배우고 설명할 수 있으며, 적절한 탄트라 의례를 수행하고 집행할 수 있다는 점을 받아들인다. 나아가 그는 이러한 관정들을 생략하는 것이 어떤 식으로든 비구의 지혜를 손상시키는 것은 아니라고 언급한다(Sherburne 1983: 176-8 참조).[274] 이러한 방식은 비록 비밀과 지혜관정에서 성적 행위의 필요성을 인정하지만, 그 가치를 저평가한다.

두 번째 전략은 비구들도 비밀과 지혜관정을 받을 수 있지만, 실제 파트너(karmamudrā)보다는 관상된 파트너(jñānamudrā)를 통해만 행한다고 주장하는 것이었다.

이러한 접근방식은 외적, 육체적인 행위(즉, 성적 행위)에 대한 경전의 묘사를 상징적인 것으로, 혹은 내적 행위와 경험을 상징하는 것으로서 보는 데 근거한다. 그러므로 [이 입장에서는] 문헌의 의도는 관상된 파트너이거나, 혹은 오직 영적인 능력이 낮은 이들에게만 육체적 파트너가 의도된 것이라고 해설될 수 있다. 실제 성행위의 중요성을 경시하는 태도는 점차 후대로 가면서 주로 승원적인 주석적 문헌의 전형이 되어 갔다. 『오차제五次第』(Pancakrama, 2:37)에서 관찰되는 이러한 방향으로의

---

274) Davidson(1995b) 참조.

변화는 '속제적(즉, 신체적) 방식으로 금강(즉, 남성 성기)과 연꽃(즉, 여성 성기)을 결합하지 않는 자는, 심지어 그가 (그러한 방식으로) 단 한번 경험을 했다 할지라도, 요가의 힘을 통해서 성취를 얻게 될 것이다.'라고 말한다.[275] 여기서 '단 한번'은 입문식의 경우를 언급한 것으로 이해할 수 있다. 달리 말하면, 실질적인 성적 결합은 비밀관정 자체에서는 필요한 것이지만, 그 이후에는 관상된 파트너가 선호된다 볼 수 있다.

아바야카라굽타(Vajrāvalī)와 다르파나차리야(Kriyāsamuccaya)는 비구(그리고 비구가 아닌 사람도)도 문자 그대로 의례화된 성적 행위를 필요로 하는 모든 '상위'의 관정을 받을 수 있다는 세 번째 전략을 채택한다. 게다가 승가의 계율을 위반하지 않고도 그렇게 할 수 있다고 말한다. 그러나 여기에는 사물의 공성에 대한 지혜를 얻었다는 전제가 있다. 이러한 자격 조건을 말하는 목적은 입문을 원하는 이들의 동기가 청정하고, 그들에게 이러한 관정이 이로울 수 있다는 점을 확실히 하기 위함이다. 이러한 입장을 옹호하기 위해 대승불교의 상대주의적 윤리에 호소할 수 있을 것이다. 이는 "금지된 것이라고 할지라도 대비로 가득하고 타인의 이익을 위하는 사람의 경우에는 허용된다"(『Kriyāsamuccaya』, Sanderson 1994: 101를 인용)는 점을 허용한다. 따라서 적어도 이러한 저자들의 주장에 따르자면, 비구로서와 마하요가와 요기니 탄트라의 금강스승으로서의 개별적 서원 사이에는 어떤 모순도 존재하지 않는다.

275) 이 번역의 『오차제』(Pancakrama)의 장 번호는 Mimaki & Tomabechi (1994)를 따른다.

6. 부정不淨한 물질과 도덕률초월적 행위: 탄트릭 불교의 계율초월적 차원

금강승에서 충격적으로 여겨졌던 측면이 입문식과 입문 이후의 수행에서의 성적 요소들만은 아니었다. 마하요가 탄트라의 한 특징으로서 부정하거나 금지된 물질을 사용했다는 것과 마찬가지로 탄트릭 불교의 특징에 계율초월적 차원이 있었다는 점은 이미 주목되었다. 마하요가 탄트라도 또한 외관상 수행자가 불교의 근본적인 윤리적 계율을 위반해야만 한다고 권고하는 것처럼 보인다는 점이 두드러진다. 이러한 두 자기 유형의 행위를 모두 언급하는 구절들이 요기니 탄트라에서도 발견된다.

종종 '탄트릭 연회'라고 언급되는 탄트릭 수행자들의 입문식 이후의 회합(gaṇamaṇḍala)은 특히 부정하고 금지된 것에 초점을 맞추고 있다고 비춰질 수 있다. 『헤바즈라 탄트라』(II: vii.8)는 수행자들에게 시체나 수의壽衣를 앉을 곳으로 삼기를 권하는데, 이 둘 다 죽음과 연관되어 있기 때문에 매우 부정한 것이다. 이 연회에 대해서도 문헌은 (승려에게는 금지된) 마실 술과 양념된 먹을 음식-캉하(Kāṅha)의 『요가라트나말라』(Yogaratnamālā)에 따르면, 소, 개, 코끼리, 말, 인육을 섞은 음식-과 더불어 '왕의 밥'을 준비해야 한다고 말한다. 이 '왕의 밥'은 특정한 종류의 인육의 종류를 말한다. 부정한 것을 먹는 것은 또한 입문식 이후의 개별 규율에 대한 서술에서 강조된다. 여성 파트너와 함께하는 요가수행의 일부로서 수행자는 (무엇보다도) '그녀의 양칫물과 그녀의 연꽃을 씻은 물을 마시고', '그녀의 항문을 닦은 물로 입을 헹구도록' 해야 한다고 명해진다(『찬다마하로샤나 탄트라』(Caṇḍamahāroṣaṇa Tantra, vii: 9-10), 번역 George 1974).

마하요가 탄트라의 초기 논의에서, 불청정하거나 금지된 것으로 간주된 것을 사용하고 소비하는 데 근저를 이루는 중요 개념은 불이원론(advaya)적 수행이었다고 제시되었다. 이는 깨달은 인식 혹은 지智(jñāna)는 어떤 의미에서 불이원적이기 때문에, 탄트릭 수행자는 청정과 부정, 허용된 것과 금지된 것과 같은 이원적 범주에 대한 집착을 초월함으로써 불이론적 상태에 이를 수 있다는 사고이다. 이와 같이 『찬다마하로샤나 탄트라』(전게서: vii: 18-19)는 "수행자는 '먹을 수 있'거나 '먹을 수 없'다는 것, 혹은 '허락되'거나 '허락되지 않'는 것에 대해 결코 생각해서는 안 된다"고 말하며, 반대로 그는 "오직 내적 환희의 구현인 평정한 마음에 머물러야 한다"고 언급한다. 『비밀집회 탄트라』(v.7)도 "분별하지 않는 현명한 사람이 깨달음을 성취한다"(Snellgrove 1987a: 171)라고 선언하면서 의견을 같이한다. 이러한 관점에서 볼 때, 부정하다고 간주되는 것과의 접촉은 이 당시 대부분의 인도인들에게 혐오감을 일으켰기 때문에, 바로 그러한 접촉이야말로 더욱 수행되어야 할 것이었다.276)

여기에 작용하는 또 다른 요소는 아마 종교상의 탄트릭 형태들이 실제로는 세간적이든 구제론적이든 특별한 힘 혹은 좀 더 엄밀하게 말하자면, 성취(siddhi)에 대해 관심을 기울인다는 관점과 연관된다. 특별한 힘이 발견되는 영역에는 부정하다고 간주되는 사물이나 행위가 있다. 곰브리치(Gombrich 1996: 155)가 지적하듯이, 청정에 대한 인도적인 (주로 바라문적) 사고와 규정들은 통제되고 제어되어야만 하는 '위험스런 힘으

---

276) '역겨운' 것들을 먹어야 한다고 규정하는 마하요가 탄트라의 논의에 대해서는 Wedemeyer (2007b)를 참조. Wedemeyer는 마하요가의 저자들이 혐오감을 일으키려고 의도했으며, '역겨운'(jugupsā)은 문헌들의 지속적인 비유라고 주장한다. 그는 실재의 궁극적인 비이원성을 분명히 하기 위한 이러한 접근방식이 브라흐만적 청정에 대한 개념이 불교 탄트라 의례에 유입되면서 생긴 반응일 수도 있다고 제안한다. 그리고 또한 Onaians(2002)를 참조하라.

로 세상은 가득 차 있다'고 가정한다. 이를 행하는 하나의 방식은 그것들을 부정하다고 명명하는 것이다. 이 관점에서 볼 때, 청정하지 못한 것과의 접촉은 그것의 내재적 힘을 이용하려는 하나의 방편이고, 의례적 맥락에서 그것은 이용될 수 있지만, 통제된 방식에서는 쓰일 수 있다. 『찬다마하로샤나 탄트라』(Caṇḍamahāroṣaṇa Tantra)에서는 힘과 청정하지 못한 것을 이롭게 사용하는 것이 인정되며, 부정한 것을 먹는 것은 마치 과실을 얻기 위해 나무에 거름을 주는 것과 같다고 설명한다.

마하요가와 요기니 탄트라에서 발견되는 비윤리적인 행위에 대한 명백한 인정은 『비밀집회 탄트라』(v: 4-5)에서 "생명을 빼앗고, 거짓말을 즐겨하고, 항상 다른 사람의 부를 탐내며, 애정을 나누는 것을 즐기고, 의도적으로 대변과 소변을 먹는 그러한 사람은 수행을 할 자격이 있는 사람이다"(Snellgrove 1987a: 171에서 인용)라고 하는 바즈라다라(Vajradhara 持金剛)의 선언에서 예증된다. 이와 거의 동일한 권고적 내용이 『헤바즈라 탄트라』(Ⅱ: iii 29)에서도 발견되는데, 이 문헌은 "생명체를 죽이고, 거짓말을 하며, 주지 않은 것을 취하고, 다른 사람의 여인과 관계해야 한다"고 말한다. 이러한 구절들은 어떻게 이해될 수 있을까? 이 구절들을 말 그대로 불이론적 수행, 즉 금지된 것으로부터 힘을 끌어낼 수 있는 추가적인 사례로서 받아들여야 하는가? 이 인용된 구절들은 살생, 도둑질, 거짓말, 사음에 관한 일반적인 불교계율을 역행하는 것이다. 적어도 부분적으로 이러한 의도는 충격을 주기 위한 것으로 보인다. 『비밀집회 탄트라』에서 회중會衆인 보살들은 지금강의 이러한 말을 듣고 모두 기절하여 땅에 쓰러지고 만다.

이러한 권고가 문자 그대로 받아들여졌든 그렇지 않든, 동일한 문헌의 인접한 구절에서 비문자적 해석은 종종 발견된다. 따라서 『비밀집회 탄트라』에서는 진술 다음에 설명이 뒤따른다.

예를 들면, 살생을 하는 것은 추론적 사고의 흐름을 끊음으로써 심일경心一境적 인식을 계발하는 것이다. 거짓말을 하는 것은 모든 중생을 구하기를 서원하는 것이다. 충격적으로 보이는 것들을 말하며, 그것이 진짜 무엇을 의미하는지를 설명하는 이러한 모든 장치는 반야경의 구절들을 연상시킨다. 이처럼 대안적 해석 방식은 그러한 구절들을 확장되고 상대적인 견지에서 대승불교 윤리에 비추어 보는 것이다. 만약 자비심이 동기라면, 어떤 특정한 상황에서 계율은 깨질 수 있다. 이러한 두 가지 접근 방식은 주석 문헌에서 발견된다. 예를 들면, 요의了義(nītārtha)와 미요의未了義(neyārtha)라는 대승불교의 장치를 사용함으로써 『칼라차크라 탄트라』의 주석인 『비말라프라바』(Vimalaprabhā)는 비윤리적 행위에 대한 각각의 권고를 두 가지로 설명한다. 따라서 요의적 차원에서 살생은 어떤 특별한 상황에서 살생을 할 수 있는 붓다의 능력을 의미한다. 불요의적 차원에서 살생은 정액을 계속 보존하는 (요가적 수행) 것을 뜻한다(Broido 1988). 결론적으로 불교의 윤리적 규범을 위반하라는 권고는 문자적인 의미에서 그대로 받아들여지도록 의도한 것이 아니라고 보인다. 하지만 이와 달리 불청정한 것과 연관된 것을 옹호하는 것은 대체로 그렇게 의도된 듯 보인다.

7. 탄트릭 수행자

만일 우리가 탄트릭 불교 수행자가 누구였는지를 묻는다면, 그 대답은 어느 탄트릭 불교의 단계를 염두하고 있는지에 달려 있을 것이다. 전거에 따르자면, 크리야와 차리야 탄트라 수행자들이 아마도 비구들이었을 것이다. 우리는 이들 전통의 문헌이 그들의 의례가 대승불교의 일부로서 간주되는 '진언의 길'(Mantranaya)을 따르는 보살들에게 어떻게 유용한 수단인지를 말하고자 한다는 점을 살펴보았다. 재가자 보살의 수행을 묘사하는 후기의 인도문헌이 존재하지만, 이러한 형태의 탄트릭 불교는 그 주요한 거점이 승원이었다. 이것이 요가 탄트라에서 자의식적 전통으로서 금강승의 출현과 더불어 변화되었는지는 명확히 알 수 없다. 다음 절에서 논의될 탄트릭 불교의 기원에 관한 문제는 수행자가 누구였는가의 문제와 혼동되어서는 안 된다. 비록 이 세 가지 범주의 탄트라에서 발견되는 수많은 의례가 불교 승원 밖에서 기원한 것이 사실이라 할지라도, 승원의 승려들에 의해 널리 행해졌을 가능성은 여전히 존재한다. 8세기경 중국에 크리야 탄트라와 차리야 탄트라가 전래될 당시의 중요 인물인 슈바카라싱하(Śubhakarasiṃha), 바즈라보디(Vajrabodhi), 아모가바즈라(Amoghavajra)는 모두 승려였다.

마하요가와 요기니 탄트라의 등장과 더불어 수행자의 특징들이 변화한다. 요기니 탄트라의 이상은 성취자(siddha)이다. 아바야닷타(Abhayadatta)의 『차투라쉬티싯다프라브릿티』(Caturaśītisiddhapravṛtti)는 전형적으로 이들을 사회의 주변부에 살며 화장터에 자주 머물고 대개 비관습적인 방식으로 행동하는, 비승원적 비독신의 남녀 요가행자로 그린다. 그러나 아바야닷타의 저서는 이 책에 등장하는 수많은 인물들이 살았던 시대보다 아마도 수백 년 뒤에 쓰였을 것이다. 그러므로 다소 양식화되고 정형화된 표현을 담고 있다. 결론적으로 사료로서 그러한 묘사들은 조심스럽게 다루어져야 한다.

그럼에도 불구하고, 비구가 비밀과 지혜관정知慧灌頂을 받아야 하는지에 관한 논쟁에서 나타나듯이, 요기니 탄트라 또한 분명히 승원의 환경에서 수행되었을 것이 분명하다. 이 시기에 재가와 출가인 금강 스승 두 분류가 공존하고 있었다는 점은 『비말라프라바』의 구절을 통해서도 명백히 드러난다. (승원적 편향을 보이는) 그 구절은 가능함에도 불구하고 승려인 금강스승보다 재가자인 금강스승을 스승으로 모시는 자에 대해 비판한다(Sanderson 1994: 92). 이 문헌은 또한 결혼한 금강승 스승이 승원의 정화의례를 집전하는 것을 비난한다. 요기니 탄트라가 애초에 승원 혹은 비승원의 불교도에 의해 수행되었는가의 문제에 대해서는 학자들의 견해가 일치하지는 않는다. 몇몇 요기니 탄트라의 주석들이 주석하는 근본 텍스트에서 나타나는 쟁점적 내용들에 내적이거나 상징적인 해석을 부여하려고 하는 경향은 초기에 비승원적으로 행해졌던 형식을 승원 불교가 통합시키고자 했던 증거로서 받아들여질 수 있다. 또는 몇몇 수행은 아마도 불교 밖 전통에서 직접적으로 승원적 배경으로 통합되었을 수도 있다.

1) 탄트릭 불교에서의 여성

이 장의 앞부분에서 언급한 것처럼 여성과 여존女尊에게는 높은 지위와 중요한 역할이 부여되었으며 그것은 탄트릭 불교의 독특한 특징 중 하나로 꼽을 수 있다. 본질적으로 이러한 특징은 마하요가와 (특히 보다 더) 요기니 탄트라의 단계에 적용될 수 있는 듯하다. 요기니 탄트라들은 여성 존재들이 맡은 중심적 역할로 인해 그녀들의 이름을 따라 붙여졌다는 점을 앞서 살펴봤다. 요기니(yoginīs)와 다키니(ḍākinīs)라 불리는 그들은 주존主尊을 둘러싼 만다라의 존尊들을 구성하고 있다. (다른 존들 가운데서) 타라(Tārā)와 바즈라요기니(Vajrayoginī)와 같은 여존들은 주존으로서 기능할 수 있다.[277] 요기니 문헌에서 여존에게 높은 지위가

277) 타라(Tārā)와 관련된 자료는 Beyer(1973)와 Wilson(1986) 참조. 바즈라요기니의 한 형태인 친나문다(Chinnamuṇḍā)에 관해서는 Benard(1994) 참조.

주어진 이유에 대해서는 의문의 여지가 없다.

> 여성은 하늘이며, 여성은 법(dharma)이다.
> 여성은 실로 가장 수승한 고행(tapas)이다.
> 여성은 붓다이며, 여성은 승가이고,
> 여성은 반야바라밀이다.
>
> (찬다마하로샤나 탄트라, viii: 29-30)

이 문헌은 (6장에서) 여성을 중상하는 사람은 지옥에서 3겁 동안 고통을 당할 것이라고 경고한다. 여성은 오히려 여존이 구체화된 존재로서 존경과 존중을 받아야 한다고 그려진다. 비탄트릭 대승불교 문헌들은 수사적 의도이긴 하지만, 명백히 대비되는 듯한 견해를 취하고 있다.

> 너 자신은 수많은 오물 주머니를 갖고 있구나. 그것으로 만족하라.
> 헛짓거리를 즐기다니! 또 다른 오물 주머니인 그녀는 잊어라!
>
> (샨티데바, 『입보리행론』(Bodhicaryāvatāra) 8.53,
> 번역: Crosby & Skilton 1995)

『찬다마하로샤나 탄트라』에서 여성에 대한 태도변화가 예증되는데, 이는 요기니 탄트라 문헌에서 발견되는 (성적) 쾌락과 육체에 대한 광범위한 재평가의 일부로서 볼 수 있다. 더 나아가 부정한 것을 역겨운 것으로 간주하지 않고 청정한 것과 동일하게 수용한다면, 여성의 부정함에 대한 논하는 샨티데바의 강조는 역효과를 내게 된다.

요기니 탄트라에서 여성에게 주어진 지위에도 불구하고, 이 지위가 탄트라 수행자 세계의 '현장에서'도 반영되었는지에 대해서는 논란의 여지가 있다. 사회적 종속으로부터의 해방이 반드시 높은 이념적 지위에서 오는 것은 아니다.[278] 이에 대한 하나의 견해는, 어떤 식으로 표현을 하든지 탄트릭 불교는 일반적으로 남성을 위한 것이라는 의견이다. 이는 "이들 탄트라에서 여성에 대한 찬미와 여성의 높은 상징적 지위를 논함에도 불구하고, 모든 이론과 실천은 남성의 이익을 위해 주어진다"라고 주장하는 스넬그로브의 견해이다. 나아가 이들 탄트라 수행이 본질적으로 남성을 위한 것일 뿐 아니라 그 과정에서 여성, 특히 탄트릭 배우자로서 이용되는 낮은 카스트의 여성은 흔히 부당하게 착취당했다고 주장되어 왔다. 미란다 쇼(Miranda Shaw 1994)는 후대 탄트릭 불교에서 여성의 역할에 대하여 아주 다른 견해를 제시하였다. 쇼는 탄트릭 교설에서 여성이 중요한 역할을 담당하고 있었을 뿐만 아니라 탄트라 집단에서 숙달된 수행자로서 두드러진 존재였으며, 탄트릭 불교의 역사에서도 개조 혹은 선구자로 나타난다고 주장한다. 또한 남성 탄트릭 수행자들의 관계에 있어서도 여성들은 착취당하는 지위가 아니었으며 비록 (스승으로서) 우월적 지위가 아니더라도, 친밀하고 동등했다고 주장한다.

역사적 자료가 상대적으로 부족하기 때문에, 8~12세기 탄트릭 불교의 사회적 실상에 대한 평가는 확실치 않으며, 이 단계에서 탄트릭 전통에 따른 여성의 실제 역할에 대한 문제는 여전히 논쟁의 여지가 있다. 수행자로서뿐만 아니라 탄트릭 스승으로서 그리고 수많은 탄트릭 문헌들을 저술한 여성에 관해 현존하는 증거들이 쇼의 이러한 견해를 뒷받침하고 있다.[279] 아바야닷타의 『차투라쉬티싯다프라브릿티』(Catura-

278) 이것은 현재의 인도 사회상황에서 예증된다. Satyajit Ray의 메시지가 강한 영화 〈Devī〉에서 한 어린 소녀의 자유는 그녀가 여신의 화현으로 인정된 결과로 인해 상실된다.

śītisiddhapravṛtti)에서는 많은 성취자들은 흔히 그들의 오래된 동료로 묘사되는 여성 탄트릭 파트너로부터 중요한 가르침을 전해 받는다.[280] 한편으로는, 마하요가와 요기니 탄트라에서는 (『찬다마하로샤나 탄트라』는 부분적으로 예외이지만[281]) 일반적으로 여성에게 비밀과 지혜관정을 주지 않으며, 비록 여성이 아바야닷타의 '전기'에서 탄트릭 파트너로서 중요한 역할을 하지만 84명의 성취자 중 여성은 단지 4명에 불과하다. 아바야닷따의 저술을 역사적 자료로서 고찰하는 것이 곤란하다는 점을 고려하면, 여성이 가진 그러한 역할들은 실제만큼이나 상징적인 것일 수 있다. 또한 몇몇 여성에 의해 저술된 탄트릭 문헌이 현존하지만 그 절대다수는 남성들이(적어도 남성이 쓴 것으로 전해지는) 저술한 것이다.[282]

---

279) 전통에 따르면 왕실의 공주라고 알려진 락슈밍카라(Lakṣmīṅkarā)는 산스크리트어로 전해지는 마하요가와 요기니 탄트라에 속하는 저작인 『아드바야싯디』(Advayasiddhi)를 저술했다. 스승으로 인정을 받던 여성의 한 예로 (나로파의 배우자이기도 했던) 니구마(Niguma)가 있다. 니구나는 또한 티베트에서 인기를 얻게 되는 개별적 '여섯 요가' 전통의 창시자라고도 여겨진다.

280) 예를 들면, *Dohākośa*의 저자인 Saraha의 이야기(Caturaśītisiddhapravṛtti, 번역: Dowman 68) 참조.

281) *Caṇḍamahāroṣaṇa tantra* 3장(번역 George(1974): 54-5)을 참조. 이 문헌에서는 어떻게 예비적 (병)관장의 요소들이 여성에게 맞춰질 수 있는지에 대한 상세한 서술을 한 후에, '하지만 여성에게는 지혜관정을 대신해 방편관정을 행해야만 한다'고 진술한다. 비록 이 관정의 세부사항이 상세히 설해지지는 않지만, 이 구절은 적어도 이 문맥에서 여성에게 '상위의' 관정이 주어진다는 점을 나타낸다.

282) 쇼(Shaw)의 책은 탄트라 불교에서 여성의 역할과 어떻게 그러한 역할을 확인할 수 있는지에 대한 심도 깊은 논의에 자극을 주었다. 이 책에 대한 서평은 Wilson(1996)을 참조. 더 확장된 논의에 대해서는 Davidson(2002a: 91-8)과 Gray(2007a: 93-103)를 참조. 모든 것을 감안해 보자면, (남녀의) 학자들은 쇼의 사례에 설득되지는 않았다. Davidson은 비문과 문헌적 전거에 기초하여 '여성의 참여에 대한 지지는커녕, 진언승(Mantrayāna)은 독립적이고 동등한 인간으로 참여하기를 원하는 그러한 여성의 종교적 열망에 단연코 해가 되었다'고 결론짓는다(전게서: 93). Gray는 특히 차크라삼바라 계열의 문헌에서 나타나는 여성에 대한 묘사를 연구했는데,

8. 기원과 영향

탄트릭 불교가 당대의 넓은 종교적 문화와 분리된 채 전개되지 않았다는 것은 이미 설명했다. 북쪽의 굽타왕조(320~550년경) 홍기 이후 쉬바신과 비슈누신, 여신을 중심으로 한 전통은 인도 종교에서 더욱더 두드러지게 되었다. 특히 7세기부터는 이러한 신격들을 중심으로 한 탄트릭 형태의 종교가 또한 중요해졌다. 그중에서도 탄트릭 샤이비즘(Śaivism, 쉬바신을 중심으로 한 전통)은 탄트릭 불교의 중심지였던 카슈미르 지역 등과 같은 지역에서 추종자들이 있었다. 실제로 그러한 경쟁 국면 속에서 7세기경에 이르러 불교가 다소 쇠퇴했던 듯하다. 적어도 7세기의 유명한 중국의 구법승 현장의 기록이 전하는 모습은 그러하다. 아무튼 불교가 후원과 신자를 확보하기 위해 다른 종교와 경쟁하고 있었다는 점은 명백해 보인다.283)

(때에 따라 통제되고 조복되어야 하는 위험한 존재로서 그려지는) 요기니와 다키니에 대한 양면적인 표현과 여성을 파트너로서가 아니라 목적을 달성하기 위한 도구로서 대하는 경향에 주목한다. 수행자에게 여성 배우자를 존경하고 공경할 것을 권고하는 문헌들조차도 '일반적으로는 남성 중심성을 나타내며, 대개 여성의 영적 탐구와 성취에 대해서는 침묵을 지키는 반면에, 남성 수행자의 영적 탐구의 과정에서는 여성이 핵심적이라는 점을 묘사한다'(전게서: 95). 그러나 Gray는 또한 자야바드라(Jayabhadra)의 차크라삼바라에 대한 초기 주석(9세기)에서 반복적으로 여성 배우자는 '만트라와 탄트라에 대해 잘 교육을 받은 자'여야 한다고 말하는 점을 들어, 이러한 맥락에서 여성의 지위와 권위의 수준이 암시된다고 지적한다. 또한 비승원적 여성 공동체의 존재에 대한 증거를 인정하는데, 그들 중 일부는 마치 니구마처럼 그들 자체의 스승이었다고 본다.

283) 인도 탄트릭 불교의 역사에 영향을 끼친 내외부적 요인들에 대한 상세한 기록에 대해서는 Davidson(2002a)를 참조. Davidson은 불교 탄트라 전통들을 초중기 시대의 보다 넓은 사회적, 정치적, 경제적 관습이라는 문맥 안에서 설명한다. 그는 (특히 승원적인) 탄트릭 불교가 왕과 왕국, 그리고 왕조의 후원에 의지해 (실질적이며 이론적인 측면에서 모두) 관련을 갖고 있었음을 강조한다. Davidson의 연구의 특별한 장점은, 비록 '비밀스런' 혹은 '신비적'이라는 용어

이들 비불교적 종교들의 흡인력과 구제론 경쟁에 대처하기 위해, 탄트릭 불교는 수많은 전략들을 채택했다. 본질적으로 이들 모두는 포괄의 형태로 간주될 수 있는데, 그렇기에 비불교적 신격들과 의례들이 불교적 형식으로 통합되었다. 한 가지 접근방식은 관계된 이 전통들이 불교 이상의 다른 어떤 것이 아니라고 주장하는 것이다. 이와 같이 『문수사리근본의궤경』(Mañjuśrīmūlakalpa)은 비불교적 신격들인 툼부루(Tumburu)와 그의 누이들에 대한 의례들이 원래 수많은 겁 이전에 붓다에 의해 가르쳐진 것이라고 계시한다. 단지 근래에 이르러서야 그것들이 쉬바신에 의해 교설되었을 뿐이라고 말한다.[284] 이러한 방식의 보다 일반적인 형태는 『대일경』(Mahāvairocana Sūtra)에서 발견되는데, 여기서 비불교적 전통들은 붓다들이 가르친 것으로 묘사되며, 붓다들은 각 개인의 다양한 필요에 응해 그들의 선교방편에서 대자재천(Maheśvara, 쉬바)과 나라야나(Nārāyaṇa, 비슈누)와 같은 신들의 모습을 취했다고 설해진다(Hodge 2003: 52). 이러한 관점에서 모든 종교는 불교적인 것이 된다.

두 번째 유형의 전략은 비불교적 신격들을 (때로는 강제적으로) 조복調伏하는 것이다. 굴복시킨 신격들은 붓다에게 귀의하게 되는데, 그 후에 그들을 위한 의례는 비불교적 진언을 대체해 새로운 진언으로 통합되

를 쓰고 있지만, 탄트릭 불교가 어떻게 그 당시의 매우 광범위한 문화권에서 위상을 지녔고, 상호 작용했는지를 보여주는 점에 있다. (그리고 초중기 인도의 중요 종교 전통으로서 샤이바에 대한 연구는 Sanderson(2009)을 참조)

284) 샤이바 비드야피타(Śaiva Vidyāpīṭha)의 툼부루신 숭배가 『문수사리근본의궤경』(Mañjuśrīmūlakalpa)에 동화된 것과 관련해서는 Sanderson(2009: 128-32)을 참조. 『문수사리근본의궤경』은 또한 바이슈나바(Vaiṣṇava) 탄트라에서 발견되는 비뉴수신의 진언도 실은 문수사리(Mañjuśrī)가 중생에 대한 대비심으로 인해 비슈누의 모습으로 가장하고서 예전에 선언했던 것이라고 설한다(Granoff 2000: 409). '의례적 절충주의'의 문화가 형성되던 초중기 동안에 의례가 어떻게 종파주의적 경계를 넘을 수 있었는지에 대해서는 Granoff(전게서) 참조.

었을 것이다. 이러한 유형의 통합의 예가 영향력을 미치면서 생생하게 『금강정경』에서 나타난다. 이 경전은 바즈라파니(Vajrapāṇi)가 쉬바를 굴복시키는 상세한 이야기를 담고 있다. 쉬바는 특히 개종에 대해 저항하는데, 그는 죽임을 당하고 다시 소생한 뒤에 결국 지금강의 발 아래서 그의 아내 우마(Umā)와 함께 짓밟히게 된다. 지금강의 발에 밟힌 자세로 탄트릭 권능을 부여 받은 후, 쉬바는 깨달음을 성취하고 새로운 이름을 받아 멀리 떨어져 있는 다른 세계에서 붓다가 된다.[285] 데이비슨(Davidson 1995a)은 이 이야기가 이 마을에서 저 마을을 다니면서 다른 종교 전통과 경쟁하면서 떠돌아다니던 불교스승들이 전해주던 이야기에서 기원했을 것이고, 티베트 불교의 중요 신화들 중 하나로 자리 잡게 되었다고 말했다. 그는 오직 후대에 이르러서야 이러한 이야기가 문헌적 전통과 승원 전통 속에서 통합되었을 것이라고 주장한다.

마하요가와 요기니 탄트라의 경우에 기원에 관한 문제는 다소 다른 형태로 일어난다. 어떤 학자들은 (예를 들면, Snellgrove 1987a: 180-1 참조) 특히 화장터의 수행을 도입한 『헤바즈라 탄트라』로 대표되는 요기니 탄트라와 같은 이러한 문헌들이 급진적으로 아주 새로운 형태의 탄트릭 불교를 대표한다고 주장한다. 이러한 견해에 따르면, 의례를 행하기 위해 특별히 화장터에 모인 승려가 아닌 떠돌이 요가행자 집단으로부터 이러한 문헌들이 기원했고, 단지 후대에 그것들이 불교 승원의 영역 속으로 통합되었던 것이라고 본다. 나아가 이것은 불교 요기니 탄트라의 원천일 뿐만 아니라 유사한 특징을 가지고 있는 샤이바 탄트라의 원천이며, 그러므로 이는 두 가지 전통이 가졌던 공통적인 요가수행자적 토

285) 이 이야기에 대한 영어번역은 Davidson(1995a)과 Snellgrove(1987a: 136-141) 참조. 나아가 신화적 발전에 대한 분석과 해석에 대해서는 Davidson(1991) 참조.

대를 대변한다고 주장된다.[286] 최근에 샌더슨(Sanderson 1994, 2001, 2009)은 이러한 유형의 모델의 타당성에 대해 의문을 제기했다. 샌더슨은 샤이바와 불교 탄트릭 경전들이 많은 공통점을 갖고 있다는 의견에 동의하지만, 몇몇 특별한 경우는 불교도들에 의해 차용된 결과로서 설명될 수 있다고 주장한다. 그는 『차크라삼바라』(Cakrasaṃvara), 『아비다놋타라』(Abhidhānottara), 『삼바로다야』(Saṃvarodaya)와 같은 차크라삼바라계 탄트라의 광범위한 구절들이 샤이바 경전의 비드야피타(Vidyāpītha) 부분의 탄트라로부터 편집되었다는 것을 설득력 있게 보여주고 있다. 샌더슨은 또한 샤이바 문헌인 『하라차리타친타마니』(Haracaritacintāmaṇi)를 인용하면서, 샤이바 전통이 자신들의 경전이 이런 방식을 통해서 사용되고 있음을 분명히 알고 있었다고 말한다(1994: 93).[287]

결론적으로, 여타 전통들의 경쟁 위협을 그들의 여러 측면을 통합함을 통해서 다루려는 전략은 요기니 탄트라 시기에도 계속되었다. 이러한 문헌을 개정한 불교도들이 방랑하던 요가수행자였는지 승려였는지에 대한 문제는 아직 해결되어야 할 것으로 남아 있지만, 그들이 누구였

286) 이러한 견해들의 예로서, Beyer(1973: 42), Gomez(1987: 375-6), Ruegg(1989b: 173) 참조.

287) Sanderson(2001: 41-47)은 『차크라삼바라』의 약 200개의 게송이 샤이바 문헌에서 개정된 것임을 논의했다. 이는 전체 문헌의 거의 1/3에 해당한다. 놀라운 것은 아니지만, 아마도 (급진적 성격을 감안할 때) 샌더슨의 주장에는 반박의 여지가 없다. Davidson(2002a: 386 n.105)과 그를 따르는 Gray(2007a: 8n.16)는 그러한 채택의 방향에 대한 주장이 (텍스트 분석의 기술과 철학과 관련된 다소 전문적인 근거에서) 완전하게 입증되었다고 확신하지는 못했었다. 이에 Sanderson (2009: 187-220)은 최근에 자신의 방법론을 설득력 있게 옹호했을 뿐만 아니라 『차크라삼바라』의 개정에서 나타나는 샤이바의 영향에 대한 추가적인 부분을 명시했다. 더하여 샤이바 전거를 불교가 흡수한 것이 샤이바의 관용구에 익숙한 비불교도인의 개종을 용이하게 하기 위한 전략에서 의도적으로 취해진 것이라고도 주장한다(전게서: 232-40).

는지 간에, 그들은 샤이바 문헌의 영역에 대한 접근이 필요했을 것이다.

보다 앞선 불교(불교이든 혹은 다른 것이든)에 평행하는 것이든 어떤 경우든 간에 샌더슨이 주석하듯이, '기능과 자기 인식면에서 완전히 불교적인 것'(Sanderson 1994: 96)으로서 외부에서 채택된 요소들은 불교의 문맥에서 통합되어 탄트릭 불교를 형성했다.

▌제7장의 핵심 요점

- 탄트릭 불교는 특정한 종류의 의례와 명상수행을 강조하는 불교의 한 형태이다. 수행과 목적에 대한 독특한 개념과 태도를 발전시켰지만, 이는 철학적 학파(vāda)도 아니며 종파(nikāya)도 아니다. 탄트릭 수행은 특히 세간적인 목적과 궁극적 목적 둘다를 성취하는 데 특히 효과적인 것으로 간주되었다. 탄트릭 불교의 광범위한 문헌에는 이후 탄트라로 알려지는 경전과 더불어 주석, 의례집, 독립적 전문서들이 포함된다.

- '만트라의 길眞言理趣'이라는 뜻의 만트라나야(Mantranaya)라는 이름을 썼던 탄트릭 불교는 7세기 동안에 자기 인식을 지닌 전통으로 발전했다. 아마도 한 세기 안에 '금강승金剛乘'이라는 뜻의 바즈라야나(Vajrayāna)로 알려지게 되었다. 그리고 이는 인도에서 점차 불교 수행에 지배적인 역할을 하게 되었다.

- 탄트릭 불교를 형성하는 진언승와 금강승 둘 다 모두 일반적으로 대승불교의 사고 안에 있던 추종자들에 의해 묘사되었다. 그러나 금강승 전통들이 스스로를 수많은 억겁에 걸쳐서야 얻을 수 있는 불성을 이번 생에 얻을 수 있게 하는 빠른 방법이라고 제시하면서, 탄트릭 수행은 대승불교의 목적을 성취하는 데 필수적인 것으로 간주되었다.

- 불교 탄트릭 수행은 일반적으로 완전히 깨달은 존재인 신격을 의례를 통해 불러내고 공양하는 데 중점을 둔다. 관상 기술과 결합된 진언의 사용은 이러한 과정의 핵심 요소이며, 존체의 만다라로의 사전 입문을 전제로 한다. 이러한 수행은 후에 미세신이라는 해부학적 모델을 사용한 요가 수행과 통합된 형식을 띠게 된다.

- 탄트릭 불교는 (단일적) 하나의 특징으로 정의되기를 거부한다. 보다 생산적이고 (다중적) 접근방식은 일련의 탄트릭 특성을 나열하면 그중 상당한 부분과 다양한 하위 집단이 탄트라 수행이나 전통의 주어진 사례에서 보일 것인데, 그러한 목록에는 다음의 내용이 포함될 수 있을 것이다.

  - 진언, 관상, 입문의례의 사용

- 만다라와 무드라의 사용
- 비밀(밀교)의 강조
- (1) 신체와 (2) 부정적 심적 상태, 그리고 (3) 여성의 역할과 위상에 대한 재평가
- 부정한 물질과 대상의 사용
- 성적화된 (성스러우며 요가적인) 의례의 활용
- 유비적 사고
- 스승의 중요성에 대한 강조

• 시간이 지나면서 탄트릭 불교의 저자들은 다양한 방식으로 탄트라 경전을 분류했다. 이러한 분류법은 본질적으로 대개는 연대순이었고, 이전의 범주는 이전 전통의 단계를 반영한다. 그러므로 각 탄트라군의 지배적인 특징에 관한 개요를 통해 탄트릭 불교의 관심사, 관점과 구조의 발전에 대해 이해할 수 있다.

- 크리야(Kriyā 소작) 탄트라 - 일반적으로 세속적인 목적과 함께 의례에 주로 중점을 둔다.
- 차리야(Caryā 행) 탄트라 - '외적' 의례와 더불어 '내적' 명상의 관상을 포함한다. 점차 궁극적인 (구제적인) 목적에 대해 강조한다. 만다라의 중심에 우주적 비로자나불을 위치시킨다.
- 요가(Yoga 유가) 탄트라 - 구제론이 전면에 등장, 대칭적 구조의 만다라에 다섯 (방위의) 붓다를 위치시킨 오불五佛의 부족을 발전시켰다. 만달라의 중심에 계속해서 비로자나를 위치시킨다. 탄트라의 용어를 통해 붓다의 깨달음을 이야기한다.
- 마하요가(Mahāyoga 대유가) 탄트라 - 만달라의 중앙에 아촉불의 금강 종족을 위치시킨다. 성적 결합에서 만달라의 (평화로운) 붓다를 묘사한다. 성적 의례를 포함한 '상위의' 관정을 발전시킨다. 부정한 물질에 대한 의례적 소비를 옹호한다. (외견상으로) 유리적 규약에 대한 위반을 제창한다.
- 요기니(Yoginī) 탄트라 - 만다라 중앙의 금강부족으로부터 분노한 혹은 반쯤 분노한 형상의 붓다를 지닌다. 화장터 숭배로부터 신격, 수행, 상징을

통합한다. 만다라에 주하는 무서운 여성 존재인 요기니에 결정적인 역할을 부여한다.

- 깨달은 마음의 본질과 경험에 대해 서술하는 독특한 개념은 탄트릭 불교의 후기로 갈수록 정교화된다. 깨달음은 대락大樂(mahāmudrā)이자, 본질적이고 내재적이며, 자발적(sahaja)이며, 대인大印을 지닌 것으로서 특징되며, 환희와, 공성, 보리심으로서 이해된다.
- 수행에 들어가기 위해 요구되는 관정(abhiṣeka)의 수와 탄트릭 전통의 의무사항은 다양했다. 그러나 시간이 지나면서 수는 더 증가했다. 여섯 혹은 일곱 가지의 관정을 의무화한 요가 탄트라들에 의해서 표준화가 일어났다. 그룹화되어, 이러한 여섯 혹은 일곱 관정은 네 가지 '상위' 관정의 한 세트에서 첫 번째가 되었다. 이 네 관정 중에 비밀관정과 지혜관정은 이들이 지닌 성적 요소 때문에 쟁점이 되었다.
- 부정한 물질에 대한 의례적 섭취는 비이원적인 측면으로서 이해되었다. 예를 들어 '청정'와 '부정'이라고 세계를 이원적으로 인식하는 경향에서 이원적 세계인식은 (인습적으로) 부정한 것으로 여겨지는 것과 결합시킴으로써 극복된다고 보았다. 또 다른 이해는 부정한 것과의 접촉이 그것이 지니고 있는 것으로 여겨지는 강력하고 위험한 힘에 접근하도록 한다는 것이었다.
- 인도에서 탄트릭 불교는 비불교적 (특히 샤이바) 탄트릭 전통들을 포함하여 넓은 문화권에서 존재했다. 흡인력과 구제론 경쟁에 대한 대처로서 탄트릭 불교는 다양한 포괄 전략을 채택했는데, 그렇기에 비불교의 신격과 의례들이 불교의 형태로서 통합되었다. 따라서 의례는 원래 불교의 것이라고 주창될 수 있었고, 혹은 비불교의 신격들이 (불교의 신격들에 의해서) 예속되고 따라서 그들의 의례도 도입될 수 있었다.

추가적인 읽을 자료와 웹사이트

본서를 마친 후에 특히 주류불교, 대승불교, 탄트릭 불교에 관해 추천하고자 하는 세 가지 최근의 서적이 있다. 이 세 책은 주로 인도와 동남아시아 불교와 관련이 있지만, 대승불교를 다루는 책은 그 이상으로 중국, 일본, 티베트의 불교에 대한 좋은 소개 역할을 할 수 있을 것이다.

Davidson, R. M. (2002a) *Indian Esoteric Buddhism: A Social History of the Tantric Movement*, New York, NY: Columbia University Press.
Gethin, R. (1998) *The Foundations of Buddhism*, Oxford and New York: Oxford University Press.
Williams, P. (2009) *Mahāyāna Buddhism: The Doctrinal Foundations*, Completely revised Second Edition, London and New York: Routledge.

혹시 불교 경전을 읽고자 한다면, Rupert Gethin(2008)이 좋은 시작점이 될 것이다.

Rupert Gethin (2008) *Sayings of the Buddha: A Collection of Suttas from the Pali Nikāyas*, Oxford: Oxford University Press.

대승불교 자료에 쉽게 접근할 수 있는 다른 자료로는
Lopez, D. S. (ed.) (2004) *Buddhist Scriptures*, Harmondsworth: Penguin Books.
가 있다.

소개한 이러한 서적을 읽은 후에, 불교 관련 독서를 확장하는 최고의 방법은 본서의 각 장의 각주와 참고문헌에서 언급했던 책과 논문들을 찾아보는 것이다.

불교학에 대한 주요 웹사이트로는 불교학 WWW 가상연구소 http://www.ciolek.com/WWWVL-Buddhism.html (26.4.011)가 있다. 인도학 분야

의 리소스는 http://indology.info (26.04.11)에서 찾을 수 있다.

보다 서구의 맥락에서 불교 수행과 관련된 사이트로는 http://www.dharmanet.org (26.04.11)이 있다.

이들 사이트에서 필요한 인터넷 리소스에 접근할 수 있다.

▌시험과 질문

불교사상은 국제적으로 대학에서의 교육을 위해 사용되고 있으며, 몇 년 동안 브리스톨 대학의 불교학센터(Center for Buddhist Studies at the University of Bristol, Theology and Religious Studies: http://www.bristol.ac.uk/thrs/buddhist-centre)에서 학부 학생들에게 불교사상을 소개하는 데 사용되었다.

이하는 시험 문제들을 뽑은 것이다. 대부분은 최근 몇 년 동안 이 책을 주로 공부했던 신입생들과 Rupert Gethin의 『The Foundation of Buddhism』 중 〈불교공동체〉 챕터에서 유래한 것이다.

이 질문들은 몇 개의 다른 시험과제에서 왔다. 학생들은 두 시간에 두 개의 질문에 답하면 될 것이다.

1. 재정적 제한과 취업준비의 필요성의 시대에 대학에서의 불교공부가 정당화될 수 있는지를 비판적으로 논의하라.
2. 붓다의 생애로부터 우리는 무엇을 배울 수 있는가?
3. 시험과 관련하여 어떻게 전통적인 붓다의 전기가 불교도들에게 중요한 주제를 보여주는지를 제시하시오.
4. 붓다의 실제적인 삶의 스토리는 불교도들에게 중요하지 않다. 만일 붓다가 존재하지 않았었다면, 그것은 차이가 없었을 것이다. 이를 논의하라.
5. '붓다가 진리에 관심을 갖지 않고, 단지 그의 다르마가 실천적 이익을 가져오는지의 여부에 관심을 가졌다는 제안을 비판적으로 논의하라.
6. '불교는 모두 마음에 관한 것이다.' 이를 논의하라.
7. '사성제'의 어느 것이 가장 중요한가? 당신의 견해를 정당화하시오.
8. '사성제'와 관련하여 불교가 염세주의적인 종교인지를 논의하라.

9. 열반을 가리킴에 의해 불교에서 무엇이 의미되고 있는가? 왜 열반은 불교도들에게 중요한가?
10. 불교의 '무아'(anātman/anattā)설의 의미와 목적을 비판적으로 논의하라.
11. '불교의 무아설은 사람이란 무가치하다는 것을 의미한다. 그것은 반도덕적 교설이다.' 이를 논의하라.
12. '불교는 영혼을 부정하며 신의 존재를 부정한다. 그러한 것으로서 종교가 아니다.' 이를 비판적으로 논의하라.
13. 인간의 잠재력에 대한 불교의 관점에 관해 불교 우주론이 우리에게 말하는 것은 무엇인가?
14. 불교의 우주론이 사실이 아니기 때문에 불교는 분명 오류이며 가치가 없다고 하는 제안에 불교도는 어떻게 반응하겠는가?
15. 불교 우주론이 현대세계에서 어떤 가치를 가질 수 있는가를 논의하라.
16. 왜 사람들은 불교승려가 되며, 어떻게 되는가?
17. 어느 정도 그리고 어떤 방식으로 불교승려는 그들이 속해 있는 사회에 기여하는가?
18. '불교승려들은 그들 자신의 이기적 관심을 제외하고 일체를 포기했다.' 이를 논의하라.
19. '불교명상은 당신의 마음을 공백으로 만든다.' 이를 논의하라.
20. 불교명상은 현대사회에서 어떤 가치를 가지는가?
21. '불교명상은 자기강박적인 자기탐닉이다. 현대사회에 그것을 위한 여지는 없다.' 이를 논의하라.
22. 대승불교란 무엇인가? 하나 이상의 대승경전의 교설과 관련하여 논의하라.
23. 대승불교가 급진적으로 완전히 새로운 불교인지 아니면 비대승불교의 연속인지를 논의하라.
24. 어느 정도로 '대승불교'가 교육받지 않은 대중의 불교로서 '민중불교'나 '대중적 불교'를 나타내는 또 다른 명칭인가를 논의하라.

25. 예시들을 제시하면서 대승불교의 핵심 주제들 몇몇을 스케치하라.
26. '유부 아비다르마에서 존재의 이론은 어떤 것이 존재하는가의 이론이 아니라 무엇이 존재하지 않는 것인가의 이론이다.' 이를 논의하라.
27. 아비다르마는 종교로 여겨질 수 있는가? 아니면 철학으로 여겨질 수 있는가?
28. 무엇이 아비다르마의 목적이며, 어떻게 그것은 그것을 성취하기 위해 시작하는가?
29. 대중부의 '출세간'의 가르침(lokottaravāda)은 붓다의 인간임과 죽음을 인정할 수 없는 것을 표현한 것이라는 제안을 논의하라.
30. 대승의 발전을 이해하기 위해 대중부의 출세간설은 얼마나 중요한가?
31. 얼마나 '대중부의 출세간설'(lokottaravāda)은 깨달음을 향한 불교의 추구에 중요한지를 비판적으로 논의하라.
32. 무엇이 '반야바라밀'(prajñāpāramitā)에 관해서 그렇게 완전한 것인가?
33. '반야경(prajñāpāramitā) 문헌은 모든 것이 환상이라는 하나의 주장을 한다. 그러한 것으로서 그것은 분명 난센스이다.' 이를 논의하라.
34. '반야경(prajñāpāramitā) 문헌에서 우리는 실제로 불교의 핵심을 발견한다.' 이를 논의하라.
35. '붓다는 절제를 가르쳤다－우리는 극단에 빠지면 안 된다. 중관학파는 이 가르침을 완전히 무시했다.' 이를 논의하라.
36. '치밀하게 검토될 때 우리는 중관학파가 대승은커녕 실제로 불교일 수 없음을 안다.' 이를 논의하라.
37. 얼마나 중관이 스스로를 '중도'의 진실한 의미로서 생각하는 것이 정당화되는가를 비판적으로 평가하라.
38. 대승의 공성(śūnyatā)의 가르침이 얼마나 현대세계에 중요한지를 논의하라.
39. 유가행파의 삼성(trisvabhāva)설은 얼마나 적합한가?
40. '유가행파(또는 유심/유식)의 견해는 진실로 존재하는 것은 단지 나－

나 자신뿐이라는 것이다. 그러한 것으로서 그것은 자아(ātman)에 대한 그릇된 견해에 떨어진다.' 이를 논의하라.

41. 유가행파의 사상 속에서 무이無二의 의미와 역할을 비판적으로 논의하라.
42. 대승불교에서 '붓다'란 신의 별칭일 뿐이라는 제안을 비판적으로 논의하라.
43. '붓다의 신체'(불신佛身)에 대한 교설이 종교로서의 대승의 발전에 기여했던 방식을 고찰하라.
44. '보살도'에서 가장 중요한 것이 비심悲心인지 지혜인지를 논의하라.
45. 대승불교에서 붓다라고 불리는 하나와 보살이라고 불리는 하나의 모습과 본성, 중요성을 논의하라.
46. 얼마나 그리고 어떤 방식으로 대승불교는 '헌신적 종교'로서 여겨질 수 있는가?
47. 어떻게 불교는 탄트릭 불교가 되는가?
48. '탄트릭 불교는 단지 마술에 관한 것일 뿐이며, 불교에 관한 것은 아무 것도 없다.' 이를 논의하라.
49. 탄트릭 불교는 다른 형태의 불교와 양립할 수 있는가? 아니면 다만 타락인가?

참고문헌

1차 자료

인도불교 문헌의 경우 산스크리트어나 팔리어 판본이 필요한 경우에 인용되었다. 좀 더 권위 있거나 상대적으로 접근이 용이하며 우리에게 친숙한 최신판이 없는 티베트 문헌의 경우에는 토후쿠(T), 한역 문헌의 경우에는 대정신수대장경의 숫자를 사용하여 그 번역문을 표시하였다. *별표는 한역에서 추정한 산스크리트어를 나타낸다. 논문에 언급된 1차 자료들에 관한, 가장 손쉽게 구할 수 있고 가장 믿을 만한 번역에 대해서 가능한 곳에서 언급해두었다. 영어 번역은 없지만 불어나 독어 번역이 있는 경우에는 영어 대신 언급해두었다. 일반적으로 온라인을 통해 입수한 텍스트나 번역은 따로 인용출처를 표기하지 않았다. 여기서 인용된 표준 버전이 많이 있으면 이들은 구글(Google) 검색을 통해 가장 잘 찾을 수 있다.

여기서 가장 철학적인 문헌의 대부분은 3권으로 된 『인도철학 백과사전』(Encyclopedia of Indian Philosophies)에 상세히 요약되어 있다. 더 자세한 내용은 사전의 개별 권을 참고하기 바란다.

Potter, K. H., with Buswell, R. E., Jaiji, P. S., and Reat, N. R. (eds) (1996) *Encycolopedia of Indian Philosophies: Volume Ⅶ: Abhidharma Buddhism to 150 A.D.*, Delhi: Motilal Banarsidass.

Potter, K. H. (ed.) (1999) *Encycolopedia of Indian Philosophies: Volume Ⅷ: Buddhist Philosophy from 100 to 350 A.D,*. Delhi: Motial Banarsidass.

Potter, K. H. and Williams, P. (ed.) (2003) *Encyclopedia of Indian Philosophies: Volume Ⅸ: Buddhist Philosophy from 350 A.D.*, Delhi: Motial Banarsidass.

Abhidhānottara Tantra: Sanskrit at Nepal-German Manuscript Preservation Project reel E 695/3. T. 369. No Chinese. For a partial edition and

English translation see M. Kalff (1979) 'Seleted chapters from the Abhidhānottaratantra: The union of female and male deities', unpublished Ph.D. thesis, Columbia University, New York.

Abhidharmadīpa (Vimalamitra? Īśvara?): P. S. Jaini (ed.) (1977) *Abhidharmadīpa with Vibhāṣāprabhāvṛtti*, critically edited with notes and introduction, Patna: Kashi Prasad Jayaswal Research Institute. No translation, but a summary available in Jaini's Introduction.

Abhidharmakośa(bhāsya) (Vasubandhu): Swami Dwarikadas Shastri (ed.) (1970-4) *Abhidharmakośa and Bhāṣya of Acharya Vasubandhu with Sphutārthā commentary of Acarya Yaśomitra*, Varanasi: Bauddha Bharati. 5 volumes. T. 4090. Taisho 1558/1559. Engligh in L. de La Vallée Poussin (trans.) (1998-90) *Abhidharmakośabhāṣyam*, English translation by Leo M. Pruden, Berkeley, Calif.: Asian Humanities Press. 4 volumes.

Abhidharmasamuccaya (Asaṅga): V. V. Gokhale (ed.) (1947) 'Fragments from the Abhidharmasamuccaya of Asamga', *Journal of the bombay Branch of the Royal Asiatic Society*, New Series 23: 13-38. T.4049. Taisho 1605. French translation in W. Rahula (trans.) (1971) *Le Compendium de la Super-doctrine (Philosophie) (Abhidharmasamuccaya) d'Asaṅga*, Paris: École Francaise d'Extrême-Orient.

Abhisamayālaṃkāra (Maitreyanātha?): Sanskrit text contained within the *Abhisamayālaṃkārāloka*, of Haribhadra in P.L. Vaidya (ed.) (1960) *Aṣṭasāhasrikā Prajñāpāramitā, with Haribhadra's Commentary called Āloka*, Darbhanga: The Mithila Instititute of Post-Graduate Studies and Research in Sanskrit Learning. T.3786. No Chinese. English in E. Conze (trans.)(1954) *Abhisamayālaṃkāra*, introduction and translation from original text, with Sanskrit-Tibetan index, Rome: Instituto Italiano per il Medio ed Estremo Oriente.

Advayasiddhi (Lakṣmīṅkarā): Sanskrit and Tibetan in Samdhong Rinpoche and Vrajvallabh Dwivedi (eds) (1987) *Guhyādi-Aṣṭasiddhi-Saṃgraha,* Sarnath, Varanasi: Central Institute of Higher Tibetan Studies. No Chinese. English translation with Sanskrit text in R. Mishra (1995) *Advayasiddhi: The Tantric View of Lakṣmīṅkarā,* New Delhi: Kant Publications.

Advayavajrasaṃgraha: A collection of some twenty short works ascribed to Advayavajra. Sanskrit in H. Shastri (ed.) (1927) *Advayavajrasaṃgraha*, Baroda: Oriental Institute. No Chinese. No Tibetan translation references. Some Works may have been translated into Tibetan. English translation of one text, the *pañcakāra*, by D. Snelltrove, in E. Conze, I. B. Horner, D. Snellgrove, and A. Waley (eds.) (1964) *Buddhist Texts Through the Ages*, New York: Harper & Row.

Aggañña Sutta: Pāli text in T. W. Rhys Davids and J. Estlin Carpenter (eds) (1966) *The Dīgha Nikāya*, London: Published for the Pāli Text Society by Luzac. Three volumes. Originally published 1890-1911. English in M. Walshe (trans.) (1987) *Thus Have I Heard: The Long Discourses of the Buddha*, London: Wisdom. Another translation in T. W. Rhys Davids (trans.) (1899-21) *Dialogues of the Buddha*, London: Pāli Text Society. Three volumes.

Ajātaśatrukaukṛtyavinodana Sūtra: Sanskrit lost. Appears not to have been translated into English. T. 216. Taisho 629.

Akṣayamatinirdeśa Sūtra: No extant Sanskrit version. T. 175. Taisho 397 (12)/403. Translated in J. Brārvig (trans.) (1993) '*Akṣayamatinirdeśa Sūtra: The Tradition of Imperishability*' *in Buddhist Thought*, Oslo: Solum Forlag.

Akṣobhyavyūha Sūtra: Indian original lost. T. 50. Taisho 310 (6)/313. Translated in Garma C. C. Chang (ed.) (1983) *A Treasury of Mahāyāna Sūtras: Selections from the Mahāratnakūṭa Sūtra*, translated from the Chinese by the Buddhist Association of the United States, University Park, Pa.: Pennsyluania State University Press.

Alagaddūpama Sutta: Pāli text in V. Trenckner (ed.) (1991-4) *The Majjhima-Nikāya*, London: Pāli Text Society. Reprint of a work originally published in 1888-1925. Four Volumes. Translation in I. B. Horner (trans.) (1954-9) *Middle Length Sayings*, London: published for the Pāli Text Society by Luzac. Three volumes. Another translation in Bhikkhu Ñāṇamoli and Bhikkhu Bodhi (trans.) (1995) *The Middle Length Discourses of the Buddha: A New Translation of the Majjhima Nikāya*, original Translation by Bhikkhu Ñāṇamoli; translation edited and revised by Bhikkhu Bodhi, boston: Wisdom, in association with the barre Center for Buddhist Studies.

Anantamukha Dhāraṇī: Sanskrit appears to be lost. T. 140 (cf. 525). Taisho 1009-17. No translation.

Anattalakkhaṇa Sutta: Pāli text in M. Leon Feer (ed.) (1973-80) *The Saṃyutta-nikāya of the Sutta-piṭaka*, London: Pāli Text Society. Originally published London: Frowde, 1884-1904 and London: Luzac,

1960. Six volumes. Translation in C. Rhys Davids (Vols 1-2) and F. L. Woodward (Vols 3-5) (trans.) (1917-30) *The Book of the Kindred Sayings,* London: Pāli Text Society. Five volumes.

Aṅgulimālīya Sūtra: No complete Sanskrit version. T. 213. Taisho 99. Appears not yet to have been translated.

Aṅguttara Nikāya: Pāli text in R. Morris (vols 1-2) and E. Hardy (vols 3-5) (eds) (1961-81) *The Aṅguttara-nikāya,* 2nd edition revised by A. K. Warder, London: published for the Pāli Text Society by Luzac. Originally published London: Frowde, 1885-1910. Six volumes. Translation in F.L. Woodward (Vols 1, 2, and 5) and E. M. Hare (Vols 3, 4) (trans.) (1932-6) *The Book of the Gradual sayings*, London: Pāli Text Society.

Aṣṭasāhasrikāprajñāpāramitā: Sanskrit text in P. L. Vaidya (ed.) (1960) *Aṣṭasāhasrikā Prajñāpāramitā, with Haribhadra's commentary called Āloka*, Darbhanga: The Mithila Instiitute of Post-Graduate Studies and Research in Sanskrit Learning. T. 12. Taisho 220 (4) (5)/224-228. English translation by e. Conze (trans.) (1973) *The Perfection of Wisdom in Eight Thousand Lines and its Verse Summary*, Bolinas: Four Seasons Foundation.

Avatamsakasūtra: Some Sanskrit portions surviving. See under *Daśabhūmika Sūtra* and *Gaṇḍavyūha Sūtra*. T. 44/104. Taisho 278-9. English translation from the Chinese in T. Cleary (trans.) (1984-7) *The Flower Ornament Scripture: A Translation of the Avatamsaka Sūtra*, Boulder, C.: Shambhala Publications. Three volumes. Vol. 3 published in Boston.

Bar do thos grol: Translated in R. A. R. Thurman (trans.) (1994) *The Tibetan Book of the Dead: Liberation Through Understanding in the Between*, New York, Toronoto, London, Sydney, Auckland: Bantam Books.

Bhagavad Gītā: Translated in W. J. Johnson (trans.) (1994) *The Bhagavad Gītā*, Oxford and New York: Oxford University Press.

Bhāvanākrama (Kamalaśīla): Sanskrit and Tibetan of first *Bhāvanākrama*, together with an English summary, in G. Tucci (ed.) (1958) *Minor Buddhist Texts, Part II*, Rome: Instituto Italiano per il Medio ed Estremo Oriente. For English see also S. Beyer (trans.) (1974) *The Buddhist Experience: Sources and Interpretations*, Encino, Calif.: Dickenson. T. 3915. As far as we know, the Sanskrit of the second

(T. 3916) and third (T. 3917) *Bhāvabājranas* is missing, Nor are we familiar with a translation of the second *Bhāvanākrama*. Third *Bhāvanākrama* translated into French by Étienne Lamotte in P. Demiéville (1952) *Le Concile de Lhasa*, Paris: Bibliothèque de l'Institutdes Hautes Études Chinoises, Imprimerie Nationale de France. See also G. Tucci (ed.) (1971) *Minor Buddhist Texts: Part III*, Rome: Instituto Italiano Per il Medio ed Estremo oriente. Cf. the Taisho 1664.

Bodhicaryāvatāra (Śāntideva): For the Sanskrit see P. L. Vaidya (ed.) (1960) *Bodhicaryāvatāra of Śāntideva, with the commentary Pañjikā of Prajñākaramati*, Darbhanga: The Mithila Institute of Post-Graduate Studies and Research in Sanskrit Learning. T. 3871. Taisho 1662. English in K. Crosby and a. Skilton (trans.) (1995) *Śāntideva: The Bodhicaryāvatāra*, Oxford: Oxford University Press.

Bodhicittavivaraṇa (Nāgārjuna?): Complete Sanskrit version lost. Tibetan text, with Sanskrit fragments, in Chr. Lindtner (ed. and trans.) (1982) *Nāgārjuniana: Studies in the Writings and Philosophy of Nāgārjuna*, Copenhagen: Akademisk Forlag. Cf. Taisho 1661

Bodhipathapradīpa (Atiśa, with a commentary attributed to Atiśa): Sanskrit lost, no Chinese version. T. 3947. Cf. T. 4465. Translated in R. Sherburne (trans.) (1983) *A Lamp for the Path and Commentary*, London: Allen and Unwin.

Brahmajāla Sutta: Pāli text in T. W. Rhys Davids and J. Estlin Carpenter (eds) (1966) *The Dīgha Nikāya*, London: published for the Pāli Text Society by Luzac. Three volumes. Originally published 1890-1911. English in M. Walshe (trans.) (1987) *Thus Have I Heard: The Long Discourses of the Buddha*, London: Wisdom. Another translation in T. W. Rhys Davids (trans.) (1899-21) *Dialogues of the Buddha*, London: Pāli Text society. Three volumes.

Buddhacarita (Aśvaghoṣa): Sanskrit text and English translation in E. H. Johnston (ed. and trans.) (1935-6) *The Buddhacarita; or Acts of the Buddha*, cantos i to xiv translated from the original Sanskrit supplemented by the Tibetan version, Calcutta: published for the University of the Panjab, Lahore, by Baptist Mission Press. Johnston has also translated Chapters 15 to 28 in E. H. Johnston (1937) 'The Buddha's mission and last journey: Buddhacarita, xv to xxviii', *Acta Orientalia* 15: 26-62, 85-111, 231-52, 253-86. Chs 1-17 translated by

E. B. Cowell (ed.) (1969) in *Buddhist Mahāyāna Texts*, New York: Dover Publications. Originally Volume 49 of F. Max Müller (ed.) (1894) *The Sacred Books of the East*, Oxford: Clarendon Press. Taisho 192. T. 4156.

Cakrasamvara Tantra (aka *Laghusamvara Tantra, Herukābhidhāna*): Sanskrit in J. Pandey (ed.) (2002) *Śrīherukābhidhānam Cakrasamvaratantram with Vivṛti Commentary of Bhavabhaṭṭa,* Sarnath, India: Central Institute of Higher Tibetan Studies. Two volumes. Sanskrit and Tibetan in D.B. Gray (2001) *The Cakrasamvara Tantra* (*The Discourse of Śrī Heruka*): *Editions of the Sanskrit and Tibetan Texts,* New York, NY: American Institute of Buddhist Studies. T. 368. No Chinese. English translation from the Sanskrit in Gray 2007a.

Caṇḍamahāroṣaṇa Tantra: Sanskrit part edited with an English translation by Christopher S. George (1974) *The Caṇḍamahāroṣaṇa Tantra: Chapters I-VIII: A Critical Edition and English Translation*, New Haven, Connecticut: American Oriental Society. T. 431. No Chinese.

Caryāgīti: Old Bengali text, Tibetan translation, and English translation in Per Kvaerne (1977) *An Anthology of Buddhist Tantric Songs: A Study of the Caryāgīti*, Oslo: Universitetsforlaget. Second edition, Bangkok: White Orchid Press, 1986. This also contains the Sanskrit text and Tibetan translation of Munidatta's commentary to the *Caryāgīti*. No Chinese.

Catuḥśatakakārikā (Āryadeva): Full Sanskrit text lost. Fragments, with Tibetan, and translation in K. Lang (trans.) (1986) *Āryadeva's Catuḥśataka: On the Bodhisattva's Cultivation of Merit and Knowledge*, Copenhagen: Akademisk Forlag. T. 3846. Taisho 1570-1 (Chs 9-16. Tibetan translated together with a commentary by rGyal tshabrje (1364-1432 ce), by R. Sonam (trans.) (1994) *The Yogic Deeds of Bodhisattvas: Gyel-tsap on Āryadeva's Four Hundred, Ithaca*, N. Y.: Snow Lion.

Catuḥstava (Nāgārjuna): Sanskrit, with an English translation, in F. Tola and C. Dragonetti (trans.) (1995) *On Voidness: A study on Buddhist Nihilism*, Delhi: Motilal Banarsidass. Sanskrit, Tibetan, and English of *Lokātītastava and Acintyastava* in Chr. Lindtner (ed. and trans.) (1982) *Nāgārjuniana: Studies in the Writings and Philosophy of Nāgārjuna*, Copenhagen: Akademisk Forlag. T. 1119/1120/1122/1128. No Chinese.

Caturaśītisiddhapravṛtti (Abhayadatta): No Sanskrit. Facsimile of Tibetan blockprint edition in J. B. Robinson (trans.) (1979) *Buddha's Lions: The Lives of the Eighty-four Siddhas. Caturaśīti-siddhapravṛtti by Abhayadatta,* Berkeley, Calif.: Dharma Publishing. No Chinese. English translation by (i) Robinson (above); (ii) Keith Dowman (trans.) (1985) *Masters of Mahāmudrā: Songs and Histories of the Eighty-Four Buddist Siddhas*, Albany, N. Y.: State University of New York Press.

Cūlamālunkya Sutta: Pāli text in V. Trenckner (ed.) (1991-4) *The Majjhima-Nikāya*, London: Pāli Text Society. Reprint of a work originally published in 1888-1925. Four volumes. Translation in I. B. Horner (trans.) (1954-9) *Middle Length Sayings*, London: published for the Pāli Text Society by Luzac. Three volumes. Another translation in Bhikkhu Ñāṇamoli and Bhikkhu Bodhi (trans.) (1995) *The Middle Length Discoureses of the Buddha: A New Translation of the Majjhima Nikāya*, original translation by Bhikkhu Ñāṇamoli; translation edited and revised by Bhikkhu Bodhi, Boston: Wisdom, in association with the Barre Center for Buddhist Studies.

Ḍākārṇava Tantra: Apabhraṃśa edited in N.N. Chaudhuri (ed.) (1935) *Studies in the Apabhraṃśa Texts of the Ḍākārṇava,* Calcutta: Metropolitan Printing and Publishing House. T. 372. No Chinese. No translation.

Daśabhūmika Sūtra: Sanskrit in P. L. Vaidya (ed.) (1967) *Daśabhūmikasūtra*, Darbhanga: The Mithila Instititute of Post-Graduate Studies and Research in Sanskrit Learning. Tibetan in the appropriate portion of the *Avataṃsaka Sūtra*, T. 44. Tanskri 278 (22)/279 (26)/285-7. Translated from the Sanskrit by M. Honda in Denis Sinor (ed.) (1968) *Studies in South, East and Central Asia*, Delhi: Śata-Piṭaka Series. Translated from the Chinese in Vol. 2 of T. Cleary (trans.) (1984-7) *The Flower Ornament Scripture: A Translation of the Avataṃsaka Sūtra*, Boulder, Co.: Shambhlala Publication. Three volumes. Vol. 3 published in Boston.

Daśabhūmikavibhāṣā Śāstra (Nāgārjung?): No Sanskrit or Tibetan. Taisho 1521. Appears not yet to have been translated in its entirety, although we have seen reference to J. Eracle (1981) *Le Chapitre de Nāgārjuna sur la Pratique Facile, suivi du Sūtra qui loue la terre de Purité*, Bruxelles (Ch. 9, no further details available).

Dasheng qixinlun (*Ta-cheng ch'i-hsin Lun*; **Mahāyānaśraddhotpāda Śātra,* Aśvaghoṣa?): No Sanskrit or Tibetan. Taisho 1666-7. See Y.S. Hakeda (trans.) (1967) *The Awakening of Faith, Attributed to Aśvaghosha*, New York, NJ: Columbia University Press.

Dazhidulun (*Ta-chih-tu Lun; *Mahāprajñāpāramitā Śāstra*, Nagarjuna?): No Sanskrit or Tibetan. Taisho 1509. Partially translated in E. Lamotte (trans) (1944-80), *Le Traité de la Grande Vertu de Sagesse de Nāgārjuna* (*Mahāprajñāpāramitāśāstra*), Louvain: Université de Louvain, Institut Orientaliste. 5 volumes. For selections see K. Venkata Ramanan (1966) *Nāgārjuna's Philosophy: As Presented in the Mahā-Prajñāpāramitā-Śāstra*, Rutland, Vermont and Tokyo: Charlest Tuttle. Delhi reprint by M. Banarsidass, 1976.

Dhammacakkappavattana Sutta: Pāli text in M. Leon Feer (de.) (1973-80) *The Saṃ*yutta-nikāya of the Sutta-piṭaka, London: Pāli Text Society. Originally published London: Frowde, 1884-1904 and London: Luzac, 1960. Six volumes. Translation in C. Rhys Davids (Vols 1-2) and F. L. Woodward (Vols 3-5) (trans.) (1917-30) The Book of the Kindred Sayings, London: Pāli Text Society. Five volumes.

Dhammapada: Pāli with English translation in John Ross Carter and M. Palihawadana (trans.) (1992) *Sacred Writings, Buddhism: The Dhammapada*, New York: Quality Paperback Book Club. Originally published Oxford: Oxford University Press, 1987. There is also now a new version (not seen) in Penguin Classics, V. Roebuck (trans.) (2010) *The Dhammapada*, London: Penguin.

Dharmadharmatāvibhāga (Maitreyanātha?): Sanskrit lost. Tibetan in G. M. Nagao and J. Nazawa (eds) (1955) *Studies in Indology and Buddhology, Presented in Honour of Prefessor Susumu Yamaguchi on the Occasion of the Sixtieth Birthday*, Kyoto: Hozokan. There is, apparently, a Chinese version although we have not been able to trace its Taisho number. English in J. Scott with K.T.G. Rinpoche (trans.) (2004) *Maitreya's Distinguishing Phenomena and Pure Being: Commentary by Mipham*, Ithaca: Snow Lion Publications.

Dharma Sūtras: Translation in P. Olivelle (trans.) (1999) *The Law Codes of Ancient India*, Oxford and New York: Oxford University Press.

Dīgha Nikāya: Pāli text in T. W. Rhys Davids and J. Estlin Carpenter (eds) (1966) *The Dīgha Nikāya*, London: Published for the Pāli Text Society by Luzac. Three volumes. Originally published 1890-1911.

English in M. Walshe (trans.) (1987) *Thus Have I Heard: The Long Discourses of the Buddha*, London: Wisdom. Another Translation in T. W. Rhys Davids (trans.) (1899-21) *Dialogues of the Buddha*, London: Pāli Text Society. Three volumes. Selections in R. Gethin (trans.) (2008) *Sayings of the Buddha*, Oxford and New York: Oxford University Press.

Dohākośa (Three collections, those of Saraha, Kāṇha, Tilopa): Apabhraṃśa text in P. C. Bagchi (ed.) (1938) *Dohākośa: Apabhraṃśa Texts of Sahajayāna School* (Calcutta Sanskrit Series 25C), Calcutta: Metropolitan. Critical editions of Tibetan (i) of Saraha in K. R. Schaeffer (2000) 'Tales of the great Brahman: Creative traditions of the Buddhist poet-saint Saraha', unpublished PhD dissertation, Harvard University; (ii) of Tilopa in F. Torricelli (1997) 'The Tanjur text of Tilopa's *Dohākoṣa*', *Tibet Journal* 22: 35-57. English translation of all three *Dohākoṣa* by R.R. Jackson (2004). English translation Saraha's *Dohākoṣa*: by (i) D. Snellgrove, 'Saraha's Treasury of Songs', in E. Conze, I.B. Horner, D. Snellgrove and A. Waley (eds.) (1954) *Buddhist Texts Through the Ages*, Oxford: Bruno Cassirer, 224-39; (ii) H.V. Guenther 1973, 1993. English translation of Tilopa's *Dohākoṣa*: in Torricelli (above). Also, French translation of Kaoha and Saraha with Tibetan text by M. Shahidullah (1928) *Les Chants Mystiques de Kāṇha et de Saraha*, Paris: Adrien-Maisonneuve. No Chinese.

Foxinglun (*Fo-hsing Lun*; Vasubandhu?): No Sanskrit or Tibetan version. See S. B. King (1991) *Buddha Nature*, Albany, N. Y.: State University of New York Press.

Gaṇḍavyūha Sūtra: Sanskrit text in P. L. Vaidya (ed.) (1960) *Gaṇḍavyūhasūtra*, Darbhanga: The Mithile Institiute of Post-Graduate Studies and Research in Sanskrit Learning. Tibetan included at the appropriate point of the translation of the *Avataṃsaka Sūtra*, T. 44. Taisho 278 (31) (34)/279 (36) (39)/293-5. Translated from the Chinese in Vol. 3 of T. Cleary (trans.) (1984-7) *The Flower Ornament Scripture: A Translation of the Avataṃsaka Sūttra*, Boulder, Co.: Shambhala Publications. Three volumes. Vol. 3 published in Boston.

Guanwuliangshoufojing (*Kuan-wu-liang-shou-fo Ching*; **Amitāyurdhyāna Sūtra/*Amitāyurbuddhānusmṛti Sūtra*): No Sanskrit or Tibetan version.

Taisho 365. Ryukoku University Translation Center (1984) *The Sūtra of Contemplation on the Buddha of Immeasurable Life as Expounded by Śākyamuni Buddha*, Kyoto: Ryukoku University. All three Sukhavātī sūtras (from the Chinese) in Inagaki Hisao, in collaboration with H. Stewart (trans.) (1995) *The Three Pure Land Sutras*, Berkeley, CA: Numata Centre for Buddhist Translation and Research, and in E.B. Cowell (ed.) (1969) *Buddhist Mahāyāna Texts*, New York, NJ: Dover Publications. Originally volume 49 of F. Max Mü ller (ed.) (1894) *The Sacred Books of the East*, Oxford: Clarendon Press.

Guhyasamāja Tantra: Sanskrit text in (i) Benoytosh Bhattacharyya (ed.) (1931) *Guhyasamāja Tantra or Tathāgataguhyaka*, Baroda: Oriental Institute (reprinted in 1967); (ii) S. Bagchi (ed.) (1965) *Guhyasamāja Tantra, Darbhanga*: The Mithila Institue of Post-Graduate Studies and Research in Sanskrit Learning (in effect a reprint of Bhattacharyya's edition); (iii) Yukei Matsunaga (ed.) (1978) *The Guhyasamāja Tantra: A New Critical Edition*, Osaka: Toho Shuppan. T. 442-3. Taisho 885. English translation by Eiji Takahashi (1981) in *Some Studies in Indian History*, Chiba: Funsbashi. English of selected Chapter by (i) Francesca Fremantle, 'Chapter seven of the Guhyasamāja Tantra', in T. Skorupski (ed.) (1990) *Indo-Tibetan Studies: Papers in Honour and Appreciation of Professor David L. Snellgrove's Contribution to Indo-Tibetan Studies, Tring: The Institute of Buddhist Studies* (includes an edition of the Sanskrit of Ch.7); (ii) Alex Wayman(1977) *Yoga of the Guhyasamājatantra*: *The Arcane Lore of Forty Verses*, Delhi: Motilal Banarsidass (Chs 6 and 12); (iii) by David Snellgrove, in E. Conze, I. B. Horner, D. Snellgrove, and A. Waley (eds) (1964) *Buddhist Texts Through the Ages*, New York: Harper & Row (Ch. 7).

Heart (Prajñāpāramitāhṛdaya) Sūtra: Sanskrit text and English translation in E. Conze (trans.) (1958) *Buddhist Wisdom Books: Containing the Diamond Sūtra [Vajracchedikā] and the Heart Sūtra [Hṛdaya]*, London: Allen and Unwin. For Sanskrit of both the longer and shorter versions see also P. L. Vaidya (ed.) (1961) *Mahāyāna-sūtra-saṃgraha Part 1*, Darbhanga: The Mithila Instititute of Post-Graduate Studies and Research in Sanskrit Learning. T. 21. Taisho 250-7.

Hevajra Tantra (Śrīhevajraḍākinījālasaṃvara): Sanskrit and Tibetan text, with English translation, in David snellgrove (ed.) (1959) *The Hevajra Tantra*, Oxford: Oxford University Press. Two volumes. T. 417-8. Taisho 892. Sanskrit text with English translation also in G. W. Farrow and I. Menon (1992) *The Concealed Essence of the Hevajra Tantra, with the Commentary Yogaratnamālā*, Delhi: Motilal Banarsidass (see *Yogaratnamālā*).

Hundred-thousand Verse (Śatasāhasrikā) Prajñāpāramitā Sūtra: Lost in Sanskrit as a full and independent text. T. 8. Taisho 220 (1). Some parts translated in E. Conze in collaboration with I. B. Horner, D. L. Snellgrove, and A. Waley (trans.) (1964) *Buddhist Texts Through the Ages*, New York: Harper & Row; and also E. Conze (trans.) (1978) *Selected Sayings from the Perfection of Wisdom*, Boulder, Co.: Prajñā Press.

Jñānaprasthāna (Kātyāyanīputra): No Sanskrit or Tibetan version surviving. Taisho 1543/1544. No translation in a European language.

Kālacakra Tantra: Sanskrit in (i) Raghu Vira and Lokesh Candra (eds) (1966) *Kālacakra-tantra and Other Texts*, Part l, New Delhi: International Academy of Indian Culture; (ii) Biswanath Banerjee (ed.) (1985) *A Critical Edition of Śrī Kālacakratantra-rāja (Collated with the Tibetan Version)*, Calcutta: Asiatic Society. T. 362. No Chinese. English translation of parts of chapter 1 with the *Vimalaprabhā* commentary by J. Newman (1987) 'The outer Wheel of Time: Vajrayana Buddhist cosmology in the Kālacakra tantra', unpublished PhD dissertation, University of Wisconsin; of chapter 2 by V.A. Wallace 2004; of chapter 3 by V.A. Wallace (2011) *Kālacakratantra: The Chapter on the Sādhana together with the Vimalaprabhā*, New York, NY: American Institute of Buddhist Studies at Columbia University.

Kāmasūtra: English translation in A. Daniélou (trans.) (1994) *The Complete Kāma Sūtra*, Rochester, Vermont: Park Street Press.

Kāraṇḍavyūha Sūtra: Sanskrit in P. L. Vaidya (ed.) (1961) *Mahāyānasūtrasaṃgraha Part l, Darbhanga*: The Mithila Instititute of Post-Graduate Studies and Research in Sanskrit Learning. T. 116. Taisho 1050. short selections in E. J. Thomas (trans.) (1952) *The Perfection of Wisdom: The Career of the Predestined Buddhas; a Selection of Mahāyāna Scriptures*, London: J. Murray. There is an unpublished French translation by E. Burnouf, and a detailed summary in A. Studholme (2002), *The Origins of Oṃ Maṇipadme Hūṃ: A study of the Kāraṇḍavyūha Sūtra,* Albany, NY: State University of New York Press.

Karuṇāpuṇḍarīka Sūtra: Not translated, but edited in Sanskrit with a long introduction, summary, and notes in I. Yamada (ed.) (1968) *Karuṇāpuṇḍarīka Sūtra*, London: School of Oriental and African Studies, University of London. Two volumes. T. 112. Taisho 157-8.

Kathāvatthu (Moggaliputtatissa): Pāli text in A. C. Taylor (ed.) (1979) *Kathāvatthu* London: Pāli Text Society. Two volumes in one. Originally published London: Frowde, in two vols. Vol. 1. 1894; Vol. 2, 1897. Translation in Shwe Zan Aung and C. Rhys Davids (trans.) (1969) *Points of Controversy, or, Subjects of Discourse: Being a Translation of the Kathā-Vatthu from the Abhidhamma-piṭaka*, London: published for the Pāli Text Society by Luzac. Reprint of 1915 edition. Commentary by Buddhaghosa translated in B. C. Law (trans.) (1989) *The Debates Commentary*, Oxford: Pāli Text Society. Originally published London: Oxford University Press, 1940.

Kevaddha Sutta: Pāli text in T. W. Rhys Davids and J. Estlin Carpenter (eds) (1966) *The Dīgha Nikāya*, London: published for the Pāli Text Society by Luzac. Three volumes. Originally published 1890-1911. English in M. Walshe (trans.) (1987) *Thus Have I Heard: The Long Discourses of the Buddha*, London: Wisdom. Another translation in T. W. Rhys Davids (trans.) (1899-21) *Dialogues of the Buddha*, London: Pāli Text Society. Three volumes.

Kriyāsamuccaya (Darpaṇācārya): Sanskrit (manuscript facsimile) in Lokesh Candra (ed.) (1977) *Kriyāsamuccaya*, New Delhi: International Academy of Indian Culture. No English translation. No Tibetan known. No Chinese.

Laṅkāvatāra Sūtra: Sanskrit text in P. L. Vaidya (ed.) (1963) *Saddharmalaṅkāvatārasūtram*, Darbhanga: The Mithila Instititute of Post-Graduate Studies and Research in Sanskrit Learning. T. 107-8. Taisho 670-2. English D. T. Suzuki (trans.) (1973) *The Laṅkāvatāra Sūtra: A Mahāyāna Text*, London: Routledge and Kegan Paul.

Lokānuvartana Sūtra: Not yet translated in its entirety. Some verses edited in Sanskrit and translated with a discussion by P. Harrison (1982) 'Sanskrit fragments of a Lokottaravādin tradition', in L. A. Hercus, F.

B. J. Kuiper, T. Rajapatirana, and E. R. Skrzypczak (eds) (1982) *Indological and Buddhist Studies: Volume in Honour of Professor J. W. de Jong on his Sixtieth Birthday*, Canberra: Faculty of Asian Studies. T. 200. Taisho 807.

Madhyamakakārikā (Nāgārjuna): Translated from the Sanskrit, with a Sanskrit edition, in K. K. Inada (1970) *Nāgārjuna: A Translation of his Mūlamadhyamakakārikā, with an Introductory Essay*, Tokyo: Hokuseido Press. An important version of the Sanskrit text is J. W. de Jong (ed.) (1977) *Nāgārjuna: Mūlamadhyamakakārikā*, Adyar, Madras: The Adyar Library and Research Centre. See also the Sanskrit embedded in the *Prasannapadā* commentary of Candrakīrti in P. L. Vaidya (ed.) (1960) *Madhyamakaśāstra of Nāgārjuna, with the Commentary Prasannapadā by Candrakīrti*, Darbhanga: The Mithila Instititute of Post-Graduate Studies and Research in Sanskrit Learning. T. 3824. Taisho contained in 1564. No English translations are very satisfactory. The translation by J. Garfiedl (1995) *The Fundamental Wisdom of the Middle Way,* New York and Oxford: Oxford University Press, is from the Tibetan version.

Madhyamakāvatāra (Candrakīrti): Not available in Sanskrit or Chinese. T. 3861, T. 3862 includes the autocommentary. First five chapters, together with the commentary by Tsong kha pa (1357-1419), in J. Hopkins (ed. and trans.) (1980) *Compassion in Tibetan Buddhism. Tsong-ka-pa, with Kensur Lekden's Meditations of a Tantric Abbot*, London: Rider. Complete text, with his own commentary based on Tsong kha pa, in Geshe Kelsang Gyatso (1995) *Ocean of Nectar: Wisdom and Compassion in Mahāyāna Buddhism*, London: Tharpa Publication. Translation of verses only in C. W. Huntington, Jr with Geshe Namgyal Wangchen (1989) *The Emptiness of Emptiness*, Honolulu: University of Hawaii Press. See the review article on this book in Williams (1991).

Madhyāntavibhāga (Maitreyanātha?): Sanskrit with Vasubandhu's commentary and a translation in S. Anacker (1984) *Seven Works of Vasubandhu, the Buddhist Psychological Doctor*, Delhi: Motilal Banarsidass. T. 4021. Taisho 1601.

Mahāhatthipadopama Sutta: Pāli text in V. Trenckner (ed.) (1991-4) *The Majjhima-Nikāya*, London: Pāli Text Society. Reprint of a work originally published in 1888-1925. Four volumes. Translation in I. B.

Horner (trans.) (1954-9) *Middle Length Sayings*, Londen: published for the Pāli Text Society by Luzac. Three volumes. Another translation in Bhikkhu Ñāṇamoli and Bhikkhu Bodhi (trans.) (1995) *The Middle Length Discourses of the Buddha: A New Translation of the Majjhima Nikāya*, original translation by Bhikkhu Ñāṇamoli; translation edited and revised by Bhikkhu Bodhi, Boston: Wisdom, in association with the Barre Center for Buddhist Studies.

Mahāmegha Sūtra: Sanskrit lost. Taisho 387/388; cf. Taisho 992-3. T. 232; cf. T. 657. No translation known. But cf. C. Bendall (1880) 'The Mahāmegha Sūtra', *Journal of the Royal Asiatic Society*, 286-311 (unseen).

Mahānidāna Sutta: Pāli text in T. W. Rhys Davids and J. Estlin Carpenter (eds) (1966) *The Dīgha Nikāya*, London: published for the Pāli Text Society by Luzac. Three volumes. Originally published 1890-1911. English in M. Walshe (trans.) (1987) *Thus Have I Heard: The Long Discourses of the Buddha*, London: Wisdom. Another translation in T. W. Rhys Davids (trans.) (1899-21) *Dialogues of the Buddha*, London: Pāli Text Socity. 3 volumes.

Mahāparinibbāna Sutta: Pāli text in T. W. Rhys Davids and J. Estlin Carpenter (eds) (1966) *The Dīgha Nikāya*, London: published for the Pāli Text Society by Luzac. Three volumes. Originally published 1890-1911, English in M. Walshe (trans.) (1987) *Thus Have I Heard: The Long Discourses of the Buddha*, London: Wisdom. Another translation in T. W. Rhys Davids (trans.) (1899-21) *Dialogues of the Buddha*, London: Pāli Text Society. 3 volumes.

Mahāparinirvāṇa Sūtra: Sanskrit lost. T. 119-21. Taisho 374-7/390. English in K. Yamamoto (trans.) (1973-5) *The Mahāyāna Mahāparinirvāṇa-sūtra: A Complete Translation from the Classical Chinese Language in 3 Volumes*, annotated and with full glossary, index, and concordance by Kosho Yamamoto, Ube City, Japan: The Karinbunko. 3 volumes. The translation is unfortunately marred by poor English. A revised version by T. Page of this translation is in the process of being published privately in booklet form by Nirvana Publications, UKAVIS, PO Box 4746, London SEll 4XF, England.

Mahāsatipaṭṭhāna Sutta: Pāli text in T. W. Rhys Davids and J. Estlin Carpenter (eds) (1966) *The Dīgha Nikāya*, London: published for the Pāli Text Society by Luzac. Three volmes. Originally published

1890-1911. English in M. Walshe (trans.) (1987) *Thus Have I Heard: The Long Discourses of the Buddha*, London: Wisdom. Another translation in T. W. Rhys Davids (trans.) (1899-21) *Dialogues of the Buddha*, London: Pāli Text Society. Three volumes. *Mahāsatipaṭṭhāna Sutta* also contained in Nyanaponika Thera (1969) *The Heart of Buddhist Meditation: A Handbook of Mental Training Based on the Buddha's Way of Mindfulness*, London: Rider. The *Majjhima nikāya* version is in R. Gethin (trans.) (2008) *Sayings of the Buddha*, Oxford and New York: Oxford University Press.

Mahāsīhanāda Sutta: Pāli text in V. Trenckner (ed.) (1991-4) *The Majjhima-Nikāya*, London: Pāli Text Society. Reprint of a work originally publishd in 1888-1925. Four volumes. Translation in I. B. Horner (trans.) (1954-9) *Middle Length Sayings*, London: published for the Pāli Text Society by Luzac. Three volumes. Another translation in Bhikkhu Ñāṇamoli and Bhikkhu Bodhi (trans.) (1995) *The Middle Length Discourses of the Buddha: A New Translation of the Majjhima Nikāya*, original translation by Bhikkhu Ñāṇamoli; translation edited and revised by Bhikkhu Bodhi, Boston: Wisdom, in association with the Barre Center for Buddhist Studies.

Mahātanhāsaṅkhaya Sutta: Pāli text in V. Trenckner (ed.) (1991-4) *The Majjhima-Nikāya*, London: Pāli Text Society. Reprint of a work originally published in 1888-1925. Four volumes. Translation in I. B. Horner (trans.) (1954-9) *Middle Length Sayings*, London: published for the Pāli Text Society by Luzac. Three volumes. Another translation in Bhikkhu Ñāṇamoli and Bhikkhu Bodhi (trans.) (1995) *The Middle length Discourses of the Buddha: A New Translation of the Majjhima Nikāya*, original translation by Bhikkhu Ñāṇamoli; translation edited and revised by Bhikkhu Bodhi, Boston: Wisdom, in association with the Barre Center for Buddhist Studies.

Mahāvairocanābhisaṃbodhi Sūtra (Mahāvairocana Sūtra): Sanskrit text lost except for fragments. T. 494. Taisho 848. English translations: (i) (of the Tibetan) by Stephen Hodge (forthcoming 2000) *Mahāvairocana-Abhisambodhi Tantra, with Buddhaguhya's Commentary*, Richmond: Curzon Press; (ii) by Chikyo Yamamoto (1990) *Mahāvairocanasūtra, translated from the Chinese of Śubhākarasiṃha and I-hsing*, New Delhi: International Academy of Indian Culture; (iii) of Chapter 2 by Alex Wayman (from Tibetan), in A. Wayman and R.

Tajima (1992) *The Enlightenment of Vairocana*, New Delhi: Motilal Banarsidass; of Chapter 1 by Ryūjun Tajima (from Chinese), also in A. Wayman and R. Tajima (this is an English translation of Tajima's earlier French translation of the first chapter in Rhyūjun Tajima (1936) *Étude sur le Mahāvairocana-Sūtra (Dainichikyo), avec la traduction commentée du premier chapitre*, Paris: Adrien Maisonneuve).

Mahāvastu: Sanskrit text edited in three volumes by É. Senart (ed.) (1882-97) *Le Mahāvastu*, Paris: Société Asiatiques. English translation n three volumes in J. J. Jones (trans.) (1949-56) *The Mahāvastu*, London: Luzac. No Tibetan or Chinese.

Mahāvibhāṣā: Sanskrit lost. Taisho 1545-7. No Tibetan. Sections translated from the Chinese in Louis de La Vallée Poussin (1930) 'Documents d'Abhidharma: Textes relatifs au nirvāṇa et aux asaṃskṛtas en général I-II', *Bulletin de l'École Francaise d'Extrême-Orient* 30: 1-28, 343-76; Louis de La Vallée Poussin (1936-1937a) 'Documents d'Abhidharma: La controverse du temps', in *Mélanges Chinois et Bouddhiques* 5: 7-158; and Louis de La Vallée Poussin (1936-1937b) 'Documents d'Abhidharma: Les deux, les quatre, les trois vérités', *Mélanges Chinois et Bouddhiques* 5: 159-87.

Mahāyānasaṃgraha (Asaṅga): Sanskrit not available. Tibetan and Chinese, with a French translation in É. Lamotte (ed. and trans.) (1938) *La Somme du Grand Véhicule d'Asaṅga (Mahāyānasaṃgraha)*, Tome 1-2: Versions tibétaine et chinoise (Hiuan-tsang); traduction et commentaire, Louvain: Bureaux du Muséon. Text and translation of the *Mahāyānasaṃgraha* and its commentaries, the *Mahāyānasaṃgrahabhāṣya* of Vasubandhu and the *Mahāyānasaṃgrahopanibandāna*, edited by Lamotte. English translation from the Chinese of Paramārtha's version in John P. Jo. Keenan (trans.) (1992) *The Summary of the Great Vehicle, by Bodhisattva Asaṅga*, Berkeley Calif.: Numata Center for Buddhist Translation and Research. For Chapter 10 see also J. P. Keenan, P. J. Grsffitta. and N. Hakamaya (1989) *The Realm of Awakening: A Translation and Study of the Tenth Chapter of Asaṅga's Mahāyānasaṅgrahaiā*, New York: Oxford University Press. Includes Vasubandhy's *Mahāyānasaṃgrahabhāṣya* and Asvabhāva's *Mahāyānasaṃgrahopanibandhana.*

Mahāyānasūtrālaṃkāra (Maitreyanātha?): Sanskrit text (with *Bhāṣya*) and French translation in S. Lévi (ed. and trans.) (1907-11) *Asaṅga,*

Mahāyānasūtrālaṃkāra, Paris: Librairie Honoré Champion. Two volumes. T. 4020 (Bhāṣya T. 4026). Taisho 1604.

Maitreyamahāsimhanāda Sūtra: No Sanskrit available. Now part of the *Ratnakūṭa* collection. Taisho 310, no. 23. T. 67 (i.e. pt 23 of the *Mahāratnakūta Sūtra*). No translation.

Maitreyavyākaraṇa: Sanskrit edited and translated into French by S. Lévi (1932) 'Maitreya le consolateur', *Études d'Orientalisme publiées par le Musée Guimet á la mémoire de Raymonde Linossier*, Paris: Leroux. Volume 2. The Tibetan appears to be missing from the Derge, Cone, and Peking bKa' 'gyurs, but it is found at Narthand 329 and Lhasa 350. Taisho 454. For a partial translation into English see E. Conze (trans.) (1959) *Buddhist Scriptures*, Harmondsworth: Penguin.

Majjhima Nikāya: Pāli text in V. Trenckner (ed.) (1991-4) *The Majjhima-Nikāya*, London: Pāli Text Society. Reprint of a work originally published n 1888-1925. Four volumes. Translation in I. B. Horner (trans.) (1954-9) *Middle Length Sayings*, London: published for the Pāli Text Society by Luzac. Three volumes. Another translation in Bhikkhu Ñāṇamoli and Bhikkhu Bodh (trans.)(1995) *The Middle Length Discourses of the Buddha: A New Translation of the Majjhima Nikāya*, original translation by Bhikkhu Ñāṇamoli; translation edited and revised by Bhikkhu Bodhi, Boston, CT: Wisdom Publications, in association with the Barre Center for Buddhist Studies. Selections in R. Gethin (trans.) (2008) *Saying of the Buddha,* Oxford and New York: Oxford University Press.

Mañjuśrībuddhakṣetraguṇavyūha Sūtra: Sanskrit lost. T. 59. Taisho 310 (15)/318-9. Translated in Garma C. C. Chang (ed.) (1983) *A Treasury of Mahāyāna Sūtras: Selections from the Mahāratnakūṭa Sūtra*, translated from the Chinese by the Buddhist Association of the United States, University Park, Pa.: Pennsylvania State University Press.

Mañjuśrīmūlakalpa: Sanskrit in (i) Ganapati Śāstri (ed.) (1920, 1922, 1925) *Mañjuśrīmūlakalpa*, Trivandrum: Trivandrum Sanskrit Series (volumes 70, 74, 86); (ii) in P. L. Vaidya (ed.) (1964) *Mahāyānasūtrasaṃgraha: Part II,* (Buddhist Sanskrit Texts Series, 18), Darbhanga: The Mithila Instititute of Post-Graduate Studies and Research in Sanskrit Learning. T. 543. Taisho 1191. English translation of Chapter 29 in Wallis 2009. French translations: (i) of Chapters 4-7 by M. Lalou 1930; (ii) of Chapters 2-3 in A. Macdonald 1962.

Māyājāla Tantra: Sanskrit lost. T. 466/833. Taisho 890. No translation.

Milindapañha: Pāli text, edited by V. Trenckner (1986) in *The Milindapañho: Being Dialogues Between King Milinda and the Buddhist Sage Nāgasena*, London: Pāli Text society. Originally published Williams and Norgate, 1880. This edition, with appended indices, originally reprinted by the Royal Asiatic Society, 1928. Now reprinted with *Milindā-ṭīkā*. Translation in I.B. Horner (trans.) (1963-4) *Milinda's Questions*, London: Luzac. 2 volumes.

Nāmamantrārthāvalokinī (Vilāsavajra): Sanskrit: chapters 1-5 in Tribe 1994. T. 2533. No Chinese. English translation of chapters 2-5 in Tribe (above).

Nāmasaṃgīti (Mañjuśrīnāmasaṃgīti): Sanskrit in (i) I. P. Minaev (1887) *Buddhizm: Izledovaniya I Materialui: Vol. II*, 137-59, St. Petersburg: University of St. Petersburg; (ii) R. Vira (ed.) (1962) *Mañjuśrī-Nāma-Saṅgīti, edited in Sanskrit, Tibetan, Mongolian, and Chinese* (Śatapiṭaka Series 18), New Delhi: International Academy of Indian Culture (Sanskrit reprint in *Kālacakra Tantra and Other Texts: Part I*, Śatapiṭaka Series 69, New Delhi: International Academy of Indian Culture, 1966); (iii) D. Das Mukherji (ed.) (1963) *Āryamañjuśrī-nāmasaṃgīti: Sanskrit and Tibetan Texts*, Calcutta: Calcutta University Press; (iv) R. M. Davidson, 'The Litany of Names of Mañjuśrī', in M. Strickmann (ed.) (1981) *Tantric and Taoist Studies in Honour of Professor R. A. Stein*, Vol. 1 *(Mélanges Chinoises et Bouddhiques 20)*, Brussels: Institut Belge des Hautes Études Chinoises; (v) A. Wayman (ed. and trans.) (1985) *Chanting the Names Of Mañjuśtī: the Mañjuśrī-nāma-samgīti, Sanskrit and Tibetan texts, Translated with Annotation and Introduction*, Boston and London: Shambhala. English translation in (i) R. M. Davidson (above), and reprinted as 'The Litany of Names of Mañjuśrī', in D. S. Lopez, Jr 1995a: 104-25; (ii) in Wayman (above); (iii) (from the Tibetan) by A. Berzin in Arnold 2009: 3-25.

Niraupamyastava (Nāgārjuna): Sanskrit, with an English translation, in F. Tola and C. Dragonetti (trans.) (1995) *On Voidness: A Study on Buddhist Nihilism*, Delhi: Motilal Banarsidass. T. 1119. No Chinese.

Niṣpannayogāvalī (Abhayākaragupta): Sanskrit in (i) B. Bhattacharyya (ed.) (1949) *Niṣpannayogāvalī of Mahāpaṇḍita Abhayākaragupta*, (Gaekwad's Oriental Series 109), Baroda: Oriental Institute; (ii) (manuscript facsimiles) Gudrun Bühnemann and Musachi Tachikawa (1991) *Niṣpannayogāvalī: Two Sanskrit Manuscripts from Nepal* (Bibliotheca Codicum Asiaticorum 5), Tokyo: The Centre for East Asian Cultural Studies (see xvii-xviii for a bibliography of scholarship on individual chapters of the *Niṣpannayogāvalī*).

Nyāyānusāra (Saṃghabhadra): Available only in Chinese (Taisho 1562). Sections translated in C. Cox (1995) *Disputed Dharmas: Early Buddhist Theories on Existence*, Tokyo: The International Institute for Buddhist Studies.

Pañcakrama (Nāgārjuna): Sanskrit in (i) L. de La Vallée Poussin (ed.) (1896) *Études et Textes Tantriques: Pañcarkrama*, Gand: H. Engelcke and Louvain: J. B. Istas, Muséon; (ii) in K. Mimaki and T. Tomabechi (eds) (1994) *Pañcakrama: Sanskrit and Tibetan Texts Critically Edited with Verse Index, Plus Facsimile of the Sanskrit MSS*, Tokyo: The Toyo Bunko (note that both of these editions include Nāgārjuna's *Piṇḍīkṛtasādhana*, a separate work, initially thought to be part of the *Pañcakrama*). No Chinese. Translation into French by T.Tomabechi (2006) 'Étude du Pañcakrama: Introduction et traduction annotée', unpublished PhD dissertation, University of Lausanne. Partial English translation of (i) 68 verses from chapter 2 in Snellgrove 1987, 300-303, (ii) unreferenced excerpts in R.A.F. Thurman (trans.) (1995) *Essential Tibetan Buddhism*, New York, NY: HarperCollins, 250-60. See, however, Tomabechi (2000) for a critical review of Thurman's translation.

English translation of excepts in Robert A. F. Thurman (trans.) (1995) *Essential Tibetan buddhism*, New York: HarperCollins.

Pañcaviṃśatisāhasrikā Prajñāpāramitā Sūtra: Sanskrit partially edited by N. Dutt (ed.) (1934) *Pañcaviṃśatisāhasrikā Prajñāpāramitā*, London: Luzac. T. 9/3790. Taisho 220 (2)/221-3. English translation in E. Conze (trans.)(1975) *The Large Sūtra on Perfect Wisdom: With the Divisions of the Abhisamayālaṅkāra*, Berkeley, Calif.: University of California Press.

Paramārthastava (Nāgārjuna): Sanskrit, with an English translation, in F. Tola and C. Dragonetti (trans.) (1995) *On Voidness: A Study on*

Buddhist Nihilism, Delhi: Motilal Banarsidass. T. 1122. No Chinese.
Praoīpoddyotana (Ṣaṭkoṭivyākhyā) (Candrakīrti): Sanskrit edited in C. Chakravarti (ed.) (1984) *Guhyasamājatantra-pradīpoddyotanaṭīkā-ṣaṭkoṭivyākhyā*, Patna: Kashi Prasad Jayaswal Research Institute. T. 1785. No Chinese. The *Pradīpoddyotana's* opening *Nidāna-kārikā*: edition of Sanskrit and Tibetan in S. S. Bahulkar (ed.) (1996) 'The Guhyasamāja-Nidāna-Kārikāḥ [A Revised Edition]', *Dhīḥ* (*Journal of Rare Buddhist Texts*) 21: 101-16; English translation (plus Sanskrit and Tibetan texts) in Wayman 1977.
Pramāṇasamuccaya (Diṅnāga): Sanskrit lost. T. 4203 ff. Tibetan of Chapter l, together with the Sanskrit fragments, edited and translated into English in M. Hattori (1968) *Dignāga on Perception: Being the Pratyakṣapariccheda of Dignāga's Pramāṇasamuccaya from the Sanskrit Fragments and the Tibetan Versions*, Cambridge, Mass.: Harvard University Press.
Pratyupannabuddhasaṃmukhāvasthitasamādhi Sūtra: Sanskrit text lost apart from a few fragments. Tibetan edited by Paul Harrison (ed.) (1978) *The Tibetan Text of the Pratyutpanna-Buddha-Saṃmukhāvasthita-Saṃādhi-Sūtra*, Tokyo: The International Institute for Buddhist Studies. Translated by Paul Harrison (trans.) (1990) *The Samādhi of Direct Encounter with the Buddhas of the Present: An Annotated English Translation of the Tibetan Version of the Pratyutpanna-Buddha-Saṃmukhāvasthita-Saṃādhi-Sūtra, with Several Appendices relating to the History of the Text*, Tokyo: The International Institute for Buddhist Studies. Taisho 416-19.
Ratnagotravibhāga (Uttaratantra) (Maitreya[nātha]? (Tibetan tradition) Sāramati? (Chinese tradition): Sanskrit (with its commentary (*Vyākhyā*)) in E. H. Johnston and T. Chowdhury (eds) (1950) *The Ratnagotravibhāga Mahāyānottaratantra Śāstra*, Patna: The Bihar Research Society. T. 4025-5. Taisho 1611. English translation in J. Takasaki (trans.) (1966) *A Study on the Ratnagotravibhāga(Uttara-tantra): Being a Treatise on the Tathāgatagarbha Theory of Mahā-yāna Buddhism, including a translation from the original Sansrit text*, Rome: Instituto Italiano per il Medio ed Estremo Oriente.
Ratnaguṇasaṃcayagāthā: Sanskrit text critically edited in A. Yuyama (ed.) (1976) *Prajñā-pāramitā-ratna-guṇa-saṃcaya-gāthā (Sanskrit recension A): Edited with an Introduction, Bibliographical notes, and a Tibetan*

Version from Tunhuang, Cambridge: Cambridge University Press. T. 13. Taisho 229. Translated in E. Conze (trans.) (1973) *The Perfection of Wisdom in Eight Thousand Lines and its Verse Summary*, Bolinas: Four Seasons Foundation, 1973.

Ratnāvalī (Nāgārjuna): Sanskrit fragments edited by G. Tucci (ed.) (1934, 1936) 'The Ratnāvalī of Nāgārjuna', *Journal of the Royal Asiatic Society* 307-25; 1936: 237-52, 423-35. Tibetan edited in M. Hahn (ed.) (1982) *Nāgārjuna's Ratnāvalī: Vol. 1: The Basic Texts (Sanskrit, Tibetan, Chinese)*, Bonn: Indica et Tibetica Verlag. Translated in J. Hopkins and Lati Rinpoche (trans.) (1975) *The Precious Garland; and The Song of the Four Mindfulnesses*, by Nāgārjuna and the Seventh Dalai Lama, London: George Allen and Unwin.

Ṛg Veda: Selections translated in Wendy Doniger O'Flaherty (trans.) (1981) *The Rig Veda*, Harmondsworth: Penguin Books.

Saddharmapuṇḍarīka Sūtra: Sanskrit text in P. L. Vaidya (ed.) (1960) *Saddharmapundarīkasūtra*, Darbhanga: The Mithila Instititute of Post-Graduate Studies and Research in Sanskrit Learning. T. 113. Taisho 262-5. English in L. Hurvitz (trans.) (1976) *Scripture of the Lotus Blossom of the Fine Dharma*, translated from the Chinese of Kumārajīva by Leon Hurvitz, New York: Columbia University Press. See also T. Kubo and A. Yuyama (trans.) (1993) *The Lotus Sūtra*, translated from the Chinese of Kumārajīva (Taisho, Volume 9, number 262) by Kubo Tsugunari and Yuyama Akira, Berkeley, Cal.: Numata Center for Buddhist Translation and Research. There are several other translation, from Kumārajīva's Chinese. The only English translation from the Sanskrit is the 1884 one by H. Kern, volume 21 of the *Sacred Books of the East,* It is available online.

Sādhanamālā: A collection of some 240 *sādhanas* by various authors. Sanskrit in Benoytosh Bhattacharyya (ed.) (1925, 1928) *Sādhanamālā*, (Gaekwad's Oritental Series 26 and 41) Baroda: Oriental Institute. Two volumes. English translation of two sādhanas in L. O. Gómez 'Two Tantric meditations: Visualizing the deity', in D. S. Lopez, Jr 1995b.

Sādhanaśataka and Sādhanaśatapañcāśikā: Two collections of *sādhanas* by various authors. Sanskrit (facsimile edition) in G. Bühnemann (1994) *Two Buddhist Sādhana Collections in Sanskrit Manuscript*,

Wien: Wiener Studien zur Tibetologie und Buddhismus-Kunde (Heft 32). T. 3306-99; T. 3143-3304. No Chinese.

Sāmaññaphala Sutta: Pāli text in T. W. Rhys Davids and J. Estlin Carpenter (eds) (1966) *The Dīgha Nikāya*, London: published for the Pāli Text Society by Luzac. Three volumes. Originally published 1890-1911. English in M. Walshe (trans.) (1987) *Thus Have I Heard: The Long Discourses of the Buddha*, London: Wisdom. Another translation in T. W. Rhys Davids (trans.) (1899-21) *Dialogues of the Buddha*, London: Pāli Text Society. 3 volumes.

Saṃdhinirmocana Sūtra: No complete Sanskrit version surviving. Tibetan text and English translation, in J. Powers (trans.) (1995) *Wisdom of Buddha: The Saṃdhinirmocana Sūtra*, Berkeley, C.A: Dharma Publishing. Taisho 675-9. Tibetan text and French translation in É. Lamotte (ed. and trans.) (1935) *Saṃdhinirmocana Sūtra*, Louvain: Bureaux du Recueil; Paris: Adrien-Maisonneuve.

**Sammitīyanikāya Śāstra*: No Sanskrit or Tibetan. Taisho 1649. English translation by K. Venkataramanan (trans.) (1953) 'Sammtīyankāya Śāstra', *Viśva-Bharati Annals* 5: 155-242. T. 4021.s̄

Saṃvara Tantra (*Sarvabuddhasamāyogaḍākinījālasaṃvara Tantra*): Sanskrit lost. T. 366-7. No Chinese. No European translation.

Saṃvarodaya Tantra: Sanskrit part edited in S. Tsuda (ed. and trans.) (1974) *The Saṃvarodaya-Tantra: Selected Chapters*, Tokyo: Hokuseido Press. T. 373. No Chinese. English of these chapters also in Tsuda (above).

Saṃyutta Nikāya: Pāli text in M. Leon Feer (ed.) (1973-80) *The Saṃyutta-nikāya of the Sutta-piṭaka*, London: Pāli Text Society. Originally published London: Frowde, 1884-1904 and London: Luzac, 1960. Six volumes. Translation in C. Rhys Davids (Vols 1-2), and F. L. Woodward (Vols 3-5) (trans.) (1917-30) *The Book of the Kindred Sayings*, London: Pāli Text Society. Five Volumes. Selections in R. Gethin (trans.) 2008 *Saying of the Buddha,* Oxford and New York: Oxford University Press.

Sangīti Sutta: Pāli text in T. W. Rhys Davids and J. Estlin Carpenter (eds) (1966) *The Dīgha Nikāya*, London: published for the Pāli Text Society by Luzac. Three volumes. Originally published 1890-1911. English in M. Walshe (trans.) (1987) *Thus Have I Heard: The Long Discourses of the Buddha*, London: Wisdom. Another translation in T.

W. Rhys Davids (trans.) (1899-21) *Dialogues of the Buddha*, London: Pāli Text Society. 3 volumes.

Saptaśatikā (Seven Hundred Verse) Prajñāpāramitā: Sanskrit in P. L. Vaidya (ed.) (1961) *Mahāyāna-sūtra-saṃgraha Part 1*, Darbhanga: The Mithila Instititute of Post-Graduate Studies and Research in Sanskrit Learning. Taisho 220 (7)/232/233/310 (46). T. 24. English in E. Conze (trans.) (1973) *The Short Prajñāpāramitā Texts*, London: Luzac.

Sarvadurgatipariśodhana Tantra: Sanskrit and Tibetan texts and English translation in T. Skorupski (ed. and trans.) (1983) *The Sarvadurgatipariṣodhana Tantra, Elimination of all Evil Destinies*, Delhi: Motilal Banarsidass. No Chinese.

Sarvarahasya Tantra: Sanskrit lost. T. 481. Tibetan text and English translation in A. Wayman (1984) 'The Sarvarhasya-tantra', *Acta Indologica* 6: 521-69. No Chinese.

Sekoddeśaṭīkā (Nāropa): Sanskrit in M. E. Carelli (ed.) (1941) *Sekoddeśaṭīkā of Nāḍapāda (Nāropa): Being a commentary Sekkodeśa section of the Kālacakra Tantra*, (Gaekwad's Oriental Series 90), Baroda: Oriental Institute. Sanskrit and Tibetan in Francesco Sferra and Stefania Merzagora (eds) (2006) *The Sekoddeśaṭīkā by Nāropa* (Serie Orientale Roma 99), Roma: Istituto Italiano per l'Africa e l'Oriente (Critical edition of the Sanskrit text by Sferra and critical edition of the Tibetan translation by Merzagora). T. 1353. No Chinese. Italian translation in R. Gnoli and G. Orofino (1994) *Nāropa, Iniziazione (Kālacakra)* (Biblioteca Orientale 1), Milano: Adelphi. Partial English translation in G. Orofino 'The mental afflictions and the nature of the supreme immutable wisdom in the *Sekkoddeśa* and its commentary by *Nāropa*', in Arnold 2009: 27-49.

Śrīmālādevīsiṃhanāda Sūtra: Complete Sanskrit version lost. T. 92. Taisho 310 (48)/353. English translation in A. Wayman and H. Wayman (trans.) (1974) *The Lion's Roar of Queen Śrīmālā: A Buddhist Scripture on the Tathāgatagarbha Theory*, New York: Columbia University Press. Translated also in Garma C. C. Chang (ed.) (1983) *A Treasury of Mahāyāna Sūtras: Selections from the Mahāratnakūta Sūtra*, translated from the Chinese by the Buddhist Association of the United States. University Park, Pa.: Pennsylvania State University Press.

Suhṛllekha (Nāgārjuna): Sanskrit text lost. T. 4182/4496. Taisho 1672-4. Translated from the Tibetan in L. Kawamura (trans.) (1975) *Golden Zephyr: Instructions from a Spiritual Friend; Nāgārjuna and Lama Mipham*, Emeryvlle, Calif.: Dharma Publishing. Another translation by Ven. Lozang Jamspal, Ven. Ngawang Samten Chophel, and P. Della Santina (trans.) (1978) *Nāgārjuna's Letter to King Gautamīputra*, Delhi, Varanasi, and Patna: Motilal Banarsidass. (역주: 2020년 Péter-Dániel Szántós는 사본에 의거해 Suhṛllekha of Nāgārjuna: editio minor 1.0의 산스크리트편집본을 인터넷에 발표했다).
Sukhāvatīvyūha Sūtras (Longer and Shorter): Sanskrit text in P. L. Vaidya (ed.) (1961) *Mahāyāna-Sūtra-Saṃgraha*, Darbhanga: The Mithila Instititute of Post-Graduate Studies and Research in Sansrit Learning. T. 49/115. Taisho 310 (5)/360-4 (*Longer*), 366-7 (*Shorter*). For the longer sūtra the best translation (from Sanskrit and Chinese) is that of L. O. Gomez (trans.) (1996) *Land of Bliss: The Paradise of the Buddha of Measureless Light*, Honolulu: University of Hawaii Press. All three Sukhāvatī sūtras are in E. B. Cowell (ed.) (1969) *Buddhist Mahāyāna Texts*, New York: Dover Publications. Originally Volume 49 of F. Max Müller (ed.) (1894) *The Sacred Books of the East*, Oxford: Clarendon Press, and (from the Chinese) Inagaki Hisao, in collaboration with Harold Stewart (trans.) (1995) *The Three Pure Land Sutras*, Berkeley, Calif.: Numata Center for Buddhist Translation and Research. See also Garma C. C. Chang (ed.) (1983) *A Treasury of Mahāyāna Sūtras: Selections from the Mahāratnakūṭa Sūtra,* translated from the Chinese by the Buddhis Association of the United States, University Park, Pa.: Pennsylvania State University Press.
Sukhāvatīvyūhopadeśa (Vasubandhu?): No Sanskrit or Tibetan version. Taisho 1524. For English see Minoru Kiyota, 'Buddhist devotional meditation: A study of the Sukhāvatīvyūhopadeśa', in M. Kiyota (ed.) (1978) *Mahāyāna Buddhist Meditation: Theory and Practice*, Honolulu: University Press of Hawaii.
Śūnyatāsaptati (Nāgārjuna): Sanskrit lost. Tibetan text edited with a translation Chr. Lindtner (ed. and trans.) (1982). *Nāgārjuniana: Studies in the Writings and Philosophy of Nāgārjuna*, Copenhagen: Akademisk Forlag. For another version of the text, and translation see F. Tola and C. Dragonetti (trans.) (1995) *On Voidness: A Study on*

Buddhist Nihilism, Delhi: Motilal Banarsidass.
Susiddhikara: Sanskrit lost. T. 807. Taisho 893. English translation in R. Giebel (trans) (2001) *Two Esoteric Sutras: The Adamantine Pinnacle Sutra; The Susiddhikara Sutra,* Berkeley, CA: Numata Center for Buddhist Trnaslation and Research.
Susthitamatipariprcchā Sūtra: Sanskrit lost. T. 80. Taisho 310 (36). See Garma C. C. Chang (ed.) (1983) *A Treasury of Mahāyāna Sūtras: Selections from the Mahāratnakūṭa Sūtra*, translated from the Chinese by the Buddhist Association of the United States, University Park, PA.: Pennsylvania State University Press.
Sutta Nipāta: Pāli text in D. Andersen and H. Smith (eds) (1990) *Sutta-Nipāta*, Oxford: Pāli Text Society. First published 1913. English in H. Sanddhatissa (trans.) (1985) *Sutta-Nipāta*, London: Curzon. Also K. R. Norman (trans.) (1982) *The Group of Discourses (Sutta-nipāta)*, Vol. 2, revised translation with introduction and notes by K. R. Norman, Oxford: Pāli Text Society.
Tantrāvatāra (also titled *Tantrārthāvatāra*; Buddhaguhya): Sanskrit lost. T. 2501. No Chinese. No European translation.
Tathāgatagarbha Sūtra: Sanskrit lost. T. 258. Taisho 666-7. Full study, with Tibetan text and English translation in M. Zimmermann (2002) *A Buddha Within: The Tathāgatagarbha Sūtra-The Earliest Exposition of the Buddha-Nature Teaching in India,* Bibliotheca Philologica et Philosophica Buddhica VI, Tokyo: The International Research Institute for Advanced Buddhology, Soka University. Translated from the Chinese by William H. Grosnick, 'The Tathāgatagarbha Sūtra', in D. S. Lopez (ed.) (1995) *Buddhism in Practice*, Princeton, N. J.: Princeton University Press.
Tattvasoṃgraha Sūtra (also known as *Sarvatathāgatatattvasaṃgraha Sūtra*): Sanskrit text in (i) K. Horiuchi (1983 and 1997) *Bon-Zō-Kan taishō Shoe Kongōchō-gyō no kenkyū, bonpon kōtei hun* [annotated critical edition of the *Sarvatathāgatatattvasaṃgraha*], Kōyasan: Mikkyō Bunka Kenkyūjo. Volumes 1 and 2; (ii) I. Yamada (1981) *Sarvatathāgatatattvasaṃgrahanāmamahāyānasūtra: A Critical Edition Based on a Sanskrit Manuscriptnskrithinese and Tibetan Translations* (Śatapiṭaka Series, 262), New Delhi: International Academy of Indian Culture. See also Lokesh Chandra and D. Snellgrove (1981) *Sarvatathāgatatattvasaṃgraha, a Facsimile Reproduction of a Tenth*

Century Sanskrit Manuscript from Nepal (Śatapiṭaka Series, 269), New Delhi: International Academy of Indian Culture; Lokesh Chandra (1987) *Sarva-Tathāgata-Tattva-Saṅgraha: Sanskrit Text with Introduction and Illustrations of Maṇḍalas,* Delhi: Motilal Banarsidass. T. 479. Taisho 882/865-6. English translation of Amoghavajra's Chinese translation (Taisho 865), which equals most of the first section of the Sanskrit text, in Giebel 2001, Excerpts from the Sanskrit translated in Snellgrove 1987a.

Tevijja Sutta: Pāli text in T. W. Rhys Davids and J. Estlin Carpenter (eds) (1966) *The Dīgha Nikāya*, London: published for the Pāli Text Society by Luzac. Three volumes. Originally published 1890-1911. English in M. Walshe (trans.) (1987) *Thus Have I Heard: The Long Discourses of the Buddha*, London: Wisdom. Another translation in T. W. Rhys Davids (trans.) (1899-21) *Dialogues of the Buddha*, London: Pāli Text Socity. 3 volumes.

**Tridharmaka Śāstra* (Giribhadra?): No Sanskrit or Tibetan. Taisho 1506. See the summary in B.T.T. Chau (1997) *The Literature of the Personalists of Early Buddhism*, English translation by S. Boin-Webb, Ho Chi Minh City: Vietnam Buddhist Research Institute.

Trimśikā (Vasubandhu): Sanskrit text and English translation in S. Anacker (1984) *Seven Works of Vasubandhu, the Buddhist Psychological Doctor*, Delhi: Motilal Banarsidass. T. 4055. Taisho 1586-7.

Trisvabhāvanirdeśa (Vasubandhu): Sanskrit text and English translation in S. Anacker (1984) *Seven Works of Vasubandhu, the Buddhist Psychological Doctor*, Delhi: Motilal Banarsidass. T. 4058 (cf. T. 3843). See also F. Tola and C. Dragonetti (1983) 'The Trisvabhāvakārikā of Vasubandhu', *Journal of Indian Philosophy* 9, 3: 225-66.

Upāyakauśalya Sūtra: Sanskrit text lost. T. 82/261. Taisho 310 (38)/ 345-6. See Garma C. C. Chang (ed.) (1983) *A Treasury of Mahāyāna Sūtras: Selections from the Mahāratnakūṭa Sūtra*, translated from the Chinese by the Buddhist Association of the United States, University Park, Pa.: Pennsylvania State University Press. Also M. Tatz (trans.) (1994) *The Skill in Means Upāykauśalya Sūtra*, Delhi: Motilal Banarsidass. Tatz relies on the Tibetan version.

Vaidalyaprakaraṇa (Nāgārjuna): Sanskrit lost. No Chinese. Tibetan, together with an English translation, in F. Tola and C. Dragonetti (eds and trans.) *Nāgārjuna's Refutation of Logic (Nyāya): Vaidalya-*

prakaraṇa, Delhi: Motilal Banarsidass.

Vajrabhairava Tantra: Sanskrit: partial manuscripts only. No further details. T. 468. Taisho 1242. Tibetan and Mongolian texts, and English translation in Bulcsu Siklós (ed. and trans.) (1996) *The Vajrabhairava Tantras: Tibetan and Mongolian Versions, English Translation and Annotatons*, Tring: Institute of Buddhist Studies.

Vajracchedikā (Diamond) Sūtra: Sanskrit text edited with an English translation in E. Conze (ed. and trans.) (1974) *Vajracchedikā Prajñāpāramitā*, 2nd edition, with corrections and additions, Rome: Instituto Italiano per il Medio ed Estremo Oriente. Taisho 220 (9)/ 235-9. Also translated in E. Conze (trans.) (1958) *Buddhist Wisdom Books: Containing the Diamond Sūtra [Vajracchedikā] and the Heart Sūtra [Hṛdaya]*, London: Allen and Unwin. There are many English translations of this sūtra.

Vajraḍāka Tantra: Sanskrit at Calcutta Asiatic Society, manuscript G 3825. T. 370/371. No Chinese. No translation.

Vajrapāṇyabhiṣeka Tantra: Sanskrit lost. T. 496. No Chinese. No translation.

Vajraśekhara Tantra: Sanskrit lost. T. 480. Chinese untraced. No translation.

Vajrāvalī (Abhyayākaragupta): Sanskrit. Facsimile edition of a manuscript in Lokesh Chandra (1977) *Vajrāvalī*, Delhi: International Academy of Indian Culture. T. 3140. No Chinese. No translation.

Vajravārāhīsādhanasamgraha (= *Guhyasamayasaṃgraha* or *Guhyasamayasādhanamālā*): This is a collection in Sanskrit of *sādhanas* vy various authors. For a translation and edition of one text, the *Vajravārāhīsādhana* of Umāpatideva, with reference to the Tibetan (T. 1581), see English 2002. For an edition (Sanskrit) of another, the *Abhisamayamañjarī* of Śākyarakṣita, see *Dhīḥ* (*Journal of Rare Buddhist Texts*) 13: 123-54 (1992). For details of the other *sādhanas* see English (above).

Vigrahavyāvartanī (Nāgārjuna): Sanskrit text, with an English translation, in K. Bhattacharya (ed. and trans.) (1978) *The Dialectical Method of Nāgārjuna (Vigrahavyāvartanī)*, translated from the original Sanskrit with introduction and notes by K. Bhattacharya; text critically edited by E. H. Johnston and A. Kunst, Delhi: Motilal Banarsidass. T. 3828 (verses)/3832 (autocommentary). Taisho 1631.

Vijñānakāya (Devaśarman): No Sanskrit or Tibetan version. Chinese Taisho 1539. No translation.

Vajragīti are *dohās* used specifically in the context of *gaṇacakras* ('tantric feasts'). We know of no Indian text of that name, nor Indian collection of *Vajragīti* songs, though there are Tibetan collections–untranslated–culled from various sources including Sanskrit tantras and Indian siddhas. However, as far as we know these are not in the Tibetan Canon.

Vimalakīrtinirdeśa Sūtra: Full Sanskrit text lost. 'Restored' into Sanskrit, with the Tibetan text and a Hindi translation in Bhiksu Prāsādika and Lal Mani Joshi (1981) *Vimalakīrtinirdeśasūtra*, Sarnath: Central Institute of Higher Tigher Tibetan Studies. Taisho 474-6. For English see É. Lamotte (trans.) (1976) *The Teaching of Vimalakīrti* (*Vimalakīrtinirdeśa*), from the French translation with introduction and notes (*L'Enseignement de Vimalakīrti*) by Étienne Lamotte, rendered into English by Sara Boin, London: Pali Text Society.

Vimalaprabhā (commentary to the *Kālacakra Tantra*): Sanskrit published by the Central Institute of Higher Tibetan Studies. Sarnath, Varanasi, in three vols: Vol. l, J. Upadhyaya (ed.) (1986) Bibliotheca Indo-Tibetica 11; Vol. 2, V. Dwivedi and S. S. Bahulkar (eds) (1994) Rare Buddhist Texts Series 12; Vol. 3, V. Dwivedi and S. S. Bahulkar (ed.) (1994) Rare Buddhist Texts Series 13; No Chinese. English translation of chapter 2 in Wallace 2004; of chapter 3 in Wallace 2011.

Viṃśatikā (Vasubandhu): Sanskrit text and English translation in S. Anacker (1984) *Seven Works of Vasubandhu, the Buddhist Psychological Doctor*, Delhi: Motilal Banarsidass. T. 4056. Taisho 1588-91.

Visuddhimagga (Buddhaghosa): Pāli text in Swami Dwarikadas Śāstrī (ed.) (1977) *Visuddhimagga of Siri Buddhaghosācariya*, Varanasi: Bauddha Bharati. English in Ñāṇamoli Bhikkhu (trans.) (1975) *The Path of Purification (Visuddhimagga) by Bhadantācariya Buddhaghosa*, Kandy: Buddhist Publication Society. Third edition.

Yogācārabhūmi (Asaṅga?): Parts of the Sanskrit text have been edited (although not always very adequately). See V. Bhattacharya (ed.) (1957) *The Yogācārabhūmi of Acārya Asaṅga*, Calcutta: University of Calcutta; A. Wayman (ed.) (1960) 'The Sacittikā and Acittikā Bhūmi and the Pratyekabuddhabhūmi/(Sanskrit texts)' *Indogaku Bukkyogaku*

Kenkyū 8: 375-9; K. Shukla (ed.) (1973) *Śrāvakabhūmi of Ācārya Asaṅga*, Patna: K. P. Jayaswal Research Institute; U. Wogihara (ed.) (1971) *Bodhisattvabhūmi: A Statement of the Whole Course of the Bodhisattva*, two vols, Tokyo: Sankibo Buddhist Bookstore. (1st edition 1930-6.) T. 4035-22. Taisho 1579. Some of the most interesting ontological material has been translated in Janice Dean Willis (trans.) (1979) *On Knowing Reality: The Tattvārtha Chapter of Asaṅga's Bodhisattvabhūmi*, New York: Columbia University Press. See also M. Tatz (trans.) (1986) *Asaṅga's Chapter on Ethics; With the Commentary of Tsong-Kha-Pa, The Basic Path to Awakening, The Complete Bodhisattva*, Lewiston: Edwin Mellen Press.

Yogaratnamālā (commentary to the *Hevajra Tantra* by Kāṇha): Sanskrit in David Snellgrove (ed.) (1959) *The Hevajra Tantra*, Oxford: Oxford University Press. Two volumes. T. 1183. No Chinese. English translation also in G. W. Farrow and I. Menon (1992) *The Concealed Essence of the Hevajra Tantra, with the Commentary Yogaratnamālā*, Delhi: Motilal Banarsidass.

Yoginīsamcāra Tantra: Sanskrit in Nepal-German Manuscript Preservation Project A 48/5; A 43/11. T. 375. No Chinese. No translation.

Yuktiṣaṣṭikā (Nāgārjuna): Most verses lost in Sanskrit. Tibetan text edited and translated in Chr. Lindtner (ed. and trans.) (1982) *Nāgārjuniana: Studies in the Writings and Philosophy of Nāgārjuna*, Copenhagen: Akademisk Forlagj; and also F. Tola and C. Dragonetti (trans.) (1995) *On Voidness: A Study on Buddhist Nihilism*, Delhi: Motilal Banarsidass. Taisho 1575.

2차 자료

Abé, R. (1999) *The Weaving of Mantra: Kūkai and the Construction of Esoteric Buddhist Discourse*, New York: Columbia University Press.

Allen, C. (2008) *The Buddha and Dr Führer: An Archaeological Scandal*. London: Haus Publishing.

Alper, H. P. (ed.) (1989) *Understanding Mantras*, New York: State University of New York Press.

Anacker, S. (1984) *Seven Works of Vasubandhu, the Buddhist Psychological Doctor*, Delhi: Motilal Banarsidass.

Arnold, E. (ed.) (2009) *As Long as Space Endures: Essays on the Kālacakra Tantra in Honor of H.H. The Dalai Lama,* Ithaca, NY: Snow Lion.

Bahulkart, S. S (1995) 'The Lokadhātupaṭala (chapter 1) of the Kālacakra Tantra', *Dhīḥ* 19: 163-82.

Bareau, A. (1963-71) *Recherches sur la Biographie du Bouddha dans les Sūtrapiṭaka et les Vinayapiṭaka Anciens*, Paris: École Française d'Extrême-Orient.

Bareau, A. (1980) 'The Place of the Buddha Gautama in the Buddhist Religion during the Reign of Aśoka', in Somaratna Balasooriya, André Bareau, Richard Gombrich, Siri Gunasingha, Udaya Mallawarachchi, and Edmund Perry (eds) *Buddhist Studies in Honour of Walpola Rahula*, London and Vimamsa, Sri Lanka: Gordon Fraser.

Basham, A. L. (1951) *History and Doctrines of the Ājīvikas: A Vanished Indian Religion*, London: Luzac.

______(1981) 'The evolution of the concept of the bodhisattva', in Leslie S. Kawamura (ed.) *The Bodhisattva Doctrine in Buddhism*, Waterloo, Ont.: Wilfrid Laurier University Press.

Bechert, H. (1982) 'The importance of Aśoka's so-called schism edict', in L. A. Hercus, F. B. J. Kuiper, T. Rajapatirana, and E. R. Skrzypczak (eds) (1982) *Indological and Buddhist Studies: Volume in Honour of Professor J. w. de Jong on his Sixtieth Birthday*, Canberra: Faculty of Asian Studies.

______(ed.) (1991-2) *The Dating of the Historical Buddha/Die Datierung des Historischen Buddha*, Göttingen: Vandenhoek und Ruprecht. Two volumes.

Benard, E. A. (1994) *Chinnamastā: The Aweful Buddhist and Hindu Tantric Goddess*, Delhi: Motial Banarsidas.

Bendall, C. (ed.) (1903) 'Subhāṣita-Saṃgraha', in *Le Muséon*, New Series 4: 375-402. Louvain: J.-B. Istas.

Beyer, S. (1973) *The Cult of Tārā: Magic and Ritual in Tibet*, Berkeley, Calif.: University of California Press.

______(1974) *The Buddhist Experience: Sources and Interpretations*, Encino, Calif.: Dickenson.

______(1977) 'Notes on the vision quest in early Mahāyāna', in L. Lancaster (ed.) *Prajñāpāramitā and Related Systems: Studies in Honor of Edward Conze*, Berkeley, Calif.: University of California

Press.
Bhattacharya, K. (1973) *L'Ātman-Brahman dans le Bouddhisme Ancien*, Paris: École Française d'Extrême-Orient.
Birnbaum, R. (1980) *The Healing Buddha*, London: Rider.
Brauen, M. (1998) *The Maṇḍala: Sacred Circle in Tibetan Buddhism*, trans. M. Willson, Boston: Shambhala. Originally published in 1992 as *Das Maṇḍala: der Heilige Kreis im tantrischen Buddhismus*, Köln: Dumont.
Broido, M. M (1988) 'Killing, lying, stealing, and adultery: a problem of interpretation in the Tantras', in D. S. Lopez, Jr (ed.) (1988) *Buddhist Hermeneutics*, Honolulu: University of Hawaii Press, 71-117.
Bronkhorst, J. (1993) *The Two Traditions of Meditation in Ancient India*, New Delhi: Motilal Banarsidass.
______(2007) *Greater Magadha: Studies in the Culture of Early India*, Leiden, Boston: Brill.
Carrithers, M. (1983) *The Buddha*, Oxford: Oxford University Press.
Chang, G. C. C. (ed.) (1983) *A Treasury of Mahāyāna Sūtras: Selections from the Mahāratnakūṭa Sūtra*, translated from the Chinese by the Buddhist Association of the United States, Garma C. C. Chang, General Editor, University Park, Pa.: Pennsylvania State University Press.
Chau, B. T. T. (1997) *The Literature of the Personalists of Early Buddhism*, English translation by Sara Boin-Webb, Ho Chi Minh City: Vietnam Buddhist Research Institute.
Cheetham, E. (1985 onwards) *Fundamentals of Mainstream Buddhism*, London; The Buddhist Society. At least seven volumes.
Cicuzza, C. and Sferra, F. (1997) 'Brief notes on the beginning of the Kālacakra literature', *Dhīḥ* 23: 113-26.
Collins, S. (1982a) *Selfless Persons: Imagery and Thought in Theravāda Buddhism*, Cambridge, London, New York, New Rochelle, Melbourne, and Sidney: Cambridge University Press.
______(1982b) 'Self and non-Self in early Buddhism', *Numen* XXIX, 2: 250-71.
______(1990) 'On the very idea of the Pāli Canon', *Journal of the Pāli Text Society* XV: 89-126.
______(1998) *Nirvāṇa and Other Buddhist Felicities: Utopias of the Pali imaginaire*, Cambridge: Cambridge University Press.

Conze, E. (1960) *The Prajñāpāramitā Literature*,'s Gravenhage: Mouton.
Cousins, L. (1992) 'Vitakka/vitarka and vicāra: Stages of samādhi in Buddhism and Yoga', *Indo-Iranian Journal* 35: 137-57
______(1994) 'Person and Self', in *Buddhism into the Year 2000: International Conference Proceedings*, Bangkok and Los Angeles: Dhammakaya Foundation.
______(1995) 'Abhidhamma', in J. R. Hinnells (ed.) *A New Dictionary of Religions*, Oxford and Cambridge, Mass.: Blackwell.
______(1996a) 'The dating of the historical Buddha: A review article', *Journal of the Royal Asiatic Society*, Third Series, 6, 1: 57-63.
______(1996b) 'Good or skilful? Kusala in canon and commentary', *Journal of Buddhist Ethics*, Vol. 3. Online. Available HTTP: *http://jbe.la.psu.edu/3/cousinsl.html* (1 October 1999).
______(1997) 'Aspects of Esoteric Southern Buddhism', in P. Connolly and S. Hamilton (eds) *Indian Insights: Buddhism, Brahmanism and Bhakti: Papers from the Annual Spalding Symposium on Indian Religions*, London: Luzac.
______(1998) 'Buddhism', in J. R. Hinnells (ed.) *A New Handbook of Living Religions*, London, New York, Ringwood, Ontario, and Auckland: Penguin Books.
______(2001) 'On the Vibhajjavādins: The Mahiṃsāsaka, Dhammaguttaka, Kassapiya and Tambapaooiya branches of the ancient Theriyas', *Buddhist Studies Review* 18 (2): 131-82.
Couture, A. (1994) 'A survey of French literature of ancient Indian Buddhist hagiography', in P. Granoff and K. Shinohara (eds) *Monks and Magicians: Religious Biographies in Asia*, Delhi: Motilal Banarsidass.
Cox, C. (1995) *Disputed Dharmas: Early Buddhist Theories on Existence*, Tokyo: The International Institute for Buddhist Studies.
______(1998) 'Buddhism, Ābhidharmika schools of', in E. Craig (ed.) *Routledge Encyclopedia of Philosophy*, London: Routledge.
Cozort, D. (1995) *The Sand Maṇḍala of Vajrbhairava*, New York: Snow Lion.
Dalton, J. (2004) 'The Development of Perfection: The Interiorization of Buddhist Ritual in the Eighth an Nineth Centuries', Journal of Indian Philosophy 32 (1): 1-30.
______(2005) 'A crisis of doxography: How Tibetans organized Tantra

during the 8th-12th centuries', *Journal of the International Association of Buddhist Studies* 28 (1): 115-81.

Davidson, R. M. (1991) 'Reflections on the Maheśvara subjugation myth: Indic materials, Sa-skya-pa apologetics, and the birth of Heruka', *Journal for the International Association of Buddhist Studes* 14, 2: 197-235. Reprinted in Williams (2005), Vol. 6, Ch. 73.

______(1995a) 'The bodhisattva Vajrapāṇi's subjugation of Śiva', in D. S. Lopez, Jr (ed.) *Religions of India in Practice*, Princeton, N. J.: Princeton University Press.

______(1995b) 'Atiśa's A Lamp for the Path to Awakening', in D. S. Lopez, Jr (ed.) *Buddhism in Practice*, Princeton, N. J.: Princeton University Press.

______(1995c) 'The Litany of Names of Mañju3rc', in D. S. Lopez, Jr (ed.) Religions of India in Practice, Princeton, NJ: Princeton University Press, 104-25.

______(2002a) Indian Esoteric Buddhism: A Social History of the Tantric Movement, New York, NY: Columbia University Press.

______(2002b) 'Reframing Sahaja: Genre, representation, ritual and lineage', Journal of Indian Philosophy 30: 45-83.

______(2005) Tibetan Renaissance: Tantric Buddhism in the Rebirth of Tibetan Culture, New York, NJ: Columbia University Press.

Davidson, R. M. and Orzech, C. (2003) 'Tantra', in R. Buswell Jr. (ed.) *Encyclopedia of Buddhism*, New York, NY: Macmillan, 820-826.

Dehejia, V. (1986) *Yoginī Cult and Temples: A Tantric Tradition*, New Delhi: National Museum.

Demiéville, P. (1954) 'La Yogācārabhumi de Sangharakṣa', *Bulletin de l'École Francaise d'Extrême-Orient* XLIV, 2: 239-436.

Dessein, B. (2009) 'The Mahāsāṃghikas and the origin of Mahāyāna Buddhism: Evidence provided in the *Abhidharmamahavibhāṣāśāstra'. *The Eastern Buddhist* 40 (1/2): 25-61.

Donaldson, T.E. (2001) *Iconography of the Buddhist Scupture of Orissa*, New Delhi: Indira Gandhi National Centre for the Arts. Two volumes.

Dreyfus, G. (1997) *Recognizing Reality: Dharmakīrti's Philosophy and its Tibetan Interpretations*, Albany, NY: State University of New York Press.

Dumont, L. (1988) *Homo Hierarchicus: The Caste System and its*

Implications, trans. Mark Sainsbury, Louis Dumont, and Basia Gulati, complete revised English edition, Delhi: Oxford University Press.
Dunne, J. D. (2004) *Foundations of Dharmakīrti's Philosophy*, Boston: Wisdom.
Eckel, M. D. (1992) *To See the Buddha: A Philosopher's Quest for the Meaning of Emptiness*, Princeton, N. J.: Princeton University Press.
Edgerton, F. (trans.) (1972) *The Bhagavad Gītā*, Cambridge, Mass.: Harvard University Press.
Elder, G. R. (1976) 'Problems of language in Buddhist Tantra', *History of Religions* 15, 3: 231-50.
English, E. (2002) *Vajrayoginī, her Visualizations, Rituals, and Forms: A Study of the Cult of Vajrayoginī in India*, Somerville, MA: Wisdom.
Frauwallner, E. (1973) *History of Indian Philosophy*, trans. V. M. Bedekar, Delhi: Motilal Banarsidass. Two volumes.
______(1973) *History of Indian Philosophy*, trans. V.M. Bedekar, Delhi: Motilal Banarsidass. Two volumes.
______(1995) *Studies in Abhidharma Literature and the Origins of Buddhist Philosophical Systems*, trans. S.F. Kidd, Albany, NJ: State University of New York Press.
Gellner, D. (1992) *Monk, Householder and Tantric Priest: Newar Buddhism and its Hierarchy of Ritual*, Cambirdge: Cambridge University Press.
Gethin, R. (1986) 'The five khandhas: Their treatment in the Nikāyas and early Buddhism', *Journal of Indian Philosophy* 14: 35-53.
______(1997a) 'Cosmology and meditation: From the Agañña-sutta to the Mahāyāna, *History of Religions* 36, 3: 183-217.
______(1997b) 'Wrong view (micchā-diṭṭhi) and right view (sammā-diṭṭhi) in the Theravāda Abhidhamma', in Kuala Lumpur Dhammajoti, Asanga Tilakaratne, and Kapila Abhayawansa (eds) *Recent Researches in Buddhist Studies: Essays in Honour of Professor Y. Karunadasa*, Colombo: Y. Karunadasa Felicitation Committee, in collaboration with Chi Ying Foundation, Hong Kong.
______(1998) *The Foundations of Buddhism*, Oxford and New York: Oxford University Press.
Giebel, R. W. (trans.) (2001) *Two Esoteric Sutras: The Adamantine Pinnacle Sutra; The Susiddhikara Sutra*, Berkeley, CA: Numata Center for Buddhist Translation and Research.

______(trans.) (2005) *Vairocanābhisaṃbodhi Sutra*, Berkeley, CA: Numata Center for Buddhist Translation and Research.
Goepper, R. and Poncar, J. (1996) *Alchi, Ladakh's Hidden Buddhist Sanctuary: The Sumtsek, Boston*: Shambhala Limited Editions.
Gombrich, R. (1971) *Precept and Practice: Traditional Buddhism in the Rural Highlands of Ceylon*, Oxford: Clarendon Press.
______(1988) *Theravāda Buddhism: A Social History from Ancient Benares to Modern Colombo*, London: Routledge and Kegan Paul.
______(1990a) 'How the Mahāyāna began', in Tadeusz Skorupski (ed.) *The Buddhist Forum: Volume 1: Seminar Papers 1987-1988*, London: School of Oriental and African Studies, University of London.
______(1990b) 'Recovering the Buddha's message', in D. S. Ruegg and L. Schmithausen (eds) *Earliest Buddhism and Madhyamaka*, Leiden: E. J. Brill.
______(1992) 'The Buddha's Book of Genesis?', *Indo-Iranian Journal* 35: 159-78. Reprinted in Williams (2005), Vol. 1, Ch. 8.
______(1996) *How Buddhism Began: The Conditioned Genesis of the Early Teachngs*, London and Atlantic Highlands, N. J.: Athlone Press.
______(1998) *Kindness and Compassion as a Means to Nirvāṇa*, 1997 Gonda Lecture, Amsterdam: Royal Netherlands Academy of Arts and Sciences.
______(2009) *What the Buddha Thought*, London, Oakville: Equinox.
Gomez, L. O. (1987) 'Buddhism: Buddhism in India', in M. Eliade (ed.) *The Encyclopedia of Religion*, New York: Macmillan.
______(1995) 'The whole universe as a sūtra', in Donald S. Lopez (ed.) *Buddhism in Practice*, Princeton, N. J.: Princeton University Press.
Granoff, P. and Shinohara, K. (eds) *Monks and Magicians: Religions Biographies in Asia*, Delhi: Motilal Banarsidass.
Gray, D.B. (2005a) 'Eating the heart of the Brahmin: Representations of alterity and the formation of identity in Tantric Buddhist discourse', *History of Religions* 45 (1): 45-69.
______(2005b) 'Disclosing the empty secret: Textuality and embodiment in the Cakrasamvara Tantra', *Numen* 52 (4): 417-44.
______(2006) 'Mandala of the self: Embodiment, practice, and identity construction in the Cakrasamvara tradition', *Journal of Religious History* 30 (3): 294-310.
______(2007a) *The Cakrasamvara Tantra (The Discourse of Śrī Heruka)*

(Śrīherukābhidhāna): A Study and Annotated Translation, New York, NY: American Institute of Buddhist Studies at Columbia University.

______(2007b) 'Ḍākinīs and Yoginīs: On the origin and development of an early medieval Indian goddess tradition', in D. Shimkhada and P.K. Herman (eds) *The Constant and Changing Faces of the Goddess: Goddess Traditions of Asia*, Newcastle upon Tyne: Cambridge Scholars Publishing, 34-53.

______(2007c) 'The Cakrasamvara Tantra: Its history, interpretation, and practice in India and Tibet', *Religion Compass* 1 (6): 695-710.

______(2009a) 'The influence of the Kālacakra: Vajrāpaṇi on consort meditation', in E. Arnold (ed.) As long as Space Endures: Essays on the Kalacakra Tantra in Honor of H. H. *The Dalai Lama*, Ithaca NY: Snow Lion, 193-203.

______(2009b) 'On the very idea of a tantric canon: Myth, politics, and the formation of the Bka' 'gyur', *Journal of the International Association of Tibetan Studies* 5: 1-37.

Griffiths, P. J. (1990) 'Painting space with colors: Tathāgatagarbha in the Mahāyānasūtrālaṃkāra-corpus IX.22-37', in P. J. Griffiths and J. P. Keenan (eds) *Buddha Nature: A Festschrift in Honor of Minoru Kiyota*, Reno, Nev.: Buddhist Books International.

______(1994) *On Being Buddha: The Classical Doctrine of Buddhahood*, Albany, N. Y.: State University of New York Press.

Grosnick, W. H. (1995) 'The Tathāgatagarbha sūtra', in Donald S. Lopez (ed.) *Buddhism in Practice*, Princeton, N. J.: Princeton University Press.

Guenther, H. V. (1963) *The Life and Teachings of Naropa*, London, Oxford, and New York: Oxford University Press.

______(1973) *The Royal Song of Saraha: A Study in the History of Buddhist Thought,* Berkeley, Calif.: Shambhala. Originally published, Seattle: University of Washington Press. 1968.

______(1993) *Ecstatic Spontaneity: Saraha's Three Cycles of Dohā*, Berkeley, Calif.: Asian Humanities Press.

Harris, I. (1991) *The Continuity of Madhyamaka and Yogācāra in Indian Mahāyāna Buddhism*, Leiden: E. J. Brill.

Harrison, P. (1978) 'Buddhānusmrti in the Pratyutpanna-buddha-saṃmukhāvasthita-samādhi-sūtra', *Journal of Indian Philosophy* 6: 35-57.

______(1982) 'Sanskrit fragments of a Lokottaravādin tradition', in L. A. Hercus, F. B. J. Kuiper, T. Rajapatirana, and E. R. Skrzypczak (eds) (1982) *Indological and Buddhist Studies: Volume in Honour of Professor J. W. de Jong on his Sixtieth Birthday*, Canberra: Faculty of Asian Studies.

______(1987) 'Who gets to ride in the Great Vehicle? Self-image and identity among the followers of the early Mahāyāna', *The Journal of the International Association of Buddhist Studies* 10, 1: 66-89.

______(1990) *The Samādhi of Direct Encounter with the Buddhas of the Present: An Annotated English Translation of the Tibetan Version of the Pratyutpanna-Buddha-Saṃmukhāvashita-Samādhi-Sūtra, with Several Appendices relating to the History of the Text*, Tokyo: The International Institute for Buddhist Studies.

______(1992) 'Is the Dharma-kāya the real "phantom body" of the Buddha?', *The Journal of the International Association of Buddhist Studies*15, 1: 44-94.

______(1995) 'Searching for the origins of the Mahāyāna: What are we looking for?', *Eastern Buddhist* 28, 1: 48-69.

Harrison, P. (2003) 'Mediums and messages: Reflections on the production of Mahāyānasūtras'. *The Eastern Buddhist* 35 (1/2): 115-51.

Harvey, P. (1990) *An Introduction to Buddhism: Teachings, History and Practices*, Cambridge: Cambridge University Press.

______(1995) *The Selfless Mind: Personality, Consciousness and Nirvāṇa in Early Buddhism*, Richmond: Curzon Press.

Hayes, R. (1994) 'Nāgārjuna's appeal', *Journal of Indian Philosophy* 22: 299-378.

Hinüber, O. von (2010) 'Cremated like a King: The Funeral of the Buddha within the Ancient Indian Cultural Context', *Journal of the International College for Postgraduate Buddhist Studies* Vol. XIII: 33-66.

Hirakawa, A. (1963) 'The rise of Mahāyāna Buddhism and its relationship to the worship of stūpar', in *Memoirs of the Research Department of the Toyo Bunko*, Tokyo: Toyo Bunko.

______(1990) *A History of Indian Buddhism: From Śākyamuni to Early Mahāyāna*, translated and edited by Paul Groner, Honolulu: University of Hawaii Press.

Hodge, S. (1994) 'Considerations on the dating and geographical origins of the Mahāvairocanābhisaṃbodhi-sūtra', in T. Skorupski and U. Pagel (eds) *The Buddhist Forum III*, London: School of Oriental and African Studies, University of London.

______(2003) *Mahā-Vairocana-Abhisambodhi Tantra, with Buddhaguhya's Commentary*, London: RoutledgeCurzon.

Holt, J. C. (1991) *Buddha in the Crown: Avalokieśvara in the Buddhist Traditions of Sri Lanka*, New York: Oxford University press.

Hume, D. (1969) *A Treatise of Human Nature*, edited with an introduction by Ernest G. Mossner, Harmondsworth: Penguin Books.

Isaacson, H. (1998) 'Tantric Buddhism in India (from c. A.D. 800 to c. A.D. 1200)', *Buddhismus in Geschichte und Gegenwart: Band II*, Universität Hamburg: 24-49.

Jackson, R. R. (1994) 'A Tantric echo in Sinhalese Theravāda? Pirit ritual, the book of paritta and the Jinapañjaraya', *Dhīḥ* 18: 121-40.

______(2004) (trans.) *Tantric Treasures: Three Collections of Mystical Verse from Buddhist India*, Oxford and New York: Oxford University Press.

______(2005) 'Mahāmudrā', in L. Jones (ed.) *Encyclopedia of Religion* (Second Edition), Detroit MI: Macmillan Reference.

Jaini, P. S. (1979) *The Jaina Path of Purification*, Berkeley, Calif.: University of California Press. Indian reprint, Delhi, Varanasi, and Patna: Motilal Banarsidass, 1979.

Jones, L. (ed.) (2005) *Encyclopedia of Religion* (Second Edition), New York, NY: Macmillan Reference. Fifteen volumes.

Jong, J. W. de (1984) 'A new history of Tantric literature in India' (English Précis of the Japanese work, *Mikkyo kyoten seiritsushi-ron*, by Yukei Matsunaga, Kyoto, 1980), *Acta Indologica* VI: 91-113.

Jurewicz, J. (2004) 'Prajāpati, the fire and the *pañcāgni-vidyā*', in P. Balcerowicz and M. Meyer (eds), *Essays in Indian Philosophy, Religion and Literature*. Delhi: Motilal Banarsidass.

______(2000) 'Playing with fire: the *pratītyasamutpāda* from the perspective of Vedic thought', *Journal of the Pali Text Society* 26: 77-103. Reprinted in Williams (2005), Vol. 1, Ch. 10.

Kajiyama, Y. (1985) 'Stūpas, the mother of Buddhas, and dharma-body' in A. K. Warder (ed.) *New Paths in Buddhist Research*, Durham, N. C.: Acorn Press.

Kapstein, M.T. (2001) *Reason's Traces*, Boston, MA: Wisdom.

______(2005) 'Buddhism, schools of: Tantric ritual schools of Buddhism [further considerations]', in L. Jones (ed.) *Encyclopedia of Religion* (Second Edition), Detroit, MI: Macmillan Reference.
______(2006) 'An inexhaustible treasury of verse: The literary legacy of the Mahāsiddhas', in R. Linrothe (ed.) *Holy Madness: Portraits of Tantric Siddhas*, New York/Chicago: Rubin Museum of Art and Serindia, 48-61.
Keown, D. (1992) *The Nature of Buddhist Ethics, Basingstoke*: Macmillan.
King, S. B. (1990) 'Buddha nature thought and mysticism', in P. J. Griffiths and J. P. Keenan (eds) (1990) *Buddha Nature: A Festschrift in Honor of Minoru Kiyota*, Reno, Nev.: Buddhist Books International.
______(1991) *Buddha Nature*, Albany: State University of New York Press.
Klimburg-Salter, D. E. (1997) *Tabo: A Lamp for the Kingdom. Early Indo-Tibetan Buddhist Art in the Western Himalaya*, Milan: Skira Editore (Published in USA, 1998: New York, NY: Thames and Hudson).
Kloetzli, R. (1983) *Buddhist Cosmology: From Single World System to pure Land: Science and Theology in the Images of Motion and Light*, Delhi: Motilal Banarsidass.
Kongtrul, J. K. L. T. (1995) *Myriad Worlds: Buddhist Cosmology in Abhidharma, Kālacakra, and Dzog-chen*, translated and edited by the International Translation Committee, Ithaca, N. Y.: Snow Lion.
Kuan, Tse-Fu (2009) 'Rethinking Non-Self: A New Perspective from the *Ekottarika-āgama*', *Buddhist Studies Review* 26 (2): 155-75.
Kvaerne, P. (1975) 'On the concept of sahaja in Indian Buddhist Tantric literature', *Temenos* XI: 88-135. Reprinted in Williams (2005), Vol. 6, Ch. 78.
______(1977) *An Anthology of Buddhist Tantric Songs: A Study of the Caryāgīti*, Oslo: Universitetsforlaget. Second edition, Bangkok: White Orchid Press, 1986.
Lalou, M. (1930) *Iconographie des Etoffes Paintes dans le Mañju-śrīmūlakalpa*, Paris: Librairie Orientaliste Paul Geuthner.
Lamotte, É. (1960) 'Mañjuśrī', *T'oung Pao* 48: 1-96.
______(1988) *History of Indian Buddhism: From the Origins to the Śaka Era*, translated from the French by Sara Boin-Webb, Louvain and

Paris: Peeters Press.
Lati Rinpoche and Hopkins, J. (1979) *Death, Intermediate State and Rebirth in Tibetan Buddhism*, London: Rider.
Leidy, D. P. (1997) 'Place and process: Maṇḍala imagery in the Buddhist art of Asia', in D. P. Leidy and R. A. F. Thurman *Mandala, the Architecture of Enlightenment*, New York and Boston: Asia Society Galleries, Tibet House, and Shambhala.
Leidy, D. P. and Thurman, R. A. F. (1997) *Maṇḍala, the Architecture of Enlightenment*, New York and Boston: Asia Society Galleries, Tibet House, and Shambhala.
Lessing, F. D. and Wayman, A. (1968) *mKhas grub rje's Fundamentals of the Buddhist Tantras*, The Hague and Paris: Mouton. Second edition (1978) published as *Introduction to the Buddhist Tantric Systems, translated from mKhas grub rje's Rgyud sde spyihi rnam par gzag pa rgyas par brjod, with Original Text and Annotation*, New Delhi: Motilal Banarsidass.
Lindtner, C. (1982) *Nāgārjuniana: Studies in the Writings and Philosophy of Nāgārjuna*, Copenhagen: Akademisk Forlag.
Linrothe, R. (1999) *Ruthless Compassion: Wrathful Deities in Early Indo-Tibetan Esoteric Buddhist Art*, London: Serindia.
______(ed.) (2006) *Holy Madness: Portraits of Tantric Siddhas*, New York/Chicago: Rubin Museum of Art and Serindia.
Lopez, D. S. (ed.) (1988a) *Buddhist Hermeneutics*, Honolulu: University of Hawaii Press.
______(1988b) 'Sanctification on the bodhisattva path', in Richard Kieckhefer and George D. Bond (eds) *Sainthood: Its Manifestations in World Religions*, Berkeley, Calif.: University of California Press.
______(ed.) (1995a) *Religions of India in Practice*, Princeton, N. J.: Princeton University Press.
______(ed.) (1995b) *Buddhism in Practice*, Princeton, N. J.: Princeton University Press.
______(1996) *Elaborations on Emptiness: Uses of the Heart Sūtra*, Princeton, N. J.: Princeton University Press.
Lusthaus, D. (2002) *Buddhist Phenomenology: A Philosophical Investigation of Yogācāra Buddhism and the Ch'eng Wei-shih lun*, London and New York: RoutledgeCurzon.
Macdonald, A. (1962) *Le Maṇḍala du Mañjuśrīmūlakalpa*, Paris: Adrien-

Maisonneuve.
Matilal, B. K. (1980) 'Ignorance or misconception? A note on avidyā in Buddhism', in Somaratna Balasooriya, André Bareau, Richard Gombrich, Siri Gunasingha, Udaya Mallawarachchi, and Edmund Perry (eds) *Buddhist Studies in Honour of Walpola Rahula*, London and Vimamsa, Sri Lanka: Gordon Fraser.
Matsunaga, Y. (1977) 'A history of Tantric Buddhism in India with reference to Chinese translations', in L. Kawamura and K. Scott (eds) *Buddhist Thought and Indian Civilization: Essays in Honour of Herbert V. Guenther on his 60th Birthday*, Emeryville, Calif.: Dharma Publishing.
______(ed.) (1978) *The Guhyasamāja Tantra, A New Critical Edition*, Osaka: Toho Shuppan.
______(1985) 'On the date of the *Mañjuśrīmūlakalpa*', in Michel Strickmann (ed.) *Tantric and Taoist Studies in Honour of Professor* R.A. Stein, Volume 3 (*Mélanges Chinois et Bouddhiques* 22), Brussels: Institut Belge des Hautes Etudes Chinoises, 882-94.
Mori, S. (1997) 'The Avalokiteśvara bodhisattva statue at Dambegoda and its restoration-A study of Mahāyānism in Sri Lanka', in Kuala Lumpur Dhammajoti, Asanga Tilakaratne, and Kapila Abhayawansa (eds) *Recent Researches in Buddhist Studies: Essays in Honour of Professor Y. Karunadasa*, Colombo: Y. Karunadasa Felicitation Comittee, in collaboration with Chi Ying Foundation, Hong Kong.
Nagao, G. M. (1991) *Mādhyamika and Yogācāra: A Study of Mahāyāna Philosophies*, translated by L. S. Kawamura in collaboration with G. M. Nagao, Albany, N. Y.: State University of New York Press.
Ñāṇamoli B. (1992) *The Life of the Buddha: According to the Pāli Canon*, Kandy: Buddhist Publication Society. Third edition.
Nārada Mahā Thera (1980) *The Buddha and His Teachings*, Singapore: Stamford Press charitable reprint. No further publication details given.
Nattier, J. (1992) 'The heart Sūtra: A Chinese apocryphal text?', *The Journal of the International Associaton of Buddhist Studies* 15, 2: 153-223
Newman, J. (1988) 'Buddhist Sanskrit in the Kālacakra Tantra', *Journal of the International Association of Buddhist Studies* 11: 123-40.
______(1995) 'Eschatology in the Wheel of Time Tantra', in D. S. Lopez, Jr (ed.) *Buddhism in Practice*, Princeton, N. J.: Princeton University

Press.
______(2000) 'Vajrayoga in the Kālacakra Tantra', in D.G. White (ed.) *Tantra in Practice*, Princeton, NJ: Princeton University Press, 587-94.

Nihom, M. (1994) *Studies in Indian and Indo-Indonesian Tantrism: The Kuñjarakarṇadharmakathana and the Yogatantra*, Wien: Sammlung De Nobili Institut für Indologie der Universität Wien.

Norman, K. R. (1990-6) *Collected Papers*, Oxford: Pāli Text Society. Six volumes.

______(1997) *A Philological Approach to Buddhism: The Bukkyo Dendo Kyokai Lectures 1994*. London: School of Oriental and African Studies, University of London.

Obeyesekere, G. (2002) *Imagining Karma: Ethical Transformation In Amerindian, Buddhist, and Greek Rebirth*, Berkeley, CA: University of California Press.

Olivelle, P. (trans.) (1996) *Upaniṣads*, Oxford: Oxford University Press.

______(1999) 'Young Śvetaketu: A Literary Study of an Upaniṣadic Story', *Journal of the American Oriental Society* 119 (1): 46-70.

______(2000) *Dharma Sūtras: The Law Codes of Āpastamba, Gautama, Baudhāyana, and Vasiṣṭha* (Annotated Text and Translation), Delhi: Motilal Banarsidass.

Onians, I. (2002) 'Tantric Buddhist Apologetics or Antinomianism as a Norm', unpublished D.Phil. Thesis, University of Oxford.

Orzech, C.D. (2005a) 'Mahāvairocana', in L. Jones (ed.) *Encyclopedia of Religion* (Second Edition), Detroit, MI: Macmillan Reference.

______(2005b) 'Zhenyan', in L. Jones (ed.) *Encyclopedia of Religion* (Second Edition), Detroit MI: Macmillan Reference.

Pabongka Rinpoche (1991) *Liberation in the Palm of Your Hand: A Concise Discourse on the Stages of the Path to Enlightenment*, trans. Michael Richards, edited in the Tibetan by Trijang Rinpoche, Boston: Wisdom.

Padoux, A. (1987) 'Tantrism', in M. Eliade (ed.) *The Encyclopedia of Religion*, New York: Macmillan.

Pagel, U. (1995) *The Bodhisattvapiṭaka: Its Doctrines, Practices and their Position in Mahāyāna Literature*, Tring: Institute of Buddhist Studes.

Pal, P. and Fournier, L. (1988) *Marvels of Buddhist Art: Alchi-Ladakh*, New York and Paris: Ravi Kumar.

Pas, J. F. (1977) 'The Kuan-wu-liang shou-Fo-ching: Its origin and literary criticism', in Leslie S. Kawamura and Keith Scott (eds) *Buddhist Thought and Asian Civilization: Essays in Honor of Herbert V. Guenther on his Sixtieth Birthday*, Emeryville, Calif: Dharma Publishing.

Payne, R. K. (ed.) (2006) *Tantric Buddhism in East Asia*. Somerville, MA: Wisdom.

Perez-Remon, J. (1981) *Self and Non-Self in Early Buddhism*, The Hague, Paris, and New York: Mouton.

Pettit, J.W. (1999) Review article of Williams (1998a), in *Journal of Buddhist Ethics*, Vol. 6. Online. Available HTTP:http://jbe.la.psu.edu/6/pettit991.htm (1 October 1999). Reply by Williams. Online. Available HTTP:http://jbe.la.psu.edu/6/williams991.htm (1 October 1999).

Potter, K. H., with Buswell, Robert E., Jaini, Padmanaby S., and Reat, Noble Ross (eds) (1996) *Encyclopedia of Indian Philosophies: Volume VII: Abhidharma Buddhism to 150 A.D.*, Delhi: Motilal Banarsidass.

______(ed.) (1999) *Encyclopeda of Indian Philosophies: Volume VIII: Buddhist Philosophy from 100 to 350 A.D.*, Delhi: Motilal Banarsidass.

______(ed.) (2003) *Encyclopedia of Indian Philosophies: Volume IX: Buddhist Philosophy from 350-600 A.D.*, Delhi: Motilal Banarsidass.

Priestley, L.C.D.C. (1999) *Pudgalavāda Buddhism: The Reality of the Indeterminate Self, Toronto*: Centre for South Asian Studies, University of Toronto.

Rahula, W. (1978) *Zen and the Taming of the Bull: Towards the Definition of Buddhist Thought*, London: Gordon Fraser Gallery.

Ray, R. A. (2005) 'Mahāsiddhas', in M. Eliade (ed.) *The Encyclopedia of Religion* (Second Edition), Detroit, MI: Macmillan Reference.

Reynolds, F. E., and Reynolds, M. B. (trans.) (1982) *Three Worlds According to King Ruang: A Thai Buddhist Cosmology*, Berkeley, Calif.: University of California.

Rhie, M. M. and Thurman, R. A. F. (1991) *Wisdom and Compassion: The Sacred Art of Tibet*, London: Thames and Hudson.

Rhys Davids, T. W. (1899) *Sacred Books of the Buddhists vol. II* (*Dialogues of the Buddha Part I*). Oxford: Pali Text Society (1995; first published, London: 1899).

Ronkin, N. (2005) *Early Buddhist Metaphysics: The making of a philosophical tradition*, London and New York: RoutledgeCurzon.
Rowell, T. (1935) 'The background and early use of the Buddha-kṣetra concept, chs 2-3', *Eastern Buddhist* o.s. 6, 4: 379-431.
______(1937) 'The background and early use of the Buddha-kṣetra concept, ch. 4, plus appendices and bibliography', *Eastern Buddhist* o.s.7, 2: 132-76.
Ruegg, D. S. (1980) 'Ahiṃsā and vegetarianism in the history of Buddhism', in Somaratna Balasooriya, André Bareau, Richard Gombrich, Siri Gunasingha, Udaya Mallawarachchi, and Edmund Perry (eds) *Buddhist Studies in Honour of Walpola Rahula*, London and Vimamsa, Sri Lanka: Gordon Fraser.
______(1981) *The Literature of the Madhyamaka School of Philosophy in India*, Wiesbaden: O. Harrassowitz.
______(1989a) *Buddha-nature, Mind and the Problem of Gradualism in a Comparative Perspective: On the Transmission and Reception of Buddhism in India and Tibet*, London: School of Oriental and African Studies, University of London.
______(1989b) 'Review of Snellgrove, D. L. (1987) "Indo-Tibetan Buddhism: Indian Buddhists and their Tibetan Successors"', *Journal of the Royal Asiatic Society*, 1989, 1: 172-8.
Ruegg. D. S. and Schmithausen, L. (eds) (1990) *Earliest Buddhism and Madhyamaka*, Leiden: E. J. Brill.
Sadakata, A. (1997) *Buddhist Cosmology: Philosophy and Origins*, trans. Gaynor Sekimori, with a foreword by Hajime Nakamura, Tokyo: Kosei.
Samuel, G. (1989) 'The body in Buddhist and Hindu Tantra', *Religion* 19: 197-210.
______(1993) *Civilized Shamans: Buddhism in Tibetan Societies*, Washington and London: Smithsonian Institution Press.
______(2008) *The Origins of Yoga and Tantra: Indic Religions to the Thirteenth Century*, Cambridge: Cambridge University Press.
Sanderson, A. (1994) 'Vajrayāna: origin and function', in *Buddhism Into the Year 2000 (International Conference Proceedings)*, Bangkok and Los Angeles: Dhammakaya Foundation.
______(2001) 'History through textual criticism in the study of Śaivism, the Pañcaratra and the Buddhist Yoginītantras', in François Grimal

(ed.) *Les Sources et le temps. Sources and Time: A Colloquium, Pondicherry*, 11-13 January 1997 (Publications du département d'Indologie 91), Pondicherry: Institut Français de Pondichéry/École Française d'Extrême-Orient, 1-47.

______(2009) 'The Śaiva age', in S. Einoo (ed.) *Genesis and Development of Tantrism*, Tokyo: Institute of Oriental Culture, University of Tokyo, 41-349.

Sartre, J. P. (1966) *Being and Nothingness*, trans. Hazel E. Barnes, New York: Washington Square.

Sasaki, S. (1994) 'A study of the origin of Mahāyāna Buddhism-on the Hirakawa theory'. A paper delivered at the conference of the International Association of Buddhist Studies in Mexico City. No publication details available.

Schmithausen, L. (1987) *Ālayavijñāna: On the Origin and the Early Development of a Central Concept of Yogācāra Philosophy*, Tokyo: International Institute for Buddhist Studies. Two volumes.

Schopen, G. (1975) 'The phrase "sa pṛthivīpradeśaś caityabhūto bhavet" in the Vajracchedikā: notes on the cult of the book in Mahāyāna', *Indo-Iranian Journal* 17: 147-81.

______(1977) 'Sukhāvatī as a generalized religious goal in Sanskrit Mahāyāna sūtra literature', *Indo-Iranian Journal* 19: 177-210.

______(1979) 'Mahāyāna in Indian inscriptions', *Indo-Iranian Journal* 21: 1-19.

______(1985) 'Two problems in the history of Indian Buddhism: the layman/monk distinction and the doctrines of the transference of merit', *Studien zur Indologie und Iranistik* 10: 9-47. Reprinted in Schopen (1997).

______(1987a) 'Burial "ad sanctos" and the physical presence of the Buddha in early Indian Buddhism', *Religion* 17: 193-225. Reprinted in Schopen (1997).

______(1987b) 'The inscription on the Kuṣān image of Amitābha and the character of the early Mahāyāna in India', *The Journal of the International Association of Buddhist Studies* 10, 2: 99-137.

______(1990) 'The Buddha as an owner of property and permanent resident in medieval Indian monasteries', *Journal of Indian Philosophy* 18, 3: 181-217. Reprinted in Schopen (1997).

______(1991a) 'An old inscription from Amarāvatī and the cult of the local monastic dead in Indian Buddhist monasteries', *The Journal of the International Association of Buddhist Studies* 14, 2: 281-329. Reprinted in Schopen (1997).

______(1991b) 'Archaeology and protestant presuppositions in the study of Indian Buddhism', *History of Religions* 31, 1: 1-23. Re-printed in Schopen (1997).

______(1991c) 'Monks and the relic cult in the Mahāparinibbānasutta: an old misunderstanding in regard to monastic Buddhism', in Koichi Shinohara and Gregory Schopen (ed.) *From Benares to Beijing: Essays on Buddhism and Chinese Religion in Honour of Professor Jan Yün-hua*, Oakville, Ont.: Mosaic Press. Reprinted in Schopen (1997).

______(1992) 'On avoiding ghosts and social censure: monastic funerals in the Mūlasarvāstivāda-Vinaya', *Journal of Indian Philosophy* 20: 1-39. Reprinted in Schopen (1997).

______(1994) 'Ritual rights and bones of contention: more on monastic funerals and relics in the Mūlasarvāstivāda-Vinaya', *Journal of Indian Philosophy* 22: 31-80.

______(1997) *Bones, Stones, and Buddhist Monks: Collected Papers on the Archaeology, Epigraphy, and Texts of Monastic Buddhism in India*, Honolulu: University of Hawaii Press.

______(1999) 'The bones of a Buddha and the business of a monk: Conservative monastic values in an early Mahāyāna polemical tract', *Journal of Indian Philosophy* 27: 279-324.

______(2004) *Buddhist Monks and Business Matters: Still More Papers on Monastic Buddhism in India*, Honolulu, HI: University of Hawai'i Press.

______(2005) *Figments and Fragments of Mahāyāna Buddhism in India: More Collected Papers*, Honolulu, HI: University of Hawai'i Press.

Sferra, F. (1999) 'The concept of purification in some texts of late Indian Buddhism', *Journal of Indian Philosophy* 27 (1-2): 83-103.

Shaw, M. (1994) *Passionate Enlightenment: Women in Tantric Buddhism*, Princeton, N. J.: Princeton University Press.

Sherburne, R. (trans.) (1983) *A Lamp for the Path and Commentary by Atīśa*, London: George Allen and Unwin.

Siderits, M. (2000) 'The reality of altruism', review article of Williams (1998a) with reply in *Philosophy East and West* 50: 3.

Siklós, B. (1996) 'The evolution of the Buddhist Yama', in T. Skorupski (ed.) *The Buddhist Forum IV*, London: School of Oriental and African Studies, University of London.

Simon, B. (ed.) (1985) *The Wheel of Time: The Kalachakra in Context*, Madison, Wis.: Deer Park Books.

Skilling, P. (1992) 'The Rākṣā literature of the Śrāvakayāna', *Journal of the Pāli Text Society* 6: 109-82.

Snellgrove, D. L. (1959) 'The notion of divine kingship in Tantric Buddhism', in *Studies in the History of Religions* (supplements to *Numen*) 4: 204-18.

______(1987a) *Indo-Tibetan Buddhism: Indian Buddhists and their Tibetan Successors*, London and Boston: Serindia and Shambhala.

______(1987b) 'Celestial Buddhas and Bodhisattvas', in M. Eliade (ed.) *The Encyclopedia of Religion*, New York: Macmillan.

______(1988) 'Categories of Buddhist Tantras', in G. Gnoli and L. Lanciotti (eds) *Orientalia Iosephi Tucci Memoriae Dicata, Serie Orientale Roma*, Rome: Instituto Italiano per il Medio ed Estremo Oriente, LVI, 3: 1353-84.

______(2005) 'Buddhas and Bodhisattvas: Celestial Buddhas and Bodhisattvas', in L. Jones (ed.) *Encyclopedia of Religion* (Second Edition), Detroit, Mich.: Macmillan Reference.

Sponberg, A., and Hardacre, H. (eds) (1988) *Maitreya, the Future Buddha*, Cambridge: Cambridge Unversity Press.

Strawson, P. F. (1959) *Individuals: An Essay in Descriptive Metaphysics*, London: Methuen.

Studholme, A. (1999) 'On the history of the *oṃ maṇipadme hūṃ* mantra', unpublished Ph.D. thesis, University of Bristol.

Takeuchi, Y. (ed.) (1993) *Buddhist Spirituality: Indian, Southeast Asian, Tibetan, Early Chinese*, New York: Crossroad.

Tatz, M. (trans.) (1986) *Asaṅga's Chapter on Ethies; With the Commentary of Tsong-Kha-Pa; The Basic Path to Awakening, the Complete Bodhisattva*, Lewiston: Edwin Mellen Press.

Templeman, D. (1994) 'Dohā, Vajragīti and Caryā songs', in G. Samuel (ed.) *Tantra and Popular Religion in Tibet*, New Delhi: Aditya Prakashan.

Thanissaro Bhikkhu (1994) *The Buddhist Monastic Code*, Valley Centre, Calif.: Metta Forest Monastery.

Thomas, E. J. (1951) *The History of Buddhist Thought*, London: Routledge and Kegan Paul. Second edition.

Tillemans, T. J. F. (2001) Trying to be Fair to Mādhyamika Buddhism, The Numata Yehan Lecture in Buddhism, Winter 2001, Calgary: University of Calgary.

Tola, F. and Dragonetti, C. (1995) *On Voidness: A Study on Buddhist Nihilism*, Delhi: Motilal Banarsidass.

Tomabechi, T. (2000) 'Notes on Robert Thurman's Translation of the *Pañcakrama*', *Journal of Indian Philosophy* 28: 531-48.

Tribe, A. (1994) (ed. and trans.) 'The Names of Wisdom: a critical edition and annotated translation of Chapters 1-5 of Vilāsavajra's commentary on the *Nāmasaṃgīti*, with introduction and textual notes', unpublished D.Phil. thesis, University of Oxford.

______(1997) 'Mañjuśrī Origins, role and significance: Parts I and II', *The Western Buddhist Review*, 2: 49-123.

Tsuda, S. (1978) 'A critical Tantrism', *Memoirs of the Research Department of the Toyo Bunko* 36: 167-231.

Tsukamoto, K., Matsunaga, Y. and Isoda, H. (eds) (1989) *Bongo Butten no Kenkyū IV, Mikkyo Kyoten Hen* [A Descriptive Bibliography of the Sanskrit Buddhist Literature: Volume IV: The Buddhist Tantra], Kyoto: Heirakuji Shoten.

Tukol, T. K. (1976) *Sallekhanā is not Suicide*, Ahmedabad: L. D. Institute of Indology.

Ui, Hakuju et al. (1934) *A Complete Catalogue of the Tibetan Buddhist Canons*, Sendai: Tohoku Imperial University.

Vetter, T. (1994) 'On the origin of Mahāyāna Buddhism and the subsequent introduction of Prajñāpāramitā, *Asiatische Studien/Études Asiatiques* 48, 4: 1241-81.

______(1998) 'Explanations of dukkha', *Journal of the International Association of Buddhist Studies* 21, 2: 383-7.

Vira, R. and Chandra, L. (1995) *Tibetan Mandalas (Vajrāvalī and Tantrasamuccaya)*, New Delhi: Aditya Prakashan.

Wallace, V. A. (1995) 'Buddhist Tantric medicine in the Kālacakratantra', *Pacific World, Journal of the Institute of Buddhist Studies*, New Series 11: 155-74.

______(2001) *The Inner Kālacakratantra: A Buddhist Tantric View of the Individual*, New York, NY: Oxford University Press.

______(2004) *The Kālacakratantra: The Chapter on the Individual together with the Vimalaprabhā*, New York, NY: American Institute of Buddhist Studies at Columbia University.

Wallis, G. (2002) *Mediating the Power of Buddhas: Ritual in the Mañjuśrīmūlakalpa*, Albany, NY: State University of New York.

______(2009) 'Oṃ vākyeda namaḥ: Mañjuśrī's mantra and its uses', in E. Arnold (ed.) *As long as Space Endures: Essays on the Kālacakra Tantra in Honor of H.H. The Dalai Lama*, Ithaca, NJ: Snow Lion, 169-78.

Walser, J. (2005) *Nāgārjuna in Context: Mahāyāna Buddhism, and Early Indian Culture*, New York, NJ: Columbia University Press.

Wayman, A. (1973) *The Buddhist Tantras: Light on Indo-Tibetan Esotericism*, New York: Samuel Weiser.

______(1975) 'The significance of mantras, from the Veda down to Buddhist Tantric practice', *Indologica Taurinensia* 3-4: 483-97.

______(1977) *Yoga of the Guhyasamājatantra: The Arcane Lore of Forty Verses*, Delhi: Motilal Banarsidass.

______(1981) 'Reflections on the theory of Barabuḍur as a mandala', in L. O. Gomez and H. W. Woodward, Jr. (eds) *Barabudur: History and Significance of a Buddhist Monument*, Berkeley, Calif. Asian Humanities Press.

______(1995) 'An historical review of Buddhist Tantras', *Dhīḥ* 20: 137-53.

Wedemeyer, C.K. (2001) 'Tropes, typologies, and turnarounds: A brief genealogy of the historiography of Tantric Buddhism', *History of Religions* 40 (3): 223-259.

______(2002) 'Antinomianism and gradualism: The contextualization of the practices of sensual enjoyment (carya) in the Guhyasamāja Ārya tradition', *Indian International Journal of Buddhist Studies* (New Series) 3: 181-195.

______(2007a) *Āryadeva's Lamp that Integrates the Practices (Caryāmelāpakapradīpa): The Gradual Path of Vajrayāna Buddhism According to the Esoteric Community Noble Tradition*, New York, NY: American Institute of Buddhist Studies at Columbia University.

______(2007b) 'Beef, dog, and other mythologies: Connotative semiotics in Mahāyoga Tantra ritual and scripture', *Journal of the American Academy of Religion* 75 (2): 383-417.

White, D.G. (ed.) (2000) *Tantra in Practice*, Princeton, NJ: Princeton

University Press.
______(2003) *Kiss of the Yoginī: 'Tantric Sex' in its South Asian Contexts*, Chicago, IL: University of Chicago Press.
______(2005) 'Tantrism: An overwiew', in L. Jones (ed.) *Encyclopedia of Religion* (Second Edition), Detroit, MI: Macmillan Reference.
Williams, P. (1977) 'Buddhadeva and temporality', *Journal of Indian Philosophy* 4: 279-94.
______(1981) 'On the Abhidharma ontology', *Journal of Indian Philosophy* 9: 229-57.
______(1984) Review article of Chr. Lindtner (1982) *Nāgārjuniana: Studies in the Writings and Philosophy of Nāgārjuna*, Copenhagen: Akademisk Forlag, in *Journal of Indian Philosophy* 12: 73-104.
______(1994a) 'An argument for cittamātra-reflections on Bodhicaryāvatāra 9: 28 (Tib. 27) cd', in Per Kvaerne (ed.) *Tibetan Studies: Proceedings of the 6th Seminar of the International Association for Tibetan Studies, Fagernes 1992*, Oslo: The Institute for Comparative Research in Human Culture. Reprinted in Williams (1998a).
______(1994b) 'On altruism and rebirth: Philosophical comments on Bodhicaryāvatāra 8: 97-8', in Tadeusz Skorupski and Ulrich Pagel (eds) *The Buddhist Forum: Volume 3 1991-1993: Papers in Honour and Appreciation of Professor David Seyfort Ruegg's Contribution to Indological, Buddhist and Tibetan Studies*, London: School of Oriental and African Studies, University of London. Reprinted in Williams (1998a).
______(1996) *Indian Philosophy: A Study Guide*, London: Birkbeck College Department of Philosophy, University of London. A slightly adapted version of this is printed in A. Grayling (ed.) (1998), *Philosophy 2: Further Through the Subject*, Oxford: Oxford University Press.
______(1998a) *Altruism and Reality: Studies in the Philosophy of the Bodhicaryāvatāra*, Richmond: Curzon.
______(1998b) *The Reflexive Nature of Awareness: A Tibetan Madhyamaka Defence*, Richmond: Curzon.
______(ed.) (2005) *Buddhism: Critical Concepts in Religious Studies*, London and New York: Routledge. 8 volumes.
______(2009) *Mahāyāna Buddhism: The Doctrinal Foundations*, Completely revised Second Edition, London and New York: Routledge.

First edition 1989.
Williams, P. and Ladwig, P. (2011) *Buddhist Funeral Cultures of Southeast Asia and China*, Cambridge: Cambridge University Press.
______(eds) (2012) *Buddhist Funeral Cultures of Southeast Asia and China*, Cambridge: Cambridge University Press.
Willis, J. D. (trans.) (1979) *On Knowing Reality: The Tattvārtha Chapter of Asaṅga's Bodhisattvabhūmi*, New York: Columbia University Press.
Wilson, L. (1996) 'Review of Passionate Enlightenment: Women in Tantric Buddhism, by Miranda Shaw', *History of Religions* 36 (1): 60-4.
Willson, M. (1986) *In Praise of Tārā: Songs to the Saviouress: Source Texts from India and Tibet on Buddhism's Great Goddess*, London: Wisdom.
Witzel, M. (1987) 'On the Localization of Vedic Texts and Schools (Materials on Vedic 1akhas, 7)', in G. Pollet (ed.), *India and the Ancient World*, Leuven: Department Oriëntalistiek, pp. 173-213.
Wynne, A. (2002) 'An interpretation of "released on both sides" (*ubhato-bhāga-vimutti*), and the ramifications for the study of early Buddhism', *Buddhist Studies Review* 19 (1): 31-40.
______(2004) 'The oral transmission of early Buddhist literature', *Journal of the International Association of Buddhist Studies* 27 (1): 97-128.
______(2005) 'The historical authenticity of early Buddhist literature: a critical evaluation', *Wiener Zeitschrift für die Kunde Südasiens* Band XLIX: 35-70.
______(2007) *The Origin of Buddhist Meditation*, London and New York: Routledge.
______(2009) *Mahabharata Book Twelve, Peace Volume Three: The Book of Liberation*, New York, NJ: New York University Press & JJC Foundation.
______(2009a) 'Early Evidence for the "no self" doctrine? A note on the second *anātman* teaching of the Second Sermon', *Thai International Journal for Buddhist Studies*, I: 64-84.
______(2009b) 'Miraculous transformation and personal identity: A note on the first *anātman* Teaching of the Second Sermon', *Thai International Journal of Buddhist Studies*, I: 85-113.
______(2010) 'The Buddha's skill in means and the genesis of the five aggregate teaching', *Journal of the Royal Asiatic Society*, Series 3, 20

(2): 1-26.
Yelle, R. A. (2003) Explaining Mantras: Ritual, Rhetoric, and the Dream of a Natural Language in Hindu Tantra, New York, NY: Routledge.
Yoritomi, M. (1990) *Mikkyo butsu no kenkyū* [Studies on Esoteric Buddhas], Kyoto.

찾아보기

ㄴ

ㄷ

ㄹ

ㅁ

ㅂ

ㅇ

ㅈ

ㅊ

ㅎ

영문

인도불교사상

초판 발행 2009년 7월 31일
개정증보판 발행 2022년 9월 13일

저 자 폴 윌리엄스, 앤서니 트라이브, 알렉산더 윈
역 자 안성두, 방정란
펴 낸 이 김성배
펴 낸 곳 도서출판 씨아이알

책임편집 신은미
디 자 인 박진아, 쿠담디자인
제작책임 김문갑

등록번호 제2-3285호
등 록 일 2001년 3월 19일
주 소 (04626) 서울특별시 중구 필동로 8길 43(예장동 1-151)
전화번호 02-2275-8603(대표)
팩스번호 02-2265-9394
홈페이지 www.circom.co.kr

I S B N 979-11-6856-096-3 (93220)